编委会

全国普通高等院校旅游管理专业类"十三五"规划教材
教育部旅游管理专业本科综合改革试点项目配套规划教材

总主编

马　勇　教育部高等学校旅游管理类专业教学指导委员会副主任
　　　　中国旅游协会教育分会副会长
　　　　中组部国家"万人计划"教学名师
　　　　湖北大学旅游发展研究院院长，教授、博士生导师

编　委（排名不分先后）

田　里　教育部高等学校旅游管理类专业教学指导委员会主任
　　　　云南大学工商管理与旅游管理学院原院长，教授、博士生导师
高　峻　教育部高等学校旅游管理类专业教学指导委员会副主任
　　　　上海师范大学旅游学院副院长，教授、博士生导师
韩玉灵　全国旅游职业教育教学指导委员会秘书长
　　　　北京第二外国语学院旅游管理学院教授
罗兹柏　中国旅游未来研究会副会长，重庆旅游发展研究中心主任，教授
郑耀星　中国旅游协会理事，福建师范大学旅游学院教授、博士生导师
董观志　暨南大学旅游规划设计研究院副院长，教授、博士生导师
王　琳　海南大学旅游学院院长，教授
梁文慧　澳门城市大学副校长，澳门城市大学国际旅游与管理学院院长，教授、博士生导师
薛兵旺　武汉商学院旅游与酒店管理学院院长，教授
舒伯阳　中南财经政法大学工商管理学院教授、博士生导师
朱运海　湖北文理学院管理学院副教授
罗伊玲　昆明学院旅游管理专业副教授
杨振之　四川大学中国休闲与旅游研究中心主任，四川大学旅游学院教授、博士生导师
黄安民　华侨大学城市建设与经济发展研究院常务副院长，教授
张胜男　首都师范大学资源环境与旅游学院副教授
毕斗斗　华南理工大学经济与贸易学院副教授
史万震　常熟理工学院经济与管理学院酒店管理系副教授
黄光文　南昌大学经济与管理学院旅游管理系教研室主任，副教授
窦志萍　昆明学院旅游学院教授，《旅游研究》杂志主编
李　玺　澳门城市大学国际旅游与管理学院副院长，教授、博士生导师
王春雷　上海对外经贸大学中德合作会展专业副教授
朱　伟　河南师范大学旅游学院教授
邓爱民　中南财经政法大学旅游管理系主任，教授、博士生导师
程丛喜　武汉轻工大学旅游管理系主任，教授
周　霄　武汉轻工大学旅游研究中心主任，副教授
黄其新　江汉大学商学院副院长，副教授
何　彪　海南大学旅游学院会展系主任，副教授

全国普通高等院校旅游管理专业类"十三五"规划教材
教育部旅游管理专业本科综合改革试点项目配套规划教材

总主编 ◎ 马 勇

参展管理：
从战略到评估

Participation in Exhibitions Management: From Strategy to Evaluation

主 编 ◎ 王春雷

华中科技大学出版社
http://www.hustp.com
中国·武汉

图书在版编目(CIP)数据

参展管理:从战略到评估/王春雷主编. —武汉:华中科技大学出版社,2017.1(2020.8重印)
全国普通高等院校旅游管理专业类"十三五"规划教材
ISBN 978-7-5680-2141-8

Ⅰ.①参… Ⅱ.①王… Ⅲ.①展览会-管理-高等学校-教材 Ⅳ.①G245

中国版本图书馆 CIP 数据核字(2016)第 203004 号

参展管理:从战略到评估
Canzhan Guanli:Cong Zhanlüe Dao Pinggu

王春雷　主编

策划编辑:	李　欢　周清涛
责任编辑:	李家乐
封面设计:	原色设计
责任校对:	何　欢
责任监印:	周治超
出版发行:	华中科技大学出版社(中国·武汉)　电话:(027)81321913
	武汉市东湖新技术开发区华工科技园　邮编:430223
录　　排:	华中科技大学惠友文印中心
印　　刷:	湖北新华印务有限公司
开　　本:	787mm×1092mm　1/16
印　　张:	22　插页:2
字　　数:	537千字
版　　次:	2020年8月第1版第4次印刷
定　　价:	58.00元

本书若有印装质量问题,请向出版社营销中心调换
全国免费服务热线:400-6679-118　竭诚为您服务
版权所有　侵权必究

Abstract

展览会除了本身是一种高效率的营销方式外,还为参展企业提供了集中运用多种营销手段的可能,进而将营销和销售结合在一起,因而从理论上讲,参展比一系列的单独销售手段更加有效。而且,作为商务活动的重要类型,展览会和其他买家-卖家活动(buyer-seller events)之间的差异越来越难以区分。

本书站在企业整合营销战略的高度,并按基本的参展流程来组织编写。首先,本书从展览会的功能、企业整合营销战略与参展的关系、参展与公司活动的区别以及企业参展的一般流程入手,分展前准备(before the exhibition)、展中管理(at the exhibition)和展后跟进(after the exhibition)三个阶段,介绍了各个阶段的工作重点。其次,本书追求理论和实践的有机结合,全书穿插了大量补充阅读、经典实例和案例分析,以帮助读者理解和巩固书中的知识点。

本书既可作为会展专业学生的教材,也可作为广大企业参展工作人员的指南。通过阅读本书,读者将对企业参展流程及常用技巧有一个全面的认识。

In addition to itself as a kind of efficient marketing method, the exhibition also provides exhibitors the possibility of intensively using various marketing tools, therefore, the marketing and the sales can be banded together, so theoretically, participation in exhibitions is more effective than a series of separate sales approach. Further more, the difference between exhibitions and other buyer-seller events is becoming more and more difficult to distinguish.

Standing in the height of enterprises' integrated marketing strategy, the authors designed the structure and main content of the book according to the basic process of participation in exhibitions. Specifically, starting from the functions of exhibitions, the relationship between enterprises' integrated marketing strategy and exhibiting, the difference between participation in exhibitions and other marketing events, and the relevant general procedure in three stages, that is before the exhibition, at the exhibition and follow-up/after the exhibition, the book describes the main work of each stage. Secondly, recalling to the pursuit of organic combination of theory and practices, the book is quite interspersed with a large number of additional reading materials, typical examples and case studies to help readers to understand and consolidate the knowledge points.

This book can be used as the text book for event management students, but also as a guide for the majority of enterprises especially the staffs to participate in exhibitions. By reading this book, the readers will have a comprehensive understanding of the business process and common skills about participation in exhibitions.

总 序

旅游业在现代服务业大发展的机遇背景下,对全球经济贡献巨大,成为世界经济发展的亮点。国务院已明确提出,将旅游产业确立为国民经济战略性的支柱产业和人民群众满意的现代服务业。由此可见,旅游产业已发展成为拉动经济的重要引擎。中国的旅游产业未来的发展受到国家高度重视,旅游产业强劲的发展势头、巨大的产业带动性必将会对中国经济的转型升级和可持续发展产生良好的推动作用。伴随着中国旅游产业发展规模的不断扩大,未来旅游产业发展对各类中高级旅游人才的需求将十分旺盛,这也将有力地推动中国高等旅游教育的发展步入快车道,以更好地适应旅游产业快速发展对人才需求的大趋势。

教育部2012年颁布的《普通高等学校本科专业目录(2012年)》中,将旅游管理专业上升为与工商管理学科平行的一级大类专业,同时下辖旅游管理、酒店管理和会展经济与管理三个二级专业。这意味着,新的专业目录调整为全国高校旅游管理学科与专业的发展提供了良好的发展平台与契机,更为培养21世纪旅游行业优秀旅游人才奠定了良好的发展基础。正是在这种旅游经济繁荣发展和对旅游人才需求急剧增长的背景下,积极把握改革转型发展机遇,整合旅游教育资源,为我国旅游业的发展提供强有力的人才保证和智力支持,让旅游教育发展进入更加系统、全方位发展阶段,出版高品质和高水准的"全国普通高等院校旅游管理专业类'十三五'规划教材"则成为旅游教育发展的迫切需要。

基于此,在教育部高等学校旅游管理类专业教学指导委员会的大力支持和指导下,华中科技大学出版社汇聚了国内一大批高水平的旅游院校国家教学名师、资深教授及中青年旅游学科带头人,面向"十三五"规划教材做出积极探索,率先组织编撰出版"全国普通高等院校旅游管理专业类'十三五'规划教材"。该套教材着重于优化专业设置和课程体系,致力于提升旅游人才的培养规格和育人质量,并纳入教育部旅游管理本科综合改革项目配套规划教材的编写和出版,以更好地适应教育部新一轮学科专业目录调整后旅游管理大类高等教育发展和学科专业建设的需要。该套教材特邀教育部高等学校旅游管理类专业教学指导委员会副主任、中国旅游协会教育分会副会长、中组部国家"万人计划"教学名师、湖北大学旅游发展研究院院长马勇教授担任总主编。同时邀请了全国近百所开设旅游管理本科专业的高等学校知名教授、学科带头人和一线骨干专业教师,以及旅游行业专家、海外专业师资等加盟编撰。

该套教材从选题策划到成稿出版,从编写团队到出版团队,从内容组建到内容创新,均展现出极大的创新和突破。选题方面,首批主要编写旅游管理专业类核心课程教材、旅游管理专业类特色课程教材,产品设计形式灵活,融合互联网高新技术,以多元化、更具趣味性的形式引导学生学习,同时辅以形式多样、内容丰富且极具特色的图片案例、视频案例,为配套数字出版提供技术

支持。编写团队均是旅游学界具有代表性的权威学者,出版团队为华中科技大学出版社专门建立的旅游项目精英团队。在编写内容上,结合大数据时代背景,不断更新旅游理论知识,以知识导读、知识链接和知识活页等板块为读者提供全新的阅读体验。

在旅游教育发展改革发展的新形势、新背景下,旅游本科教材需要匹配旅游本科教育需求。因此,编写一套高质量的旅游教材是一项重要的工程,更是承担着一项重要的责任。我们需要旅游专家学者、旅游企业领袖和出版社的共同支持与合作。在本套教材的组织策划及编写出版过程中,得到了旅游业内专家学者和业界精英的大力支持,在此一并致谢!希望这套教材能够为旅游学界、业界和各位对旅游知识充满渴望的学子们带来真正的养分,为中国旅游教育教材建设贡献力量。

丛书编委会
2015 年 7 月

前　言

> 展览会完美体现了日益流行的体验经济的典型特征，即围绕人们花费在某一特定地点或活动上的时间来收取入场费。我相信，我们可以通过评估贸易展览会的活力来判断一个行业的发展。现在的公司比以往任何时候都需要设计引人注目的参展体验——通过它，才能确保获得行业发展的知识和信息仍然是参加贸易展的最大回报。
>
> ——摘自 B. Joseph Pine II 和 James H. Gilmore《体验经济》

随着市场的进一步细分，展览会作为同类企业之间、企业与客户之间的一种有效的商务沟通平台，体现出其他营销媒介无法比拟的优越性。除此之外，展览会除了本身是一种高效率的营销方式，还为参展企业提供了集中运用多种营销手段的可能，进而将营销和销售结合在一起，从理论上来讲，参展比一系列的单独销售更加有效。

然而，自2006年以来，展览会和公司活动之间的关系正在发生微妙的变化。国际展览与项目协会（IAEE）意识到，在市场竞争日益激烈的今天，企业的营销经理们正在重新审视展览会的作用和效果。此外，展会组织者也逐渐感觉到自己的任务不仅是将参展商和买家集中到一起，而且还应该把各种辅助活动作为他们营销计划的重要部分。可以这么说，展览会和其他买家-卖家活动（buyer-seller events）之间的差异越来越难区分了。事实上，展览会与生俱来就和其他营销手段特别是公司活动之间有着千丝万缕的联系。

更令人担忧的是，在现实工作中，许多参展经理仅仅是物流和后勤方面的专家，他们能保证展品和各种用具按时送至展会现场，而且熟悉航班和酒店的预订，或者能在各种截止日期之前预订展会的相关服务，但他们并不关注企业整合营销战略框架下的参展目标，不擅长测定参展效果，也不能有效跟进从展会现场获得的潜在客户。不少企业参展是出于一些时髦的原因，譬如，为了支持行业发展或给行业协会面子，或者只是因为竞争对手也在那里。换句话说，他们之所以参展是因为一直都在参展，而没有具体的目标。

以上现实问题对企业参展提出了严峻的考验。正因为如此，企业只能把参展作为市场营销组合（marketing mix）策略的一种工具，而且应该对整个参展过程和具体策略进行全面规划。从整合营销的角度来认识展览会和解释企业应该如何成功参展，正是我们做出的积极尝试。本书是在《参展实务》（高等教育出版社，2006年版）的基础上修订而成的，在这次修订中，我们补充了展览业发展的最新趋势、整合营销战略与参展的关系、参展工作进度表的制定、社交媒体营销策略以及优化参展效果的一般技巧等内容，同时增加了大量反映参展最新理念与技术的相关资讯。

综观全书，《参展管理：从战略到评估》具有以下三大特色。

第一，本书最大的亮点是站在企业整合营销战略的高度并按照基本的参展流程来组织

编写,这也是本书的主线。从展览会的功能、企业整合营销与参展的关系、参展与公司活动的区别以及企业参展的一般流程入手,分展前准备(before the show)、展中管理(at the show)和展后跟进(after the show)三个阶段,介绍了各个阶段的工作重点。通过阅读本书,读者将对企业参展流程及常用技巧有一个全面的认识。

第二,本书追求理论和实践的有机结合。全书穿插了大量补充阅读、经典实例和案例分析,并力求主题明确、材料新颖,以增强读者的阅读兴趣,帮助读者更好地理解书中的知识点。在编写人员的安排上,既有工作在会展教学第一线的专业教师,也有拥有丰富实战经验的企业经营管理人员,使内容更加具有系统性和可操作性。

第三,为了让广大国内企业的参展工作人员和会展专业的学生开阔视野,本书还穿插了大量国外的成功经验和案例。例如,对于参展目标的确定、租用多大面积的展台、怎样在展台上接待客户等问题,书中都提供了国外展览企业的一些具体做法。

本书由上海对外经贸大学会展经济与管理系主任王春雷博士设计提纲,并组织院校专家和企业专业人士撰写。全书分为基础知识、展前准备、展中管理和展后跟进4个部分,共13章,具体分工如下:第1章、第2章、第3章(上海对外经贸大学会展与旅游学院王春雷博士);第4章、第9章(武汉轻工大学经济与管理学院黄猛副教授);第5章(上海百田会展服务有限公司总经理洪丹和王春雷共同撰写);第6章(暨南大学深圳旅游学院吴凌菲博士);第7章(山东大学(威海)商学院陈伟博士);第8章(豪生国际酒店集团资深业务发展总监陆文婧);第10章(暨南大学深圳旅游学院孙晓霞博士);第11章(中国欧盟商会夏艳宏);第12章(澳门城市大学国际旅游与管理学院李玺教授);第13章(法兰克福展览上海有限公司高级项目经理马婕婕和王春雷共同撰写),最后由王春雷审稿、定稿。由于编者水平有限和时间紧迫,书中难免存在不足之处,敬请广大读者朋友和业内专家不吝赐教,以使本书得到不断修正和完善。

借此机会,我要衷心感谢在本书编写、出版过程中为我们提供相关资料并撰写推荐意见的学界、业界同仁,他们是广东会展组展企业协会(GFOA)会长刘松萍教授,中国经济网·会展中国主编周宇宁,湖北省"楚天技能名师"、《展示工程与设计》作者王新生,全国会展业标准化技术委员会委员、上海世博会有限公司副总经理陈震,北京昆仑亿发科技股份有限公司上海公司总经理高凯胜,上海博聚会展有限公司总经理徐峰,以及上海励图展览服务有限公司总经理梁平。

值得特别指出的是,企业参展还需要有良好的外部环境。例如,在美国成立了专门的参展与活动营销专家协会(E2MA,即原来的贸易展览会参展商协会——TSEA),该协会在举办年会、组织培训以及提升展会服务质量等方面做了大量工作,与此同时,还有国际展览与项目协会(IAEE)、国际媒体认证机构(BPA)等组织和机构开展展览会的审计工作,以保证贸易展览会的质量。然而,目前在国内会展行业还没有一支力量能够代表广大参展商的利益,也很少有专业机构对展览会的质量特别是专业观众的数据进行评估和审计,面向参展企业的专门培训也相对较少,国内企业对真实的参展信息和专业的参展知识是十分渴求的。

在此,本书全体编者向业界郑重呼吁,希望有更多的有识之士和专业机构投身到参展商的教育培训和服务工作中来,同时也衷心祝愿广大企业能在所选择的展览会上取得物有所值的收获!

王春雷
2016 年 7 月 4 日

Contents 目 录

1 第 1 章 展览会及全球展览业发展
Chapter 1 Exhibition and the development of global exhibition industry

 第一节 认识展览会的功能 /3
  ❶ Identifying the functions of exhibitions

 第二节 展览业发展的趋势 /8
  ❷ Future trends of exhibition industry

 第三节 企业参展的变化趋势及其对展览业的影响 /12
  ❸ Evolving exhibitor trends and the impacts on exhibition organizers

21 第 2 章 成功参展的基础
Chapter 2 The basis of successful participation in exhibitions

 第一节 企业整合营销战略与参展 /23
  ❶ Enterprises' integrated marketing strategy and participation in exhibitions

 第二节 参展与其他营销活动 /26
  ❷ Exhibiting and other types of marketing events

 第三节 参展成功和失败的主要原因 /29
  ❸ Main causes of success and failure during exhibiting

41 第 3 章 参展工作流程：从目标出发
Chapter 3 The process of participation in exhibitions: Starting from the objectives

 第一节 参展的一般流程 /43
  ❶ The basic process of participation in exhibitions

 第二节 展前准备 /45
  ❷ The preparation for participation in exhibitions

第三节　现场管理　　　　　　　　　　　　　　　　　　　　/63
❸　　On-site management during exhibiting

第四节　展后工作　　　　　　　　　　　　　　　　　　　　/70
❹　　Post-show work

75　第 4 章　展前客户邀请与宣传
Chapter 4　Pre-show clients invitation and publicity

第一节　客户的界定　　　　　　　　　　　　　　　　　　　/77
❶　　Defining the clients during exhibiting

第二节　确定参展目标　　　　　　　　　　　　　　　　　　/83
❷　　Setting the objectives of exhibiting

第三节　常用的观众邀请方式　　　　　　　　　　　　　　　/88
❸　　Commonly used ways of clients invitation

第四节　展前宣传活动　　　　　　　　　　　　　　　　　　/92
❹　　Pre-show publicity plan

103　第 5 章　展台设计与搭建
Chapter 5　Booth design and layout

第一节　展台基础知识　　　　　　　　　　　　　　　　　　/106
❶　　Basic knowledge about booth

第二节　展台设计与搭建的工作流程　　　　　　　　　　　　/120
❷　　The work flow of booth design and setting up

第三节　展台设计与搭建的相关规则　　　　　　　　　　　　/130
❸　　The regulations of booth design and setting up

143　第 6 章　展品的选择与物流
Chapter 6　The choice and logistics of exhibits

第一节　展品的选择与包装　　　　　　　　　　　　　　　　/145
❶　　The choice and packaging of exhibits

第二节　展品运输　　　　　　　　　　　　　　　　　　　　/150
❷　　Exhibits Shipment

第三节　展品进出馆安排　　　　　　　　　　　　　　　　　/158
❸　　The exhibits' moving in and out management

第 7 章　参展人员的遴选与培训
Chapter 7　The selection and training of exhibiting staffs

第一节　参展人员的分类与职责 /173
❶ Categories and duty of exhibiting staffs

第二节　确定参展人员 /177
❷ Selection of exhibiting staffs

第三节　参展人员培训的形式 /180
❸ Common forms of exhibiting staffs training

第四节　参展人员培训的主要内容 /182
❹ Main content of exhibiting staffs training

171

第 8 章　吸引和接待观众
Chapter 8　How to attract and receive attendees on site?

第一节　现场观众接待的主要内容 /191
❶ The main content of on-site attendees reception

第二节　吸引观众的常用方法 /194
❷ The commonly used methods to attract attendees

第三节　如何与观众有效沟通 /199
❸ Effective communication with the attendees

第四节　潜在客户评估 /203
❹ Evaluation on potential customers

189

第 9 章　市场情报管理
Chapter 9　Market intelligence management

第一节　观察竞争对手 /211
❶ Observe the competitors on site

第二节　参加专业会议 /218
❷ Participation in professional conferences

第三节　参与客户交流活动 /220
❸ To participate in the activities of communication with customers

第四节　知识产权保护 /224
❹ Protection of intellectual property

209

第 10 章 现场活动管理
Chapter 10　On-site Management

　　第一节　产品演示　　　　　　　　　　　　　　　　　　　/239
　　❶　Product demonstration

　　第二节　新闻发布会　　　　　　　　　　　　　　　　　　/242
　　❷　Press conference

　　第三节　产品发布会　　　　　　　　　　　　　　　　　　/245
　　❸　New products launching

　　第四节　文娱表演　　　　　　　　　　　　　　　　　　　/250
　　❹　Floor show and performances

　　第五节　招待会　　　　　　　　　　　　　　　　　　　　/253
　　❺　Reception

第 11 章 参展后勤管理
Chapter 11　Logistics management during exhibiting

　　第一节　参展人员的差旅服务　　　　　　　　　　　　　　/263
　　❶　Travel services for exhibiting staffs

　　第二节　文印和财务管理　　　　　　　　　　　　　　　　/268
　　❷　Printing and financial management

　　第三节　现场设备、展具租赁　　　　　　　　　　　　　　/275
　　❸　On-site devices and appliances leasing

　　第四节　开展后的后勤服务　　　　　　　　　　　　　　　/280
　　❹　On-site logistics management

第 12 章 展后客户分析与跟进
Chapter 12　Customers analysis and follow-up after the exhibition

　　第一节　展后客户资料的整理与分析　　　　　　　　　　　/289
　　❶　Customer data collection and analysis

　　第二节　常用的客户跟进方式与技术创新　　　　　　　　　/295
　　❷　Commonly used ways of customers follow-up and technical innovation

　　第三节　顾客跟进的阶段与策略　　　　　　　　　　　　　/299
　　❸　Stages and strategy of customer follow-up

309 第 13 章　参展效果评估
Chapter 13　The exhibiting effects assessment

- 第一节　参展表现评价　/311
  ❶ Evaluation on the performance of participation in exhibition

- 第二节　成本-收益分析　/317
  ❷ Cost-benefit analysis

- 第三节　企业参展效果的优化　/322
  ❸ How to improve ROI of exhibiting

- 第四节　撰写参展工作报告　/325
  ❹ Writing work report after the exhibition

- 第五节　新的开始　/329
  ❺ New start

335 本课程阅读推荐
Reading Recommendation

337 参考文献
References

第 1 章

展览会及全球展览业发展

学习目的

- 理解展览会的定义及营销功能。
- 掌握企业参展的主要变化趋势及其对展览业的影响。
- 了解展览和活动产业发展的未来趋势。

线索引入　　2015 年上海海事展观后感

2015 年 12 月 1 日至 4 日,第 18 届中国国际海事技术学术会议和展览会(简称"中国国际海事会展",也称"上海海事展",英文简称"Marintec China")在上海新国际博览中心成功举行。本届展会共有 34 个国家和地区的 2000 多家企业参展,并吸引了来自 116 个国家和地区的近 6.2 名专业观众参观,规模再创历届新高。展会结束后,赢海科技微信号上发表了一篇署名为"吉米哥"的作者撰写的文章——《2015 年上海海事展观后感》。文章结合在中国国际海事会展上的发现,重点讨论了国内造船和设备的技术创新,设计创新和服务创新问题。以下是服务创新部分的主要内容。

第一,你对自己的产品了解吗?

展会的实质是技术和服务展示的平台,然而,笔者发现许多参展企业和机构的工作人员对自己的产品并不熟悉,特别是国外馆的中国员工。不少展台的面积不小,人员也很多,但真不知道参展工作人员是临时工,还是本身就是来看热闹的。比如,北京某做卫星通信的展商,相信此产品在商船应用并不多,但其工作人员有十多个人,而与我交流的某项目经理并不清楚铱星系统和 inmarsat 系统(一种卫星移动系统,提供全球海事卫星通信服务)的区别,与其交流还让我觉得他有一种不

耐烦的感觉。而同样一家做此产品的香港公司，虽然展台只有两个工作人员，工作人员的普通话也不太流利，但是我们的交流很顺畅，他们对自己公司的产品也很熟悉。

和新加坡科技海事公司（ST Marine）展台现场工作人员的交流是我在本次海事会展上交谈最久、最愉快的一次。他们的产品是滑动式水密门，现场主管是个韩国人，而且英语不错，他能很清晰地讲解水密门的相关要求，并且在手机上向我展示了制造过程和试验的相关视频和图片，而这正是我感兴趣的。现场还有一个神秘人物，会用流利的汉语交流，他就是曾经在论坛上发了两次热帖的大熊（中文名：朴成贤），据大熊介绍，韩国也有一个由两万人组成的中韩造船人交流社团。

第二，你的产品宣传册实用吗？

某个做玻璃钢压载管的厂家，展品上没有接地装置，来参展的工作人员可能是老板娘和一个业务员，宣传册上只有简单的产品参数、型号及客户厂家。询问其如何接地，所给的船厂资料，是否会描述如何粘接。对方解释不需要工艺介绍，船厂自己会做。回答也很简单粗暴！如果我是船厂采购的，我肯定是不会买的。而在另一家做消防救生设备的小展台上，看到有防化服，也是只有两名工作人员，过去聊聊，原来是来自意大利的父子俩，那老爹竟然知道IBC和IGC的相关要求，还知道如何做才能符合MED的要求，虽然MED对防化服的要求是在A.2，并不是强制的A.1要求。他们的宣传册上每种产品都是简单的一页，并没有精美的装帧设计，但是通过交流后，让人觉得很顺畅，能了解到想要的信息。

第三，你的展台工作人员用心了么？

部分工作人员在那里插科打诨，似乎只是到现场看热闹的。部分参展的高校展台也差不多，估计本届海事会展第一次邀请高校参展，许多参展工作人员都不知道自己的任务是什么。其实也见怪不怪，某些公司的网站平时基本上没怎么维护，好久没有更新，或者一旦更新就是领导送温暖，领导很忙，员工很忙，新闻连个图片都没有，或者干脆不更新，新闻通过微信公众号等其他途径发布。

（资料来源：吉米哥.2015年上海海事展观后感[EB/OL].[2015-12-06].赢海科技,http://www.yinghaike.com.）

国际展览业协会(UFI)认为,展览会是一种强有力的营销工具。对于参展商而言,高质量的展览会是一种有效的商务沟通平台,它提供了与潜在客户或现有客户面对面交流的机会。而且,展览会除了本身作为一种营销方式,还为企业提供了集中运用多种营销手段的可能,进而将营销和销售结合在一起,因而参展比一系列的单独销售更加有效。

2006年年初,美国国际展览管理协会(IAEM)在新的战略规划中将"活动"明确列入组织使命中,这标志着美国展览业将展览与营销活动进一步融合。IAEM意识到,随着市场竞争的日益激烈,企业的营销部门开始重新审视展览会的作用和效果,毕竟,参展并不是解决企业问题的唯一办法。展会组织者也逐渐意识到自己不能仅是将参展商集中到一起,而且还要把各种辅助活动作为他们营销计划的重要内容。2006年12月,IAEM更名为国际展览与项目协会(IAEE)。

总之,从整合营销战略的角度来看,展览会具有与生俱来的平台作用。随着参展企业需求的变化和互联网等技术的发展,这种平台的内涵会变得更加丰富多样。

第一节 认识展览会的功能

随着市场的进一步细分,展览会作为同类企业之间、企业与客户之间的一种有效的商务沟通平台,体现出了其他营销媒介无法比拟的优越性。早在2001年,美国Exhibitor杂志(《参展商》)做过一次行业调查,[①]结果显示,在回答"贵公司为什么参加展览会?"时,29.3%的公司选择"我们的客户在那里",15.5%的公司选择"参展能促进我们的销售",12.9%的公司选择"展览会能揭开我们没有发现的领域",10%的公司选择"参展是接触目标顾客的一条成本较小的途径"。

一、展览会的本质

曾有专家将展览会三个字拆开来阐释其含义:所谓展,就是陈列、展示;所谓览,就是参观、观看;所谓会,就是为了实现某种目的集中到一起进行交流,这种交流既是参展商和参展商之间、观众与观众之间,更是参展商与专业观众之间的。根据美国《大百科全书》,展览会是一种具有一定规模,定期在固定场所举办的,来自不同地区的有组织的商人聚会。以此概念为基础,本书对展览会做出如下界定:展览会是一种具有一定规模和相对固定举办日期,以展示组织形象或产品为主要形式,以促成参展商和观众特别是专业买家之间的交流洽谈为最终目的的中介性活动。

广义的展览会类型多样,名称也五花八门,如交易会、博览会、展览会、展示会等,其中,展览会又分为消费类展览会(公众展览会)、贸易展览会、综合性展览会等类型。在口语中,交易会、博览会、展览会的概念是很相近的。然而,概念上的变化反映了当今展览业的多样性。

在由中国展览馆协会编译的《展览在市场营销体系中的作用》(注:该书的英文名为 the

---

① Exhibitor. Why Does Your Company Exhibit? 2001 Reader Survey.

Role of Exhibitions in the Marketing Mix，原本用于 UFI 举办的"展览在市场营销体系中的作用"在线课程，由德国瑞文斯堡合作教育大学 Jag Beier 教授和 Simon Dambak 教授合作撰写)一书中，对几种主要展览会类型的演变进行了分析，如图 1-1 所示。

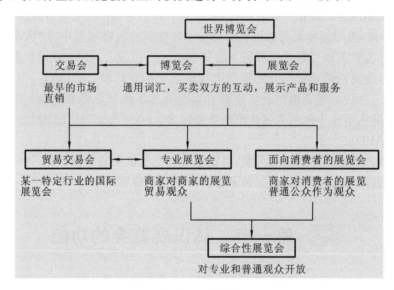

图 1-1　几种主要展览会类型的演变

对展会主办单位而言，展览会提供给参展商的实际上是一种平台性服务，然而，这种服务不是简单意义上的主办单位为参展商所提供的会展组织服务，更多的是展览会本身所应具有的功能性服务。这种功能性服务的质量才是展览会质量的真正内涵，也构成了展览会作为一种产品的基本特征。

换句话说，展会的目的并不在于展会管理本身，而是在于如何成功、有效地把买卖双方组织到一起，增加他们参加和参观展览会的兴趣和价值，即促进和提高买卖双方间的信息交换率和交易成功率。①

对于参展商而言，高质量的展览会是一种有效的商务沟通平台，它提供了与潜在客户或现有客户面对面交流的机会。同时，展览会使企业将营销和销售结合在一起，比单独销售更有效。

二、展览会的营销功能

德国展览业协会(AUMA)将参展目标归纳为五种，即基本目标、产品目标、价格目标、宣传目标和销售目标，这实际上也是展览会各项功能的具体体现。但遗憾的是，国内许多企业并没有全面认识到展览会的市场营销功能，从而无法选择合适的展览会并有效地组织参展工作。概括而言，展览会的营销功能主要体现在以下四个方面。

(一)展示产品、宣传品牌

前面已经论及过，展览会的核心部分由"展"和"览"组成，因而"展示"是展览会的首要营销

---

① 吕志华.会展经济呼唤商标管理[J].中华商标，2001(7):6-8.

功能。在展览会上，参展企业可以与客户进行面对面的交流，向他们直观、生动地演示自己的新产品，并广泛地接触对本展台感兴趣的顾客，从而详细地了解有关产品改进或销售的信息。

其次，通过展览会上的产品展示、展台设计，利用媒体报道、赠品发放等途径，参展商能有效地宣传企业品牌和塑造企业形象，这一点已经得到越来越多企业的认同。事实上，在国外，很多大公司参加展览会的主要目的在于展示和沟通，而不在于现场签订了多少金额的购买协议。

（二）洽谈贸易、拓展市场

与客户在展览现场进行面对面的洽谈并最终签订购买或合作协议，是绝大多数企业参展的主要目的，因为它能迅速带来直接的经济效益。有关统计资料表明，如果参展商能在展期内每天接触20个有效客户，就意味着发现了潜在的商机。

据英联邦展览业联合会的调查和测算，通过广告、人员推销、公关活动等一般渠道寻找一个顾客，所需要的平均成本是219英镑，而通过参加展览会的平均成本仅为35英镑；另外，英国工业和贸易博览会公司所做的一项费用调查显示，在公司参展时，预算总费用的35%（主要包括场地租金和展台消耗）是由展览组织者决定的，65%则由参展者所决定。由此可见，只要合理控制费用，参展确实不愧为企业拓展市场的一种理想手段。

（三）收集信息、交流技术

通过参加展览会，参展商可以在很短的时间内与目标顾客（老客户或潜在客户）直接沟通，并能较全面地收集到主要竞争者和分销商的信息，从而更好地把握行业的竞争态势和未来发展趋势，为企业制定下一步的发展战略提供比较可靠的依据。这里的"信息"主要包括五个方面：①同类产品的生产及销售情况，本企业产品的竞争优劣势；②做好相关记录，以便准确、及时地更新企业的客户数据库；③顾客对相关产品的需求变化；④本行业的最新技术以及本企业的掌握水平；⑤整理与客户的业务洽谈情况，分析后期签订协议的可能性。

（四）整合传播、强力促销

与前面三点相比，这一点似乎不算严格意义上的营销功能，倒像是展览会营销的特点，然而，它的确属于展览活动的信息整合传播功能。在参加展览会的整个过程中（包括展前、展中和展后），参展商可以调动广播电视或报纸杂志等广告、展台设计、产品演示、现场解说等各种方式，最大限度地将产品或服务信息传达给受众，特别是老客户、潜在顾客和新闻媒体等。

补充阅读

美国EXPO杂志2007年第2期刊登过一篇名为《你希望展览业发生什么改变？》(What Would You Change about the Industry?)的文章，该文就展览业发展的相关趋势和热点问题，介绍了美国展览行业一批最有影响力的展览公司或协会管理者的观点。这些行业精英们所提到的许多话题，如场馆更新改造、参展投资回报率测算、展览会审计以及绿色展览会等，正是中国展览业目前或未来将要面临的问题。下文将节选出与参展有关的部分观点，希望对广大参展企业有所启发。

■ 展览会应基于所提供的专业观众质量来收费

我希望能够让我们的顾客进行展示变得更加容易。目前,我们是根据净展出面积来向参展企业收费的,而这种收费方式与是否能将有价值的买主吸引到展览会上无关,并且购买摊位只是众多参展步骤中的第一步。

如果和场馆方、服务供应商(service contractor)更好地开展合作,那么展会组织者便能为顾客提供一揽子服务。或者,我们可以摒弃原来的价格模式,基于我们所能提供的高质量的专业观众来收费。

——Nancy Hasselback, Diversified Business Communications 公司总裁

■ 展览业的提升必须从评估展览会的价值和证明其以结果为导向的特性入手

展会组织者应该理解,他们是展会主题所在行业的一部分,但更是展览业的一部分。换句话说,他们处于面对面营销(face-to-face marketing)的业务中。由于组织者只想提升自己而非更大意义上的展览业,使得整个行业在自我提升方面并没有获得成功。这给整个展览行业造成了很大影响。

我们需要为展览行业树立一个典范,该典范必须以完全评估展览业的价值和证明展览会以结果为导向的特性的研究为起点。并且,那些数据能够被用来提升展览业和维护展览会在市场营销方面处于第一的地位。

——Doug Ducate,美国展览业研究中心(Center for Exhibition Industry Research)CEO

■ 参展商需要在展前促销上表现得更加积极

我很希望看到有更多的参展商在展前促销中表现得更加积极。很多参展商都抱着这样一种心态:只要把展台搭建好,参观者就会来,于是,当拥挤的观众并没有如期而至时,他们就把责任推到了展会组织者身上。

如果参展商没有开展展前促销,他们很有可能就没有做前期的客户约会安排,到时自然会疑惑为什么其他参展商在现场会那么积极。进行展前促销、安排时间进度、对人员进行培训都是现场有效开展工作的保证。

此外,展会组织者也应该为参展商提供适当的工具和建议,帮助他们更好地制订参展计划。

——Charles Bray,国际娱乐公园和旅游景点协会(IAAPA)主席

■ 应该通过互联网在展会的全过程中与买家和参展商取得联系

我希望看到会展业和互联网能够更加广泛地合作,而且权威的展览行业协会能够更积极地将这些信息传递给展会组织者。

迄今为止,仍然有很多展会组织者认为展会官方网站只是方便参展商和参观者注册下一次活动的通道。然而,越来越多的迹象表明,网络技术正用于帮助越来越多的主办单位在展会的前、中、后期与买者和参展商取得联系——这样便将原来静止的展览会变成了全天候的充满活力的社区,并使得参展 ROI(投资回报率)的测量标准简单可行,这对参展商和买家而言都是相当重要的。

——Richard Mead, The Jordan Edmiston Group Inc. 运营总监

■ 我希望看到更低的参展成本

对于那些以零售商为目标观众的展览会来说,零售商和供应商都是比较固定

的,这使得提高观众数量变得更加困难。因此,我们需要使展览会给参展商和观众带来更大的价值。

更低的参展成本对参展商而言无疑是一种回报,特别是当企业拥有多个品牌而必须参加不同的展览会时尤其如此。如果他们不在展览会现场,会影响到每一个人,毕竟,正是社区让整个展览业变得更加强大。

——David Ingemie,SnowSports Industries America 总裁

■我们需要大力发展那些能够量化参展商利益和投资回报率的研究

展览会观众增长率已经停滞了许多年,我认为参展正是企业提高观众数量的最好机会。因为参展商十分熟悉本行业的购买者,所以作为一种集中了众多参展商的活动,展览会是成本收益率最大的观众促销手段。

如果我们能够说服越来越多的参展商进行前期的宣传促销,我愿意把更多的营销资源从传统媒体转向为参展商提供更好的促销工具。

——Bob Macgregor,Diversified Business Communications Canada 运营总监

■我希望展会组织者积极响应环境问题和可持续发展问题,并提出具体的解决方案

譬如,我们提倡使用再生纸,出版 HD 的"绿色指导"等,这将使支持这项事业的参展商获得更大的提升。我们也和国际非营利组织 Gifts in Kind(www.giftsinkind.org)一起合作,重新决定使用以前有可能用后被丢弃的材料和物品。为回收利用那些展览会后留下的大量杂乱的纸张提供机会是我们的责任。

长期以来,我们一直在实验不同方案,希望能实现展览会期间碳的零排放,这应该成为每一家展览公司的目标。

——Michelle Finn,VNU Expositions/HD Group 副总裁

■我希望看到活动和展览会的可见度增强,以便和公司的营销部经理们有更好的合作

展览行业提供了企业品牌化和发展客户关系的最有效的营销媒介。为了达到上述目的,我们必须以数据驱动的方式(data-driven way),清晰而简明地传达面对面营销的价值,以期证明比起在印刷广告和网络等媒体上的花费,花在展览会上面对面营销的钱是最有价值的。

——Kevin Rabbitt,GES Exposition Services 总裁

■我希望展览会变得更加互动

观众要能够参与其中,亲身体验,并能理解他们在展览会上所看到的产品。至少,他们在观看其他人演示该项产品时要获得愉悦感。现场演示是展览会与网络相比的主要优势所在,即使是在将来,观众也不会满足于简单的观看和谈论。

尽管公众展览会的组织者们看不起那些推销式的参展商,但他们是吸引人群最多的。好的参展商能让观众参与进来,因为他们深知这正是把产品卖出去的关键。

——David Zimmerman,Southern Shows Inc. 总裁

■我希望看到对参展商和观众更加透明化的价格

如果我能够改变什么,我希望是贸易展览会的价格。展览业的供应链(supply

chain)要求对参展商和观众的价格更加透明化。

展会管理、服务承包商、饭店、展示厅和会议中心都是有责任的。为什么许多时候运送产品到摊位的钱比运送到会议中心的钱要多呢?这通常是因为展会管理者索要了佣金或者是走廊地毯和其他装饰的费用。贸易展览会的成本就像是一个气球——你挤压它,它就会在其他地方膨胀。

——Charles Yuska,Packing Machinery Manufacturers Institute 主席

■ 我希望能大力推进展览会审计

我希望所有现存净展出面积超过2323平方米的展览会在参展商购买展位之前接受审计。与杂志很相像,如果没有第三方的审计和认可,参展商很难判别一个展览会到底怎么样。

参展商们越来越多地要求证实参展是值得的,但因为不知道活动的确切情况,他们无法有效地计算出投资回报率和目标回报率(ROO)。审计并不像"身体通过十字转门"那么简单,它包括人口统计变量和购买力情况。展览会审计能为参展企业做出明智的购买决定提供所需要的信息。

——Stephen Schuldenfrei,Trade Show Exhibitions Association 总裁

(资料来源:Jody Shee. What would you change about the industry. EXPO,2007(2):6-10.)

第二节　展览业发展的趋势

在《第四次浪潮——中国会展业的选择与明天》一书中,王春雷和张灏(2006)曾预测:在2005年后的近15年内,中国会展产业发展的主题将是"规范、整合、提升和扩张",并表现出"新理念、新竞争、新规则、新技术"的特点。在过去近十年内,中国会展业在数量和质量上都有了质的飞跃,表现在会展项目数量、场馆建设、会展教育、行业管理、专业媒体和产业政策等诸多方面(见表1-1)。

表1-1　2006—2015年中国会展业的变化

领　　域	2006年	2015年
国际会议数量	注:在ICCA发布的"Statistics Report 2002-2011"中,最早的分国家统计数据是2011年的,当年我国共举办国际会议302个,世界排名第8	注:根据ICCA发布的年度报告,2014年全国共举办国际会议332个(不包括港澳台地区),世界排名第8
展览会数量	根据中国贸促会发布的《中国会展经济发展报告(2006)》,2006年全国共举办展览会3800个	根据商务部发布的《2013年中国会展行业发展报告》,2013年全国共举办展览会7319个

续表

领　域	2006 年	2015 年
展览场馆	170 个(其中,可展出面积在 5 万平方米以上的有 38 家)	329 个,可展出总面积达到 1391.49 万平方米
行业协会发展	中国会展经济研究会(CCES)成立;全国性的会展行业协会还有中国展览馆协会(CAEC)	中国会展经济研究会的英文名称更改为 CCEES,将 Event 纳入协会研究的范畴
会展高等教育	截至 2006 年 9 月,全国共有 12 所院校设立会展经济与管理本科专业(其中,复旦大学太平洋金融学院已停止办学)	截至 2015 年 9 月,全国共有 84 所院校设立会展经济与管理本科专业,当年会展专业本专科毕业生总人数达到 11709 人
专业媒体	创办有《中国会展》、《中国展览》、《中外会展》、《会展财富》和《中国展会》等专业杂志	会展人微广播、活动研究、会议圈等一批专业社交平台和自媒体应运而生
产业政策	政府主导型展会的市场化步伐加快;政府职能由办展转向制定长远规划、营造良好的市场环境等。同时,行业协会举办专业展成为潮流	2015 年 4 月,国务院印发《关于进一步促进展览业改革发展的若干意见》,同年 9 月同意建立由商务部牵头的促进展览业改革发展部际联席会议制度

(资料来源:作者根据相关报告整理.)

从新技术应用的角度来看,在传统的展览市场,策划者将移动应用作为增强观众体验、降低纸张消费和深入理解观众行为的便利工具;在企业活动市场,策划者更看重的是将移动技术作为日常商业运作的重要平台。类似于 Event Interface 等更优秀的整合工具或系统的出现,将有助于展会组织者对项目进行全方位管理,从观众注册到社区管理,无所不能,而不是就某一方面进行碎片式的管理。

(一)展览业的功能正在发生转变

参展一直都是公司整合营销战略的重要手段,但随着诸多公司营销战略的不断变化,参展能否达到企业战略发展目标的不确定性使得企业营销人员对其产生了质疑。尽管贸易展览会(trade show)和商务活动(business events)的地位仍然很重要,但企业普遍对参展变得更加挑剔。另外,线上营销和公司私有商务活动的兴起也给参展营销造成了不小的冲击。总的来说,企业的参展次数在减少。在医疗保健等行业,企业虽然没有减少参展次数,但大都压缩了参展的规模。

值得欣慰的是,尽管在线营销和电子商务发展迅速,但贸易展览会在今天仍是企业的重要营销手段。对展会组织者而言,这反倒是难得的机遇,它为参展商创造了更多将参展与在线营销相结合的机会和可能。"让会展和活动具有社区意义",可能是包括展览会在内的各种活动打造持续吸引力的下一个发展方向,它要求组织者利用网站、社交工具等各种手段,对线下活动的时空进行拓展。其实质就是online和on-site的无缝对接与融合。

为此,展会组织者应加大展览会的宣传力度,向目标参展企业承诺能够协助达成企业扩大客户范围、提升产品需求量的战略目标。同时,必须深入了解参展商及其目标观众,并为他们提供全年的内容分享平台,以强化展览会作为B2B媒介的定位。只有准确了解参展商和目标观众的需求,展会组织者才能提供有针对性的服务以吸引更多客户,并进一步扩大展览会规模,树立品牌形象。

(二)展览业正在变成一个定量的产业

互联网、大数据、多媒体视听等各种新技术的蓬勃发展,正在不断影响传统展览会的运作模式和项目团队成员的思维习惯。新兴技术和互联网思维将助力传统展览行业向着更绿色、更高效、更智能的方向实现跨越式发展。

Red 7 Media研究与咨询部运营总监Michael Hughes曾经就技术创新与会展业变革之间的关系做过很好的阐释:如果不能像广告等其他渠道一样评估展会营销的效果,那些领导型的公司将会大幅减少参展预算甚至完全退出。另外,数据及分析(data and analytics)已经取代了社交媒体成为企业营销的新宠。在此背景下,曾经被定义为定性产业(qualitative industry)的会展业,如今正在变成一个定量产业(quantitative industry)。

然而,无论技术多么发达,都不大可能取代人与人之间面对面的会谈,技术只是协助展会组织者为客户创造更大价值的工具。在未来展览市场的竞争中,谁获得足够多的高质量数据,并运用日益发展的新技术来提升面对面交流的质量和效应,谁就拥有市场先机。

(三)展览业正在成为一种体验型经济

早在1997年,著名会展与节事旅游研究专家Donald Getz就从参与者的角度对活动的概念进行了界定。他认为,对于参加者/观众(attendee)而言,活动是指在常规选择范围之外或日常经历之外的一次休闲、社交或文化体验的机会。

Al Wynant在文章 2015 Event Trends(《2015年会议与活动产业发展趋势》)中提出的第一点就是让活动具有"社区"意义(events as communities)。这是包括贸易展览会在内的各种活动具有持续吸引力的核心武器,它要求活动组织者利用网站、社交工具等各种手段,对线下活动的时空进行拓展,其核心是不断生产和分享有价值的信息。只有线上、线下有创意的互动,才能给会展及活动参与者创造良好的体验。

补充阅读　影响展览和活动产业发展的未来趋势

为了展望展览和活动产业的未来,国际展览与项目协会(IAEE)董事会专门成立了一个未来趋势特别小组。该特别小组于2013年发布了第一份报告,《2014年白皮书:影响展览和活动产业发展的未来趋势》(2014 White Paper: Future Trends Impacting the Exhibitions and Events Industry)可以视作是2013年报告的延续和升级。

2014年白皮书陈述了影响未来几年展览和活动产业发展的14个趋势。虽然从操作实践和行动步骤的角度来讲,该报告不是通向未来的路线图,但它代表了业内 26 位顶尖专家对展览业发展的判断。主要观点包括:

(1) 全球展览业的增长率投射出经济的缓慢增长,国际市场特别是中国和相关发展中国家,持续为参展商提供了扩张的机会。

(2) 营销人员和展览从业人员正在思考需要测量的数据以及如何处理分析后的信息。尽管大多数展览公司都属于小企业类型,但越来越多的展会组织者将负担得起"大数据服务"(Big Data as a Service,简称"BDaaS")。

(3) 在现场获得高质量的数据和开发有效的数据搜集技术将是展览业发展的重要方向。

(4) 随着智能手机的迅速普及,特别是参展商和观众希望在展馆内接入互联网,展会组织者和场馆管理者需要更强大的数据管理、Wi-Fi 等基础设施。

(5) 智能手机、可穿戴电脑和视听等新技术将加速在展览业中的应用。

(6) 在展览会管理和参展工作中,数据的捕获和发布、个人追踪、数据安全、隐私政策等问题都将变得更加突出。

(7) 随着智能手机的普及和功能拓展,社交媒体营销将变得更加重要,展览行业需要对此做出回应。

(8) 展览会的沟通平台作用将由插话式向全年性转变,为此,要有持续的内容更新和社区互动。

(9) 展会组织者必须意识到,人对人的邀约技术必须与社交媒体发展的要求相匹配,创造独特的体验仍是展览项目管理需要持续改进的内容。

(10) 无论是对于参展商还是企业营销人员,准确测量营销的投入产出率都是必须的。

(11) 邀约观众或潜在客户(engagement)可能涉及展览会或活动的全过程,其最终目的是建立顾客对展览会或活动的忠诚。

(12) 展览和活动行业必须关注社会和代际的变化及其对员工、服务商、人事政策等的影响。

(13) 对于展会组织者而言,数据安全管理以及个人隐私、管理协议等比过去的要求更高。

(14) 展览和活动行业的并购将更加频繁,而且现有展会拥有者将有选择地购买垂直市场的展览项目,以扩大自身在主要行业的竞争力。

全球经济、技术和商业实践在迅速地发生变化。展览和活动行业必须紧跟这些变化,以满足参展商和观众的需求及期望。只有持续拥抱和成功使用新的技术,才能搜集高质量的数据并更有效地生产和营销产品及服务。总之,展览业必须成为一个以数据和技术为中心的产业。

(资料来源:IAEE. 2014 White Paper-Future Trends Impacting the Exhibitions and Events Industry,2013.)

第三节 企业参展的变化趋势及其对展览业的影响

在市场这个大环境的影响下,明智的企业在决定参展之前会根据企业的战略发展目标对展会进行细致评估。其中,参加展会是否能够吸引到目标客户并进一步达到营销目标是重要评估标准。除此之外,面对线上营销低成本、高效益的冲击,参展需要以有成本效益的方式达到预期目标,因而成本控制也是展览行业各供应商将要面临的考验,例如设计搭建、展品运输等。

2014年3月,国际著名参展咨询和研究机构、总部位于美国新泽西州的美国参展调查公司(Exhibit Surveys, Inc.)向业界发布了《企业参展的变化趋势及其对展会组织者的影响白皮书》。该报告阐述了国际范围内企业参展的基本现状,并从展览会价值(the value of exhibitions)、参展商营销目标(corporate objectives)、观众质量(attendee quality)和内容营销(content marketing)4个维度分析了企业参展的变化趋势及其对展览业可能带来的影响,进而为展会组织者提供了具体的应对策略。

一、展览会价值(the value of exhibitions)

据美国展览业研究中心发布的2014年指数报告(CEIR Index),贸易展览会在之后几年将会逐渐复苏。从行业发展历史来看,不仅展览会的参与度在不断提升,参展商数量、净展出面积和展会整体收益也将进一步提高。事实证明,贸易展览会中参展商与观众的面对面交流是企业达成营销和战略目标的关键,这也是绝大多数参展商(90%)认为贸易展览会(trade show)仍是重要营销手段的主要原因。对展会组织者而言,净展出面积在未来3年将持续稳定增长的趋势会激励其进一步扩大展会预算和规模。

然而,近年来企业在线营销预算的飞速增长已成为制约企业参展规模扩大的重要因素,如何处理好在线营销与贸易展览会的关系成为展会组织者需要解决的主要问题之一。尽管企业内部对营销预算的竞争激烈,大部分营销人员仍然保持或增加参展营销预算的份额。为了尽可能从企业方获取更多的营销预算份额,展会组织者需将贸易展览会与在线营销相结合。

参展营销与在线营销两者之间应为互补关系,而非竞争关系。据调查,在展览会前期通过在线活动对展览会以及参展商有一定了解的观众,在展会期间有更多的意愿与参展商讨论产品细节并进行交易。另外,更多的观众认为,在前期在线活动的帮助下,他们对展会交易不再只停留在认知层面,而是能够进一步根据自身需求深入讨论交易细节。

本书作者认为,在互联网和高科技迅速发展的大环境下,在线营销是顺应时代的选择。展会组织者也应抓住时代的机遇,为参展商创造更多将参展与在线营销相结合的机会和可能,以吸引更多的参展企业。

二、参展商营销目标(corporate objectives)

企业品牌建设是衡量企业是否成功的主要标准之一。然而,处在具有挑战的经济环境之中,吸引更多的客户从而提升产品需求量是企业当下最主要的营销目标,品牌建设只能退而求其次。

首席营销官委员会(CMO Council)的一份报告指出,贸易展览会所提供的参展商与观众面对面交流的平台,通过信息的汇集和整合,为参展商提供了大量的贸易机会和广阔的市场前景。许多企业的高管认为展览会的这种特性符合企业当下的营销目标,是吸引新客户、提升产品需求量的最佳途径之一。

换句话说,要帮助企业达到吸引新客户、提升产品需求量的营销目标,并确保提供领先于其他营销途径的营销机会是展览会的首要职能。因此,为满足参展商的预期目标,展会组织者需向参展商提供详细的目标观众数量、质量和价值等信息,以证明其在提供独特营销机会方面的优势。其中,展览会目标观众的质量和价值是参展商衡量一个展会是否能够达成其营销目标的重要指标。

在过去几年中,参展商不再完全依赖于展览会期间与观众之间的沟通,而更倾向于在展会之外与观众中的潜在客户进行会谈。因而,展会组织者应该在促进参展商和观众的预定会谈中扮演重要角色,这样展览会才能逐渐被认为是促进交易进程的重要工具。展览会作为典型的服务性平台,随目标群体的需求变化而变化是最基本也是最重要的成功因素之一。

三、观众质量(attendee quality)

要衡量某个展览会的观众质量,净购买影响力(net buying influence)和总购买计划(total buying plans)是两个重要指标。其中,净购买影响力(net buying influence)是指展会观众中能够为公司推荐产品、指定购买产品种类或者做出购买决定的人数占观众总人数的百分比。

在美国新泽西参展调查公司(Exhibit Surveys,Inc.)的历史数据中,观众的净购买影响力(net buying influence)一直保持在85%上下。观众的总购买计划(total buying plans)在过去50年中也基本在49%附近小幅震荡(注:20世纪90年代除外,当时,高科技类贸易展览会的兴起和科技展品购买的急速发展促使展会观众的总购买计划一度攀升至60%)。

总的来说,展会组织者考虑到参展公司的目标客户群体为领导层观众,从而在展览会组织、宣传中实行选择性吸引高质量观众的战略,并有效地吸引了新的观众(2012年,新观众的比例高达36%)。另外,从以上数据可以看出,平均每个展览会有近半数的观众具有购买展示商品的倾向。

然而,为了更有效地在现有参展商和潜在参展商中对展览会营销的价值进行定位,对观众的质量进行评估和进一步提升不可或缺。同样,细致了解观众的构成对分析观众的购买能力和购买意向有很大帮助。事实上,除了整体上对观众质量进行评估外,为了进一步证实展览会营销的价值,展会组织者应针对特定商品种类,对观众进行购买能力和购买意向的评估。这样不仅能为展位销售以及赞助商的寻找提供便利,也有利于与核心参展商建立深远的战略合作伙伴关系。

四、内容营销(content marketing)

内容营销作为新兴营销手段,其重要性在不断增长。内容营销的目的在于向现有和潜

在客户持续提供有价值的信息或内容,以在客户群体中建立信任、品牌知名度和积极情绪。据《B2B》杂志市场人员的调查,72%的公司都将内容营销作为开拓市场(go-to-market)战略的重要组成部分。令展会组织者感到欣喜的是,美国内容营销协会的调查报告显示,69%接受调查的公司把展览会营销作为内容营销的手段之一。在他们眼中,提供与顾客面对面交流机会的展览会是执行内容营销战略的最有力平台。

那么,展会组织者如何能够向公司提供一个理想的"内容"传递平台,并使展览会在实现公司内容营销目标中起到关键作用呢?

首先,需要向参展商提供与展览会相关的高效且有效的内容营销机会,比如提供演讲席位、公关机会、现场教育、展览会实时通讯特辑、博客等。

除此之外,对于展会组织者而言,最近经常被业界人士讨论的"全年内容分享平台"(365 day experience)是绝佳的机会。参展商一直以来都在寻求新鲜独特的方式与客户接触,在内容营销的"内容"上也需要持续不断的创新。展会组织者同样需要突破传统展台销售及赞助商赞助的盈利方式,去寻找能够进一步提升盈利空间的新途径。

如此看来,展会组织者与参展商在内容营销方面进一步合作是大势所趋。这样的合作对于展会组织者和参展商双方是互利共赢的,不仅使得展览会能够真正成为内容营销的媒介,参展商也能通过更多的"内容"传递窗口,向客户提供更多有价值的信息。

补充阅读 展会组织者如何提升参展商的 ROI?

2014 年 5 月,美国参展调查公司(Exhibit Surveys)发布白皮书——《展会组织者在提高参展商投资回报率中的角色》(the Organizer's Role in Driving Exhibitor ROI),为即将举办的"2014 年展览与会议高层论坛"(ECEF, Exhibition & Convention Executives Forum)预热。虽然报告的发布已有些时日,但对当今会展业的发展依然具有前瞻性的指导意义。

为了缩小参展商和观众之间的距离,实现双方价值诉求的平衡,促进贸易展览会生态系统的健康发展,该报告提出了提高参展商 ROI 的 8 种实用方法。

1. 匹配分析:实现观众与参展商的高效对接

何为匹配?参展商展示的产品符合观众的口味,此乃匹配;观众的人口分布概况符合参展商的预期目标,此乃匹配;观众观展的动因与展商参展的目标相一致,也是一种匹配。新常态下,会展业市场化转型的进程加快,展会组织者更要致力于为买卖双方寻找更多的契合点。

主办方为展商招徕更多的专业观众是参展商获取高 ROI 的坚实基础。展会现场是否有足够多对展品感兴趣的观众,这是参展商此次参展成功与否的最好预言。观众质量与展商预期的匹配对提升展商的满意度大有裨益。贸易展的生态系统里没有单行道,组织者还必须从观众的角度来看分析"匹配"的程度。通过比较观众感兴趣的产品与展出物品的差异,来衡量观众的满意程度,也会使下一次的招展活动更有针对性,如表 1-2 所示。

表 1-2 参展商与观众的匹配分析

专 业 观 众	是否匹配	参 展 商
观众的头衔或工作岗位	是 否	对于参展企业而言最重要的头衔或工作岗位
观众(例如零售商)的业务类型	是 否	对于参展企业(例如分销商)而言最重要的业务类型
观众最感兴趣的产品(例如硬件)	是 否	在展览会现场展出的产品(例如软件)
观众参观的原因(例如,寻找新的供应商或看见新产品)	是 否	参展商参展的原因(例如,购买名录、新产品开发)

(资料来源:Cox, S. The organizer's Role in Driving Exhibitor RoI-A Consultative Approach[R]. May,2014.)

展会组织者可利用"参展绩效模型"来实现"观众-展商"关系的可持续发展。该模型有助于识别企业参展生命周期中的各个关键里程碑,从识别潜在的观众到吸引这些观众到特定的展台,再到观众与展台工作人员的洽谈,直至产生价值。这些最终结果的形成归功于每一步中的关键变量。

2. 从"观众流净值"到"潜在观众":量化展商潜在的 ROI

所谓观众流净值(net attendance),是指展会中的总人数减去参展商人员的数量,"潜在观众"即产生于这些剩下的人中。组织者通过量化参展商目标观众的规模和价值,可以论证参展商是否具有高 ROI 的潜力。该指标需要依据不同的数据来源,组织者只有搜集到足够详细的人口统计数据,才能精确地定位展商的目标观众。

参考"潜在观众"的量化结果,参展商可以确定对该展会的投资级别。例如,对某家参展企业而言,观众流净值为 10000 的展会可能会产生 2000 名潜在观众,进一步分析,其中可能有 100 位价值领先的观众。此时,展商就会考虑:怎样的战略选择和投资策略最有可能改善结果,将领先数增加到 200 呢?

3. 展台吸引:帮助展商设置恰当的期望值并协助其开展计划

组织者可以帮助参展商加深其对观众的人口统计特征和消费偏好的理解,以此更好地预测参展商的期望。据统计,主要参展商可以吸引 81% 的潜在观众驻足于它们的展台。那么,哪些是影响展台吸引力的关键变量呢?

1) 参展规模

大多数的中小型展商只会吸引一小部分的目标观众。倘若某个特定展位的规模过大,平均到每位访客的成本就会过高,对展商的 ROI 就产生了负面影响。另一方面,若展商的展示空间过小,将很可能错失良机,也会对 ROI 造成负面影响。

2) 营销机会

不论是展前造势还是展中的热场,营销不失为提升展台吸引力的重要推动力

之一。组织者手中握有多种营销方式,如会刊、网站、旗帜广告、微信公众号等,可使参展商得以最大限度地创收。

3)涨"粉"技巧

与以上两者不同,现场产品工艺展示等体验场景的设置不一定是组织者的分内之事,但分享这种增加关注度的技巧以提升高质量的客户关系,就绝对是组织者需要做的事情了。

4. 员工参与:构建有助于买卖双方高效洽谈的环境

相关研究表明:参展商ROI的显著性影响因子是展会的活跃度和一对一的贸易洽谈,而非仅仅是观众数量。总体而言,参展商与潜在观众面对面互动的机会只有48%。因此,展台工作人员的表现和素质对展商预期ROI的实现有着较大的影响力。

在特定展台,观众与参展企业工作人员的洽谈会擦出怎样的火花,这并不在组织者所控制的范围之内,但组织者可以与展商分享一些可操作性的经验。

(1)数量。展台要配备足够数量的员工来吸引潜在顾客,组织者可以帮助展商来做出合理化的决定。

(2)混合。展台员工的配备要覆盖专业水准和职责分类的各个层级,组织者可以根据展商潜在观众的人口统计特征提出有针对性的建议。

(3)培训。展台工作人员必须是训练有素且积极主动的员工。许多组织者会为展商提供展台人员培训的有偿服务。

5. 结果:建立伙伴关系,提升参展商的绩效

展会组织者可通过分享展会总的关键数据以及特定展商的展览绩效指标,与展商达成更多的战略合作伙伴关系。展会的各项数据有助于定义展商目标观众的规模和价值,而展览绩效指标可以识别特定展商的优势和劣势,凸显其优化改进的机会。例如,假设ABC国际公司参展的主要目的是吸引更多观众,在与观众互动方面,其参展工作人员的表现优秀,这样该公司就能基于相关数据对其参展绩效进行分析(见表1-3)。

表1-3 ABC国际公司的参展绩效评价

指 标	结 果	平均水平	排 名	总体评价
接待观众总人数	21%	38%	16	差
面对面会谈	13%	20%	13	中
员工交互率	62%	50%	1	好
个人表现	77%	62%	1	好
印象最深刻的展品	4%	N/A	9	中
更倾向于购买	38%	34%	6	好

组织者还可以搜集参展企业营销部门所披露的描述其公司业绩的指标和术

语,帮助参展商进行战略层面上的改进(而非仅在战术层面的合作)。这是一个双赢的过程,组织者对所获数据进行整理分析,并与展商进行研讨,此举乃是市场调研的一种绝妙方式。

6. 做好为参展商和赞助商提供定制化体验的准备

对于有影响的参展商来说,展会的价值不只源自展区或赞助广告,它们大多会利用多种方式来实现其营销目的。例如,有的展商代表利用演讲或主旨发言的机会彰显其精神领袖的风采;有的展商在展区之外设置会客厅进行产品展示或召开客户会议;还有少数展商会针对特定客户群自办私人展览会。

当主办方加深与展商的协作关系,帮助其实现预期的营销目标时,主办方也会从中获益。这些额外的活动会提升整个展会的观众体验,从而为组织者带来额外的收入。

7. 控制住战术上的痛点:展会体验尤为重要

可以这么说,主办方的配套服务或布展方面的策略并不会影响到参展商的ROI,但会议注册、酒店、班车等服务及布展或撤展展示的负面体验都会影响参展商对整个展会的感受。测定影响展会绩效的各方面的战术元素可以快速识别可改进的领域。通过对这些痛点的及时处理,组织者可以有效提高参展商的整体体验,提高展会的客户感知价值。

8. 展台销售要基于其效用而非价格

参展成本的增加是展商持续关注的焦点之一,虽然竭尽所能地帮助展商控制参展成本是组织者获益的最佳选择,但展位和赞助的销售还是要基于价值而非价格。近期,一项针对组织者的调查显示,2013年只有45%的组展商提高了展位报价,且平均增幅仅为2%。倘若观众的数量和质量均有所提升,组织者就不应该羞于涨价,不然将会导致自身收入的损失。而且展台租金仅为展商参展总成本的三分之一。

报告最后提出了几点结论:

(1) 讨论参展商的ROI时不能单单考虑销售预期、品牌提升等产出指标,还应重视对参展商的投入指标的分析,做到双管齐下。

(2) 在描述和量化展商的潜在观众之后,组织者还可以为展商提供多种决策咨询,如鼓励其使用多种营销手段、强调展台员工的重要性等。

(3) 通过对展会各种数据流的有效利用,组织者可以更好地阐明展会的潜在价值,并为展商提出改善绩效的建设性意见。

(4) 组织者致力于为展商创造更多价值的举措可以提升二者之间的黏性,并会为贸易展的生态系统开辟出更多的合作领域。

(资料来源:Exhibit Surveys, Inc. The organizers' role in driving exhibitors ROI-A consultative approach. May 2014.)

本章小结

展会的目的和成功并不在于展会管理本身，而在于如何成功、有效地把买卖双方组织到一起，增加他们参加和参观展览会的兴趣和价值，即促进和提高买卖双方间的信息交换率和交易成功率。

本章第一节对展览会的本质和功能进行了简要分析。概括而言，展览会的营销功能主要体现在4个方面：展示产品、宣传品牌；洽谈贸易、拓展市场；搜集信息、交流技术；整合传播、强力促销。第二节从展览业的功能正在发生转变、展览业正在变成一个定量的产业以及展览业正在成为一种体验型经济3个角度，阐释了国际展览业发展的大趋势。第三节基于Exhibit Surveys,Inc.于2014年5月发布的《企业参展的变化趋势及其对展会组织者的影响白皮书》，从展览会价值、参展商营销目标、观众质量和内容营销4个维度，分析了企业参展的变化趋势及其对展览业可能带来的影响，进而为展会组织者提供了具体的应对策略。

关键词

平台战略（platform strategy）：是指连接两个以上的特定群体，为他们提供互动交流机制，满足所有群体的需求，并从中赢利的商业模式，其精髓在于打造一个完善的、成长潜能足够大的生态圈。

展览会（trade show）：是一种具有一定规模和相对固定的举办日期，以展示组织形象或产品为主要形式，以促成参展商和观众之间的交流洽谈为最终目的的中介性活动。

参展商（exhibitor）：得到展会组织者正式许可，在展览会上展示自己的品牌、产品或服务，从而获得高质量潜在客户的个人或组织（注：在联合参展中，联合参展商是指在另一家参展商（主参展商）的展台上使用自己的员工、展示自身产品和服务的企业）。

净购买影响力（net buying influence）：是指展会观众中能够为公司推荐产品、指定购买产品种类或者做出购买决定的人数占观众总人数的百分比。它是衡量某个展览会观众质量的重要指标。

复习思考题

1. 与其他营销手段相比，展览会具有什么特质？
2. 从营销的角度看，展览会主要有哪些功能？

3. 如何理解会议和展览会等活动的"社区意义"?
4. 怎样理解展览业正在变成一个定量的产业?
5. 请查阅相关资料,了解衡量某个展览会观众质量的主要指标。
6. 展会组织者应该如何为参展企业提供一个理想的"内容"传递平台?

案例讨论题

谈亮点　话感受

——中国少年儿童新闻出版总社独立参加博洛尼亚书展有感

2013年4月,中国少年儿童新闻出版总社(简称"中少总社")首次独立参加了博洛尼亚儿童图书博览会(以下简称"博洛尼亚书展"),并租用了近100平方米的展位。展会期间,还策划了"好故事,一起讲——中外儿童文学作家、插画家对话暨签约活动"和"书香飘万里——中外儿童文学国际传播高端对话"两场活动。2013年7月上旬刊的《出版参考》对中少总社此次参展的几位编辑做了一次专访,内容很有启发性。以下是对林栋编辑的访谈内容。

林栋:敢于亮剑,靠的是实力

参加今年博洛尼亚国际儿童书展的最大感受是,我们终于不再是"打酱油"的了,我们不再整日奔波于各展馆间急着去向外商引进版权了,而是终于有了归宿感,有了自己的家,我们也可以做版权输出的生意了。这就是我们中少社的独立展台,它体现了中国少儿出版的风采和实力,我们的亮相引起了世界出版同仁的关注。这是我们走出去的第一步,可喜的第一步。

这次我们虽然是第一次独立参展,但在展台设计、展品布局、主题宣传、功能安排、活动组织、版权洽谈、协议签署和客人接待等各方面都能做到井然有序,张弛有度,各司其职,有条不紊。这与我们事前的周密考虑是分不开的。我们的展台既符合国际时尚潮流,又不失传统特色,效果上不输于任何欧美大国。我们活动主题的顶层设计既能够吸引国际儿童读物联盟和安徒生评委等官员的关注,又能受到国外出版同行和海外插画家的热捧,这充分说明了我们的出版观念和所展示的出版物均具备在国际上竞争的实力。我们以往欠缺的就在于我们没有足够好的东西可以展示,因此我们缺乏自信,总认为人家的东西比我们的好,我们参展的目的就是引进,就是拿人家的东西。

但是,近年来通过我们自己的努力,向别人学习,取长补短,我们取得了长足的进步。忽然发现,我们终于也有了可以令别人刮目相看的好东西,我们也可以输出版权了。也就是说,只有当你具备了一定的实力,才有能力亮剑。

那么这个实力是什么?通过观察,我认为,我们的儿童绘本就是我们的第一实力。它所体现出的国际化主要表现在三个方面:一是故事构思的国际化。我们这次取得了国际合作的《小猪波波飞》和《羽毛》两个范本,在故事主题上都体现了人类都可以理解的话题,这两个故事都获得了国际出版人的共鸣。二是绘画风格和技巧的国际化。《小猪波波飞》的画法虽采用的是中国画泼墨大写意的技巧,但在构图、着色、形象设计、画面布局等方面,凸显出的灵动、智慧、明快和轻松,尽显超人的想象力,看后会令人会心一笑。三是语言文字翻译的国际化。中国的作品要想走出国门,一个最大的障碍就是语言文字的翻译。所有文字信息都要靠信、达、雅的翻译来准确传达,这样才能起到让人理解和产生共鸣的效果。绘本的最大优势就在于它的简练文字和人人都能看懂的图画,容易被不同语言文字背景的人接受。

鉴于国外一个好的作品能够吃几十年版权收益的经验来看,我认为,我们的作品,还要注意打造国际化的故事人物形象,从作者包装、形象定位、故事构思、绘画风格,到装帧品相等各方面都要统一设计。未雨绸缪,引领潮流,我们就一定会在国际舞台上尽情挥洒我们的智慧和才华。

(资料来源(节选):韩阳.谈亮点话感受——博洛尼亚书展独立参展有感[J].出版参考,2013(7):13-14.)

思考:

(1) 中少总社虽然是第一次独立参展博洛尼亚儿童图书博览会,但取得了理想的效果。请查阅更多背景资料,分析其获得成功的原因。

(2) 根据对林栋编辑的访谈,分析中少总社的参展目标可能发生了怎样的变化,其背后的原因是什么?

第 2 章

成功参展的基础

学习目的

- 从整合营销战略的角度理解企业参展的重要功能。
- 掌握参展与公司活动及其他营销活动之间的区别和联系。
- 了解参展成功和失败的主要原因。

线索引入

以下是《中华读书报》采访麦格劳-希尔(McGraw-Hill)参加 2004 北京国际图书博览会(BIBF)的一篇报道,从中我们不难看出麦格劳-希尔在参展事务上的战略眼光。

《中华读书报》:请谈谈近年来麦格劳-希尔在 BIBF 所取得的版权贸易成就。

麦格劳-希尔:麦格劳-希尔教育出版集团于 1999 年设立中国代表办事处,围绕版权贸易与教育服务两条主线发展中国业务。国内出版社对版权的强烈需求使我们致力发展同中国出版社的合作;而更加广泛的来自中国大中小学教师及学生对麦格劳-希尔丰富的教育科技资源的需求,更促使我们面向教育全面服务。以推进全球教育发展为使命的麦格劳-希尔教育出版集团也将忠实服务于中国教育、科技事业的发展,积极促进中外文化交流,引导"全球智慧中文化"的新潮流!

《中华读书报》:麦格劳-希尔在 BIBF 上一般都有哪些活动?

麦格劳-希尔:我们的商业活动一般都在北京国际图书博览会会外完成,因为我们在中国以及世界其他国家和地区已经都有了稳固的合作伙伴,很多商业合作都在 BIBF 之前或之后完成。但是,BIBF 是国际性盛会,为我们展示形象、展示产品、结识新朋友、会见合作伙伴、加强国内外联系提供了平台。

很多国外展商尤其是大的出版集团特别注重展示形象,展位设计既有风格又不张扬,展位一定要突出目的、显示个性,麦格劳-希尔的展台就很注重形象,展柜都是由颜色统一的、可拆分的木制材料制作,而且还设了 meeting room 安排和合作伙伴会面、开会。接见客户、洽谈业务、联络感情是我们在书展上要做的重要事情。

……

(资料来源:徐世钢. McGraw-Hill 树品牌推重点[N]. 中华读书报,2004-09-06.)

在人类社会发展史上从来没有哪种营销手段能像展览会这样在短时间内集中一个行业内主要的生产厂家和买主。这里的"买家"是指专业观众或中间商,"卖家"则指的是参展商。然而,成千上万的企业每年都会花费大量人力和物力去参展,却未能取得理想的效果。造成参展失败的原因多种多样,有目标设定方面,也有选择展览会方面,甚至有员工素质方面的……归根结底,这些企业没有从战略高度对参展做一个合理的规划,更没有将参展纳入到企业的整体营销计划中。

第一节　企业整合营销战略与参展

整合营销理论产生和流行于 20 世纪 90 年代,是由美国西北大学市场营销学教授唐·舒尔茨(Don E. Schultz)提出的。整合营销既是一种新的营销思想和理念,又是一种管理体制和手段,通过整合企业内外部的各种资源及要素,有利于企业真正实现从以生产为核心向以需求和营销为核心的方向转变。概括而言,整合营销战略应该成为企业参展的指导性纲领,反过来,参展又能够为企业实施整合营销战略提供契机。

一、整合营销

所谓整合营销,即一种通过对各种营销工具和手段的系统化结合,并根据环境进行即时性的动态修正,以使交换双方在交互过程中实现价值增值的营销理念与方法,其实质是把广告、直接营销、销售促进、人员推销、事件、赞助及客户服务等各个独立的营销工作综合成一个整体,以产生协同效应。

整合营销理论认为,在营销的可控因素中,价格、渠道等营销组合因素可以被竞争者效仿或超越,而产品和品牌的价值难以被替代,因为它们与消费者的认可程度有关。所以,整合营销的关键在于进行双向沟通,迅速树立产品品牌在消费者心目中的地位,建立一对一的长久关系,提高顾客对品牌的忠诚度。

企业在实施整合营销战略的过程中,有四个关键层次需要把握。

第一个层次,企业要协调营销传播中所有可管理的部分,如广告、公共关系、人员直销、销售促进等,将之调整为一个连贯的、统一的整体。

第二个层次,企业内部的连贯性和一致性是营销传播一致性的保证,为此,需要对企业的内部资源进行整合,并建立相应的组织机构。

第三个层次,企业应利用已确立的组织机构和技术能力,建立合理的内部信息传递通道和客户信息管理系统。

第四个层次,推动企业的战略决策与财务整合,主要目的是解决企业的资源分配和各类合作问题。

二、参展是一种重要的整合营销战略工具

展览会具有得天独厚的整合营销功能,它不仅本身就是一种营销工具,更重要的是,它还为参展企业组合使用广告、实地展示、人员沟通等多种营销手段提供了无限的可能,进而

有利于促进企业与潜在客户之间的交流,增强客户和终端消费者对企业产品与品牌的认同度,最终扩大企业销售。

参展作为企业实施整合营销战略的一种重要工具,是由两点决定的。

首先,作为平台,展览会是一个信息市场。展会期间,某个甚至多个行业的供应商、生产商、批发商、分销商等汇聚一堂,进行交流洽谈、签订合同。参展企业可以利用各种信息渠道宣传自身的产品,推介品牌、展示形象。企业与顾客之间可以直接沟通,并得到及时反馈。另外,企业可以收集有关竞争者、新老顾客的信息,了解本行业的发展趋势和最新产品、最新技术动态,并为下一步的决策提供参考。

其次,展览会具备了其他营销工具的相关属性,例如,作为广告工具,展览会可以通过各类媒介将信息有针对性地传送给特定观众;作为促销工具,展览会能刺激公众的消费和购买欲望;作为一种直销形式,展览会可以直接将展品展示和销售给观众;作为一种公共关系手段,展览会又具有提升产品和企业形象的功能。

在《展览在市场营销体系中的作用》一书中,Jag Beier 教授和 Simon Dambak 教授概括了展览会与企业其他营销手段之间的关系,如图 2-1 所示。

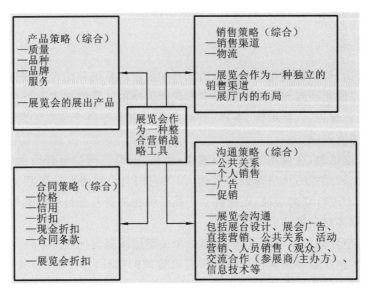

图 2-1　展览会的整合营销战略工具作用

补充阅读

1996 年,由美国展览业研究中心(Center for Exhibition Industry Research)赞助,Deloitte&Touche 咨询集团(Deloitte&Touche Consulting Group)开展了一项名为"展会的力量"的调查,主要目的在于调查营销人员在整合营销战略中使用展览会的情况及效果,进而为营销人员合理分配参展预算提供一个行业标杆。

尽管这份调查报告对营销部门的工作研究得还不够全面,但还是得出了一些非常有意义的结论。

(1) 展览会在产品营销中起着重要作用,除低于直接销售外,企业在参展上的花费明显高于使用其他手段的支出(Exhibitions do play a key role in marketing products, ranking second only to direct sales and ahead of advertising, direct mail and public relations)。

本研究得出的最重要的结论是在销售过程的每一个步骤——从客户最初的需求决策到最终的产品购买,企业在参展上的花费都仅仅低于直接销售,而高于广告、直接邮寄、公共关系和电话营销,在各种营销手段中排名第二。6000名被调查者[①]在销售过程中使用营销组合的情况如表2-1所示。

表2-1 公司营销组合(marketing mix)的使用情况

营销手段	百分比	备注
直接销售	87%	包括场所销售(field sales)
参展	83%	
广告	68%	
直接邮寄	64%	
公共关系	59%	
电话营销	39%	

(数据来源:CEIR, Deloitte & Touche Consulting Group. The Power of Exhibitions II[R], 1996.)

(2) 在参展中采用了整合营销战略的公司在展览会上会有更好的表现(Companies using an integrated marketing strategy are more successful than those who do not)。

这里的"整合营销战略"包括在展前、展中和展后对相应营销技巧的使用。例如,在展前使用直接邮寄邀请客户,在展会目录、展会预览或展会新闻(show daily)上刊登广告;展会期间举行新闻发布会;展会结束后,给高质量的意向客户打直接销售电话等。在任何行业,如果只注重参展必定会让企业举步维艰。参展只是众多营销手段中的一种,因此,营销人员还必须把精力分配到其他营销方式上。调查结果证明了这一点,如表2-2所示。

表2-2 公司营销预算的情况

营销手段	百分比	备注
直接销售	47%	包括场所销售(field sales)
参展	14%	
广告	11.5%	

---

① 这6000名调查对象都是从事B2B营销工作的专业人士,所涉及的行业包括制造业、批发贸易、物流和商业服务。

续表

营销手段	百分比	备注
直接邮寄	9%	
公共关系	6.5%	
电话营销	5%	
其他	7%	

（数据来源：CEIR，Deloitte & Touche Consulting Group. The Power of Exhibitions II[R]，1996.）

（3）那些设定了明确的参展目标并使用定量方法评估参展效果的公司更容易取得理想的参展效果（Companies that set objectives for exhibition participation and use quantitative measurements of performance are more successful than those who do not）。

盲目地参加展会就好比没有目的地的旅行，与其在上面浪费金钱和时间，还不如去干点别的事情。与其他精心筹备的市场营销活动一样，参展也需要有一个周密细致的计划，其中，设定明确的参展目标是成功的基础。

另外，根据 Deloitte & Touche Consulting Group 的研究，使用定量的绩效评估方法是参展营销的最佳经验。据统计，在认为参展"非常成功"的公司中，68%的公司使用了定量方法来评判既定的参展目标是否实现。这些公司常用的统计指标包括：

• 参观本公司展品的观众数量（The number of exhibit visitors）；
• 被与展会相关的杂志和其他出版物提到的次数（The number of mentions in show-related journals and publications）；
• 来自现有客户的订单数和金额（The number and amount of sales to existing customers）；
• 获得高质量意向客户的数量（The number of quality leads generated）。

（4）展览会对高科技企业具有特别的价值（Exhibitions are of special value to high-technology companies）。

（资料来源：Steve Sind and Llona Kitzing. Study researches power of exhibitions[R]. Business Courier of Cincinnati，March 28，1997.）

第二节 参展与其他营销活动

2006年，国际展览管理协会（the International Association for Exhibition Management，简称 IAEM）在新的战略规划中将"活动"明确列入组织使命中，同年12月又将协会更名为"国际展览与项目协会"(the International Association of Exhibitions and Events,简称 IAEE),这标志着展览会与营销活动在美国的进一步融合。事实上,展览会与生俱来就和其他营销手段特别是公司活动之间有着千丝万缕的联系(见表2-3)。

表 2-3 常见商务活动的分类及特征

	会　展	公司活动	其他活动
主要类型	√ 纵向、横向展览会 √ 国际、全国、区域及地方性展览会 √ 由行业协会、非营利机构组织的展览会 √ 大型会议、研讨会等	√ 多站点巡回展/路演 √ 用户小组 √ 单个客户活动 √ 合作伙伴讨论会 √ 教育性讲座 √ 网络讲座 √ 娱乐活动 √ 奖励旅游	√ 体育赞助 √ 手机营销 √ 游击营销 √ 公益事业 √ 终端消费者活动
共同点	√ 与客户或潜在客户面对面沟通的效率高 √ 和其他营销渠道相比成本较高,但比直接销售的成本低 √ 侧重点在于发现销售机会 √ 通常被认为与企业内部的预算、组织和管理具有一样的功能 √ 与活动前的沟通和活动后的跟进一起,才能发挥最佳效果		
主要区别	√ 侧重于潜在客户 √ 活动的进度、内容和与会者(观众)都由会展公司组织安排 √ 竞争对手使得信息和注意力分散 √ 提供大量的公共关系机会	√ 侧重于现有客户 √ 整个活动由公司人员组织 √ 通过精心组织可以使信息得到有效控制 √ 公司活动的花费可以由商业伙伴来支付或者向参加者收费	

(资料来源:Stevens,R. P. Trade Show&Event Marketing:Plan, Promote&Profit[M]. South-Western Educational Publishing,2005.)

一、展览会与公司活动

展览会与公司活动(corporate event)都属于商务活动的范畴,但各有优劣势。所谓商务活动(business event),是一个统称性的术语,它包括展览会以及企业自身举办的用来服务客户(主要指中间商)、潜在客户甚至消费者的活动。根据美国展览业研究中心(CEIR)的统计数据,2003年,美国企业在商务活动方面的花费大约是210亿美元;与此同时,《博览会》杂志在一份研究报告中指出,2003年美国企业在参展上的花费达到150亿美元。

相对于公司活动而言,商业展览会(trade show,也有人译为"贸易展览会")显得更加成熟,不仅得到很多专业协会和企业的支持,而且已经形成了不少代表性的理论和研究报告。然而,近几年,展览会和公司活动之间的关系正在发生微妙的变化。IAEE意识到,在市场竞争日益激烈的今天,企业需要重新审视展览会的作用和效果,毕竟,参展并不是解决企业问题的唯一办法。另一方面,展会组织者也逐渐认识到自己的任务不仅仅是将参展商和买家集中到一起,还需要把各种辅助活动作为他们营销计划的重要部分。《贸易展览会与活动营销:规划、促销与利润》(Trade Show and Event Marketing:Plan, Promote and Profit)一书的作者 Ruth P. Stevens 也认为,展览会和其他买家-卖家活动(buyer-seller events)之间的差异越来越难区分,再加上各种形式多样的活动在功能和内容上彼此交叉,这使得对活动的分类也更加困难。

二、参展与其他营销手段

与其他营销手段相比,展览会的最大优势在于能让参展商在短时间内与客户进行面对面的沟通,并可以综合运用多种营销方法。在高质量的展览会上,一名销售代表在一天中接触的潜在客户可能比他在一个月中拜访的客户还多,而且,展览会作为一种特殊形式的营销媒介,能够把营销和销售结合在一起。

根据商业营销协会(BMA)于 2003 年对 250 名会员所做的调查,美国企业在参展上的花费超过了其他常用的营销手段,名列第一(见表 2-4)。然而,因为参展存在费用高、风险大、效果不易控制等缺点,绝大多数企业都是将参展作为整合营销战略(integrated marketing)的一部分,与公司活动、广告、直接邮寄等营销手段组合使用。

表 2-4 企业支持直接销售的市场营销预算

营销手段	百分比	备注
参展	18.6%	指商业展览会
在专业商业杂志上刊登广告	13.8%	
互联网、电子媒介	13.5%	
促销	10.9%	
公共关系	10.8%	
直接邮寄	10.0%	
经销商	5.6%	
市场调查	4.1%	
一般杂志广告	3.2%	
电话销售	2.5%	
目录销售	1.6%	
其他	5.4%	

(资料来源:商业营销协会(BMA)2003 年调查报告.)

补充阅读

2014 年 3 月,国际著名的参展咨询和研究机构、总部位于美国新泽西州的美国参展调查公司(Exhibit Surveys, Inc.)向业界发布了《企业参展的变化趋势及其对展会组织者的影响白皮书》(White Paper on Evolving Exhibitor Trends and Their Impacts on Exhibition Organizers)。该报告指出,尽管贸易展览会和商务活动的地位仍然很重要,但企业对参展工作普遍变得更加挑剔。

总的来说,许多企业的参展次数在减少。在医疗保健等部分行业,虽然企业的参展次数没有减少,但大都压缩了参展的规模。

该报告的主要内容是从 4 个维度,阐述了展览会价值(the value of exhibitions)、参展商营销目标(corporate objectives)、观众质量(attendee quality)和内容营销(content marketing)对展会组织者的意义。例如,作为传递内容的理想平台之一,展览会在帮助参展企业实现其内容营销目标方面具有重要作用。报告明确提出,展会组织者必须同时深入了解参展商及其目标观众,并为参展商和观众提供全年的内容分享平台,以强化展览会作为 B2B 媒介的定位。

事实上,作为商务活动的一种类型,展览会只是公司整合营销战略的构成部分,只不过相对公司活动而言,贸易展览会(trade show)显得更加成熟。近几年,不仅展览会和其他买家-卖家活动(buyer-seller events)之间的差异越来越难区分,而且各种形式多样的活动在功能和内容上彼此交叉。这也是美国贸易参展商协会(Trade Show Exhibitors Association,简称"TSEA")将协会重组为"参展和活动营销专家协会"(Exhibit and Event Marketers Association,简称"E2MA")的主要原因。

第三节 参展成功和失败的主要原因

每年都有成千上万的企业或非营利性组织参展,每次展会结束后,营销经理都会对参展效果做出不同的评价,有人觉得是如获至宝,也有人觉得是隔靴搔痒,甚至有人感到后悔不已。参展成功的秘诀和失败的原因究竟在哪里?关于这个问题的答案,肯定是仁者见仁智者见智。但无论怎样,营销经理都需要深刻理解参展作为一种获得高质量潜在客户的低成本途径的价值,以及参展对企业整合营销战略的总体要求。

一、成功参展的常用技巧[①]

(一)明确参展目标

展会能有效达成多种市场营销目标,主要包括:收集潜在销售线索;发布新产品或新服务;开拓新市场;建立客户忠诚度;公司品牌定位/重新定位。在具体工作中,有一些常用技

[①] 本部分主要资料来源:励展博览集团中文官方网站,http://www.reedexpo.com.cn。

巧可供参考,具体如下。

1. 清晰地设定参展目标

所选择参加的展览会必须符合公司的市场推广目标。尽管这项原则听起来是老生常谈,但事实上不少公司所参加的一些展会并不能有效针对其目标客户群,从而不能充分实现其参展价值。

例如,2014年8月,第21届北京国际图书博览会(英文缩写"BIBF")在北京顺义新国展举行。中国少年儿童新闻出版总社(简称"中少总社")携约700种、逾1000册图书在E1馆亮相,毗邻当年的主宾国土耳其的展区。在筹备参加本次BIBF时,中少总社即以全球领先出版社参展大型国际书展的标准和形式,确定了2014 BIBF的参展目的——实现国际版权贸易尤其是版权输出,从展位设计到参展书目的准备、从图书展示到现场活动,均紧密围绕这一主旨。

2. 保持一致

参展目标必须与公司的市场营销战略一致,以便使广告、公关、直邮、直销等其他营销手段与展会协调作用、互相加强,而非各自孤立。

3. 设定可达到的目标

没有什么比设定不可能实现的目标更打击员工士气的了,而对现实目标的完成正是对员工努力的最佳鼓励。

4. 为目标设定优先级别

如果公司需要设定多个目标,应该对这些目标分别设定不同的优先级别,以确保将公司的最大努力投入到最重要的目标上。面对多个目标时,应该有所侧重,切忌贪多,否则资源将被分散,从而使参展失去重点。

5. 通传目标

必须把既定的参展目标向参展团队的所有成员传达,以确保每一位参展工作人员都朝着统一的目标努力。

(二)选派高素质的参展工作人员

高素质的工作团队会使企业的参展事半功倍。据统计,展台工作人员专业知识不足是导致观展抱怨的主要原因之一,因为买家来到展位参观时往往会就产品性能、价格及配送提出非常具体的问题,这需要展位上随时有工作人员能解答这些疑问。因此,为工作人员提供产品和技术知识、沟通技巧及商务礼仪等全方位的培训是十分必要的。

概括而言,参展活动对工作人员的基本要求包括:

- 有很强的沟通能力,并能有效辨别高质量的客户;
- 与上级领导保持紧密联系;
- 与筹备人员经常保持联系,共同磋商解决问题;
- 从展出工作开始就必须分工明确;
- 举止文明,保持良好的精神状态。

(三)部门间精诚合作

参展是一项复杂的系统工程。在一个完整的参展过程中,参展经理先后要和营销部、财务部、产品研发部、技术服务部、行政部以及销售部等多个主要部门沟通,很多时候就像一个总导演。作为一名参展管理者(参展经理),无论处于什么职位以及拥有多少下属,要想参展成功,必须肯定一个事实,那就是他必须得到企业每个部门的支持。

另外,在很多时候,参展工作人员来源于不同的部门,分属不同的领导者管理,此时更需要跨部门的横向合作。例如,不少企业在展览会上表现很好,获得了较多高质量的客户意向,但展会结束后销售部没有进行及时跟进,最终导致了客户资源的浪费。

(四)重视展前营销

参展作为企业整体市场营销策略的一部分,不应被孤立地运用,在整个参展过程中企业需要综合运用多种营销手段,其中,展前营销显得尤为重要。根据美国展览业研究中心(CEIR)的最新调查结果,83%的最成功的参展商(按参展获得业务量及销售线索数量衡量)在展会前会向他们的既有客户和潜在客户发送邀请。至于直接邮寄的名单,参展商可以选用自己的名单,或向外购买名单,也可以采用展会预注册的方式获得观众名单。在邀请函中,应通过赠送参观券等各种形式尽量吸引收信人前来观展。

另外,还可以将参展渗透到其他营销活动中,例如,在业内的专业出版物上刊登商业广告,在广告中醒目标示"欢迎光临我们的展位……";向展会主办机构了解哪些媒体将进行展会前报道,并及时提交相关新闻及图片资料;利用网站介绍企业参展的信息,具体方式包括展品目录、新闻、横幅广告及网站交换链接等。

(五)遴选高质量的潜在客户

在展览会现场,展台工作人员通常要和四类参观者打交道,即技术类参观者,管理类参观者,私有/公共领域参观者以及媒体参观者。工作人员应该为上述四类参观群体准备合适的信息资料,包括宣传册、技术传单、产品目录、价格表或新闻稿等。如果是参加国际展览会,信息资料还应翻译成当地的语言或通用的外语。但以上都是常规性的工作,最重要的是必须遴选出高质量的潜在客户。

一条通用的行业准则认为,在大多数展会上,86%的观众都具有购买力。这意味着他们要么能够进行现场采购,要么能直接影响采购决策。因此,参展工作人员应把来到展台的每位观众都当作是一个新的潜在客户来对待。然而,并不是所有来参观的潜在客户都能在展会上做出购买决策,或许他们只是想比较不同公司提供的产品、服务和价格。展台工作人员应深刻理解这一点,并注意收集重要的销售线索,这样可以促进销售联系。总的来讲,对潜在客户的确认由以下步骤组成:

- 确保对方对你的产品或服务有需求;
- 确定对方有一个合理的采购时间段;
- 确定对方有足够的资金或预算;
- 确定对方有权利进行购买或有能力影响购买。

(六)加强展后跟进

展会结束后,参展工作人员应将在展会现场获得的客户线索进行整理归档,并建立相应的系统,以确保销售部能从所有线索中挑选出最有价值的潜在客户进行跟进。然后,销售部一般会安排专门的负责人,在接着的1周或2周内集中开展跟进工作。这一阶段的主要工

作包括以下几点。

- 详细撰写展后工作日志;
- 根据销售意向的紧急程度分配跟进优先级别(例如,可按 A、B、C 三级分类:A 级——确定/立即采购意向;B 级——考虑未来半年内购买;C 级——为将来采购搜集信息);
- 立即跟进;
- 坚持跟进,直到实现销售为止;
- 跟踪记录所有销售线索;
- 建立有效的销售报告体系;
- 进行销售审计。

补充阅读　　成功参展七步走

对于绝大多数公司来说,参展都是他们销售、宣传以及品牌推广的最佳机会。大多数采购商也把展会作为获得采购信息的最重要来源。时下最热门的邮寄、广告等方式都已被远远地抛在了后头。然而,如果想要获得好的参展效果,参展企业也必须遵循一些科学的步骤。法兰克福展览公司总结了成功参展的七个步骤,仅供企业参考。

步骤一:选择合适的展览会

随着展览业在全球的蓬勃发展,目前每年有将近 50000 个专业的 B2B 展览会,因此选择合适的展会显得尤为重要。每年都有不少企业因为没有正确选择展会,不得不面对展会与企业产品完全不对口的尴尬。选择展会其实有章可循,各企业可以根据自己的实际情况有所取舍。

- 关注行业内的国际知名展览会,同时,也要考虑该展览会在该国、该区域及全球范围内的影响力;
- 关注业内竞争对手的参展情况,对其将会出席的展会应给予重点考虑;
- 分析展会组织者发布的展后报告,尤其是展会的观众组成,以便了解公司的目标客户是否会出现;
- 了解展会组织者在行业的声誉及影响力;
- 注意展会所覆盖的国家和地区是否是公司的目标市场;
- 考虑展会所在地的可进入性;
- 展会举办的时间以及周边的政治环境也是影响展会效果的重要因素。

步骤二:明确参展目标

企业是否有明确的参展目标是参展能否成功的另一重要前提。目标是企业参展的指南针,具有导向性作用。然而,据有关机构统计,实际上有 71% 的参展企业都没有明确的目标,同时也没有计划好相应的参展策略。更糟糕的是,只有不到一半的企业能够在展会期间严格执行既定的目标和策略。实际上,恰恰是那些制定了参展目标并严格执行了的企业能最终取得成功。

企业参展的基本目标包括：①获得订单，促进销售；②介绍新产品或服务；③加强与当地客户的沟通，促进双方合作；④进行市场调研；⑤获取相关采购商的资料；⑥开拓新市场；⑦在当地市场及媒体上多露面，提高市场知名度。

步骤三：展前推广与宣传

有些公司错误地认为，只有展会的组织机构应该负责展前宣传与专业买家的邀请。而明智的参展商却另有独到的见解，他们特别重视展前的宣传和买家邀请，因为，这将大大提升这些企业的参展效果。试想，专业买家（尤其是国际买家）前来参观展会，他们在时间和经济上的投入一点都不少。因此，展商确实应该尽其所能，以保证买家的时间和经济上的投入物有所值。在一个典型的展览会中：

- 40%的观众第一次前来观展；
- 50%的重要买家或相关工程师在同一年内不会再参加其他同类型的展会；
- 88%的参会买家是销售人员从未接触过的；
- 83%的观众通过"展会预览"来帮助他们选择展会；
- 60%的专业观众已经连续2年或以上前来观展；
- 18%的买家来观展是因为收到了展览公司的邀请；
- 66%的观众希望了解他们的竞争对手在展会中的情况。

那么，如何做好展前宣传工作呢？在市场经济已经十分发达的今天，宣传工具已经非常丰富而且新的推广方式层出不穷，在此列举几种效果较佳的宣传手段供读者参考。

- 在本公司的网站上开辟醒目的专栏，然后以通知的形式告知客户自己将去哪里参加展会，并对参展情况做一些必要的跟踪报道；
- 给目标客户发送专门的电子邮件是一个不错的选择，一般而言，只要是相关的买家收到邮件后都会希望前来观展（注：由于中东商人在对电子邮件的使用上不如欧美企业普及，传真是一个更为直接并且有效的宣传手段）；
- 印制一些实体的宣传品，在展会开始前有目的地邮寄给专业买家；
- 制作专门的 E-News letter，把企业的最新动态、新推出的产品以及观展邀请结合在一起；
- 对于资金比较雄厚的企业，可以考虑在当地有影响力的媒体上做广告；或者成为展会的合作伙伴，在这种情况下，展会组织者会为支持企业提供一系列的宣传、推广套餐。

步骤四：展会期间的宣传

展会期间的宣传是在展会上取得成功的又一重要步骤。从理论上讲，这种宣传非常简单，无非是在展览会期间向有关的观众派发企业的产品名录，告知自己企业的展位号，邀请对方前去商洽。然而，并非所有商家都对你的产品有兴趣，因此，企业必须对邀请效果有理性的预期。有研究表明，只有大约15%的展会观众对企业的产品和服务名录有兴趣。因此，企业在进行买家邀请时，对实际到场的买家数量的预期最好为邀请数量的10%。

展会观众的大致范围：
- 采购商；
- 媒体；
- 业内专家及相关技术人员；
- VIP 或相关决策者；
- 在校学生（可能成为未来的重要采购商）；
- 其他。

步骤五：明确任务，有效管理

对于任何企业而言，参展都是一项综合工程，因此，对每一个细节、每一项工作都要落实到人。管理者更应主动承担起自己的责任，对各项工作进行有效管理，以保障预期参展效果的实现。

步骤六：参展人员的充分准备

对于那些产品相似、质量不相上下的企业来说，参展人员的表现就是区别于竞争对手的最重要因素。毫无疑问，销售人员就是企业的形象大使，他们的一言一行都有可能为企业带来新的客户，也有可能让你失去重要的客户资源。因此，企业需要考虑以下问题。

- 如何让你的销售人员做好充分的心理准备？
- 他们怎样向客户介绍你的企业最合适？
- 他们怎样才能最高效地判断潜在客户的价值？
- 怎样才能够为参展人员（企业员工及临时雇用的人员）提供最有效的培训？
- 怎样才能表现得最专业，特别是要避免一些容易引起买家误会的举动？

而展台工作人员也需要牢记以下常用规则。

- 确保"一切尽在掌握中"，包括时间安排、人员配置以及相关活动的安排等；
- 对组委会及其他公司提供的活动了然于胸，以便可以有选择地参加；
- 对竞争对手的宣传要密切关注，以便及时调整策略；
- 永远保持旺盛的精力；
- 面带微笑，给每位客商留下好印象；
- 劳逸结合，合理安排休息时间；
- 准时用餐，多喝水。

此外，也需要防止一些不良行为的发生。

- 使用手机；
- 坐在展位中；
- 抽烟；
- 在展位吃饭；
- 吃口香糖；
- 衣着不够专业；
- 没有合理接待好每一位前来的观众；
- 举止不文明；

- 在没有与观众沟通前乱发企业宣传资料；
- 同事之间闲聊；
- 与同来参展的其他商家高谈阔论。

步骤七：有吸引力的展位

精心设计、合理安排的展位最能吸引客户的目光，从而使企业在众多商家中脱颖而出！展位的设计不在于有多么豪华，多么光彩夺目，而在于是否能有效打动观众。展位设计的最高境界是能使观众产生足够的欲望和冲动，前来了解你的企业和产品，并在离开展位后留下深刻的印象——你是与众不同的。

（资料来源：国际展览导航网，http://www.showguide.cn.）

二、参展失败的主要原因

企业参展的本质是营销，许多因素都能导致营销工作的失败。以下是参展商最容易犯的十种错误（ten common exhibit marketing mistakes），广大企业在参展过程中应该特别加以注意。

（一）没有制订周全的参展计划

参展是一项极为复杂的系统工程，受制因素很多。从选择展会、制订参展计划、开展市场调研、确定展位、征集展品、报关运输、客户邀请、展场布置、广告宣传、组织成交、展品回运直至展后跟进，形成了一个互相影响和制约的有机整体。任何一个环节的失误，都会直接影响参展的效果。

制定战略性的参展营销方案和策略性的执行方案是极为关键的第一步。为了让参展不成为一次孤立的冒险，参展经理必须清楚自己的预期目标：在现有客户中增加市场份额？向现有市场推介新的产品或服务？面向新市场，推介现有或新的产品和服务？这是参展营销计划的核心。

（二）没有科学的促销方案

作为参展营销计划的重要部分，这里的"促销方案"应贯穿展前、展中和展后，但大多数参展商都未能做到这一点。当然，在决定采取什么样以及多大力度的促销行动时，预算是一个关键的影响因素。在战略性的营销计划中制定一个富有意义的主题，将有助于指导促销决策。此外，面向不同的目标群体，应采取不同的促销决策，包括直接邮寄、广告、公共关系、互联网等。

（三）没有有效运用直接邮寄

直接邮寄是参展商最常用的促销工具之一，从明信片、折叠的宣传小册子到精美的邀请函，其主要目的都是为了吸引潜在客户前来展台参观。为了确保直接邮寄的效果，参展商除了要尽可能使用自己的客户或潜在客户名录外，还应注意在邮寄材料的内容设计上应该是利益导向（benefit-oriented）的，以真正引起观众的兴趣。在邮寄频率上，大多从展前4周开始，间隔性地邮寄3次。

（四）没有对观众形成独特的吸引力

无论使用何种促销工具，参展商都必须给观众一个前来参观的理由。在充满着各种产品和服务的展览会现场，要想在有限的时间内把观众吸引到自己的展台，参展企业往往需要借助新的产品、技术或服务。即使没有新的产品或服务，也可以从一个新的角度来促销参加本次展会的产品。

（五）没有合理使用免费样品

免费样品（包括设计精美的纪念品）应该成为一种对观众的回报或纪念，以感谢他们参加本企业在展览会现场举行的产品演示或竞赛，或者为企业提供的高质量信息。那么如何才能开发出富有轰动效应的免费样品呢？以下是一些使用免费样品的常用技巧。

- 对不同观众应发放不同的礼品；
- 分析目标客户的真正需要；
- 深入考虑什么样品能帮助目标观众更好地开展工作；
- 尽可能选用那些在其他展台上不会有的礼品；
- 礼品最好与本企业的产品或服务相关；
- 尽量提供对观众具有教育功能的样品。

（六）没有充分发挥新闻媒体的作用

在展前，参展商便可以向展会主办方询问哪些媒体将报道本次展会，甚至制作专版。然后，参展经理可以把本企业产品或服务的创新之处以新闻的形式发给这些媒体。有价值的新闻可以是行业发展的趋势和统计数据，新技术或新的生产工艺，优质产品的照片，或者领导型企业的联系方式等。与此同时，还要安排专人在展会现场与媒体进行沟通。

（七）没有形成自身的鲜明特色

规模稍大的展览会都有几百甚至上千家参展商，要从众多企业中脱颖而出实非易事，唯一的法宝就是塑造特色。为此，企业参展经理必须思考清楚两个问题：第一，究竟是什么使自己显得与众不同？第二，为什么潜在客户要来本公司的展台与工作人员进行交流、洽谈？事实上，参展营销计划的每一个方面都可能用于制造影响、刺激观众的好奇心，包括促销方式、展台和工作人员等。

（八）没有将展台作为有效的营销工具

在展会现场，展台和展品应该对参展企业的名称、标志、经营理念和主要业务等有十分清晰的陈述。换句话说，除了要营造一种开放、好客的空间，更重要的是，展台还应向潜在客户传达更关键的信息——预期利益。为了加深潜在客户的印象，在设计展台时还有以下一些常用技巧。

- 选用大幅图片而不是密密麻麻的文字；
- 重视产品展示和演示；
- 尽可能给观众带来多种感官体验。

（九）没有重视对参展人员的管理

在展会现场，展台工作人员就好比企业派出的大使一样，代表着企业的实力和形象。因此，企业必须慎重选择工作人员，并提前向他们介绍基本情况，确保他们全面了解为什么要参展、展出什么以及公司希望他们怎么做。

此外，要对展台工作人员进行专业的培训，让他们真正理解以下一些基本要求：不要只是一味地向观众告知而不是销售(sell instead of tell)，不要在无效观众身上浪费时间，不要在展台上扎堆闲聊，知道如何结束现场的交流而留待展后跟进。

（十）没有进行及时的展后客户跟进

展会结束后对客户意向的管理十分重要。时间拖得越久，意向客户对原本感兴趣的产品的印象会越来越淡。为此，参展企业需要建立一套科学的意向处理系统(lead handling system)，不仅设定跟进的时间安排，同时采用计算机数据库来进行跟踪，确保销售代表对自己负责对接的每一个意向客户负责。

此外，参展商还应及时对展会意向处理的效果进行评估，这项工作需要营销部和销售部共同来完成。

补充阅读　　如何让参展的效用最大化

为了让客户更好地参展，越来越多的贸易和消费类展览会都在致力于教育客户。然而，当参展效果不理想时，许多参展商只是一味抱怨展览会不好，而不愿意采取任何措施。Steve Miller 在《如何取得最好的参展效果》(*How to Get the Most Out of Trade Shows*)一书中明确提出，绝大多数参展商不能有效利用展览会的原因主要有以下七种。

(1) 贸易展览会是最复杂的营销手段(Trade shows are the most complicated form of marketing)。在现实工作中，展会营销几乎涵盖了其他所有销售和营销工具，包括广告、直接邮寄、电话营销和公共关系等。

(2) 每一个展览会都有自身的特点(Every show is different)，然而，大多数参展商都在以同样的方式年复一年地参展。要取得真正的成功，参展企业必须分析展会的具体情况并制订周密的计划。

(3) 许多公司都由于错误或不现实的原因而参展(Most corporations exhibit for wrong and/or unrealistic reasons)。

(4) 大多数公司不知道如何评估参展的效果(Most corporations don't know how to measure trade show success)。

(5) 在影响参展效果的诸多因素中，现场工作人员是最重要但又是最容易被忽视的。然而，许多参展工作人员不知道为什么来某个展览会的现场，或者不知道要做什么(Most staffers don't know why they are there or what to do)。

(6) 参展商要么在硬件、要么在软件上花费了太多的时间和金钱(Exhibitors spent most of their time and money on the wrong side of the equation)。其中，硬件主要包括展位租赁、展台设计与搭建、展品运输和展会服务等；软件有直接邮寄、

电话营销、赠品、展台工作人员以及展后跟进等。

(7) 没有专业人士或机构为广大参展商提供培训(Nobody taught them)。

(资料来源：Steve Miller. How to Get the Most Out of Trade Shows[M]. NTC Business Books, 2000.)

本章小结

与其他营销手段相比，展览会的最大优势在于能让参展商在短时间内与客户进行面对面的沟通，并可以综合运用多种营销方法。本章第一节简要分析了企业整合营销战略和参展之间的关系，指出整合营销战略应该成为企业参展的指导性纲领，反过来，参展又为企业实施整合营销战略提供了契机。第二节分析了展览会与公司活动(corporate event)的区别及联系。尽管展览会与公司活动都属于商务活动的范畴，但近几年，两者越来越难以区分。国际展览与项目协会(IAEE)认为，在市场竞争日益激烈的今天，企业的营销经理正在重新审视展览会的作用和效果，毕竟，参展并不是解决企业问题的唯一办法。另一方面，展会组织者也逐渐认识到自己的任务不仅是将参展商和买家集中到一起，还要把各种辅助活动作为他们营销计划的重要部分。本章最后以应用为导向，从国际化的视角总结了参展成功和失败的主要原因。例如，在补充阅读中介绍了由法兰克福展览公司推介的企业成功参展的七个步骤。

关键词

整合营销(integrated marketing)：是一种通过对各种营销工具和手段的系统化结合，并根据环境进行即时性的动态修正，以使交换双方在交互中实现价值增值的营销理念与方法。其本质是把各个独立的营销工作综合成一个整体，以产生协同效应。

商务活动(business event)：是一个统称性的术语，它包括展览会以及企业自身举办的用来服务客户(主要指中间商)、潜在客户甚至消费者的活动。

公司活动(corporate event)：一般由公司内部人员或专业服务商组织，主要目的是加强与现有客户之间的合作关系，属于商务活动的一种，而且类型多样。

复习思考题

1. 企业在实施整合营销战略的过程中需要把握什么？
2. 请简述展览会和公司活动的主要异同点。

3. 如何理解参展在企业整合营销战略中的作用?
4. 要实现预期的参展效果,参展商要做好哪些基本工作?
5. 励展博览集团在其中文官方网站(http://www.reedexpo.com.cn)介绍了哪些企业成功参展的秘诀?
6. 导致参展失败的最常见的原因有哪些?

案例讨论题

我们为什么会失败?
——某化妆品公司参加第17届广州美容化妆品博览会侧记

2006年5月6日,我担任深圳某化妆品公司的策划部经理。这是一家刚成立不久的私营企业,注册资金50万元,办公室里仅有两张办公桌。一上班,我就被告知,公司要参加5月20日召开的第17届广州美容化妆品博览会(以下简称"美博会"),但我面对的是这样的局面:①整个公司除了两个老总外,只有我和两个美容师;②产品仅仅确定了品牌名称、系列和品种,包装设计、印刷等都需要我和两个美容师一起完成,更不用说生产了;③与招商有关的资料一丁点儿都没有,我列举了诸如营销政策、招商手册等,都被告知正在"计划"之中。换句话说,我只知道产品的品牌名称、展位号、代加工的工厂,还有房间已经订好!

在做了销售人员招聘等大量的准备后,我最后还是明确地告诉老板,对这次参展不能抱有太大的希望,因为我们有诸多无法弥补的缺点:①我们的展位只有1个,而且虽然是在名牌展品区内,但位置太偏,无法吸引人流;②我们在短时间内无法为自己的产品找到一个市场切入点,只有靠产品的"植物性"来诉求纯天然的大众化"卖点";③我们的产品包装(包括设计、印刷、材料)太差,无法为产品树立起良好的形象;④我们的所有工作都是极其仓促的。我对老板说明:如果能在展会上签到一个代理商,就证明我们成功了;如果一个代理商也没签到,我们就只能达到"形象展示"的目的,为参加下一届美博会打一点基础。

时间在焦虑和忙乱中匆匆而过。截至19日清晨到广州之前,我的手上只有一本营销政策和临时打印出来的公司简介之类的宣传品;直到20日凌晨才拿到由印刷厂直接送至广州的产品说明书和招商手册,其粗劣的设计和印刷让我有一种世界末日的感觉!但此时我已经不能逃了,只能安慰老板,给员工打气,尽自己最大的努力去参加这次美博会。

从5月20日至23日,整整四天四夜!白天,我们在展位上极尽口才之能事,希望用真诚的笑脸和不厌其烦的解说去打动每一位进入展位的客人,到后来更为了弥补展位的位置缺陷,我们又派出了两名美容师到过道上去派发资料以拉来更多的客人;晚上,我们在宾馆的房间里满怀希望地等待客人的来访,并不断地联系在展位上给我们留下电话号码的顾客。时间一天一天的过去,但希望一天天在减少。终于到

了打道回府的日子,我们除了发放了大量的宣传资料外,其余的东西又得租用两辆金杯车运回深圳。严酷的现实让老板和员工都遭受了沉重的打击!

　　五月的深圳已经十分炎热,我们的心情却冷若冰霜,在公司的会议室里,员工们一个个发言,分析在第17届美博会上的得与失。最后,公司做出了一个重大决定,要继续参加明年的第18届美博会。我们该如何利用好这次契机呢?……

　　(资料来源:旭峰网,http://marketing.xf186.cn.)

思考:
(1) 结合以上材料,分析该化妆品公司参加第17届美博会失败的原因。
(2) 请为该公司参加第18届美博会制定一个完整的参展方案。

第3章

参展工作流程:从目标出发

学习目的

- 理解在企业整合营销战略框架下制定参展目标的重要性,并学习相应的方法。
- 全面掌握参展的一般流程。
- 了解参展各阶段的主要工作内容。

线索引入 宇通重工为什么要缺席 Bauma China 2014?

2014年11月25日~28日,两年一度的中国国际工程机械、建材机械、工程车辆及设备博览会(Bauma China,中文简称"上海宝马展")如期而至。在市场走低的现实情况下,这场行业盛宴依然备受瞩目,本届展会,参展商及观众数量再创新高。然而,在这次盛宴中,却有一些在行业内分量颇重的企业选择了"缺席",其中更是不乏知名企业。

宇通重工,正是"缺席"本届上海宝马展的知名企业之一。像这样在行业内具有较大影响力的企业,缺席这样重要的展会,似乎有点让人难以理解。

"没有参加本届上海宝马展,是宇通重工的主动选择。不可否认,上海宝马展是一个非常出色的行业展示平台。之所以做出不参展的选择,与现阶段宇通重工的战略定位及市场策略密不可分",上海宝马展开展前夕,宇通重工董事长、总经理李勇向行业传达了这样的讯息。

李勇说:"不可否认,上海宝马展是很好的平台,但对于目前的宇通重工来讲,我们并不需要进行大范围的传播来展示自我,现阶段,我们更重要的工作是把用户请进来。"

管理：从战略到评估

所谓"请进来"，就是要更精准地加强与目标客户的联系，将他们请到宇通重工来参观和交流。宇通重工的产品基本上都不是依靠量来取胜的，相反，宇通重工所涉及的产品领域基本都是技术含量较高但产业规模相对较小的行业，客户的专业程度相对较高。相较于土方机械、起重机械等行业，宇通重工的客户群体相对固定而且整体规模较小。正是由于这种行业特点，宇通重工具备非常便利的条件将用户请到公司来，进行更为直接的交流。

……

"未来，宇通重工在策略需要的情况下，仍会重返上海宝马展的舞台。但是在现阶段，宇通重工必须做出更符合企业发展需求的选择，做更加健康、有特色的企业，要努力成为细分市场的'隐形冠军'。"

（资料来源：司宁博.誓当行业的隐形冠军[EB/OL].[2014-12-31].今日工程机械，http://www.cmtoday.cn.）

从总体上看,企业参展过程可以分为展前、展中和展后三个阶段,每个阶段的工作内容和重点都不一样。一般来说,企业在国内参展的基本流程为"确定参展目标—选择项目—申请和确认展位—展前准备(包括展品制作、邀请客户、人员培训等)—展品运输—搭建展台—现场管理—展后总结与客户跟进"。其中,明确参展目标是企业参展的基础,事实上,该项工作与选择合适的展览会是一脉相承的。

第一节 参展的一般流程

对于企业或组织而言,参展的过程就是自己利用多种手段进行全方位营销的过程。本章将以企业参展的全过程为基本主线(见图3-1),从参展商的角度,介绍企业在参展前、展中和参展后3个阶段的主要工作。曾有专家将企业参展的要诀概括为4点,具体包括选择有效的展览会、提前联系买家、识别意向买家以及跟踪潜在客户。以上只是反映了参展过程中的几个关键环节,"100－1＝0"的原理同样适用企业参展。很多时候,也许会因为一件员工

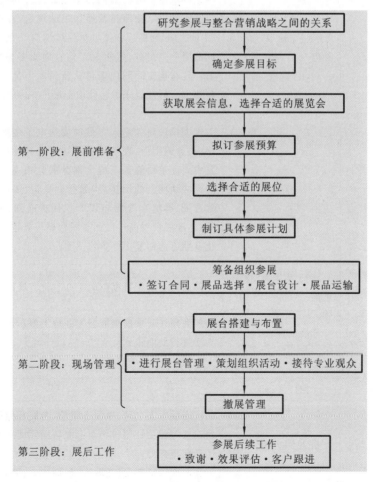

图3-1 企业参加展览会的一般过程

培训之类的"小事",而导致整个参展工作功亏一篑。

在实际工作中,每个展会的主办方也会从组织者的角度,提前向目标参展企业告知具体参展流程。表3-1所示为2016年中国(上海)国际乐器展览会主办方上海国际展览中心有限公司在展会官方网站上提供的参展流程说明。

表3-1 2016年中国(上海)国际乐器展览会主办方提供给参展商的参展流程表

事 项	时 间	内 容
展位预订	上届展会现场	展会现场填写下届展览会展位预订表并注明邮寄地址,交至展位预售处或者问讯处上海国际展览中心主办单位人员
招展书邮寄	春节前后	主办单位向预订厂商邮寄招展资料(内附参展合同)
参展合同回传及展位确定	收到招展书后	欲参展的厂商可尽早填写并回传参展合同,与主办单位联系并协商确定展位
第一笔付款	合同确认后15天内	主办单位在向厂商回传参展确认合同的同时,将附上付款通知书。按照付款通知书的规定,在确认合同后的15日之内,展商应向主办单位缴纳50%的展位费作为合同的第一笔付款,另外50%应在通知书规定的日期内付清。凡在规定时间内未付款及付款不足额者,主办单位将根据合同规定采取包括取消展位在内的相应处理措施
展商回执表	5月—7月	主办单位将先后向参展商发送电子版展商手册、搭建指南、运输指南、现场展商须知以及其他相关展会资料。其中展商手册涵盖了绝大部分展览相关事宜,包括一些展商必须回复的回执表,如会刊登记、展品分类、参展商代表证、展览会现场知识产权保护通知、展台音量规定等,标准展台展商还需回复展台楣板登记,回执表须在截止日期以前回复主办单位
第二笔付款	2016年7月30日之前	展商须在规定日期前向主办方付清展位费余款
展商报到	开展前两天	展商须在开展前到展会主办地上海新国际博览中心南大厅进行展商报到
报到流程		
展位类别	时 间	流 程
标准展位报到	搭建第一天下午13:30开始	展商凭本人名片、单位介绍信、参展合同复印件或展位费发票等相关证明材料至上海新国际博览中心南入口大厅展商报到处; 领取展商资料(展商胸卡、展商指南、展位预订表、请赐名片盒等)

续表

事　项	时　间	内　容
光地展商报到	搭建第一天上午8:30开始	至南大厅主场搭建商处交纳展台搭建押金； 凭展台搭建押金单至南大厅客户服务中心交纳光地管理费； 凭光地管理费收据及展台搭建押金凭条至南广场场馆制证中心办理布展证、卸货证等； 凭布展证进馆布展； 如需加班，请在当日15:00前至南大厅客户服务中心办理加址手续

注：1. 符合参展条件的企业必须有营业执照并且经营乐器及相关类业务。

2. 在确定展位时，参展合同签署日期及是否现场预订将作为重要参考内容。

3. 部分回执表，如会刊登记、展品分类、参展商代表证、预登记观众邀请可以根据参展商密码登录后通过网站回复。

4. 参展商可以利用主办方提供的诸如新品精品推荐、网上展览等免费途径扩大产品和公司宣传面。

（资料来源：中国（上海）国际乐器展览会官方网站，http://www.musicchina-expo.com.）

小贴士

励展博览集团一直以来比较关注客户的参展效果，在其官方网站上有许多关于企业参展的知识和技巧。以下是励展博览集团为广大企业提供的一个参展流程范式，基本代表了众多参展企业关于参展流程所形成的共识。

第1步：为您的企业选择合适的展会；

第2步：设定参展目标/制定参展策略/参展目标营销；

第3步：展商与参观者的展前沟通；

第4步：参展商展前沟通与营销；

第5步：参展管理视角；

第6步：展台上的参展营销；

第7步：展后销售跟进工作；

第8步：参展成效评估。

（资料来源：励展博览集团中文官方网站，http://www.reedexpo.com.cn.）

第二节　展前准备

一、明确参展目标

早在1996年，美国展览业研究中心（CEIR）赞助开展了一项名为"展会的力量"的调查，统计结果表明,在参展中采用了整合营销战略的企业在展览会上会有更好的表现。相应地,那些设定了明确的参展目标并使用定量方法评估参展效果的企业更容易取得理想的参展效果。

在最终决定参展之前,企业必须深入分析公司的经营状况,认清外部环境,并据此确定合理的参展目标,以指导展出筹备、展中行为以及评估参展效果等工作。

根据德国著名研究机构 IFO 对慕尼黑建筑机械与工程设备展览会(BAUMA)的专门调查,该展的参展商的"参展目标"情况为:85%的企业以提高知名度为目标;70%的企业以加强与老客户之间的关系和结识新客户为目标;希望通过参展来扩大市场占有率的企业占 63%;主要目的是推介新产品的占 60%;以提升产品知名度为主要目标的占 58%;以获取市场信息和发现客户需求为目标的均占 50%;以影响客户决策为目标的占 33%;以直接签署销售合同为目标的仅占 29%。

经典实例

Northrup Crumman 是美国一家著名的军工企业,它的产品销售周期可能长达 7 年,该公司每年要参加在世界各地举办的 300 多个展览会。公司的电子系统部营销经理乔治.L.瓦尼克(George L. Vanik)负责近 30 个展览会,其中包括一些小型展览。这个部门的参展目标是要与特定的人员进行接洽。

瓦尼克说:"对于国防行业,绝对不可能在展览会上获得任何订单。我们的客户不是最终的决策者,决策者通常是议会,所以我们甚至不用跟进询问。"Northrop Crumman 公司的参展目标主要有两个,即举办客户会议;与 Raytheon、Lockheed 以及 Boeing 等这样的大公司建立合作关系,在业务上,他们既是竞争对手,但同时也是合作伙伴。

无论是多大规模的企业参展,都有一些基本目标,譬如接触和发现新市场、向新市场推介本公司和公司产品、了解本行业的发展趋势、寻求合作机会、参加专业活动等。然而,每个展览会的参展目标结构都不一样。即使是同一家企业参加不同的展览会,其参展目标也可能截然不同。概括而言,企业的参展目标主要包括对外交流、价格、分销和产品等方面,如图 3-2 所示。

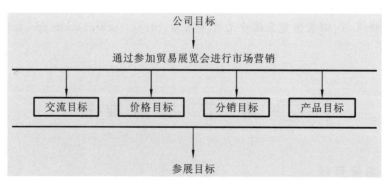

图 3-2　企业参展的主要目标

(一) 交流目标

(1) 发展人际联系；

(2) 接触新客户；

(3) 提升公司知名度；

(4) 强化公司广告在顾客和公众中的宣传效果；

(5) 增加客户种类；

(6) 加强与新闻界的联系；

(7) 与客户讨论其需求和要求；

(8) 培育现有商业关系；

(9) 收集新的市场信息；

(10) 实施企划计划；

(11) 通过交流经验进行市场调研,进行营销培训。

(二) 价格目标

(1) 展现市场服务范围；

(2) 摸清定价余地。

(三) 分销目标

(1) 扩展分销网络；

(2) 尝试减少中间环节；

(3) 寻找新代理。

(四) 产品目标

(1) 了解市场对本公司产品及产品类别的态度；

(2) 推介新产品；

(3) 评测产品投放市场是否成功；

(4) 发布产品创新之处；

(5) 增加产品种类。

参展成功的要诀在于紧扣目标。制定参展目标时要特别注意两点,一是多个目标的统筹,二是目标的可测量性。

首先,如果在参展经理的目标清单上有多项内容,则应该将其中的一两条作为首要目标,因为许多时候,"追求遍地开花"只会使成功率降低。为了获得最大的成功,企业必须将全部精力放在参展的首要目标上,包括预算、展台设计、客户邀请、工作安排等。

其次,参展目标应该是可衡量的,无法评估(包括无法实现)的目标不能算是目标。参展的目标可分为销售与沟通两大类,其中,销售结果是一种绝对的衡量标准,但沟通往往也可以转换为具体的数字。例如,某机械工程展览会上一届有 15000 名观众,其中大约有 10% 是采购人员,而这部分人正是 A 机械制造商想要接触的群体。通过分析相关数据,A 企业的参展经理预计届时将有 35%～40% 的采购人员——大约 500 名潜在客户会经过本企业的展位。在进一步开展了内部讨论后,他认为其中有一半以上的人不了解本企业的产品特色及性能。于是,参展经理和自己的团队定下了本次参展的目标——向 250 名符合条件的采购人员介绍本企业的产品。

补充资料

概括而言,企业参展的目标可以分为两大类:沟通和销售,其中,实现和扩大销售是最终目的。在很多时候,企业营销部经理需要把参展目标定量化,国外相关专家从短期和长期两个角度提出了较好的解决方案。

1. 短期方法

短期方法适用于评估若干个展览会的潜在效应,有助于企业营销经理剔除那些没有太大价值的展会,具体内容如表3-2所示。

表3-2 评估参展目标的短期方法

主要步骤	内　　容	举　　例
步骤一	预计参加展会的总人数	30000 人以上
步骤二	估计对本公司产品感兴趣的观众比例	大于 2%
步骤三	展览会的总展出时间	超过 24 小时
步骤四	根据以往经验,估计潜在客户的转化率	高于 20%
步骤五	初次订单的平均金额	20000 元以上
步骤六	计算每小时获得的潜在客户数	(30000×2%)/24＝25 人
	计算参展的预期回报	30000×2%×20%×20000＝240 万元

(资料来源:Barry Siskind. Powerful Exhibit Marketing:The Complete Guide to Successful Trade Shows,Conferences,and Consumer Shows[M]. New York:John Wiley&Sons,Inc. 2005.)

在表3-2中,由步骤六得出的两个结果都可用于将来评估企业参展的效果,同时也是考评参展工作人员的重要依据。

2. 长期方法

一旦营销经理选定了合适的展览会,就有必要运用长期方法对参展目标做更准确的评估,但这种方法需要更加细致的分析和大量研究,具体内容如表3-3所示。

表3-3 评估参展目标的长期方法

主要步骤	内　　容	举　　例
步骤一	预测参加展会的总人数	20000 人以上
步骤二	估计潜在购买者人数 注:扣除学生、记者、游客等明显的非潜在客户群体	20000－2000＝18000 人以上
步骤三	本公司产品在同行业中所占的份额	高于 10%

续表

主要步骤	内 容	举 例
步骤四	估计观众兴趣指数(audience interest factor),指对本公司产品感兴趣(指在展台前停留)的观众比例	高于40%
步骤五	有效观众比例(指在展台前停留并且真正感兴趣的观众)	大于70%
步骤六	计算每小时获得的潜在客户数	(18000×10%×40%×70%)/24 =21 人 假设总展出时间为24小时
步骤七	交易达成率	20%
步骤八	计算参展的预期回报	18000×10%×40%×70%×20% ×40%×20000=806400元 假设在展后的三个月内有40%的客户签订了首批合同,初次订单的平均金额为20000元

在表3-3中,由步骤六得出的"每小时获得的潜在客户数"主要用于考评参展工作人员的业绩(属于短期指标),由步骤八得出的"参展的预期回报"则可用于评估企业参展的长期效果。

(资料来源:Barry Siskind.会展营销全攻略[M].郑睿,译.上海:上海交通大学出版社,2005.)

二、选择展览会

选择能与本企业的销售、品牌推广或其他营销目标相匹配的最佳展会是通向成功参展的第二步。事实上,根据相关信息选择合适的展览会与参展目标是一脉相承的。在选择参加一个展会之前,参展经理(或营销部经理等)必须回答三个基本问题,即展会的主题能涵盖本企业的产品和服务吗?展会观众能代表本企业的目标市场吗?展会能让本企业接触现有的或新的目标群体吗?概括而言,企业在选择展览会时,可以遵循以下3个步骤。[①]

(一)评估展览会本身的质量

目前,有不少展会主办单位都给自己贴上了各种"标签",在招展时夸大大会的质量和档次,更为严重的,还有一批展会不惜借用著名展览会的名义骗展。因此,企业在决定参展时

---

① 郭品文.企业如何选择展览会[EB/OL].[2008-05-09].http://info.178b2b.com.

需要对备选展览会进行综合考察，避免被误导或蒙受不必要的损失。企业首先要分析展览会的基本情况，包括展会的主办单位与行业背景、展会定位与专业特点、展览会的规模和历史、目标观众及参展商构成、展品范围、展出的效果、媒体的参与程度等。另外，还要分析展会在行业的影响力，特别是专业人士的评价，譬如，是否能吸引领导型企业和权威人士的参与，是否能提供优质的展览服务等。

展酷网——让参展物超所值

作为中国领先的展会全产业链电商平台，展酷网秉承"通过互联网让会展更简单"的使命，旨在依托网站及移动端的全平台覆盖，打造展览行业的"互联网+"开放生态圈，让展馆、主办方、参展商、买家和展会服务商均能享受平台服务。如图3-3所示为展酷网的首页。

图3-3　展酷网（zhankoo.com）首页（部分）

展酷网面向参展商、主办方和展装服务商提供多样化的服务，其中，面向参展商的口号是"让参展物超所值"。在展酷网上，参展商可以了解展会的详细内容，包括主办方、专业观众、同行参展商、举办地等信息，还可以根据你设定的指标对同类型展会进行比较，更好地做出参展计划与决策。

展酷网还提供参展人员对展会的真实评价打分，通过其他参展商以及专业观众对展会服务、展会效果和展会人气的评价，让参展商对未来的参展效果有一个更好的预估，更加了解展会的真实情况。参展商还能在选定的展会页面上直接预订展位，享受预订优惠，并进行线上交易。如图3-4所示为展酷网面向参展商的部分服务内容。

即使你是参展新手，也可以通过"找展会、一键比展、订展位"等功能了解参展的实用资讯（见图3-5）。另外，在展会攻略、展装攻略、展酷观察等栏目中，也有大量关于如何选择展会以及怎样策划有创意的活动等方面的具体技巧与内容（见图3-6）。

图 3-4　展酷网面向参展商的部分服务内容

图 3-5　展酷网面向参展新手的服务指南

图 3-6　展酷网"会展百科"栏目的内容设计

（资料来源：展酷网，http://www.zhankoo.com.）

（二）判断展览会是否适合本企业

对于具体的企业而言，一个"好"的展览会未必就是合适的，不同的展览会有不同的特点，不同的企业也有不同的需求。评判某个展览会是否适合自己，企业可以重点分析以下 4 个问题：①分析该展会是否与企业的产品销售策略相吻合，譬如，增加对现有市场的产品销售,推出换代产品,开拓新的市场,或者开展区域或纵向销售等;②分析展会的市场定位是否与本企业的目标市场相吻合,不同展会吸引的展商和观众是不同的,有的吸引的是全国各地的买家,有的只吸引当地的买家,这样必然会影响到企业的销售针对性与效果;③分析该展览会是否适合企业展出自己的产品,包括上、下游企业的展出类型与情况;④分析展出的时机是否合适,能否配合企业的销售计划。

（三）分析展会举办地是否对行业有吸引力

除了评估展览会本身的质量以及分析展会定位是否与企业的参展目标相匹配,企业在决定参展前,还要考虑展览会所在地的商业气氛。譬如,是否适合本企业的产品销售？是否对市场有较大的辐射力？是否方便观众前来参观？这些软环境对展出的效果往往也会有很大的影响。如果某个城市拥有比较知名的产业集群,或者辐射能力相对较强,或是同行业的很多企业都很重视这个区域市场,企业就更应该参加在该城市举办的相关专业展览会。

补充阅读

在决定最终究竟应该参加哪一个展览会时,企业需要考虑诸多因素。以下是参展经理需要询问自己或展会组织者的56个常见问题(以"第二人称"列出)。

一、需要自我询问的问题(Questions to ask yourself)

(1) 你的参展目的是什么(What do you want to achieve by exhibiting)？

(2) 你的目标观众是谁(Who is your target audience)？

(3) 哪些行业对你的目标观众有吸引力(Which industries cater to your target audience)？

(4) 你的主要竞争对手参加哪些展览会(At which shows do your major competitors exhibit)？

(5) 你的客户对哪些展览会感兴趣(Which shows do your customers need)？

(6) 你的供应商参加哪些展览会(Which shows do your suppliers attend)？

(7) 本行业的主要专业展览会有哪些(Which are your major industry shows)？

(8) 你的预算有多少(What is your budget)？

二、需要了解的总体情况(Questions to ask about general information)

(1) 展会的官方名称、举办日期和地点(What are the official name, date and location of the event)？

(2) 展会组织者的名称和办公地点(What is the name and address of the show organizer)？

(3) 离展会举办地最近的机场是哪个(What is the nearest airport)？

(4) 可以通过哪些交通方式抵达展会现场(What transportation is available to the show site)？

(5) 从哪些饭店可以方便地到达展会现场（Which hotels are within easy access to the show site）？

三、需要向展会组织者询问的有关展会基本信息的问题（Questions to ask show management about the show）

(1) 拟参加的展览会已经举办了多少届（How long has the show been running）？

(2) 过去三到五届，该展览会的发展走势如何（What trends exist for the last three to five shows）？

(3) 与同行业的其他竞争类展览会相比，该展会有什么特色（What is special/unique about the show that differentiates it from competing industry shows）？

(4) 过去三到五届，该展览会的观众和参展商变化情况如何（How do the attendance and exhibitor figures compare for the last three to five shows）？

(5) 该展览会正在增长还是在萎缩（Has the show been growing or shrinking）？

(6) 目标展览会是地方性的、区域性的、全国性的还是国际性的（Is this a local, regional, national or international show）？

(7) 该展会可服务的市场有多大（How narrow-broad are the markets served）？

(8) 目标展会的时间安排是怎样的（What are the show hours）？

(9) 展会期间有哪些教育/培训类的活动（What educational programs offered）？

(10) 这些活动在什么时间举办（When are the programs held）？

(11) 教育类的活动与展示时间有冲突吗（Do they conflict with show hours）？

(12) 展会组织者制订了怎样的营销推广计划（What is show management's marketing program for each show）？

(13) 展会组织者在展前多长时间开始执行上述营销计划（How far in advance of the show does the marketing program begin）？

(14) 展会将在什么地方举办（Where is the upcoming show located）？

(15) 展会对来自于本公司目标市场的观众有吸引力吗（Will the show attract visitors from the target market of the company）？

(16) 展出日期安排合理吗（Is the date of the show reasonable）？

(17) 在展出日期上，目标展会是否与其他不同层次的重大活动相冲突（Whether the target show is in conflict with other major events at different levels on the date）？

四、需要向展会组织者询问的有关专业观众的问题（Questions to ask show management about attendees）

(1) 过去三到五届展会的专业观众数据如何（What are the show attendance figures for the last three to five shows）？

(2) 这些数据都经过独立的审计吗(Are the figures independently verified)?

(3) 这些数据包括参展工作人员、媒体记者、随从或其他一些非买家吗(Are exhibit personnel, press, entourages, and other non-buyers included in the figures)?

(4) 如果包括,那么占到多大比例(If so, what percentage do they represent)?

(5) 有多少观众是预登记的(What percentage of attendance is pre-registered)?

(6) 在预登记的观众中有多少没有来到展会现场(What percentage of pre-registered attendees are "no-shows")?

(7) 可以获得哪些观众信息(What visitor profile information is available)?

(8) 参观者由本行业的哪些细分市场构成(What industry segments do visitors represent)?

(9) 观众的地理特征如何(What is the geographic visitor breakdown)?

(10) 海外观众占多大比例(What percentage of visitors is from overseas)?

(11) 有哪些酒店可供海外观众入住(What accommodations exist for overseas visitors)?

(12) 观众在展会现场平均停留多长时间(What is the average amount of time visitors spend on the show floor)?

(13) 观众还参观其他哪些展览会(Which other shows do attendees visit)?

(14) 对观众入场有什么限制(Are there any attendee admission restrictions)?

(15) 展览会对公众开放吗(Is the show open to the public)?

(16) 现场设有新闻中心吗,其运转情况如何(Is there an on-site pressroom and how is it run)?

(17) 展会安排了什么媒体公关活动吗(Are there any other media relations activities)?

五、需要向展会组织者了解的有关参展商的问题(Questions to ask show management about exhibitors)

(1) 哪些公司已经参加过该展览会(What types of companies currently exhibit at the show)?

(2) 在这些公司中有多少是行业的领导者(How many of these companies are industry leaders)?

(3) 在上述公司中有多少是你的竞争对手(How many of these companies are your competitors)?

(4) 你的主要竞争对手租用了多大展位面积(What size booth space do your major competitors take)?

(5) 根据所提供的产品或服务,参展企业被分成不同的类型吗(Are exhibiting companies divided into product/service categories)?

(6) 主办方还组织了什么便于参展商与观众会谈的活动吗(What after-hour events are organized so that exhibitors can meet attendees)?

(7) 在展会现场,有哪些设施可供参展商使用(What on-site facilities are there for exhibitors)?

(8) 参展商有哪些可以参与教育活动的机会(What opportunities exist for exhibitors to be included in the educational programming)?

(9) 参展商有哪些赞助机会(What exhibitor sponsorship opportunities exist)?

(资料来源:Bob Thomas. Show Selection Questions,http://www.exhibitmanagement.com.)

三、拟定参展预算

对所有成本的种类有一个清晰的认识,可以帮助营销经理更精确地计算究竟要在参展上投入多少资金。然而,为广大企业提供一个具有普适性的平均参展预算是不现实的,因为参展费用取决于展台的大小、展会的类型及档次、展会的举办地点以及众多其他因素。总的来说,参展的主要费用包括[1]:

- 基本费用(展台租金,能源供应,参展证件,停车许可证等);
- 展台设计费用(创意建议书,规划,刻字,展具,图片,幻灯片,标志,装修和装饰,声像支持的展示等);
- 展台设备费用(家具,地毯,灯光,厨房设备摄像机,投影仪等);
- 展台服务费用(参观者招待,装置,口译,辅助员工等);
- 宣传促销支出(邀请函,赠送品,产品目录,广告费,邮寄费,新闻夹,翻译,观众入场券,电话,传真,互联网等);
- 运输、物流和垃圾处理费用(储藏,保险,过境税,垃圾处理等);
- 参展工作人员的差旅费;
- 咨询、市场调查、跟进及培训等其他费用。

设定科学的展会预算有利于更好地控制投资回报率。根据美国展览业研究中心(CEIR)的调查结果,2004年,在美国企业的参展开支中占最大比重的单项支出是场地租金,其次是差旅费和招待费,具体如表3-4所示。

表3-4　2004年美国企业的参展支出情况

支 出 项 目	比　　　例	支出总额/亿美元
展览场地	28.3%	5.8
展台设计与搭建	12.2%	2.5
参展服务	19.0%	3.9
展品运输	9.3%	1.9

---

[1] 资料来源:励展博览集团中文官方网站,http://www.reedexpo.com.cn.

续表

支出项目	比例	支出总额/亿美元
旅行与招待费	21.4%	4.4
促销	5.4%	1.1
其他	4.4%	0.9
合计	100%	20.5

（资料来源：CEIR，2004年调查报告.）

补充阅读　降低参展成本的十种常用技巧

如果能制定周密的展前规划并严格执行，降低参展成本甚至压缩原来的预算是完全可能的。参展经理应提前决策，不要在最后关头临时增加工作，因为这个时候的人力或服务等往往都是最贵的。以下是降低参展成本的10种常用技巧。

(1) 尽可能（在展会举办城市）租用展品（Rent an exhibit in the event city）；

(2) 认真阅读参展手册，了解租赁、服务等方面的折扣甚至免费政策（Read the exhibitor manual）；

(3) 通过Expedia、Hotels.com之类的网络服务公司来预订饭店和航班（Book hotel and airfare through web-based services like Expedia or Hotels.com）；

(4) 通过与战略合作伙伴共享展位等手段，降低展位费（Downsize your exhibit space）（注：展位租赁费一般占到参展预算的30%~40%）；

(5) 寻找官方服务的替代品（Look for alternatives to official services）；

(6) 针对潜在问题，提前制定预案（Plan ahead for potential problems）；

(7) 打包携带日常办公用品（Pack your own supplies）；

(8) 清洁现有展品而不一定要购买全新的（Refurbish your existing exhibit instead of buying new）；

(9) 设计富有特色的赠品/免费样品（Create your own giveaway）；

(10) 尽可能减少印刷材料，充分运用电子邮件与客户沟通（Cut back on printed materials）。

（资料来源：http://www.exhibitmanagement.com.）

四、挑选合适的展位

决定参展后，企业参展经理或营销部经理接下来要做的便是预订展位。物以稀为贵，一般情况下，热门展会的好展位是很难申请的，而且大多数展会组织者在销售展位时都实行"先到先得"的政策。因此，许多参展商在展会开幕前一年便与主办单位联系，洽谈预订展位事宜。

(一) 估算所需展位面积

展位预订面积与参展目标直接相关。一般来说,如果是第一次参加某展览会,所租用的展位面积不宜太大。为了验证展览会与企业参展目标的匹配度,著名企业往往会安排专人作为观众而不是参展商对展览会进行考察,然后再决定下一届参展时的展位面积。表 3-5 所示为计算所需展位面积基本值的一般方法。

表 3-5 估算所需展位面积的一般方法

步 骤	说 明	举 例
第 1 步	估算高峰时段(指预计会有较大人流量经过展位的时间段)	假设某企业参加一个展期为 3 天的展览会,每天的高峰时段有 5 小时(共 15 小时)
第 2 步	计算在高峰时段内需要多少名销售人员	假设该企业的参展目标是在展会期间与 1000 名潜在客户进行交流,这样每小时便需要接待 67 人,按照每位销售人员每小时能接待 10 人计算,则需要 6~7 名销售人员
第 3 步	确定 1 名销售人员接待 1~2 位客户所需要的面积(假设每批客户至多只有 2 人来访)	5 平方米
第 4 步	计算所需展位的面积	30~35 平方米,那么预订 4 个 3×3 平方米的标摊比较合适

注:以上计算方法中没有考虑产品演示、表演等活动对场地的要求。

企业究竟应该选择多大面积的展位,与参展目标、展品性质、特殊活动安排等诸多因素有关。因此,在按照上述方法估算所需要的展位面积时,参展经理还要考虑以下变量,进而对前面的基本值进行修正。

- 产品特点及其陈列方式。例如,如果某企业参加的是服装展览会,当设有橱窗展示或安排有模特表演时,所需要的空间就比使用静态的展示架所需的空间大。
- 观众流量目标。比如,原先设想每位销售人员每小时可以接待 10 位观众,但为了确保能向符合条件的"目标客户"进行产品演示,从而将每小时的接待人数调整为 5 人。
- 希望展示的形象。
- 参展预算。
- 展会主办单位可提供的空间。

(二) 决定展位类型

除了要估算所需的展位面积,还有一个重要因素需要认真考虑——展台有几面朝向走道?一般来说,某企业的展台越靠近走道,专业观众便越容易接近该企业的展品。常见的展台类型有孤岛型(island)、半岛型(peninsular or end cap)、道边型(in-line)以及角边型(corner booth,分为外角型和内角型),如图 3-7 所示。

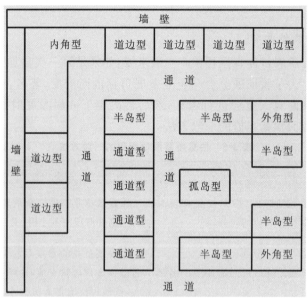

图 3-7　常见的展台类型

展台类型(types)和位置(location)的选择，企业参展经理需要综合分析展览会的展区规划(floor plan)、入口安排(entrance)以及本企业的展品特点、邻近参展商的情况、演示方案和舞台设计等多种因素。

五、制订参展计划

一次完整的参展活动就是一个项目，因此，企业参展团队可以根据项目管理的工作流程以及工作分解结构(WBS)等原理对整个参展过程进行划分，并基于此制订详细的参展计划（见表 3-6）。

表 3-6　某企业参加 2014 广州酒店用品展览会的活动分解图

阶　段	序号	活　　　动	紧前活动	可交付成果
启动阶段	1	参展必要性评估		评估结论
	2	确定展会相关要素,如水、电、气等特殊需求		相关参数、展会地点时间等
	3	签订参展合同	1,2	参展合同
	4	制订整体参展计划(含人员、资金使用等)		整体参展计划
	5	编写宣传材料		电子版等各类宣传材料
规划阶段	6	制订详细参展计划及应急预案	4	参展计划、应急预案
	7	制作宣传册等资料	5	宣传册等相关资料
	8	展品准备及运输		展品运输清单
	9	展前宣传		发布参展信息
	10	确定邀请参观企业名单		拟定参观企业名单

续表

阶 段	序号	活 动	紧前活动	可交付成果
执行阶段	11	确定人员、展品及相关材料到位		展会相关事项确认
	12	水、电、气等相关辅助设施安装测试		辅助设施安装完成
	13	展位搭建与展品测试	12	展位展品摆放完成
	14	现场宣传与公关活动	13	活动顺利举办
	15	与客户签订意向协议		意向协议书
	16	参展协调与秩序维护		顺利参展
	17	客户关系维护与资料收集		收集到的客户资料
	18	撤展活动		展品撤离
收尾阶段	19	行政收尾(包括经验总结、客户资料整理、追踪重点客户及后期宣传等)		总结报告、客户资料及重点客户追踪结果等
	20	合同收尾		相关款项收尾

(资料来源:程童.参展企业会展项目的时间管理[J].经营与管理,2014(9):116-118.)

根据表3-6中各项工作的逻辑关系,参展工作团队很容易识别最关键的活动,然后可以依据紧前关系对各项活动进行时间排序,并确定各项工作的起止时间。在此基础上,利用关键路径法就能制定出参展的时间进度表。某企业关键路径如图3-8所示。

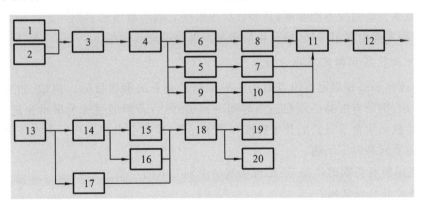

图3-8 某企业参加2014广州酒店用品展览会的关键路径图

六、筹备组织参展

在选定展位后,企业参展经理还有很多具体工作要安排,主要包括签订参展合同、安排时间进度、选择和运输展品以及进行展台设计等。由此可见,筹备和组织工作是企业参展计划的核心内容。

(一)阅读参展商手册

在决定参展前或完成报名后,参展商将收到展会组委会发来的相关参展文件,主要包括:①展场平面图;②场馆/展厅平面图;③参展报名表;④提供各项服务的文件;⑤可用空间

范围;⑥参展条件;⑦相关规定。一般来说,参展商在报名时需要提供以下信息(若是合租展台或参加展团,报名工作由组展单位统一完成)。

- 展台最小面积和最大面积(平方米);
- 在展厅内或展厅外的位置;
- 展台的宽度和进深;
- 展台类型(道边展台、墙角展台、顶头展台、岛形展台);
- 备选的展厅布置方案;
- 装修类型(1层或2层);
- 与原有安装方法有何不同;
- 展品及行业的介绍材料;
- 同一展台中其他参展公司的情况;
- 垃圾的预计数量和类型。

(二)签订参展合同

企业决定参展且成功申请展位后,需要与主办单位签订详细的参展合同。出入门证、展台类型及租金、付款条件、合同终止条件、合租展台的参展商及其代表公司等都应写入参展条款。而且,技术部分还应包括搭建和拆除展台的时间和要求、展台设计方案、可用材料、展台高度、地面承重能力、电源安装技术、垃圾处理回收和再利用的管理规定、展台上的演示和广告、防火、保安、事故责任、保险以及事故预防等。

另外,如果企业因故不能参展,其参展费用根据其取消参展的日期而定。假如展览会要开幕时参展商才提出取消参展,展台租赁费基本上是不能收回的。

(三)选择展品和制定展出方案

参展商选择展品和制定展出方案的主要依据是企业的参展目标。例如,如果参展目标为增加销售额,则所有展品必须在适当时间内运送到达;若参展目标为展示先进技术、发明和设计,展品就必须合乎最新的技术标准和美学标准,以吸引潜在客户。为完成这个环节的工作,企业需要回答以下问题。

- 是展示所有类别的产品,还是现场演示个别类型的产品?
- 哪些产品必须展出?
- 哪些产品是新的、改进过的或优于竞争对手的?
- 要突出展示什么产品?
- 哪些产品符合目标群体未来的需求?
- 是否考虑了当前的经济、技术发展趋向?
- 设计、色调、包装是否适宜?
- 是否需要为展出制作特别物品?
- 什么产品必须用图片、演示或录像来加以展示?
- 产品演示能当场进行吗?
- 展出需要什么样的技术条件和操作配合(是否需要电力、燃气、空压机等)?
- 需要多大空间?

经典实例

Google 公司推出的 Google Calendar 可以帮助广大商务人士简化工作,例如记录当天或远期的事务、特别活动和约会,并对日程表上的活动进行有效管理。企业营销部经理可以将 Google Calendar 用于辅助规划和安排每年众多的参展工作,以下是 Google Calendar 工具提供的参展流程服务的主要内容。

12 个月前:确定展会并编排全年的参展计划,确定预算,联系展会组织方并取得初步资料。

Google Calendar 设置时间点:展会前 12 个月,提醒设置(短信提醒)。

3~8 个月前:设计展览结构并取得展览管理公司的设计批准;选择并准备参展产品,制作展览宣传册;与国外潜在客户及目前顾客联络。

Google Calendar 设置时间点:展会前 3~8 个月,提醒设置(短信提醒)。

3 个月前:以广告或邮件等方式进行推广活动;确定旅行计划;预付展览场地及其他服务所需款项;复查公司的参展说明书、宣传单和新闻稿等并确定参展人员;向服务承包商及展览组织单位订购促销广告。

Google Calendar 设置时间点:展会前 3 个月,提醒设置(短信提醒)。

2 个月前:继续追踪产品推广活动;最后确定参展样品;对展位结构设计做最后的决定;训练参展员工;排定展览期间的约谈;出国参展则需购买外汇。

Google Calendar 设置时间点:展会前 2 个月,提醒设置(短信提醒)。

4 天前:通知同事将运货文件、展览宣传册等随身携带的电子文档上传至 Google Documents;设置提醒以安排自己及同事的航班时间行程。

Google Calendar 设置时间点:展会前 4 天,提醒设置(短信提醒)。

3 天前:报到并与展览组织方联络,互换联系方式;查看展览场地、咨询运输商,确定所有运送物品是否安全抵达;联络所有现场服务承包商,确定准备就绪。

Google Calendar 设置时间点:展会前 3 天,提醒设置(短信提醒)。

2 天前:确定所有物品运送完成;查看租用的设备及所有用品,了解其功能;布置展位;对所有活动节目做最后的决定。

Google Calendar 设置时间点:展会前 2 天,提醒设置(短信提醒)。

1 天前:对展位、设施、用具、展品等做最后的检查;与公司参展人员进行展览前的最后沟通、明确各自的工作安排。

Google Calendar 设置时间点:展会前 1 天,提醒设置(短信提醒)。

展览期间:将每一个到访客户的情况及要求详细记录到日历,不要凭事后记忆,对一些承诺要加入 Calendar 设置提醒,以便展后安排后期完成;将每日情况做成简报通知员工;每天将潜在商机及顾客资料送回公司,以便及时处理及回应。

Google Calendar 设置时间点:展会期间,提醒设置(短信提醒)。

展览结束后:设置提醒,确定时间处理商机,安排跟单。

Google Calendar 设置时间点:展后一周内,提醒设置(短信提醒)。

(资料来源:Google Calendar.)

（四）展品运输和仓储

制订完善的展品运输计划，可以有效避免展品或材料的遗漏。如果展品体积较大，最好是找一家有经验的运输代理公司。参展商可以选择自己用汽车或卡车运送展品，但在大多数情况下，只有主办单位指定的运输代理公司（也称为"主场承运商"）才有权租用卸货设备、将展品运至展馆或从展馆运走。一份完整的展品运输计划应包括以下几个方面的详细说明。

- 运输方式：卡车、小货车、客货两用车、小汽车、火车、轮船、飞机。
- 运送办法：单独起运、分批运送、拼箱运送。
- 可重复使用的包装：纸板、木箱、纸盒、集装箱。
- 运输文件：预计费用单据、运输指令、仓储要求、文件翻译件、提单、国际海关通行证。
- 空箱在场馆的存放方式。

对远赴国外的参展商来说，了解海外展品运输和通关手续方面的规定非常重要。很多国际运输公司往往是展览会指定的运输代理商，不仅拥有丰富的展品运输经验，能确保展品运进、运出展览会等各项工作的顺利进行，而且能保证遵守有关规定，同时也熟知展场上的卸货设备。

（五）展台设计

展台是参展商的名片，其规模、设计和外观应与展品及公司形象一致；在技术细节方面，展台应是非常完美的，其基本要求是令人赏心悦目，并能有效调动观众的热情。展台设计与搭建主要包括以下7个方面的内容（本书将在第5章做详细介绍）。

——展台的面积、类型和位置；
——设计风格；
——设计程序；
——展品内容；
——搭建技术；
——运输条件；
——搭建和撤展的组织工作。

展台设计方案主要取决于参展目标和开展市场营销活动（宣传、交流）的需要。许多事实表明，观众一般要经过4个阶段才有兴趣进行口头交流，即随处参观、收集信息、要求看展品或演示，然后才会有交流的欲望。这一过程对展台设计提出了以下要求。

- 展台的总体规划布局要便于观众发现感兴趣的内容，展示主题和展品类别应易于区分。
- 语言和视觉信息要清楚而准确，从而保证向观众有效传递有关信息。
- 进行展品演示以传达视觉信息时，要充分展示产品的最大特色，从而对视觉信息加以补充，诱导观众参与交流。
- 人际接触和交流应有助于观众深入了解公司和产品，进而做出购买的决定。

（六）邀请客户

要实现预期的参展目标，并让更多的潜在客户了解自己的产品，参展商就不能被动地等待客户,而是要在开展前有意识地去邀请目标客户。常用的手段有直接邮寄、登门拜访、刊登广告等。例如,在展会开幕前6个月,参展商应根据展会性质和参展目的,选择相应的专业刊物(包括展览杂志和产经刊物)或电视、广播等大众媒体刊登广告,以吸引专业观众的注意,参展商也可以向服务承包商及展览组织单位定购促销广告;开幕前3个月,要继续深化推广活动,这时需要开展第二轮的广告宣传。

例如,在国外尤其是欧洲,展前直接邮寄几乎受到所有参展商的重视,然而国内的大多数参展企业尚未意识到其重要性,而是听天由命——主办者招来多少专业观众就算多少。一般说来,展前直接邮寄需要注意7个要点。

- 不要低估邮寄名单的重要性;
- 激发接受者做出行动;
- 尽可能地个性化;
- 营造一种紧迫感;
- 提供充分的选择/留有一定的余地;
- 强调超常价值;
- 附带展览会的VIP通行证。

第三节 现场管理

参展商现场管理的内容十分复杂。为了优化参展效果,参展商应充分利用好展览会期间的短暂机会,尽可能通过对自己展台的管理多接触客户,同时要借助展会期间的广告宣传以及现场演示、新闻发布会等活动扩大自身产品的影响力和宣传企业形象。在展览会现场,参展商应重点做好如下工作。

- 搭建与布置展台;
- 进行产品演示,开展现场活动;
- 接待专业观众;
- 每天都将潜在客户的信息反馈给公司;
- 预订下一届展会的展位;
- 促进参展工作人员内部的沟通;
- 安排撤展和展品回运事宜。

一、布展

对于某个参展商而言,布展就是在主办单位限定的时间内,将所有展品、道具和宣传用品等放置在展台最合适的位置,并做好产品演示、文娱表演等活动的彩排。展台布置的最高要求是将展品的特点和优势(依参展目标而定,有时候也可以是公司的品牌形象)有效传达给目标观众。为了节约成本,布展人员可以预先使用平面图纸,将展品、道具等按同比例缩小并剪成小块,然后在图纸上摆拼以寻找最佳搭建方案。此外,为了保证展出效果,设计人员一般应介入展台的现场布置工作,以提供相应指导。也正因为如此,在现实工作中,大多

数参展商偏向于选择同时拥有设计和搭建能力的公司。

事实上,布展工作开始于展览会开幕前几天甚至十几天。参展工作人员需要做许多准备工作,例如,与运输商确认是否所有物品已经抵达、与展会主办单位代表联系并告知通信方式、联络所有现场服务承包商、指示运输商将物品运至展场、视察场馆及场地、了解预订设备及所有用品的功能及可得性等。

经典实例

作为第十四届中国国际五金博览会的特邀媒体,①笔者在企业布展当天来到了现场,在对所有参展企业的布展情况做了简单的了解后,有一些感悟,那就是我们五金企业在展位布置上还比较传统,创新性有待加强。

本次西安中国国际五金博览会共有四个展厅,参展企业有1000家左右。笔者差不多用了一个小时的时间,将四个展馆的布展情况做了一个简单的了解(因为企业都在布展,没工夫理会媒体,所以这个了解仅限于笔者自己的理解,没有与企业沟通)。发现五金企业在展位布置方面还是相对比较传统,基本是中规中矩的展台和中规中矩的展品摆放,只有极少数的企业在展位设计和产品展示上将自身的企业文化和产品理念结合起来。整体而言,在小细节处做得还不够。另外,从各特装企业的展台布置来看,在展会过程中有相关展会活动贯穿全场的更是微乎其微。

笔者前段时间参加了在上海新国际博览中心举办的一个大型卫浴产品展,在该卫浴展中,科勒、TOTO、美标等国际大型卫浴企业在展台设计和展会营销上下足了功夫,他们不仅将展位与展品展示做了精心设计与搭配,还将企业理念与整个展位及展品结合起来,同时,辅以性感美女走秀、内衣模特家具秀、美人出浴等精彩纷呈的活动,不仅赚足了人气,"谋杀"了不少媒体的数码相机空间外,也让他们的客户(代理商或分销商)与用户多方面、多层次地了解了他们想展示的东西。一些国内品牌企业如东鹏、惠达等也不甘落后,现场明星代言,劲爆辣舞等活动也让他们的展会营销活动添彩不少。

其实,五金行业是一个相对封闭的行业,行业内部来观展的人员对品牌企业和不同产品的性能都了如指掌,具体要深入了解哪一家企业或者哪一家企业的产品,完全取决于参展者的主观臆断。如果所有参展企业的展台设计和产品展示都千篇一律,他们就很难做出选择,随意性很高。但是如果参展者发现某企业经过精心设计的展台和展品设计时,好奇心和利益心会驱使他们毫不犹豫地去对这家企业及其产品做详细的了解,与此同时,当然也更能吸引媒体的眼光。

(资料来源:http://industry.yidaba.com.)

---

① 注:2008年9月8日,由中国五金交电化工商业协会、中国五矿化工进出口商会、中国建筑装饰协会、中国电器工业协会电动工具分会主办的第十四届中国国际五金博览会在西安曲江国际会展中心开幕,一批网站作为网络特邀媒体对本次博览会进行了全程图文直播报道。

二、展台管理

展台设计和搭建为展示产品、传递信息营造了一个良好的环境,但要想参展成功,挑选工作高效的参展人员以及对展台进行有效管理同样重要。

(一)参展人员管理

挑选合适的工作人员。一般来说,参展人员的基本资质要求包括:突出的理论素养和丰富的专业知识;善于处理人际关系、性格开朗;举止自信、干练;表述清楚流畅;头脑灵活;外语水平较高;具有展览经验;有耐力,身体健康;愿意出差。

激励和培训参展人员。参展工作不是休闲,更不是福利,而是一份挑战性很强的苦差,参展人员必须做好充分准备、掌握多方面情况,才能顺利完成预期的各项任务。在开展培训时,公司应让参展人员重点了解如下内容:公司产品类别和服务项目;竞争对手;目标观众情况;重要客户和感兴趣的观众;展台布局和参展守则;如何激发观众的兴趣;何时、怎样接近观众;如何询问观众的姓名和地址;怎样记录与观众的谈话内容。

(二)展台组织管理

参展商应安排一位展台经理来确保参展工作的顺利进行,包括处理对外的观众关系和内部的人事事务。展台经理的主要职责包括以下几个方面。

- 负责展览开幕前的展台搭建工作;
- 向各个参展工作人员分派具体任务;
- 制订值班表和观众接待计划,并监督其实施情况;
- 接待重要观众;
- 协助工作人员与客户的交谈;
- 把重要信息及时传回公司总部。

(三)收集客户和市场信息

除照看展台外,参展人员还可以做一些市场调研工作,了解本领域最新的产品信息、参观竞争对手的展台设计及其活动等都很有价值。在展览会现场四处走走,可使参展人员受到很多启发。

(四)做好结束工作

展览快结束时,应组织所有参展人员进行一次总结讨论。这时候,大家对参展情况仍记忆犹新,可就整个参展过程中大大小小的事情展开商讨,并最好能写出书面报告,对下次展出提出建议。另外,最好在展览会正式闭幕后再拆除展台,否则会令最后一天到场的观众败兴而归。同时,要提前安排好撤展和运输事宜。

三、策划与组织活动

正如前文已经提及的,在参展前和展览会期间,参展商都应采取特定的手段来邀请和吸引专业观众,其中,展前主要采用广告和直接邮寄(还有传真和 e-mail 等)的方式,展中主要采用现场发放材料,以及策划展品演示、文娱表演、产品发布会等活动。这些活动的组织都应在企业参展计划中给予详细说明。

（一）开展现场宣传

在展览会现场，几乎所有参展商都会开展一些基本的宣传活动，如发放产品说明资料或招贴画、开展比赛或抽奖活动等。另外，参展商也可以充分利用现场的各种广告媒体，例如在场馆广场上设立广告牌（见图3-9），在展厅内的视频荧幕上刊登广告，或赞助某场重要的论坛等，以吸引潜在客户的注意。

图 3-9　展览会现场广告

（二）进行产品演示

在静态环境下，参展商往往不能充分地说明展品的全部性能或独特之处，因而需要借助其他材料和设备来加以说明、强调或渲染，这便是展览会上多姿多彩的产品演示出现的主要原因。在如今的展览会中，很多参展商都采用了文娱表演、有奖问答和播放视频音频的方法来进行产品演示。

现场产品演示至少应遵循以下三个原则。一是追求高品位。现场演示应简洁明了或有高明的创新之处，切不可落于俗套。二是突出主题。产品演示一般都是围绕本次参展的产品来展开的，要么突出产品的新功能，要么说明新产品的特性。三是"只能成功，不许失败"。在演示产品前，工作人员必须反复练习，以确保操作万无一失。此外，参展商要有效引导观众的现场参与，并准备一些精美的小礼物免费派发。

（三）策划文娱表演

展览业发展到今天，无论是从观众需求的角度，还是从彼此之间竞争的角度，在汽车展、影视展等许多类型的展览会上，各参展商都需要重视文娱表演活动的策划和组织，有些企业甚至会邀请著名影视明星来捧场。

在策划文娱表演时，每家参展商都应特别注意三个方面的工作：①文娱表演需要精心设计，做到内容丰富并尽可能地让观众参与进来，切不可哗众取宠；②文娱表演必须围绕主题，不要为了表演而表演，而是尽可能地把展览主题有机地贯穿在节目之中，让观众在欣赏表演的同时获得有关企业或产品的信息；③在展台设计之初就充分考虑表演舞台和化妆间的需要。

经典实例

1980年4月20日~24日,香港组团参加杜塞尔多夫成衣展——IGEDO,好不容易申请到一个展位,却找不到可供入住的酒店。后来,代表团租用了一艘游船,不仅将其作为临时住所,还把它变成了举办时装表演的舞台。因为在船上举行时装表演符合欧洲人崇尚自然和休闲的心态,所以被邀请的客户把代表团解决困难的办法当作是特意的安排。由于船上的可用空间有限,表演场地十分狭窄,模特走上舞台需要从一个圆洞里钻出来。通过精心设计,狭窄的船面顿时变成了高科技气氛浓厚、品位不凡的表演场地。当晚,代表团还燃放了一场小型的礼花,使"香港"两个字呈现在漆黑的夜空。第二天,当地所有的主流媒体都对此事给予了报道,观众蜂拥而至,此次参展大获成功。

四、接待专业观众

有研究表明,近40%的观众会在未达成任何意向的情况下离开展位,因为他们觉得参展商根本没有花时间来了解他们的需求(Barry,2004)。由此可见,如何做好展览会现场的观众接待是企业参展的核心工作之一。

（一）迎接观众

展览会现场人员混杂,面对潜在专业观众,组织者要么守株待兔等观众自行上门,要么积极地迎上前去打招呼。许多展台工作人员不愿意主动出击,觉得那样是在招揽生意,感觉很别扭;或者使用很蹩脚的开场白,例如,"今天天气不错,是吧?"或"现场的音响声音太大,对吧?"等等。工作人员应该围绕潜在买家的需求来构建谈话内容,例如"是什么吸引您来参加这次展会的呢?"或"您找到感兴趣的产品了吗?"以激发他们表达自身需求的兴趣。

（二）判断观众

对观众进行准确的判断主要有两个作用,一是弄清楚是应该进一步介绍还是需要尽快借机结束谈话,二是让观众确信你理解他们的实际需求。一旦确认某个观众资质不符,就应该适当地结束谈话,并把精力转移到下一位潜在买家身上。在判断观众质量时,可以使用ACTION法则,即综合考虑观众的职权(authority)、购买产品的能力(capability)、做出订购决定的时间限制(time)、客户身份(identity)、展会组织者的操作限制(operational constraints)以及客户需求(needs)等。

补充阅读

根据著名的DISC和个性素描系统,人的个性可以划分成4种基本类型,了解这4种个性类型的特征及其决策方式,将有助于参展工作人员识别潜在买家的需要，并采取合理的接待策略。具体如表3-7所示。

表3-7 针对不同个性类型观众的接待策略

基本类型	行为模式	想知道的内容	口头特征	接待策略（包括介绍和演示）
精力充沛型	有主见、坦率	产品有什么作用？在什么时候有作用？价值如何？	语气坚定	简明扼要；除非被要求，否则不要谈及技术信息；谈论优点，强调节约时间和金钱
情绪兴奋型	易受影响、坦率直言	怎样才能充分利用该产品？还有谁使用它？	考虑个人的感觉	不要谈及技术信息；使他们感觉良好并觉得有趣；强调产品的有助于识别身份和获得认可的优点
可信赖型	易接近、可理解	对个人的具体便利	保留观点	不需要提供过多的信息；提供保证和个人信誉；强调产品的稳定、简化或可以改善其现状的优点
怀疑型	难以捉摸、老练	产品怎样操作？购买的合理性？	重视事实	通过详细的资料揭示合乎逻辑的推论；允许他们贡献知识和专门技术；强调质量、价值和可行性

（资料来源：Susan A. Friedmann. 商品参展技巧[M]. 王小文，译. 上海：上海财经大学出版社，2001.）

（三）结束谈话

得当的结束语不仅能给潜在买家留下良好的印象，还可以再次确认客户的需求，从而为进一步的客户跟进活动打下良好的基础。对于展台工作人员来讲，结束谈话的主要内容包括重申客户需求、识别购买信号（寻求签约意向）、加强彼此之间的关系以及向客户发出要约等。

概括而言，参展工作人员结束与潜在客户之间的交谈应遵循 3P 原则，即迅速（promptly）、专业（professionally）和适当（properly），常见的形式有暗示对方交谈即将结束、向合适的客户赠送纪念品、一边向其他观众示意一边结束谈话等。

五、撤展

在展览会闭幕和所有参展工作人员离开场馆期间,参展商需要完成全部展品和展具的拆除、结算、运输等工作,这就是所谓的撤展。换句话说,撤展不仅仅指拆除展台,还包括归还展具、场地清扫、将展商带来的所有展品重新打包和运离展馆的全过程。因此,要有效提高撤展的速度,就必须预先对整个拆除、装箱、运离的行动做全面规划。有经验的参展企业往往与服务好的搭建服务公司建立长期的合作关系,将参加各类展会的全部搭建、物流事宜都交由其打理,这样就可以有效地提高参展效率。

补充阅读

在很多展商眼里,怎么安排撤展是物流服务公司、组展商以及场馆的事情,并不需要参展人员介入。但撤展时人多手杂、局面混乱,如果展商不做好与物流服务方的协调,往往容易出岔子。以下是参展商撤展时的一些常用技巧。[①]

撤展总是整个场馆最混乱的时候,所以应及早将最贵重的展品由参展人员先行带走,并根据展品的价值列出一张装箱顺序表,把不方便携带的贵重展品提前装箱。对于易碎展品的装箱工作还是由本单位员工负责较好。

如果聘请物流服务公司,在交付展位时最好能提供一份装箱操作图和一份详细的产品安全包装说明书,最好事先与服务商签订一份协议,指明哪些展品容易损坏,并注明万一在搬运过程中出现事故时的违约责任和赔偿金额,这样能让服务商有所参考,大大提高装箱的速度和展品的完整性。

在物流服务公司进馆撤展时,参展商最好带着物流服务公司的人熟悉一下场馆环境,制定出最佳撤展路线,并与之商定交接的准确时间和地点。如果需要借用场馆方的车辆设备来帮助装卸,则不妨提前和场馆相关人员打好招呼,以免到时候"僧多粥少",一时半会儿调剂不过来。

根据实际需要分配人手,明确每个人的职责范围。一般情况下,要安排一名参展人员负责装箱,其主要任务是保证展品装箱迅速、准确并兼顾展品安全;另外要有一人负责办理退展手续,归还所有的租用展具并结清相关费用,最关键的是要从主办单位处拿到出门证,以确保所有展品顺利离场,所以应尽量安排经常参展的老手负责这项工作。

当展品离场后,要注意与承运商保持沟通,了解运输情况。如果中途需要转运,最好能安排一位年富力强的员工全程押运。

---

① 楼晟.参展要善始,更需善终[N].中国经营报,2007-04-03.

第四节 展后工作

展览会现场管理只是参展企业营销工作的开始,是整个展会营销工作的一个环节。展览会结束之后,有更多的工作需要做。如果没有展后各项工作的积极跟进,参展效果很可能就会大打折扣。因此,企业应该在参展前就制定明确的时间表。概括而言,参展企业的展后工作主要包括致谢、客户跟进、参展工作及效果评估和准备参加下一届展会等。

一、致谢

展览会结束后一周内,参展企业就应该向提供帮助的单位和前来参观的客户致谢,最好是展台经理亲自致谢。对于最重要的人,可以登门致谢,甚至通过宴请表示谢意;当然,也可以打电话致谢。如果没有时间亲自向每一个有关人员和单位致谢,至少要向主要人员和单位致谢,并尽快给不能亲自致谢的人员和单位发函致谢。此外,对参观展台的客户,不论是现有客户还是潜在客户,都要发函致谢。在现实工作中,也有参展商在展览会未结束之前就开始感谢相关人员。

二、客户跟进

客户跟进就是对展览会上获得的客户资料及信息进行挖掘,具体内容包括更新客户数据库,评估潜在客户的购买力,通过邮寄资料、电话、人员拜访等手段进一步发展客户关系,最终促成合同的签订。其中,常用的客户跟进方式有以下几种。

- 通过电话或电子邮件进行更深入的交流;
- 邮寄产品目录,推介新产品;
- 邮寄录像带、DVD 或 CD 等形式的最新宣传资料;
- 邮寄电子版或印刷版的新闻纪要;
- 邀请潜在客户(展览会上获得的联络人)参加网上沙龙或公司的活动;
- 邀请参加下次的展览会;
- 面向潜在客户开展市场调查;
- 邮寄案例分析报告或者企业高层对公司和产品的介绍;
- 开展个人间的交流,如寄发生日卡或节日卡等;
- 通过第三方邮寄信件,宣传本公司的产品和服务。

三、参展工作与效果评估

展会评估工作一般由参展企业自己完成,也可委托给专业评估公司,评估的内容主要包括参展工作评估、展会质量评估以及参展效果评估三大方面。其中,参展工作和参展效果评估分别对应企业的参展过程及结果,具体内容如下。[①]

---

① 资料来源:中国会展网,http://www.cce.net.cn。

（一）参展工作评估

参展工作的评估内容有定性的，也有定量的，其主要目的是全面了解企业参展工作的质量、效率和成本效益。

- 有关展出目标的评估，主要根据参展企业的经营方针和战略、市场条件、展览会情况等评估企业既定的参展目标是否合适。
- 有关参展效率的评估，常用的方法有两种：一种是测算本展台实际接待观众的数量在展览会观众总人数中所占的比例；另一种是参展总开支除以实际接待的参观客户数量，也称为接触潜在客户的平均成本。
- 有关展览人员的评估，包括工作态度、工作效果、团队精神等方面，这些不能直接衡量，一般是通过询问参加过展览的观众来了解和统计；另一种方法是计算展览人员每小时接待观众的平均数。
- 其他人员评估，包括展览人员组合安排是否合理，效率是否高，言谈、举止、态度是否合适，展览人员工作总时间多少，展览人员工作轮班时间的长短等。
- 有关设计工作的评估。
- 有关展品工作的评估，包括展品选择是否合适，市场效果是否好，展品运输是否顺利，增加或减少某种展品的原因等。
- 有关宣传工作的评估，包括宣传和公关工作的效率及效果，是否比竞争对手吸引了更多的观众，资料散发数量以及新闻媒体的报道等。
- 有关管理工作的评估。
- 有关开支的评估。
- 展览记忆率评估，指在前来参观本公司展台的观众中，在展会结束后 8~10 周内仍能记住本企业参展情况的比例。

（二）参展效果评估

在展出结束后对参展效果进行系统的评估、对参展工作本身进行总结，有利于参展公司判断投入产出是否合理，以及决定日后是否仍需继续参加该展览会。而就参展工作本身而言，也可以充分总结经验和教训，从而改进今后的参展策略。

- 参展效果优异评估。例如，如果参展接待了 70% 以上的潜在客户，客户接触平均成本低于其他展览会的平均值，就是展览效果优异。
- 成本效益比评估。一种典型的成本效益比是用展出开支比展览成交额，要注意这个成本不是产品成本而是展出成本；另一种典型的成本效益比是用开支比建立新客户关系数。
- 成本利润评估。
- 成交评估。
- 接待客户评估，主要包括参加展览的观众数量，可以细分为接待参展企业数、现有客户数和潜在客户数；参加展览的观众质量。

四、准备参加下一届展会

如果某企业或组织在本届展览会上获得了较好的参展效果，便可能希望继续参展。那么，企业可以与展会组织者进一步接触、商谈，并尽早确定参展。一般来说，尽早申请可以享受一些额外的利益：展会组织者更容易熟悉参展商；参展企业可能优先挑选场地位置；组织

者可能在其新闻稿中提及最先申请的公司。与此同时,企业还应根据参加本届展会的经验和新的营销目标,制订下一届的参展计划。

本章小结

从总体上看,企业参展过程可以分为展前、展中和展后三个阶段,每个阶段的工作内容和重点都不一样。一般来说,企业在国内参展的基本流程为"确定参展目标——选择项目——申请和确认展位——展前准备(包括展品制作、邀请客户、人员培训等)——展品运输——搭建展台——现场管理——展后总结与客户跟进"。其中,明确参展目标是企业参展的基础。

本章第一节从企业的参展目标出发,介绍了从短期和长期两个角度来评估企业的参展目标的一般方法,然后对如何挑选合适的展览会、制定参展预算、选择展位、筹备组织参展、设计展台和展前客户邀请等工作进行了初步说明。特别值得一提的是,本节对如何估算所需展位面积的常用方法也进行了简要介绍。在整个展会营销过程中,现场管理环节尤为重要。参展商现场管理工作的重点主要包括:搭建与布置展台;进行产品演示,开展现场活动;接待专业观众;将潜在客户的信息反馈给公司;安排撤展和展品回运等事宜。第二节重点介绍了开展现场活动和有效接待观众的常用技巧。第三节简要介绍了参展企业的主要展后工作,包括致谢、客户跟进、参展工作及效果评估和准备参加下一届展会等。其中,对展会结束后的客户跟进方式和企业参展工作及效果评估进行了详细的说明。

关键词

参展目标(exhibiting objectives):企业或组织参加展览会时真正想要获得的价值或达到的一种状态,并伴随着相应的执行计划和行动。

布展(booth layout):对于某个参展商而言,布展就是在主办单位限定的时间内,将所有展品、道具和宣传用品等放置在展台最合适的位置,并做好产品演示、文娱表演等活动的彩排。

撤展(booth dismantling):在展览会闭幕和所有参展工作人员离开场馆期间,参展商完成全部展品和展具的拆除、结算、运输等工作。

复习思考题

1. 请结合线索引入中的案例,从战略营销的角度来分析宇通重工缺席 Bauma China 2014 的原因。

2. 企业参展的一般流程是怎样的?
3. 企业如何挑选合适自己的展览会?
4. 怎样估算所需的展出面积?
5. 在展览会现场,如何有效地接待专业观众?
6. 参展结束后,常用的客户跟进手段有哪些?

案例讨论题

××年ChinaJoy的参展流程

中国国际数码互动娱乐产品及技术应用展览会(ChinaJoy)是继日本东京电玩展之后的又一同类型互动娱乐大展,该展览会在展示新产品、传播新技术的同时,也作为中国政府机构传达产业政策、获取市场信息、了解产业发展状况以及吸收国内外企业意见和建议的窗口,为中国数码互动娱乐产业的健康、规范和快速发展起到了积极的作用。以下是××年Chinajoy的参展流程:

(1) 获取参展资料(电话联系承办单位,登录官方网站);
(2) 仔细阅读参展须知;
(3) 根据展馆平面图与承办单位确定参展面积和位置(注:并签订参展协议书);
(4) 提交参展报名表;
(5) 完成第一笔参展费用的支付;
(6) 从大会承办方获得《参展商手册》;
(7) 按照手册中涉及的内容准时提交相关表格(参展商必须填写并按时提交各项必填表格);
(8) 参展商自行寻找搭建商、运输商、AV(音频与视频设备)供应商;
(9) 参展商自行设定展会现场活动并提交展会承办单位名单;
(10) 开展前一个月完成参展费用尾款的支付;
(11) 开展前一个月,参展商获得大会组委会制作的展前预览;
(12) 开展前两周,参展商拿到胸卡、门票以及出席展会期间重要活动的请柬等;
(13) 开展前三天展商进馆搭建;
(14) 展会第三天主办单位向参展商发放参展商意见反馈表并于当日展会结束前回收;
(15) 展会结束后当天展商撤馆。
(资料来源:http://2008.chinajoy.net/index.html.)

思考:
(1) 请结合由ChinaJoy主办方提供的上述信息,理解企业参展的一般流程。
(2) 请结合上述材料,从参展商的角度,拟定一个参加国际展览会的工作时间表。

第 4 章

展前客户邀请与宣传

学习目的

- 理解专业观众的概念及常见的参观动机。
- 掌握参展目标的主要类型以及邀请展会目标观众的常用方式。
- 了解企业参展前开展宣传活动的主要形式与内容。

线索引入 是赞助还是直邮？如何邀请目标客户？

主持人：参展宣传的效果直接影响到参展的最终成果，如何使宣传策略最优化，宣传效果最大化，资金效率最高化，是每个参展企业都需要认真思考的问题。下文将简要介绍从目标选择到技巧运用中的要诀。

■ 从您的目标着手

不同的目标要求不同的推广策略。例如，如果希望提高新公司或新产品的知名度，横幅广告及活动赞助是不错的选择；如果您已经找出目标群体，那么选择有针对性的直邮与个别参展邀请则更为适合。

■ 与其他市场推广活动协同开展

展览会应被作为企业整体营销策略的一部分，而不应被孤立地运用。应将参展渗透到其他媒体活动中，例如，在广告中醒目标示"欢迎光临我们的展位……"在网站及定制通讯中宣传参展信息等。

■ 阅读参展指南

大多数展会都会为参展商提供全面的参展指南。应确保宣传指南被发送至合适的人员手中（市场经理或公关代理公司），充分利用所有的免费宣传机会，切记遵守所有截止日期的时间。

■ 邀请目标客户

据美国展览业研究中心（CEIR）的研究，83％的最成功的参展商（按参展获得业务量及销售线索数量衡量）都会在展会前向他们的既有客户及潜在客户发送邀请函。至于邮发名单，您可以选用自己的名单或向外购买的名单，也可以采用预登记方式获得的观众名单。

在寄发邀请函时，应通过赠送参观券、门票等各种方式尽量吸引收信人前来参观。

■ 登录观众手册

观众手册是最权威的观展指南，全面介绍了参展商、展品及展位分布等各种展会信息。观众手册不仅在展会期间发放，还会在展会相关的网站上公布，是观众制订参观计划的重要依据。因此，参展企业应尽量利用观众手册的免费编辑版面，重点宣传即将展出的新产品、新服务及公司的最新发展情况，而且应强调产品给客户带来的利益，少介绍产品本身的技术数据。

主持人：产品固然重要，但毫无疑问，宣传和推广也不能忽视。在知名的国际大公司的展台上，可以看到许多外企的销售总监、宣传主管亲自在展位上接受咨询、介绍产品，更有知名厂商的全球总裁和企业高层决策人士亲临展会。同时，一些企业专业水准的宣传手段也值得我们学习，它们拥有非常全面的市场统计与分析，对客户的需求了解得十分充分。知己知彼，方能百战不殆。国外企业深度参与市场宣传的策略以及其营销技巧值得国内厂家借鉴，在增强硬实力的同时，还要注重宣传推广这个软实力的积累。

（资料来源：刘晨.多数成功展商会在展前向客户发送邀请[N].中国经营报，2007-03-05.）

有效的项目计划是企业参展成功的重要因素,也是获得参展效益的关键。因此,企业一旦决定参加某个展览会,就需尽快开始进行参展前的计划与筹备工作。展前筹备工作的范围很广,展品的选择与运输,展台的设计与搭建,人员的配备与培训,目标客户的营销与推广,宣传资料的印刷与派发等无不需要参展企业的精心准备。其中,客户的邀请和宣传是企业参展前筹备工作的重头戏。通过展前宣传、客户邀请与沟通,不仅可以吸引媒体视线,为参展企业带来更多人气,提高知名度,更重要的是可以为参展企业带来高质量的采购商,获得最大化的投资回报率。

第一节 客户的界定

在竞争日益激烈的今天,企业与客户建立良好和稳固的合作关系显得越来越重要。在展览会上,关注与发现每一位潜在客户是参展企业参展的重要目标。参展商关注的客户主要包括两类人群:专业观众和一般观众。

一、专业观众和一般观众

专业观众,俗称"买家"(buyer 或 attendee),是指从事展览会上展示产品的设计、开发、生产、销售或服务的专业人士以及终端用户。这里的产品可以是有形的产品(如机械零件等),也可以是无形的产品(如软件、服务等)。具体来说,专业观众主要包括现实经济生活中的采购商、代理商、零售商和终端消费者。对于参展商来说,获得参展效益的关键对象是采购商,采购商在专业观众构成中扮演着重要角色。

是否带有专业针对性是专业观众与一般观众的主要区别。专业观众参加展览的目的性很强,通常是为了对某一领域进行深入考察与研究,或者是寻找商业机会;不带有专业针对性的观众属于一般观众,其人数众多,涉及面广,参加展览的目的主要是为了满足求新、求知的欲望和娱乐、欣赏的需要,其感兴趣的往往是最终消费品、艺术品或稀有商品,很少涉足技术性强、观众不能直接购买和使用的中间产品。

补充阅读 观众为什么要参观展览会?

消费者购买决策是一个系统的决策活动过程,包括需求的确定、购买动机的形成、购买方案的抉择和实施、购后评价等环节。然而,消费者通常会受到多种动机而不是一个动机的影响,而某一时点的一些动机比另一些动机强,但这种强烈的动机在不同时点是不同的。

中山大学旅游学院的罗秋菊教授 2008 年在《暨南学报》上发表过一篇学术论文——《专业观众展览会参观动机研究——来自东莞的证据》。该文以 5 个展览会的 3630 名观众为研究样本,采取大规模问卷调查的方式,利用因子分析与聚类分析相结合的综合定量方法,对专业观众的参观动机进行了综合评估及分类研

究,可谓是《专业观众参观展览会的决策研究》的姊妹篇。以下是该文的部分内容。

1. 问题的提出

关于专业观众对展览会价值的认知,国外进行了不少实证调查。早在1992年,Simmons市场研究局对1009名企业决策者的调查显示,展览会在购买信息渠道中排列第一。国外新出现的一个展览会理念是集中力量对专业观众进行营销,保证专业观众的参观效益,这种理念使过去传统上展览会在大城市及临近区域举办,转向在生产基地及专业观众较多的地域举办。

尽管国外学者已经开始关注专业观众,并对其参观动机和行为进行了一些实证研究,但总的来说,学术界对专业观众的研究还显得薄弱。例如,Munuera和Ruiz(1999)的研究发现,搜集市场和新产品的信息、接触潜在供应商、为了寻求新理念进行市场调研是西班牙中小企业参观展览会的最主要的目的。

本文试图回答以下问题:国外关于专业观众参观动机已有的研究结论是否适合中国的实际情况?我国专业观众参观动机的组成内容和结构是什么?类型各异的专业观众在参观动机方面体现出哪些差异性?专业观众所属的企业特性和个人特征是否影响其观展动机?

2. 研究方法

本研究主要采用问卷调查和统计分析方法。其中,问卷设计包括两部分:第一部分向调查对象介绍本次问卷的目的,请受访者填明其所属企业资料和个人基本信息;第二部分包括16个问项,以测量专业观众参观展览会的目的,各变量测量均采取李克特5级量表,所得数据用SPSS 11.5进行统计分析。

在正式大规模发放问卷之前,为了进一步修正变量,笔者分别在广州和东莞不同性质的展览会现场对来自制造商和代理商、外资企业和本土企业、大中小规模不等企业的24位专业观众和5个展览项目的高管人员进行了深度访谈;此外,为了消除问卷的歧义和不明确之处,对在东莞举办的第三届珠江食品博览会暨华南名酒交易会的30位专业观众进行了前测。

关于专业观众所属的企业特性和个人基本特征描述以及专业观众观展动机的组成结构和内容、不同类型专业观众的观展动机的具体分析过程,请阅读原文。下面列出了几张表格,以反映基本研究思路。(见表4-1,表4-2,表4-3,表4-4)

表4-1 专业观众问卷调查样本分布情况

展览项目名称	简 称	样本分布	
		样本量(人)	比例(%)
第十四届国际名家具(东莞)展览会	名家具展	1617	44.5
第七届中国东莞国际电脑资讯产品博览会	电博会	583	16.1
第二届国际名鞋展暨皮革、鞋材、鞋机(厚街)交易会	名鞋展	546	15.1

续表

展览项目名称	简称	样本分布 样本量（人）	比例（%）
第四届广东珠三角国际工业博览会	工博会	350	9.6
第四届华南国际印制电路及组装技术展览会	印制电路展	534	14.7
合计		3630	100%

表 4-2 专业观众总体参观展览会的目的排序表

专业观众参观展览会目的	样本量	最小值	最大值	均值	标准差	排序
发现新产品	3530	1.00	5.00	4.1062	0.90669	1
搜集产业发展趋势信息	3514	1.00	5.00	4.0159	0.90529	2
寻找新供应商	3499	1.00	5.00	3.9554	0.94911	3
搜集技术信息	3517	1.00	5.00	3.9110	0.96308	4
进行市场调研	3529	1.00	5.00	3.8731	0.96790	5
寻找合作伙伴	3522	1.00	5.00	3.8600	0.98064	6
了解竞争者情况	3524	1.00	5.00	3.8241	1.01268	7
寻找新产品进行代理	3494	1.00	5.00	3.8214	0.99015	8
与其他参观商建立业务联系	3509	1.00	5.00	3.7512	0.98301	9
比较价格	3418	1.00	5.00	3.6834	0.96067	10
为未来参展考察	3456	1.00	5.00	3.6473	1.05411	11
巩固老供应商的关系	3458	1.00	5.00	3.6403	1.04463	12
确认已做的购买决策是否明智	3464	1.00	5.00	3.5702	0.98954	13
下单采购	3474	1.00	5.00	3.5299	0.99370	14
参加研讨会或其他特别活动	3463	1.00	5.00	3.2550	1.12939	15
公司奖励员工,给员工外出、旅游机会	3531	1.00	5.00	2.9402	1.36720	16

(资料来源:本研究在展览会的现场问卷.)

表 4-3 专业观众展览会参观动机因子分析结果

参展目的指标	因子载荷	数据信度(Cronbach's a 值)	方差贡献率
因子1:搜集信息		0.7431	27.847%
搜集产业发展趋势信息	0.773		
搜集技术信息	0.740		

续表

参展目的指标	因子载荷	数据信度(Cronbach's a 值)	方差贡献率
了解竞争者情况	0.652		
进行市场调研	0.599		
发现新产品	0.514		
因子 2:建立市场关系		0.6465	9.634%
寻找合作伙伴	0.738		
寻找新产品进行代理	0.592		
寻找新供应商	0.529		
与其他参观商建立联系	0.505		
巩固老供应商的关系	0.446		
因子 3:考察奖励		0.6386	7.577%
公司奖励员工,给员工外出、旅游机会	0.745		
参加研讨会或其他特别活动	0.721		
为未来参展考察	0.555		
因子 4:采购行为		0.6074	6.340%
比较价格	0.764		
下单采购	0.703		
确认已做的购买决策是否明智	0.505		
累计方差贡献率			51.398%

表 4-4 专业观众展览会参观动机的聚类分析结果($N=2617$)

	第一类($n=820$)	第二类($n=771$)	第三类($n=1026$)
因子 1:搜集信息	3.304	4.206	4.25
因子 2:建立市场关系	3.212	3.98	4.146
因子 3:考察奖励	2.707	2.77	4.087
因子 4:采购行为	3.13	3.56	4.01
聚类命名	目标模糊型	信息搜集导向型	目标多维明确型
百分比	31.33%	29.46%	39.21%

为了进一步确认专业观众三种聚类与其所属的企业特征之间在参观目的方面是否存在显著差别,罗教授还对两者进行了交互分析。

3. 研究结论

该研究的结论大部分支持 Munuera&Ruiz(1999)、Smith、Hama&Smith

(2003)等国外学者的观点。首先,发现新产品、搜集产业发展趋势信息、寻找新供应商、搜集技术信息、进行市场调研是专业观众参观展览会最重要的5个目的。

其次,影响观众参观决策的因子主要有4个:搜集信息、建立市场关系、考察奖励、采购行为。其中,搜集信息是对专业观众展览会参观动机影响最大的因素,建立市场关系其次,采购行为是影响最小的因素。但与前人研究不同的是,该文发现专业观众的观展动机分为3种不同类型,即目标模糊型、信息搜集导向型、目标多维明确型。其中,规模最大的组别是目标多维明确型,其次是目标模糊型,信息搜集导向型规模相对较小。

该文还证实,除企业开办时间外,专业观众对参观展览会动机的知觉受专业观众所属企业的特征变量中的企业规模、企业性质、企业所在地域的影响;人口统计学变量中的性别、学历、职位类型等变量对专业观众观展动机有显著影响,但职位级别对观展动机没有显著影响。

4. 对业界的启示

1) 对主办方的启示

主办方应该进行有效的信息管理和需求引导,协助参展商与专业观众彼此了解,使专业观众和参展商的目标设定更加明确和细化,尤其要通过适当的方式引导那些目标模糊型的专业观众。

由于专业观众所属企业的特征和个人特征会影响其参观动机,主办方应建立科学的数据库,针对不同的展览会类型和参展商类型,有的放矢地组织合理类型的专业观众进行参观。例如,针对距离远近专业观众的需求特点,主办方可根据展览会的规模和效果,制定一定的时间层次先后组织本区域和长距离的专业观众。

2) 对参展商的启示

专业观众的参观目标是多样化的,既有信息搜集行为、采购及代理目的,也有寻找合作伙伴的目的,其中,非购买动机远大于采购动机。如果参展商的参展目的与专业观众的参观动机有偏差将会影响参展效果。

参展商对展览会这个综合平台及专业观众的深入理解将非常有助于参展商对参展进行必要的规划与管理。具体包括设定以专业观众为导向的多维目标,而非单一地局限于产品销售和结识潜在客户;配备专人或专门部门进行管理,设定明确的参展目的,制定可量化的参展效果测评指标;重视新产品的准备和展示;配备数量及结构合理的参展人员,并对人员进行培训,从而使参展商及观众都能充分利用展览会的综合功能。

(资料来源:罗秋菊.专业观众展览会参观动机研究——来自东莞的证据[J].暨南学报(哲学社会科学版),2008(2):47-52.)

二、参展商与客户之间的关系

通过图4-1可以看出,参展商与专业观众是相互促进,相互吸引的经济贸易关系。参展

图 4-1 参展商与客户的关系图

商通过展会向专业观众展示产品和企业形象,获取市场信息和产品订单。因此,对于参展商而言,专业观众是企业参加展会获得收益的最终来源,高质量的专业观众是展会的核心价值要素。反之,专业观众通过展会接触大量高质量的参展商,采购满意的产品,获得最新的市场信息。因此,高质量的参展商是专业观众参加展会的首要价值要素。在一个展览会上,如果专业观众数量多、质量好,就会吸引更多潜在企业或组织参展;越多的高质量参展商参展,反过来又会吸引更多的专业观众。如此参展商与专业观众相互促进,进入一个良性循环,所形成的经济和社会价值将得到不断提升。

对于参展商而言,虽然一般观众所能带来的直接经济效益较少,但其带来的社会效益也不可估量。因此,一般观众也是参展商关注的潜在客户,而且通过参观展览会,一般观众很有可能转化成参展商的目标客户。此外,一般观众的质量和数量也会直接影响展览会的品牌价值,从而影响到参展商的效益。

补充阅读　　了解专业观众的购买体验

当个人试图做出一个购买决定的时候,会有很多因素影响其决策过程。这些因素可能来自一些感官刺激,比如视觉、触觉、味觉等;也可能来自这个人的心理感受,比如与对方销售人员的沟通情况等。这些因素将形成一些经验,我们可以称之为"购买体验"。具体到展览业,一个展览会的很多组成元素,如展位设计、工作人员、厂商标志等都可以形成专业观众的购买体验。因此,对于参展商而言,让专业观众形成积极的购买体验是他们衡量参展效果的决定性指标之一。

相信大多数参展商在参展过程中都会有意制造一些有利于自己营销的环境要素,但是并不是所有的参展商都真正了解哪些要素是积极的,而哪些恰恰相反。甚至有的参展商虽取得了很好的参展回报,但他们仍旧不清楚究竟是哪些因素促成了自身的成功。

(一)确定核心价值

在制订下一次参展计划时,参展商仍会颇费思量:需要改进、保持或削减的环节在哪里?这就要求我们能够总结出一种工作过程,用以形成专业观众积极的购买体验。而这一过程应该包括以下四个步骤:

(1)分别确定参展商和专业观众的核心价值;
(2)依据双方的核心价值设定目标;
(3)确定参展商如果想达到这些目标,需要借助哪些关键要素;
(4)思考最终的参展效果是哪些要素决定的。

例如，工作人员总共收集到 500 个购买意向，但这个数字并不是孤立的，它并不能证明你成功与否。参展商必须还要清楚，究竟有多少专业观众曾光临公司的展位，观众数量将证明他们对公司展位的购买体验的优劣。参展商还可以采取一些更具体的衡量办法，比如哪些员工接待了更多的专业观众，哪些员工与潜在客户的交谈时间更长，专业观众在贵公司展位逗留的时间有多长，那些"走马观花"式的观众占总观众人数的比例有多大，等等。

一旦掌握了形成观众购买体验的关键要素，公司的参展决策将很容易做出，应该强化什么，避免什么，都会一目了然。

在一次展会上，一家公司的展品是各种新型的储藏柜。专家发现，观众对于展品本身并没有什么特别的兴趣，但是他们却热衷于打开或关闭储藏柜的柜门。于是，就向参展商提出建议，让他们把主要的宣传材料和公司标志"藏"到储藏柜里面，结果观众的反响很强烈。因为公司的营销活动与展品有机地结合到了一起，这就形成了观众积极的购买体验。结果参展商在那次展会所取得的业务进展比以往要好许多。

（二）留意更多细节

要想真正了解专业观众的购买体验，必须详细地掌握他们在展览会现场的行为表现。这意味着参展商要留意更多细节，多方面获取观众的静态和动态信息。从签到表格、现场观察到展位录像、问卷调查等方方面面，都将有助于参展商了解观众的购买体验。

从运营的角度来看，了解专业观众的购买体验至少可以为参展商带来两个方面的好处：①可以通过减少不必要（无法形成观众的积极购买体验）的现场项目，节省参展成本；②增加潜在客户数量，提升销售额。这一升一降，将使参展商在参展项目上的 ROI（投资回报率）有明显改善。

（资料来源：新华网，http://news.xinhuanet.com/expo/2004-07/19/content_1613307.htm.）

第二节　确定参展目标

参展目标是企业参展策划、筹备、展出和后续跟进等每一项工作的方向，也是每一项工作评价的基础和标准。在实际工作中，不少参展企业并未制定参展目标，或者制定笼统、含糊的目标，结果导致展出不成功。相比之下，具有明确参展目标的企业往往会有更佳的参展表现，并获得更好的展出效果。因此，参展企业应该尽早根据企业的营销战略、市场条件和展览会情况等制定具体的参展目标。

企业的参展目标是多元化的。据德国展览业协会（AUMA）分析，企业参展目标有基本目标、产品目标、价格目标、宣传目标、销售目标等类型。然而,对企业而言,在不同的市场环境和工作场所,其参展目标是不一样的。比如,企业参加消费类展览会和贸易展览会的目标是不同的。企业在消费类展览会上的主要目的是得到订单,因而实现销售是企业的主要参展目标;而在贸易展览会上,因为买家的"购买决定"往往是在展览会结束一段时间以后才做出的,因此直接订单相对而言并不重要,此时参展要达到的目标应是结识新客户、引入新产品、提高企业声誉、增加知名度等。

一般来说,企业参展目标除了按照不同市场目标来划分外,还可以划分为两大类:经济目标和心理目标。

一、经济目标

企业参展的经济目标主要是获取经济利益最大化,主要包括以下三类。

(一) 市场调研

作为市场营销的重要组成部分,展览会是企业营销中一种不可忽视的形式。展览会能汇聚市场中众多的买家和卖家,企业参展是进行现场调研和信息收集的绝好机会,比如了解整个市场的供求状况、产品销售渠道状况、专业买家需求状况等。此外,企业可以通过参观竞争对手的展位,合法地收集竞争对手的商业秘密,如竞争对手的定价、产品比较、付款条件、交货方式等。

在展览会上企业与观众的双向交流也有助于企业了解市场需求和发展趋势,这种了解比日常的市场调研更加直观和准确。对于新进入市场或者想扩大市场的参展企业,可以将市场调研作为主要的参展目标。但在展览会的选择上,一定要选择档次高、规模大、专业化强,能覆盖参展企业目标市场的展览会。

(二) 产品展示与宣传

产品展示与宣传是众多企业参加展览会的最基本的目标之一。展览会是一种立体的广告,为参展商提供了一个充分展示企业与产品的机会,参展商可以与客户进行面对面的交流,向客户生动地展示甚至让其体验自己的新产品,增进客户对产品的了解,便于客户接受。

展览会在产品展示与宣传方面有着独特的优势。第一,可以展览实物,让参观者能够用全部感官来认知产品,这是展览会的特点和优势;第二,可以展览几乎所有的产品,大到飞机小到螺丝钉都能充分全面地展示;第三,可以进行双向交流,即参展商可以向客户介绍产品,解答问题,并回答技术性的问题。这样使得客户能够全面深入地了解产品,从而提高成交额。

对于推出了新产品或者需要扩大产品影响力的企业,在参展时都应当制定相应的产品展示与宣传目标。需要注意的是,企业在制定产品展示与宣传目标时绝对不能搞产品罗列,要突出卖点、重点和亮点。企业产品中哪些负责企业形象的得分、哪些负责企业利润的获得、哪些负责市场份额的占领,都要在确定产品展示与宣传目标时有所体现。

(三) 销售与成交

销售与成交是企业经营活动中至关重要的环节,所以对于参加展览会的绝大多数企业而言,最终实现销售与成交是最重要的参展目标。其实,展览会销售与成交的作用是企业其他营销方式难以比拟的。在展览会上,买卖双方均有备而来,双方可以互相了解,也可以就具体细节、条件进行讨价还价,如果达成一致可以当场签订合同,工作效率相当高。据统计,在德国,每年贸易总量的80%都是通过展览会达成的。

对于一些非营利性组织如政府、贸促机构等,参展者可能会更加重视宣传目标,而把成交作为次级目标。

二、心理目标

企业参展的心理目标主要是对观众的行为和态度产生影响,主要包括以下两类。

(一)建立、维护企业形象

形象是企业巨大的无形资产,能够提高企业的产品价值。对于新企业而言,参展可以帮助企业在短时间内树立形象,进入市场,被同行业接受;对于老企业而言,参展可以帮助企业维护或提升企业形象。参展对于企业树立和维护形象来说既省时又省力,因此许多企业都把形象展示看作企业参展的重点目标。

如何结合展会宣传企业形象,除了产品展示外,企业还需要考虑其他诸多因素,如展位的选择、展台的设计、参展人员的素质或宣传材料的设计与制作等。只有在确定了如何宣传企业形象的前提下,才能技术性地确定参展的一些细节工作。

(二)建立、融洽客户关系

在市场经济条件下,客户关系是企业营销关注的重点。许多企业认为客户关系是销售成交的先决条件,把客户关系视为市场的生命线。因此,建立与融洽客户关系应被当作企业参展的重要目标之一。

对于新进入市场或者欲扩大市场的参展企业,展出目标应当是建立新的客户关系。专业贸易展览会上的许多目标观众其实就是企业的潜在客户,参展企业不能被动地任由目标观众只到展台前看看问问就离去,而应主动接待他们,与之建立联系,并争取与他们发展成为真正的客户关系。这就需要企业有明确的参展目标来指导具体的展台接待工作。因此,新进入市场或者欲扩大市场的参展企业应该在展览会上想方设法地接触更多的潜在客户和行业人士,认识更多有实力的买家,为以后企业营销和公共活动做好铺垫。

对于已进入市场的参展企业,一方面要与老客户继续保持合作,另一方面要防止竞争对手抢走客户。为此,企业可以提前给老客户发出邀请函,邀请老客户到展台来参观和交流。比如,让老客户看看新研发的产品,听听老客户的要求与意见,有问题就解决问题,有机会就做生意。

三、具体衡量指标

无论是经济目标还是心理目标,都是企业参加展览会的重要目标,只是不同企业所选择的侧重点不同而已。对于迫切希望提高经营业绩,渴望经济效益再上一个台阶的参展企业来说,经济目标无疑应摆在第一位。而对于那些希望提升本企业形象,或希望增强观众对本企业认识的参展企业来说,心理目标就显得非常重要。

需要说明的是,企业在制定参展目标时,不论是经济目标还是心理目标都要做到明确且具有可操作性。经济目标是否实现是比较容易衡量的,因为它关系到一些量化的数据,如成交额、成本削减、扩大市场占有率等。而心理目标能否实现通常不能直观看到,这就要求参展企业遵循以下原则:①目标要可以衡量;②目标要与某个特定时期有关;③目标要由专人或专门部门负责;④目标要切合实际;⑤目标要能被广泛接受;⑥目标要有激励性。表4-5是一家企业在制定参展目标时的目标量化指标。

表4-5　企业参展目标的量化指标

目标类型	参展目标	量化指标值
经济目标	推动销售	订单数量
	扩大销售	不同区域群体订货总量
	拓展销售深度	专业观众及专访参观者的数量
	扩大或保持市场份额	与往届展览会销售额比较值
心理目标	进入新的行业领域/客户分组	按区域、行业、销售方向等新建立的客户联系数量
	熟悉相关产品领域的参观者	观众数量,新/旧客户的联系,自发性媒体报道的数量及质量,宣传册及样品发放的数量
	培育/提高品牌忠诚度及知名度	观众调查值:对企业的认知度/对新产品的认知度/对品牌的认知度/对企业产品特性的认知度

比如,一家俄罗斯天然石材生产企业2004年参加了在西班牙瓦莱希亚举办的MARMOL石材展览会,①为了进一步开拓欧洲市场,决定2005年继续参展。那么该企业在制定2005年的参展目标时可以做如下定义。

经济目标:
- 参观展会观众的数量将由2004年的250人提高到2005年的300人;负责部门:展览部。
- 提高西欧地区客户的订单数量(2004年25宗,2005年40宗);负责部门:市场部。
- 将增项服务的销售额提高15个百分点(2004年至2005年);负责部门:区域服务部。
- 将参展费用在2004年的基础上减少5%;负责部门:各部门人员共同组成的展览小组。

心理目标:
- 将媒体的正面书面报道从去年的35篇提高到40篇,即提高15%;负责部门:公共关系工作组。
- 将在展会后四周内参观观众对本企业品牌的认知度从目前的25%提升到35%;负责部门:市场部、市场营销代理和市场调研小组。

---

① Jag Beier,Simon Dambak.展览在市场营销体系中的作用.中国展览馆协会组织翻译.http://www.ufi.org/education.

补充阅读　如何成为一名成熟的参展商

商务部研究院中国会展经济研究中心(CICER)基于对在中国境内举办的机电类展览会的调查研究,并根据企业参展次数、参展效果、参展满意度、参展经验、参展展销策略和方法等研究指标,将参展商分为理智型、感情型、成熟型三类。

一个成熟的参展商是真正懂得欣赏展览会价值的人,是具备如何与展览会建立和谐合作关系能力的人,知道品牌展览会的专业承诺值得信赖,并且像珍惜无价之宝一样呵护自己选定的展览会。每一个成熟的参展商都知道,与其他企业市场营销工具如广告等相比,参展能够较好地实现吸引新客户、发现潜在客户、节约费用、节省时间等企业市场营销的基本目标。例如,国际上机电类企业把参加行业知名展览会纳入企业战略营销计划之中,其中,一年一度的汉诺威工业展览会CeBIT,成熟的参展商会在企业营销计划中提前一年制订参展计划,该计划属于企业市场营销组合的重要内容。然而,并非所有企业都懂得炉火纯青地使用这个工具。

全球每天都有各类机电类展览会举办,那么哪种展览会是机电行业的首选呢?我们的企业为什么要参加这些展会呢?每天我们会接到无数的展览会邀请函,但是,哪些展览会值得我们去参加呢?从商务部研究院中国会展经济研究中心(CICER)的调查研究报告中可以看到,上述问题对成熟的参展商没有太大的影响,因为这些企业判断一个展览会是否应该进入该企业的市场战略目标计划的标准已经十分清晰。研究表明,成熟参展商一般都对参展有十分准确的定位:参展的根本目的就是为了销售,而参展的目标则可能有多种。例如,德国著名研究机构IFO曾经对慕尼黑展览集团举办的世界最大规模的机械工程设备类展览会——BAUMA进行过"企业参展目标"的专门调查,其结果表明,企业参展目标中"提高企业知名度"为85%,"密切老客户"和"结识新客户"均为70%,"通过展览会宣传产品获得市场占有率"为63%,"推介新产品"为60%,"提升产品知名度"为58%,"交流信息"为50%,"发现客户需求"为50%,"影响客户决策"为33%,最后才是"签署销售合同",仅占29%。

由此可见,成熟的参展商深知,尽管其参展的根本目的是为了提高产品销售率,获得订单和扩大市场份额,但企业作为一个组织机构的影响力大于任何一种产品的力量,而展览会作为一种中立的连接客户和市场的桥梁,对专业观众而言,最具有影响力的除了产品性能和价格之外,更关键的是企业实力。所谓企业实力,可以理解为是一种对产品供销的市场保障能力与提供服务的执行能力,也就是企业在实力基础上形成的卓越信誉,其在展览会的表现形式就是展示企业形象和提高企业知名度,这对世界500强企业来讲是一个基本的参展特征。因此,对于大型的成熟参展商,通常的参展标准目标模式可简述为:在知名展览会上集中精力"展示企业形象"和"推介创新产品"。调查结果表明,这些企业对展览会价值的认知主要

集中在"信息传播价值"、"第三方认证价值"、"体验价值"、"理念价值"、"精神领袖价值"等5个方面。

对于成熟的参展商,由于在精神上和价值观上与所选择的展览会一致,因而更容易获得参展的成功以及实现企业参展目标,并圆满完成企业市场营销计划。而但凡成功的参展商,也必定具备较高的参展素质和参展能力,能够准确判断展览会的价值,做出明智而科学的参展决策。因此,成熟型参展商的总体特征是参展目标明确,参展计划可行,参展效果明显,参展满意度较高。相对而言,其他两类参展商的参展意识与行为则可以通过培训等方式来改变。

(资料来源:会展商务网,http://www.2t2.cn/ExpoEnchiridion/Default.aspx? PageNo=2&Mviewid=3995.)

第三节 常用的观众邀请方式

在展览活动中,组展商和参展商有着共同的客户——观众,组展商主要是从客户那里获得社会效益,而参展商更多的是从客户那里获得经济效益。在展览会上若能客户盈门当然求之不得,但有时难免会出现门庭冷落的情况。因此,展前组展商和参展商都有一个共同的工作——对观众发出参观邀请。然而,在实际操作中,很多参展企业过分寄希望于主办方来邀请观众。其实这是错误的,因为企业在广泛宣传和邀请观众的过程中,本身就是对自己的一种宣传,毕竟能赴会参展也是企业实力的象征。概括而言,参展企业常用的观众邀请方式有以下几种。

一、直邮邀请

直邮邀请(direct mail)简称DM,是指参展企业通过邮寄、传真、专人派送、电子邮件等方式把邀请函、请柬、参观券或其他展会宣传资料有选择性地直接交给潜在观众。直邮邀请是参展商使用最广泛的宣传方式,也是成本效益最佳的会展宣传方式,因为采用DM方式邀请观众具有明显的优势:①针对性强——针对潜在目标客户,甚至采取一对一的沟通方式进行,使邀请观众一步到位;②人情味足——DM起源于书信,有书信特有的亲切感,易被观众接受;③可测性高——DM能使参展商容易获得目标观众的直接反馈,传播效果易于测量;④经济实惠——使用资金投入较小,回报率高。

在具体使用时,参展商既可以委托专门的发函公司,比如邮政局、快递公司等办理直接发函;也可以选派专人以登门拜访的形式邀请重要买家。需要特别注意的是,随着现代信息技术的快速发展,以电子邮件形式邀请观众变得越来越普遍。另外,在直邮邀请时可使用一些特殊方式,比如附送小礼品、贵宾卡等。礼品本身可能没有多大价值,但是收到者更有可能前来参观展览会;另一种方式是寄奖券,观众可在展台索取小礼物,或者抽取大礼品,礼品或奖券应当与展出内容有关。贵宾卡则用于最重要的观众——专业买家/专业采购商,表示当他们前往展览会时凭此卡可以享受 VIP 接待。

采取直邮或 e-mail 邀请时,在实体外观设计或语言使用上要格外用心,要显出企业的经营理念和视觉特征,给收信人留下深刻的印象,这样的印象能使这些潜在客户一旦受邀参加展览会就很容易被熟悉的视觉特征吸引。比如,在请柬/邀请函的设计上除应注明展览会的时间、地点、概况和本企业的展台号、将要展出的新产品及服务项目等信息外,更要在设计上别出心裁,不能简单套用视觉识别(VI)应用要素中的请柬模式,而要结合企业的展台设计和展览内容进行个性化的设计。与展台一致的请柬风格有利于受邀观众在众多展台中找到发出邀请的企业的展台,并加深对企业的记忆。另外,邀请函上所使用的语言要真诚、热情,能够体现企业的经营理念(MI),在信封上可注明"重要"(important)或"紧急"(urgent)字样,以确保邀请函到达受邀对象手中。

此外,邀请时附送的小礼品在设计上应该遵循以下四个原则:①针对不同重要程度的邀请观众可将礼品分成几个档次;②尽量与展会主题和企业产品相关,如果展会主题比较抽象则可以通过礼品对主题进行具象的阐释,如微软公司参加"2004 中国国际计算机信息系统安全展"时就选择了彩色的密码锁作为礼品来阐释"安全"这一概念;③礼品能够作为企业 VI(视觉识别)的载体,充分传达企业 CI(形象识别)信息;④可以通过设计的新颖趣味性来压低礼品的实际成本。

二、电话邀请

电话邀请是一种直接的、双向的沟通与宣传方式,具有省时、省力、快速沟通的优点,被邀请人往往较难拒绝。商界人士大都讲究信誉,而且被直接邀请心里总是高兴的,一旦答应往往不会食言,所以电话邀请方式的总体效果很好。

电话沟通是通过对方的语音、语气、语速、语言等来判断对方的心理活动。所以,对于电话邀请来说,能够一步到位找到目标观众,引起观众的兴趣,掌握观众的心理,获取观众的信任,成为决定电话邀请成功的关键步骤。首先,要准确地定位目标观众。拨打企业拜访电话的首要环节就是要确认通话的人就是参展商要找的关键人。

其次,要做好电话邀请前的准备工作。电话沟通的过程非常短暂,只有准备充分才能抓住难得的机会,要做好以下准备工作。①明确给观众打电话的目的。②明确为了达到目标所必须提出的问题,例如,需要得到哪些信息、提哪些问题,这些在打电话之前必须要明确。③设想观众可能会提到的问题并做好准备。给观众打电话时,如果对观众所提的问题不是很清楚,要花时间找一些资料,客户很可能怕耽误自己的时间而把电话挂掉,这不利于信任关系的建立。因此,事先要做好资料的准备工作,资料最好就放在手边,以便需要查阅时立刻就能找到。也可以把观众经常问到的问题做成一个工作帮助表,以便快速查阅。一定要注意千万不能让观众在电话另一端等待太长时间。

再次要设计出一套观众愿意听下去的沟通方案,取得观众的信任。电话邀请过程中,开场白能否引起观众的兴趣,决定着电话邀请的顺畅程度。所以,电话邀请中要有引人注意的开场白,最好在通话开始的前 10 秒就能抓住观众的注意力,并引发他的兴趣,最终取得观众的信任。

最后要着重强调自身价值。在观众愿意听下去时,一定要迅速切入谈话正题。商界人

士最注重的还是实实在在的利益,因而电话邀请时要善于用参展利益作为谈话的内容来引起观众的兴趣。所以电话邀请的关键是要了解观众,了解他们现在需要什么、怀疑什么以及所面临的难题是什么,在此基础上再做有针对性的告知,这样才能打动观众的心。因此,在描述展览会时,应该重点强调参展能够帮助观众解决哪些实际问题,能够为观众创造哪些价值和利益,要将展会招商信息变成有效的帮助策略,这样观众才会比较容易接受邀请。在实践中无论是电话邀请还是登门拜访,参观价值都是沟通过程中必须强调的部分,只有真正了解观众的心理,站在观众的角度考虑展览会所带来的价值延伸有效性,才能很好地说服观众接受邀请。

此外,在电话邀请的过程中,还要注意接听电话的一些技巧,比如在与观众交流时,要做到兴奋、耐心、面带微笑,不与观众争辩,同时还要注意轻松,不要一本正经,要好像跟老朋友聊天似的,具有亲和力。

三、媒体广告

媒体广告是一种最常见的间接邀请观众的方式,也是吸引目标观众的主要手段之一。会展广告的传播范围可覆盖已知的和未知的所有目标观众,通过在专业媒体和大众媒体上做广告,可以将展览信息传递给直接邀请方式所遗漏的目标观众,同时也可以强化直接邀请的效果。因此,参展企业一定要配合会展主办方做好媒体广告宣传工作。在美国,有专业调查显示,比起未登广告的参展商,在展前连续登6次整版广告的展出者要多吸引50%的观众,连续登12次整版广告的展出者要多吸引100%的观众。

由于不同的媒介面向不同层次的大众,在选择媒介广告邀请观众时,要注意以下几点策略。①讲究实效性。无论在何种媒介上做推介,一定要讲求实效,实效性的判断来自于对媒介的分析和对邀请对象的了解。②注意统一性和连贯性。无论在哪种媒介上做广告,保持企业形象的统一性是非常重要的,要坚决杜绝自相矛盾、前后不一的现象发生。同时,也要注意广告宣传的连贯性。③注重技巧性。媒介广告宣传在表现形式和手法上要新颖别致,例如可以策划一个系列宣传广告等。

四、借助中介机构的联络渠道邀请

除了直接邮寄、电话邀请等方式外,参展企业还可以借助一些中介机构的联络渠道进行观众的邀请,主要有以下两种形式。

(一)与行业协会或商会联合邀请

各行各业都有自己的行业协会或商会,其中,协会往往拥有众多的会员,并定期发布各类信息,或组织各种各样的活动;商会对其会员公司的动态了解较多,对它们的发展战略、投资计划及各自的特点也有一定的掌握。因此,参展企业可以取得各地行业协会或有影响的商会的支持,利用它们强大的号召力并借助它们的渠道向观众发出邀请,以取得事半功倍的成效。

(二)通过驻外机构或外国使领馆邀请

对于某些大型国际展览会,参展企业还可以通过我国驻外机构或外国使领馆的渠道向国外的专业观众发出邀请。我国驻国外使领馆的商务处工作人员不仅对当地情况比较熟悉,与所在国的商界有着长期和广泛的联系,而且对国内的情况也十分了解。因此,必要时参展企业可以与中国驻外的使领馆商务处建立联系,寻求他们的支持。同样,许多国家都在我国的相应地区设有使领馆,参展企业同样可以与其商务处建立联系,比如通过政府、行业协会或商会邀请外国使领馆官员参加一些与企业相关的经贸、社会及文体活动,以增进彼此的了解和交流,这些对于邀请国外观众是非常有益的。

五、其他邀请

除以上四种方式外,还有一些其他的观众邀请途径。比如,利用国内外其他同类展览会,即到世界各地同类型的专业展览会、专业市场上派发邀请函、门票或展讯,以激发买家的兴趣,并进一步对参展企业进行展前宣传。近些年还出现了一些高级个性化的邀请观众的形式,例如组展商或参展商为 VIP 买家提供免费客房、商业配对服务等。

在现实工作中,对不同类型的观众,参展企业可以采取不同的邀请方式。①对于 VIP 客户,可以选择登门拜访或直接给他们打电话的方式,此外,还应该辅以邮寄邀请函、发送 e-mail 等方式来强化效果。②对于已知地址(包括 e-mail 地址)的重要目标观众,可以通过邮寄请柬的方式辅以 e-mail 进行目标营销。注意不要过分依赖电子邮件,因为有的信息可能会无故丢失。③对于已知 e-mail 地址的一般目标观众,可以选择通过 e-mail 进行目标营销。④对于联系方式不清楚的潜在目标观众,可以选择在专业性报刊和网络发布广告、举办新闻发布会等方式进行广泛营销,以吸引其注意。

最后需要说明的是,目前国内展览会通常观众人数较多,特别是看热闹的人多,经常会有拥挤火爆的现象,3 米宽的通道常常被挤得水泄不通,而展位内却无人问津。看热闹的人多,其主要原因就是组展商和参展商在观众的邀请工作上只注重数量的增加,不注重质量的提高。业内人士称,展览会的有效观众在到会观众的总量中要保持一定的比例,一般不能低于 30%。因此,组展商和参展企业既要不断扩展观众邀请的渠道,增加观众的数量,更要深入研究展览会观众的特征,提高展览会上有效观众的比例。

经典实例

第 22 届国际体博会专业观众邀请工作比往届大大加强

第 22 届中国国际体育用品博览会(简称"体博会")专业观众达到历史最高水平。相比 2007 年成都体博会,2008 年第 22 届体博会在专业观众组织方面的工作力度大大加强。

专业观众,俗称买家,主要包括采购商、代理商和零售商,是体育展会上的核心参与力量之一。据介绍,第 22 届体博会为加强对专业观众的邀请力度,成立了专门部门,实行项目管理,由专人负责。2007 年 11 月底,体博会组织方用了 2 周的时间,对北京的专业观众进行调研和摸底,组织方在北京体育大学学生的配合下,向运动俱乐部、体育场馆、零售商、康复中心和百货楼层等 500 家单位发出调查问卷,了解这些专业观众的需求,邀请其参加体博会。近期,体博会将在广州、上海、武汉、成都、西安、

哈尔滨和沈阳等7个城市启动类似的调研活动,每个城市除选取500家企业外,还将和全国近100家重点体育零售企业直接接触,这些采购大户的参与对体博会的意义不言而喻。

从以往几届体博会看,各地体育局、学校在展会期间采购活跃,给参展企业带来不少订单,第22届体博会将在这一块加大工作力度。据悉,体博会承办单位国家体育总局体育器材装备中心,利用自己的渠道和行业优势,已经向全国各地体育局、教育局装备部门发出邀请。而境外专业观众将一如既往的受到重视,这是体博会国际化的体现。这类专业观众主要是通过全球20多个国家体育用品协会邀请,今年,美国、阿根廷、韩国、印度、巴基斯坦和我国台湾地区都有意向组建采购团前来参加。

除了通过现有渠道直接邀请专业观众外,组织方还利用大众传媒广泛传播,让全国各地的专业观众了解体博会信息,更大范围地组织专业观众。

调研和邀请工作力度明显加强,但如何给这些专业观众提供优质的服务,体博会组委会也下了一番工夫。首先考虑到今年体博会在顺义区的中国国际展览中心新馆举办,靠近机场,但距离市中心有一定的距离,为了解决观众的交通问题,组委会将在机场安排摆渡巴士,同时在人流量较大的地铁站点附近设置班车,接送参会观众。其次,提前给这些专业观众邮寄证件和参观指南,让他们对展会有一个初步了解,并现场设立VIP区。最后,针对符合条件的VIP观众,比如连续参会,达到一定的采购额度等,组委会将免费提供住宿。正是由于这些服务措施的推出,才有今年体博会"专业观众将创纪录"的预期。

(资料来源:环球自驾游联盟,http://www.chinazijiayou.com/gps/gpsnews/View/4/868.htm.)

第四节　展前宣传活动

信息不对称是现实社会的常态。参展企业不可能在展览会上找到全部的潜在观众,总会有一定数量的目标观众因为不了解展览会的信息而没有前来参观。在现实中,由于参展商与专业观众之间存在"信息不对称"的问题,往往使得参展企业和专业观众都无法达到各自的预期目标。因此,参展企业要重视展览会前期的宣传和推广活动,利用各种推广手段来扩大企业的影响力,以吸引更多的目标客户。

所谓展前宣传活动,是指参展企业联合主办方运用广告宣传、公关活动及媒体报道宣传等手段,在展会前期营造声势,以吸引更多高质量的专业观众前来参观洽谈的过程。参展企业在制订宣传和推广计划时,要根据展览会的行业特性、客户定位、经营区域等特征,选准自己的目标对象,切忌不分对象胡乱宣传。

一、广告宣传

一般来说,企业参展的广告宣传目标主要有三点:一是告知,即向目标对象及潜在客户发布企业参展的信息,告知他们本企业将在何时、何地参加何种主题以及何种特色的展览,展览会将提供哪些服务等方面的基本信息;二是说服,即在告知的基础上,通过展会广告鼓励潜在观众积极参观;三是强化,即通过展会广告,使目标对象在参观和洽谈之后,进一步加深对展览会的认识和印象,不断强化他们积极主动参与本展会的意识。参展企业在展前广告宣传的侧重点是告知和说服,即以各种手段,动员和吸引专业观众(采购商、买家)到场参观、洽谈。

在广告宣传的媒介选择上,参展企业应确定专职或者兼职的新闻媒体负责人,媒体负责人需做出选择媒体的决策。不同的媒体其目标受众是不同的,因此要选择那些受众与展会的潜在观众尽可能一致的媒体,这样展会的潜在观众才有可能读到有关展览会的广告、新闻和报道。比如,如果是参加消费性质的展览会,可以选择大众媒体,包括大众报刊、电视、电台、网络、人流集中地的招贴等;如果是专业性的展览会,就要选择使用生产和流通领域里针对目标观众的专业媒体,包括专业报刊、专业网站、展览刊物、内部刊物等。参展企业可从展出地的新闻名录中查找合适的媒体,也可以询问当地的潜在观众阅读哪些报刊,然后从中选择适当的新闻媒体。

在实际工作中,参展企业为了在展前吸引和邀请潜在观众,采用最多的广告宣传方式有两种。①专业媒体。这里的专业媒体包括专业刊物或网站等,这些专业媒体具有受众对象明确、可信度高、广告效果明显等优点。一般来说,如果企业的目标客户与专业媒体的受众一致,而且价格合理,参展企业就可以选择该媒体刊登广告。②观众邀请函、会刊和简报快讯。其中,观众邀请函是由组展商直接邮寄或分发给观众的,其特点是信息全面、图文并茂,不仅介绍了参展商的基本信息和相关活动,而且还详细说明了参观的服务信息,具有较高的实用价值和广告价值。参观邀请函对于参展企业来说是一种理想的宣传工具,除了可以充分利用主办方提供的免费广告外,还可以主动刊登一些有吸引力的广告,以引起媒体和专业观众的关注。此外,展会期间,参展商还可以借助会刊和每日展览快讯,开展广告宣传。

当然,如果是消费类展览会,也可以通过当地报纸、公交和地铁车厢等大众媒体,面向公众和市民开展必要的宣传推广。

补充阅读

近几年随着展览会的主办者对专业观众重要性认识的不断提高,观众邀请工作五花八门,出现了许多新的方式,以下列举十种,各有利弊,可供分析借鉴与评判。

(1) 有些政府主导型的展会,地方政府十分重视,主要领导轮流带队,各级分管部门抽人组成规模庞大的出国招商团,分批到各国举办推介会,成本费用极高。因多数团组人员是轮流或照顾性质出国,所以招商效果参差不齐。

(2) 有的办展单位公开在邀请函上承诺组委会为前往参观的客商提供在本地的吃、住、行等,以此来吸引专业观众。

(3) 有的请各地对口行业协会组织采购团,然后按规模给对方提取组织费,因

此也经常出现滥竽充数的现象。

（4）有的给需方代表发了邀请函，但担心流于形式得不到落实，特地在请柬上注明凭请柬现场领礼品（有的甚至标明礼品名称和价值）和几天餐券，或凭请柬现场抽奖。

（5）有的在拜访重要客商时直接送去请柬、贵宾卡和礼品。

（6）有的办展单位充分利用信息传媒，将展览消息用手机短信的方式发给所有专业观众，这种方法既有目标的针对性和操作的简便性，又快又节省费用，正被越来越多的人采用。

（7）有的参展单位干脆就派人拉客商（展厅或宾馆酒店门口拦截），因厂家争抢客商而引起吵架的情形也时有发生，让客商感到十分尴尬。

（8）有的办展单位要求每家参展企业必须提供一定数量的客户名单，报组委会后统一以办展机构的名义发出邀请，而参展企业则担心自己的客户被别人带走，因此经常"留一手"。

（9）有的地方政府主办的"洽谈会"、"招商会"招商工作有较大难度，采用商业化运作，请相关单位或人员协助邀请外商赴会，按外商报到的实际数量提取招商佣金（每位数百元至数千元不等），这种做法真的可以称为"商托"了。出于"商托"的利益，有些持海外护照长期在境内的人员也都经常成为前来凑数的对象。

（10）德国汉诺威国际展览公司每年用于推广组织、争取专业观众、招商、广告的支出达1亿德国马克，在100多个国家和地区举行几百次信息发布会，仅"木工与机械展"一个项目，在上海一年就举办了5次信息发布会。

（资料来源：林大飞. 如何增加展会观众的"含金量"[J]. 中国会展，2004（23）.）

二、公关活动与媒体报道

因为有影响的展览会往往是媒体和专业买家关注的焦点，越来越多的大企业开始把展览会作为开展公共关系的好场所，他们通过策划相关活动，以吸引媒体的宣传报道，取得潜在客户、媒体及社会大众的信任与支持，从而为自身的发展创造最佳的社会关系环境。常用的形式有新闻策划、会议、公益赞助、路演或评奖等。

（一）新闻策划

展览会具有很强的社会功能性，再加上它的集中性以及参加人员的广泛性，因而很容易吸引众多的新闻媒体进行宣传报道。参展企业如果能抓住这样的机会，不失时机地制造一些新闻卖点以吸引媒体的注意，则会享受到免费的广告效果。而且这种宣传与企业的付费广告不同，付费广告的内容可由企业控制，但可信度往往会受到质疑，而媒体报道则来自公正的第三方，可信度非常高。因此，在整个展览会筹备及召开期间，参展企业要不断地发掘和创造展览会及企业的卖点和亮点，创造出既对自己有利又让媒体感兴趣的新闻事件以供媒体报道。

企业在进行新闻策划时要充分发挥创造力和想象力，突出一个"新"字。经常有新鲜的内容和形式奉献给公众,才能出奇制胜。利用名人的声望和影响,创造名人效应,是常用不衰的制造新闻的办法。例如,在一个国际性的车展开幕式中,企业可以邀请汽车行业中的国际知名人士为新车发布剪彩,邀请知名艺人到展台助兴,这些都是利用名人效应增加企业及展台吸引力的方法,取得了良好的社会效应,并吸引了媒体关注。

(二)会议活动

举办各种形式的会议,也是企业会展公关宣传活动的重要方法之一。企业在展览会筹备阶段可以举行新闻发布会、招商政策说明会、记者招待会、专业观众座谈会等,为展览会的举行做宣传铺垫;在展览会结束后也可举行成果发布会,宣传展览会上取得的成绩,塑造企业的形象与品牌。其中,以新闻发布和记者专访的形式来推广企业产品,不仅有利于降低会展企业的促销成本,而且有助于提高其可信度,所以新闻发布会是近年来展览会上参展企业最常用的宣传和推广手段。

为了使会议活动达到最佳效果,会前参展企业应做好充分的准备。准备工作通常包括:①会议的策划、组织;②出席会议的客人的选择、邀请和落实;③宣传品、资料和工具的准备,包括讲话稿、宣传册、声像资料和器具、图片、文字、模型等。上述各项准备工作必须事先认真仔细落实,每个细节都不能有丝毫疏忽。

另外,参展企业应针对不同与会对象的特点,通过不同的传播媒体开展广泛的宣传和推广。以招商政策说明会为例,考虑到招商会议的对象主要是当地政要、工商企业界人士、新闻界人士,层次较高,招商信息较为专业化,同时又具有较强的时效性,因而选择对当地工商实业界有影响力的报纸作为传播媒体较为理想。同时,在招商会上一定要制造新闻点,着力渲染,引起轰动效应,从而使招商会议成为当地大众谈论的热点话题。如果能与当地大型商会等知名机构共同举办会议活动,往往能达到事半功倍的效果。

(三)公益赞助

公益赞助是指参展商通过赞助贫困儿童、残疾人、学术团体等受到公众关注的公益事业而实现宣传企业及产品、提高企业美誉度等目的而举行的公关活动。

为了优化宣传和推广的效果,参展商在赞助公益活动时需要注意以下两点:一是选择热点领域;二是要积极争取媒体支持。因为热点领域在企业赞助之前已经引起了社会的广泛关注,在此基础上提供赞助往往能达到更好的宣传效果;另一方面,企业作为营利机构不会做"无名英雄",因此在赞助公益事业的同时应争取媒体的支持和配合。无论是对于企业形象的树立还是对于企业产品的推广,正面的宣传报道都会有非常理想的效果。

(四)路演活动

路演(roadshow)是境外上市公司向投资者推介公司形象的惯用方法。对于展览会,路演是指主办方或参展商为了招揽更多的观众,在目标客户密集的地区和城市,通过邀请潜在的专业观众参加关于展览会的专业会议、新闻发布、专家讲座、产品展示等形式,加强主办方、参展商与潜在专业观众的交流与沟通,以期他们支持和参与展览会的宣传促销活动。路演活动相对于企业广告宣传的费用而言要低廉得多,但对提高展览会知名度和促进企业产品销售却有不可估量的作用。

企业在策划路演活动时要特别注意以下几点:

一是要选择恰当的时间、地点。时间、地点的选择要根据路演活动所针对的目标公众而定,并非周末和节假日才是恰当的时间,也并非城市的黄金地段才是恰当的地点。要充分考虑目标受众的空间分布和活动习惯。

二是要在活动现场营造吸引人的气氛。例如,在产品展示活动开始前,可以先安排一段吸引人的节目(如活动针对老年人可先来一段京剧,活动针对年轻人可先来一段活力四射的街舞),然后活动主持人再介绍企业、产品及开展此次活动的目的。

三是活动细节一定要考虑周到。比如策划时要考虑活动实施那天气候如何;安全工作如何保障;发生意外事件(突然停电,人群拥挤)如何处理;活动时间是否合理。在活动开始前,工作人员要提前检查诸如舞台是否牢固,音响是否准备就绪,宣传品、赠品是否准备妥当等事宜。

(五)评奖与表演活动

评奖是一种具有新闻宣传价值的活动。展览会中的评奖活动一般由主办机构组织,由多名知名人士、专家等组成评委团体,并通过媒体报道评奖结果。评奖内容多种多样,常见的有最佳新展品、最有创意展台设计等。只要操作公平合理、广告宣传到位,评奖活动一般都可以产生良好的宣传效果,甚至是轰动效应。因此,只要条件允许,参展企业应该积极参加评奖活动。

此外,表演也是一种企业公关推广活动,它能吸引观众的注意力,提高展会效果。表演活动大致可分为两类,一类是与企业展品相关的表演,包括操作、示范等;另一类是与企业展品无关的表演,包括娱乐、比赛、游戏、抽奖等。现代展览会上主办方或参展企业一般都会组织一些娱乐性的表演来活跃气氛,增加参观者的体验,使展会活动丰富多彩。

最后需要强调的一点是,在展前的宣传活动中,参展企业与相关媒体记者建立良好的关系非常重要。除了在展览会筹备期间举行各类活动邀请媒体参加、赠送一些美观实用的礼物或协助展会主办方提供相应服务外,企业平时也要经常与媒体保持联络,相互交流信息、交换思想,这有利于吸引媒体工作人员对参展企业的关注,从而为今后的参展工作打下良好的基础。

三、社交媒体宣传

社交媒体是各种形式的用户生成内容(user generated content,简称"UGC")以及使人们在线交流和分享的网站或应用程序的集合,它为用户提供了极大的参与空间。随着新媒体技术的迅速发展和普及,社交媒体在市场推广中的潜力被不断挖掘出来。除了能通过创造性的过程吸引消费者,基于 Web 2.0 的社交媒体强化了病毒式营销的功能,促进人们传递市场信息或分享有价值的信息,从而加快了吸引目标观众的速度。

(一)社交媒体的类型

根据 Lehtimäki 等学者(2009)的研究,按照媒介应用形式可以将社交媒体分为 5 个大类,即博客和播客、社交网络、网上社区、内容整合平台以及虚拟世界,如表 4-6 所示。包括参展企业在内的各种活动组织者要根据特定的营销目标,选择合适的社交媒体,例如,为了传达信息、维护关系和扩大人际网络,可以选择 Facebook、Linkedin 或 MySpace 等媒体;如果主要是为了分享相关内容,可以选择 YouTube 或 Flickr 等媒体。

表 4-6 社交媒体的主要类型及相应工具

类型	工具	焦点	举例
博客、播客	传统的博客、播客及电视广播	告知最新活动及新产品	Dell 公司的官方博客,各种访谈的播客
社交网络	社交网络	分享内容、维护关系和开展交流	Facebook、MySpace、Linkedin、IT Toolbox
网上社区	1. 在线社区		
	(1) 由会员发起	共同兴趣和成员互动	豆瓣网、微信上围绕相似兴趣而形成的社区
	(2) 由组织赞助	商务交易、品牌构建、组织与顾客之间的互动以及产品的共同开发等	由 Dell、Salesforce.com 等赞助的社区
	(3) 由第三方建立	使买卖双方之间的沟通和交易成为可能	eBay
	2. 内容社区	内容分享	YouTube、Flickr、Wikipedia、Google Video
	3. 公告板	有关共同兴趣的讨论	Alibaba、B2Bexchange
内容整合平台	信息聚合(RSS)、微件(widget)、书签(bookmark)、标签服务(tagging service)	对网络内容的分类与定制化	Delicious(美味书签)、Yahoo! Widgets
虚拟世界	虚拟世界	作为真实世界的替代品	第二人生(Second Life)、魔兽争霸、KANEVA3D 虚拟世界、哈宝(HABBO)等

(资料来源:Lehtimäki,T.,Salo,J.,Hiltula,H. & Lankine,M.(2009) Harnessing Web 2.0 for Business to Business Marketing-Literature Review and an Empirical Perspective from Finland. University of Oulu Working Papers,No. 29.)

(二) 社交媒体在会展业中的应用

运用社交媒体的过程是一个涉及营销、技术、文化等多因素、多维度的立体过程,其真谛在于让消费者高度参与并交互传递信息,最大的挑战则在于有效控制信息传达的质量和方向。

2011 年,美国的《博览会》(EXPO)杂志在费城会议与观光局和宾夕法尼亚州会议中心的支持下,面向展览和会议行业的高级管理者开展了有关观众/听众营销项目(attendance marketing)的调查。调查结果表明,社交媒体在会展业中的应用一跃而起,专业人士正在利用社交媒体去交流会议和展会信息以及构建在线平台,同时帮助观众/听众及时获取相关信息。在调查中提到的前十位吸引观众/听众的媒介中,社交媒体占据了重要位置(见表4-7)。

表4-7 排名前十位的吸引展览会观众/会议听众的手段与媒体

手段/媒体	在所有受调查者中的被选择情况
电子邮件(e-mails)	99%
能提供观众感兴趣的信息和内容的网站(website with attendee-focused information and content)	97%
电子新闻(E-news letter)	81%
脸书促销活动(Facebook activity and promoting "likes")	75%
直接邮寄:明信片(direct mail:postcards)	74%
参展商面向客户和观众的促销行动(exhibitor efforts to promote to their clients/prospects)	69%
与其他机构的合作关系(cooperation with other organizations)	62%
Twitter发帖及跟帖(twitter postings and followers)	60%
直接邮寄:整本宣传册(direct mail:full brochure)	58%
其他外部网站上的横幅广告和在线广告(banner and online ads on other"outside" websites)	55%

(资料来源:EXPO,2011.)

在国内,微信营销已经成为一种潮流,是广大会展主办方、参展商和公司活动组织者的营销必备工具。以展览会为例,主办方通过微信,能快速地与受众进行沟通,并且可以在展会"空窗期"通过对项目公众号的维护与受众保持联系,提供各种增值服务。然而,怎样生产和传达关注者感兴趣的信息是微信营销面临的挑战。

(三) 参展商对社交媒体的应用

基于现有营销理论,薛雯雯(2009)提出了社交媒体营销的PCCP模式(注:PCCP是4个英文单词的缩写,即产品(product)、消费者(customer)、沟通(communication)和分销渠道(place)),以及社交媒体营销的5大策略:①影响消费者的购买决策;②促进企业与用户之间的沟通,开展"对话式营销";③促进渠道多样化;④通过口碑传播,让客户更了解企业;⑤通过社会化媒体营销进行社会化客户关系管理(SCRM)。

参展企业在运用社交媒体邀请潜在客户时,可以参照上述策略。具体而言,首先要根据参展目标来设计社交媒体营销的主题和创意;其次,以目标观众的需求为导向,生产和传播有价值的内容。此外,要精心策划,努力提高微信等社交媒体营销的互动性和参与性,并尽可能使用多样化的形式。

经典实例

广东种博会｜成千上万人"开扫"！八成参展商借助二维码宣传

2015年12月12日,第14届广东种业博览会如期举行。广东种博会是集展览展示、贸易洽谈、行业交流于一体的大型综合性种业盛会。一大早,大批来自全国各地的农户、渠道商、科研单位代表从四面八方赶来,只为到现场见证这一种业盛会。

在展览会现场,许多观众纷纷拿出手机,他们在干什么？不只是拍照！很多人拿着手机对准展会上的二维码,扫得不亦乐乎。

记者在现场看到,为了将自己的品牌、产品和公司实力充分展示给观展者,许多参展商都在展位及其宣传单上加上企业二维码,供观展者扫码了解。在企业展位上,二维码的运用形式多样,在易拉宝、宣传单、背景板、产品包装袋上,都能见到二维码的身影。记者在展馆现场粗略统计了下,大概有八成的企业都不同程度地使用了二维码,观众扫码成为本届种业博览会上的一大亮点。

二维码技术运用已经被政府、科研、IT技术界高度重视,2015年,广东省政府提出要借助二维码技术、云计算技术、大数据技术,加强食品注册备案平台建设,开展食品安全全产业链追溯体系的建设。随着互联网和各方资本的渗入,种业将掀起一场互联网+的浪潮。二维码如此流行,其背后跟近年来种业电商的迅猛发展关系很大。阿哥汇、爱种网、京东农资、农村淘宝、云农场等一大批种业电商落地,打破了种业的地域限制,推动种业的发展进入另一个天地。

据了解,本届种博会首次开辟了电商体验区,提供现场体验线上下单、线下咨询等便利服务,在这里,将可以进一步探讨传统种业与互联网的融合之路。

（资料来源：黄海洋.广东种博会｜成千上万人"开扫"！八成参展商借助二维码宣传[EB/OL].[2015-12-12].http://www.ncw365.com/html/2015/zb_1212/15019.html.）

本章小结

客户的邀请和会展宣传是企业参展前期工作的重头戏,通过展前宣传、客户邀请与沟通,不但可以吸引媒体视线,为企业带来更大知名度,而且可以为企业带来高质量的专业买家,从而最大化地提高企业经济效益。

本章第一节对展览会上参展企业所关注的客户（专业观众和一般观众）进行了界定,并阐述了参展商和客户之间的关系。第二节提出了参展企业在展前的两大主要工作目标：经济目标与心理目标,并认为不同企业根据自身情况选择参展目标的侧重点是不同的,企业在制定具体目标时一定要进行目标量化及分解工作。第三节总结了参展商常用的观众邀请方式,即直邮邀请、电话邀请、媒体广告、借助中介机构的联络渠道邀请及其他邀请等,同时指出了参展企业邀请观众的具体流程。

最后一节详细阐述了参展企业应该如何进行展前宣传与推广,并综合使用各种宣传推广形式,促进目标观众到展览会现场参观,最终达到增加成交量、提高企业知名度的目的。

 关键词

专业观众(buyer 或 attendee),俗称"买家",是指从事展览会上所展示产品的设计、开发、生产、销售或服务的专业人士,以及终端用户。

有效观众(effective attendee):是指到展览会现场参观的专业观众以及参展商所期望的其他观众,这是具有一定质量的观众,对展会来说不可或缺。

展出目标(exhibiting objectives):是指企业根据自身发展的需要和市场环境确定的希望通过参展达到的经营或销售目标,它是为企业总体经营目标服务的。

路演(roadshow):对于展览会而言,是指主办方或参展商为了招揽更多的观众,在目标客户密集的地区和城市,通过邀请潜在的专业观众参加关于展览会的专业会议、新闻发布、专家讲座、产品展示等形式,加强主办方、参展商与潜在专业观众的交流与沟通,以期他们支持和参加展览会的宣传促销活动。

 复习思考题

1. 什么是展览会的专业观众?
2. 观众参观展览会的常见动机有哪些?
3. 参展企业经常用哪些方式来邀请潜在观众?如何协调好这些不同邀请方式的关系?
4. 参展商在运用广告形式开展展前宣传时有哪些注意事项?
5. 参展企业如何针对观众的参展动机进行广告宣传与市场推广?
6. 请对展览会的新闻发布会进行模拟情景演示。

 案例讨论题

广交会"i-分享"活动助力参展企业邀请客户

自第115届广交会起,"参展企业邀请采购商活动"推出升级版"i-分享"平台。参展企业不仅能自主向采购商发送邀请邮件,更能通过发送邀请邮件获得广交会威斯汀住宿、广交会电子商务专享服务等奖励。

这届广交会"i-分享"系列活动首次携手VIP品牌参展企业,推出广交会VIP品牌企业专享的"i-赢家"活动。通过联名邀请、联合宣传等方式,为VIP品牌参展企业及VIP采购商提供更优质的服务。活动一推出,就吸引了新秀集团、惠达卫浴、南通铁人等品牌企业参加,各参加企业与广交会联名向1002名境外采购商发送邀请函,同时,利用广交会境外软文宣传平台,使用英语、俄语、日语等多种语言,在企业的目标客源地区通过Yahoo!、CNBC、Business Today等超过500家媒体网络发布企业介绍及产品新闻。广交会还将携手合作企业在9个境外专业展览会开展联合宣传。

2014年秋季广交会有近300家参展企业参加"i-分享"活动,共向境外采购商发出2万多封邀请邮件,邮件发送量环比增长32.5%,同比增长108%。漯河市勤宇羽毛制品有限公司向境外采购商发出6364封邀请邮件,荣登"i-分享"活动获奖榜首,获得大会提供的两晚广交会威斯汀酒店住宿、广交会电子商务E会员1年服务资格、广交会电子商务行业搜索优先及现场采购需求优先推荐、广交会餐饮套券等奖品。2016年春季广交会,该公司共向16495名采购商发送邀请,在众多企业中排名第一。公司负责人殷振宇欣喜地表示:"获得'i-分享'奖项对企业来说是一个利器,为企业与大型国际采购商企业合作提供了更多便利。得益于'i-分享'活动,企业成功获得了与家乐福中国采购商洽谈的机会。"

自"i-分享"活动推出以来,得到了交易团及参展企业的广泛支持,每届向采购商发送邀请邮件数量呈几何级数增长,活动成效逐届提升。参展企业可在广交会官方网站的"参展易捷通"平台向客户发出与会采购的邀请,也可在发给客户的信件中添加"广交会参展企业编码"订制邀请。相关操作指南如图4-2、图4-3所示。

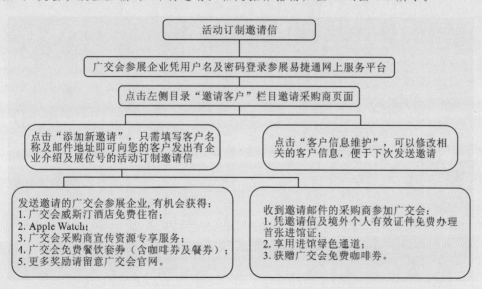

图4-2 广交会参展企业活动订制邀请信操作指南

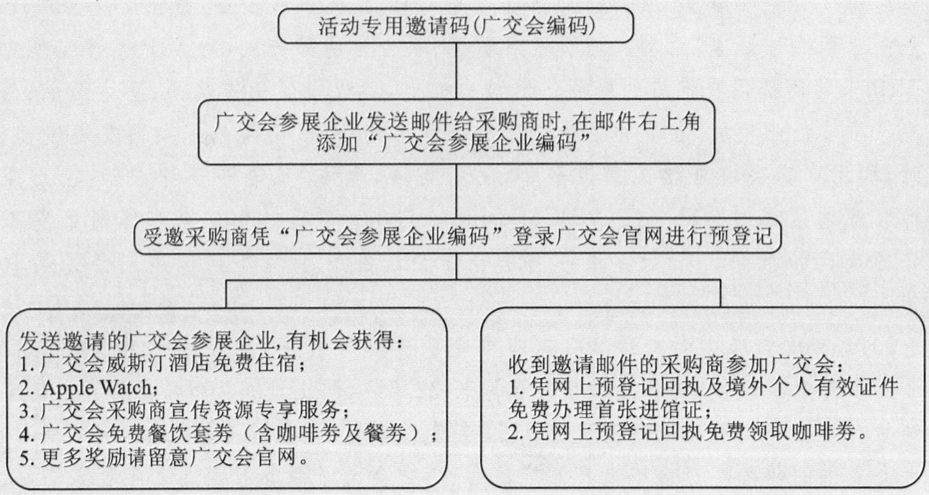

```
┌─────────────────────────────────┐
│   活动专用邀请码(广交会编码)    │
└─────────────────────────────────┘
                │
                ▼
┌─────────────────────────────────┐
│ 广交会参展企业发送邮件给采购商时,在邮件右上角 │
│       添加"广交会参展企业编码"         │
└─────────────────────────────────┘
                │
                ▼
┌─────────────────────────────────────────┐
│ 受邀采购商凭"广交会参展企业编码"登录广交会官网进行预登记 │
└─────────────────────────────────────────┘
           │                    │
           ▼                    ▼
┌──────────────────────┐  ┌──────────────────────┐
│ 发送邀请的广交会参展企业,│  │ 收到邀请邮件的采购商参加广交会:│
│ 有机会获得:         │  │ 1.凭网上预登记回执及境外个人有效证件│
│ 1.广交会威斯汀酒店免费住宿;│ │   免费办理首张进馆证;│
│ 2.Apple Watch;      │  │ 2.凭网上预登记回执免费领取咖啡券。│
│ 3.广交会采购商宣传资源专享服务;│└──────────────────────┘
│ 4.广交会免费餐饮套券(含咖啡券及餐券);│
│ 5.更多奖励请留意广交会官网。│
└──────────────────────┘
```

图 4-3　广交会参展企业编码订制操作指南

（资料来源：中国进出口商品交易会官方网站，http://www.cantonfair.org.cn.）

思考：

（1）请列举展会主办方在邀请观众方面的相关国际经验。

（2）参展企业如何充分利用广交会的服务平台来邀请买家？

第 5 章

展台设计与搭建

学习目的

- 理解展台设计与搭建的重要功能。
- 掌握展台设计与搭建工作的一般流程,特别是深入理解展台设计与参展目标、产品特点等要素之间的关系。
- 了解关于展台的基础知识,包括展台类型及常用的展示材料和用具等。

线索引入　如何在乱花渐欲迷人眼的参展商中脱颖而出

2013年5月18日,第八届北京国际印刷技术展览会(CHINA PRINT 2013)的大幕徐徐落下,一届空前的展会成功画上了一个阶段结束的分号。请注意,是分号而非句号!因为展会虽然已经结束了,不过关于这次展会的话题还远未结束。

CHINA PRINT 2013是迄今为止中国印刷行业举办过的最大的专业展会,据主办方介绍,CHINA PRINT 2013展览会的参展企业超过1000家,总的展出面积超过16万平方米。对于这上千家参展企业来说,能够吸引参观者、取得良好参展效果的企业有之;花费不小,但是参展效果差强人意的也有之。那么如何才能在众多的参展企业中脱颖而出,成为参展的赢家呢?在这里推荐几个展会上成功吸引眼球的方法,供大家参考。

超大展出面积,霸气外露型

参加展会,企业的参展面积是企业实力的重要展现方式,一般而言,规模越大、实力越强的企业,展出的位置越好、展出的面积越大。

在CHINA PRINT 2013展览会上,最大的两个展位分别属于印刷行业的两大巨头：代表传统势力的胶印机制造领域的老大——海德堡公司（见图5-1），以及代表新兴势力的数码印刷制造领域龙头——惠普公司（见图5-2）。这两家企业的展位面积分别为3700平方米和3600平方米，如果按照2000元/平方米的销售价格计算，这两家企业仅购置展览光地的价格，就达到700多万元人民币。再加上展位搭建、运输、人工费用，以及企业在展会期间组织的各种活动的费用，整个展期，这两家企业的花费一定是以千万计的。

图5-1　海德堡公司在 CHINA PRINT 2013 上的展台一角

图5-2　惠普公司在 CHINA PRINT 2013 上的展台一角

客观地讲，无论是海德堡还是惠普，其超大的展位的确给企业赚足了人气，也凸显了企业自身行业领袖的实力与底气，不过按照外企中的说法，企业在展会上的ROI是否达到预期，或许只有企业自己知道了。

巧心细经营，特立独行型

对于绝大多数企业来说，无论是企业实力还是展会投入，注定是无法与海德堡、惠普这样的企业相提并论的。不过小展位只要巧经营，一样可以出彩。

在 CHINA PRINT 2013 展览会上，苏州博来特油墨有限公司的展位位置不算好，展位面积当然也无法和那些巨头相比，不过博来特这家企业却让很多人记住了。博来特公司的展位设计很有想象力，整个展位与其说是个展位，倒不如说是一个巨大的咖啡吧，一个大 party。这里虽然是博来特的展位，但是展位中难见博来特的产品，对博来特而言，展出似乎成了次要的事情。在展馆中走累了的参观者可以在这里坐一坐，休息一下，并享受一杯主人送上的咖啡或者热茶。博来特展位位于室外馆，展期 4 天，4 天中展位上人流不断，别具匠心的展位布置，也让来过这里的参观者记住了它。

在本届展会中，有一家名为康戴里的公司的展位也让人印象深刻。这家做纸品的企业，展位使用纯黑做背景，主要的展品是几套纸做的服装。这个展位只有两个标准展位大小，但其别致的设计让很多人路过这里时马上会被吸引过来，甚至有不少人跑到展位里面与那些模特合影。

除此以外，CHINA PRINT 2013 展览会上，秦华机械展位的"大黄蜂"、马天尼展位的中国牌楼、信川机械展位的古筝，也都让人印象深刻，这些无疑都是巧心经营的典范。

参加展会，首要目的就是进行企业形象宣传，其次是实现产品销售，再次是结交各路朋友。要让投入到展会上的资金收到回报，企业需要在参展之前多动些脑子，这样可以获得事半功倍的效果。本文只从两个方面介绍了参展的设计，其实还有很多吸引观众眼球的方法，只要您愿意多想，一定会有收获。

（资料来源：叶子. 如何在乱花渐欲迷人眼的参展商中脱颖而出［EB/OL］.［2013-06-04］.迪培思网，http://www.dpes.cn/news/2013/06/7993.html.）

据美国参展调查公司统计,在90%以上的贸易展览会中,过半数的观众在展馆停留的时间不足8小时。而很多国外企业却能有效地吸引观众,并在短短的时间内令潜在客户对自己的产品和企业留下深刻印象。能做到这一点,除了产品质量过硬、设计新颖、工作人员训练有素等原因外,别出心裁的展台设计和布置也功不可没。

第一节 展台基础知识

一、展台的种类

展览设计师必须保证设计方案不仅满足展览主办单位的相关管理规定,还要使参展的企业感到满意,因为无论是出于什么样的参展目的,参展商都希望最终的展台能够很明显地体现公司的形象,更为重要的是,所设计的展台能够吸引参观者的注意并留下深刻印象。

常见的展台类型有:①标准展台,在一直线上有一个或多个标准的单元;②靠壁式展台,即标准的靠壁式位于展区外部四周的墙壁处;③半岛式展台,展台是由4个及4个以上的背对背式的标准单元组成,以1层或多层的方式进行展出,而且在其3边上各有一条人行走道;④孤岛式展台,展台是由4个及4个以上的标准单元组成,以1层或者多层的方式进行展出,在其四周均有通道;⑤示范区域,搭建此展览区域是为了使参展人员通过产品介绍或样品演示来和观众进行相互交流,但这部分区域不能妨碍交通过道,而且任何样品或产品演示所用的桌子必须放于至少离过道线0.61米的地方。

二、标准展位配置

标准展台又简称"标摊",是展台搭建中的一种便捷而有效的形式。它由主办单位指定的搭建服务商(即主场搭建)来统一搭建和拆除,有助于为参展商节省时间和费用。

(一)普通标准展台

普通标准展台是由以下一系列的基本配置组成。

楣板:观众可以通过楣板上的信息,在展会上找到参展商的展台;楣板信息一般包括中英文公司名称和展台号。

组成:采用2.48米(高)×0.98米(宽)的喷白展架围板,根据参展商的尺寸要求搭建而成;展台内的地面铺地毯,并提供椅子、带锁咨询台、废纸篓、射灯以及插座,这些配套设备的数量是根据参展商展台的大小而定的。具体请参考表5-1。

表5-1 普通标准展台设备表

普通标摊	普通标准展台的尺寸						
	3m×3m (9m²)	3m×4m (12m²)	3m×5m (15m²)	3m×6m (18m²)	3m×7m (21m²)	3m×8m (24m²)	3m×9m (27m²)
咨询台/个	1	1	2	2	2	2	3
椅子/把	2	3	4	4	4	6	6

续表

普通标摊	普通标准展台的尺寸						
	3m×3m (9m²)	3m×4m (12m²)	3m×5m (15m²)	3m×6m (18m²)	3m×7m (21m²)	3m×8m (24m²)	3m×9m (27m²)
100W 射灯/个	2	3	3	4	4	6	6
插座(13A/220V)/个	1	1	2	2	2	2	3
废纸篓/个	1	1	2	2	2	2	3
楣板/个	1	1	1	2	2	2	3
地毯/m²	9	12	15	18	21	24	27

装饰：为了使展台效果达到最佳，参展商常使用一些装饰物来点缀展台，以增加展台的亲和力和吸引力。常用的装饰物包括背景布、海报、样品等。但需要注意的是，展台内不允许残留永久性、不易清除的物品，不得在围板上钻孔、使用钉子或螺丝。

租赁：参展商如果还需要在标准配置的基础上，增加其他额外的设施设备，可以向相关服务商租赁。

(二)定制标准展台

如果参展商觉得上述普通标准展台无法满足自身展台设计、搭建的要求，那么可以向主办单位或主场搭建商提出定制标准展台。定制标摊将满足参展商独特的设计要求，体现参展商独一无二的特色、风格。在实际工作中，业内人士习惯称之为"标摊变形"。图5-3所示为 ITB Berlin 展会上的变形标准展台。

图 5-3 ITB Berlin 展会上的变形标准展台（实景图）

(三)设备位置

当主场搭建商为参展商搭建展台时，他们会将固定设备（射灯、插座）安装在特定的位置上。基本上,这些位置都是方便参展商使用的,但是如果参展商对固定设备的位置有特殊要求,可以预先在图纸中明确标示出要求的位置,如图 5-4 所示。

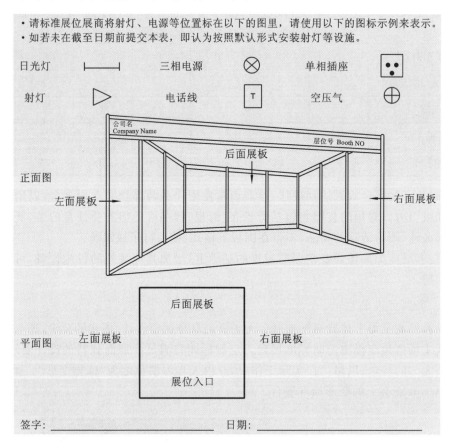

图 5-4　某展览会的标准展位布置图

三、常用展示材料与展具

作为参展经理,对常见展示材料的特性和价格等应有所了解。目前,市场上常用的展览展示材料类型有木材、石材、金属、玻璃、陶瓷、油漆、塑料、合成材料、粘合剂、五金制品、纺织材料、五金饰品等;从展具上来看,循环便携式或租用式展具日渐流行。

（一）木材

硬木,常用的类型有柳木、楠木、果树木(花梨)、白腊、桦木(中性)。特点是花纹明显,易变形受损,宜做家具和贴面饰材,但价格高。

软木,主要包括松木(白松、红松)、泡桐、白杨等,特点是抗腐性差、抗弯性差,适合做结构、木方,不能做家具。

合成木材料,在展览业中以合成板为主,常见的类型如下:

• 三合板,三层 1 mm 木板(或叫木皮)交错叠加,常用做家具的侧板及饰面材料(花梨、桦木是如此加工制作而成的)。规格为 1220 mm×2440 mm,单价为 20～45 元。

- 合成板,五厘板,九厘板,用来做结构,可弯曲。
- 大芯板,为克服木材变形而生,两层木板中填小木块,根据中间填充材料的不同价格不等。常 15~18 mm 厚,单价为 40~60 元或 120~150 元。
- 木方,统一 4000 mm 长。基本价格为白松 1200~1500 元/立方米,红松 1400~1600 元/立方米,榉木 5000~6000 元/立方米。
- 压缩板,刨花板(用刨花锯末压缩而成),密度板(用更大的压力加胶粘剂压缩而成,承压力大,用于做家具)。不易于钉钉子,怕水泡 L 潮湿。
- 复合板。

(二) 石材

花岗岩(硬度最高,花纹细,常用做饰面),大理石(硬度不高,花纹大),青石,毛石,鹅卵石,雨花石。

(三) 金属材料

铁:
- 板材(铁板),厚铁 2~200 mm;薄铁 1~2 mm。分冷扎黑铁(黑铁皮,角铁,可喷漆),镀锌白铁皮(防锈,不能喷漆,有花纹)。规格为 1200×2400 mm,单价为 100 元。
- 线材,角钢(三棱、四棱)、工字钢(做大型结构)、槽钢(做大型结构)、方钢、扁铁,长度为 6000 mm。
- 管材,圆管分为无缝管(成本高);焊管;薄壁圆管,做装饰用,最小直径为 16 mm。方管,薄壁(2 mm 厚),做装饰用最小直径为 12 mm,常用 20 mm。
- 型材,钢筋;钢丝;桁架(圆管或方管加上钢筋)。

不锈钢(不生锈,韧性大,强度大,但价格高):
- 板材,主要包括白板、钛金板、拉丝板、镜面板、亚光板等,常见的规格有 1220 mm×2440 mm,1220 mm×3000 mm 和 1200 mm×4000 mm,厚度为 0.3~2.5 mm,单价为 500~600 元(1200 mm×2400 mm)。
- 线材,分圆管和方管,做装饰用,价格高。
- 不锈钢制品,如镜钉、镀镍等。

铝材(比钢用处广,造价相对便宜,而且很轻):
- 板材,很少用,强度低,易氧化变黑。
- 型材,铝窗,铝门。

铜,极少用。

(四) 玻璃

常见的类型有:①白玻璃,也叫无色玻璃,4~5 mm 厚,主要用于窗户制作;②钢化玻璃;③毛玻璃;④压花玻璃;⑤玻璃砖、中空玻璃、彩色玻璃、镜子;⑥玻璃雕刻。

(五) 陶瓷

是家庭装修的主角。

(六) 油漆涂料

涂油漆的施工工期相对较长,常用的油漆有以下几种类型:

- 硝基漆,硬,质量好,有光泽,干得快,价格高。
- 醇酸漆,软,分清漆、有色漆,干得慢。
- 稀料,硝基稀料,醇酸稀料。

涂料,包括:乳胶漆,亚光,适合暗槽灯处用;真石漆,模仿岩石质感,能做出浮雕效果。

（七）塑料

阳光板,中空,可弯曲,有多种色彩,加工简单,受规格限制,价格高,常见的厚度有 8 mm、10 mm、15 mm,长度有 3000 mm、4000 mm、6000 mm。

有机板,分为透明有机板和有色有机板,色彩局限在纯色和茶色,脆,易脏,易损坏,规格 1200 mm×1800 mm,厚度最薄仅 0.4 mm 厚,常用的是 2 mm、3 mm、4 mm 或 5 mm,单价为 60~70 元（与玻璃一样）。

白有机板（片）,主要包括:
- 奶白片（乳白片）,透光,稍黄;
- 灯箱片,有多种颜色,透光漫反射;
- 瓷白片,不透光,用做贴面。

亚克力,分为透明亚克力（水晶效果）、彩色亚克力和亚克力灯箱（价格昂贵）,价格比有机板贵很多,但档次也高很多,硬度高,不易碎,透光效果好。

塑胶 PVC 管,比铁管轻,便宜。有灰色和白色,加热时能弯曲,可用弯头、三通弯头对接。直径最小为 150 mm,最大为 500 mm,常用的规格是 400 mm。

（八）合成材料

铝塑板,两层铝皮中间夹 PVC 塑料,可抗腐蚀;防火板（纸制）,最厚为 2 mm,常用为 1 mm。

（九）纺织品

弹力布,半透明,多种颜色,可做简单印刷;绷纱,比弹力布更贵。

（十）粘合剂

常见的粘合剂有:万能胶,大力胶（用于粘防火板,一桶胶可粘 3.5 张板,防水）,乳白胶（粘木头,忌水）,玻璃胶（粘光滑物体,粘力强,防水）,瞬间胶,等等。

（十一）五金材料

（十二）五金饰品

（十三）喷绘

喷绘布:宝丽布（无弹性）最宽可达 5000 mm;银雕布;网格布（纱网带眼半透明）。

写真喷绘,机器小,最宽为 1500 mm,清晰点 720 点。
- 膜基,塑料;灯箱片（直接喷）。
- 纸基,背胶相纸,可覆布纹膜、亚膜、亮膜,可粘于 KT 板上。

（十四）网架结构系列

铝质桁架:轻巧、灵活、安全可靠,可随意组合,拆装方便,分为三管铝质桁架、四管铝质桁架、铝管焊接桁架。

钢质桁架:粗管与细管、三角形与四边形的完美组合,刚度大、跨度大、造型宏伟。

齿柱桁架:外形美观,结构灵活,材质轻便,千变万化的造型配上色彩各异的灯管,使整个展位更加绚丽、明亮。

球节球杆:十八孔铝球节,可与直径为 22 mm 和 30 mm 的两种铝合金球杆连接,其中Φ30 球杆槽口还可与八通展具连接。

插板:插板宽有 150 mm、200 mm 两种规格,造型有圆形、三角形等,外形美观,轻巧灵活,可使展台产生通透效果,艺术感强。

铝焊接桁架:质地轻便、外形新颖、美观、可用于各种展台造型。

蝶形桁架:可广泛用于各种不同行业的展览会、拆装、运输方便。

LH 系列:直管与斜管的完美搭配,可广泛用于各种造型的展台,全组装式结构,安装拆卸方便,可实现大跨度连接。图 5-5 所示为网架结构展台。

 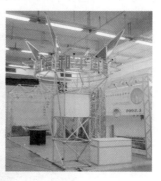

图 5-5 网架结构展台图例

(十五)展示用具

现在国内市场上流行的展示用具主要有三大类,即一次性使用展具、循环租用式展具和循环便携式展具,各自的优缺点如表 5-2 所示。

表 5-2 三种常见展具类型的优缺点比较

展具类型	优 点	缺 点	备 注
一次性使用	可以结合企业和产品的形象因地制宜;设计新颖,视觉效果好	一旦成形就不易改变,而且单次使用价格较高,一般也不可多次使用	一般由较有实力和较具创意的展览工程公司为客户量身定制,所选材料多为木制品
循环租用式	结构坚固,器材耐用,在三维视觉上丰富多变而且可以随时更改,即使在同一个展会上也可每日变样	价格较高,不易携带	由于材料昂贵,使用者一般是向展览工程公司租用

续表

展具类型	优　点	缺　点	备　注
循环便携式	价格便宜，便于携带和运输，而且可循环使用；在外观上，可在结构允许范围内改变形状，也可以通过更新宣传图片以配合新产品	虽不必拘于传统的三面围板式结构，但变化不及上述两种展具多样化	较适合一般厂家参展时使用

此外，近几年在国内迅速兴起的环保展览搭建系统值得关注。环保展览搭建系统在欧美发达国家的展览搭建中已经得到普遍使用，基本上替代了木结构的展览搭建，其总体特点是高环保、低成本，快捷搭建省人工，而且可循环使用。以国内著名展示器材生产企业法斯特为例，由该公司研发的法斯特（FastShow）环保展览系统是模块化的框架结构展览搭建系统，墙体面板为雪弗板、铝塑板或布饰，不使用木质材料和油漆涂料，而且可以创造出无限的组合和造型，以满足展示设计师的创意要求。如图 5-6 所示为法斯特环保展览系统在某展会上的展台。

图 5-6　法斯特（FastShow）环保展览系统在某展览会上的展台

四、水电及通信设备租赁

（一）电和电力设备

一般来说，标准展位内配备的电源插座只供除照明灯具以外的一般家用或办公电器使用，参展商如需增加照明灯具，可向主场搭建商租用。参展商如需使用自己携带的灯具，必须交纳额外的灯具接驳费。参展商装设的电气设备（包括照明装置）必须符合展馆的电力规定，参展商不得在展位内使用电路不合规定的电力装置。表 5-3 所示为某展览会的灯具及电气设备租赁表。

表 5-3　某展览会的灯具及电气设备租赁表

项　目	名　　称	单价/元	数　量	总　计
1	射灯 100 W	70.00		
2	长臂射灯 100 W	80.00		
3	日光灯 40 W	75.00		
4	太阳灯 300 W	150.00		
5	冷光灯 50 W	160.00		
6	单相插座 10 A/220 V	80.00		
7	三相开关 15 A/380 V	250.00		
8	三相开关 30 A/380 V	400.00		
9	三相开关 60 A/380 V	600.00		
10	三相开关 100 A/380 V	800.00		
11	冰箱 510 mm×460 mm×895 mm	380.00		

（二）通信设备

表 5-4 所示为某展览会的通信设备租赁表。

表 5-4　某展览会的通信设备租赁表

项　目	名　　称	单价/元	数　量	合　计
1	电话 分机/直线	350.00/450.00		
2	ISDN	1500.00		
3	ADSL	2500.00		

注：上面所列的单价是指从搭建开始的整个展会期间所需支付的费用。

（三）用水及设施租赁

表 5-5 所示为某展览会的用水及设施租赁表。

表 5-5　某展览会的用水及设施租赁表

项目	名　　称	单价/元	数量	总计
16	空压机 1 匹/3 匹	680.00/780.00		
17	水源连水盘(1 套)	500.00		
18	展台用水(上下水连接水管 10 米，管径:15 mm,水压:4 kg/cm²)	2800.00(只/期)		

续表

项目	名　　称	单价/元	数量	总计
19	机器用水（上下水连接水管10米,管径:20 mm,水压:4 kg/cm^2）	4000.00（只/期）		

注：上面所列的单价是指从搭建开始的整个展会期间所需支付的费用。

（四）其他注意事项

- 租用光地的参展商要在所提交的展位示意图中注明各项物品的具体位置。
- 租用标准展台的展商要在所提交的示意图中注明各项物品的具体位置。
- 一般情况下，上述报价不包含电费和接驳费用，需要主场搭建商向参展商说明。
- 根据我国的用电电压标准为220 V，有的国外参展商会携带本国电压标准的电器，因此需要提前提醒对方是否要进行相应的电压转换及准备相关设备。
- 为了安全起见，主办单位一般不允许标准展台的参展商自带电力或照明设备。

五、展具租赁

参展过程中，参展商可能还会用到一些不便于携带或者一时想不到的物品，考虑周到的展馆或主场搭建商一般都会提供相应的租赁服务。如表5-6及图5-7所示。

表5-6　某展览会主场搭建商提供的展具租赁清单

项　目	名　　称	规格/mm	单价/元	数量	总　计
1	问讯处	964×434×782	80.00		
2	折椅/塑料椅	470×520×800	20.00		
3	长条台	1840×446×782	70.00		
4	边柜	964×434×782	120.00		
5	方台	650×650×782	80.00		
6	玻璃橱	1030×535×2100	250.00		
7	玻璃柜	1030×535×1000	200.00		
8	四层货架	940×400×1800	80.00		
9	文件夹	976×300×50	50.00		
10	搁板	990×300×18	50.00		
11	板面	990×2500	90.00		
12	折门	2060×1050	150.00		
13	衣架	990×50	50.00		

续表

项 目	名 称	规格/mm	单价/元	数量	总 计
14	纸篓	230×230×230	15.00		

注：上表中的价格随不同的展览会而变动。

图 5-7　某主场搭建商的设备租赁宣传册页

经典实例

以下是 SEMICON China 2016 主场搭建服务商上海怡展展览服务有限公司向参展商提供的套装展台租赁表，如表 5-7 所示。一共有 6 种标准展位升级后的套装展台，面积从 9 平方米到 36 平方米不等，为参展商提供了多样化的选择，具体见图 5-8、图 5-9、图 5-10、图 5-11、图 5-12、图 5-13。

表 5-7 套装展台租赁表

SEMICON® 套装展台租赁表

截止日期：2016 年 1 月 25 日

表格 9

2016 年 3 月 15-17 日 中国 · 上海

请尽快回复：
上海怡展展览服务有限公司
上海市恒丰路 638 号苏河一号
华森钻石商务广场 1917-1918 室
联系人：章云 小姐
电话：+86.21.3251.3138 分机 604
传真：+86.21.3251.7901
电子邮件：amy.zhang@viewshop.net

参展商名称：_____
_____展位号：_____
地址：_____
联系人：_____
电话：_____ 传真：_____
电子邮件：_____
手机：_____

- 有关于套装展台的具体配置信息请参阅彩色附页。

编号	项目	单价（元）	数量	总价
	9 平方米套装展台（标准展位升级）			
V1	9 平方米套装展台	3,100	_____	_____
V2	9 平方米套装展台	5,500	_____	_____
	18 平方米套装展台（标准展位升级）			
V3	18 平方米套装展台	10,500	_____	_____
V4	18 平方米套装展台	13,000	_____	_____
V5	18 平方米套装展台	15,500	_____	_____
	36 平方米套装展台（标准展位升级）			
V6	36 平方米套装展台	45,000	_____	_____

- 租赁表中的报价均为整个展期的租赁价格，因此参展商有义务保证租赁展位的完好无损，如有损坏，需照价赔偿。
- 任何关于租赁项目或安装的问题必须在展览会开始前提出。否则，所有项目将被认为是符合您的要求的。
- 请在收到上海怡展展览服务有限公司给您的付款通知后付款。
- 展商需于 2016 年 1 月 25 日之前提供用于套装展台画面制作的资料。
- 申请套装展位的参展商不得自己安装灯具。如有特殊的灯具，可由套装展位指定搭建商——上海怡展展览服务有限公司为您安装。
- 2016 年 1 月 25 日以后收到的订单将加收 30%的加急费； 任何 3 月 1 日之后有关套装展台的订单将加收 50%加急费；现场订单将不予以接受。

签字：_____ 日期：_____

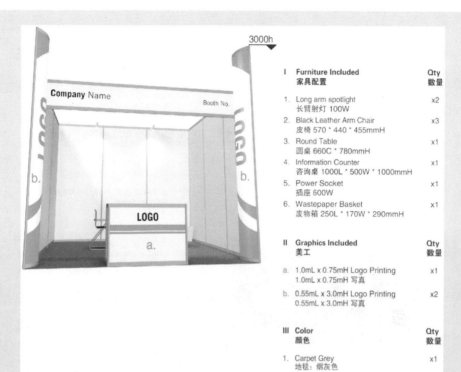

图 5-8　V1：3 m×3 m 标准展位

图 5-9　V2：3 m×3 m 标准展位

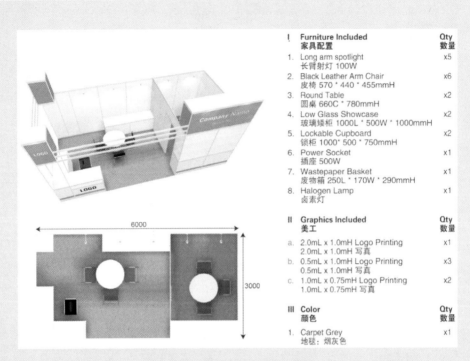

图 5-10　V3:3 m×6 m 标准展位

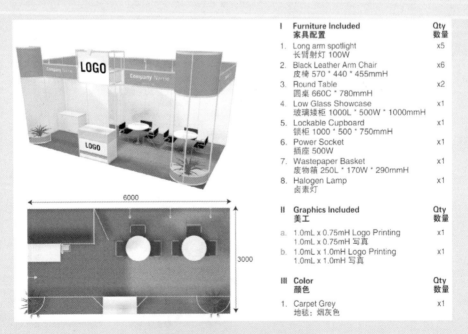

图 5-11　V4:3 m×6 m 标准展位

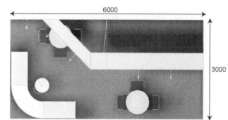

图 5-12　V5：3 m×6 m 标准展位

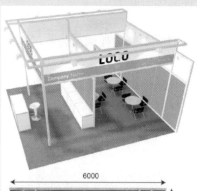

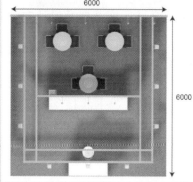

图 5-13　V6：6 m×6 m 标准展位

（资料来源：SEMICON China 2016 参展商服务手册，2016.）

第二节 展台设计与搭建的工作流程

无论是对于经验丰富的参展经理还是初来乍到的新手,展台设计与搭建都是一项复杂而艰巨的工作。参展经理可以不是展示材料和用品方面的专家,但必须掌握展台设计与搭建工作的一般流程,特别是能够深入理解展台设计与本企业的参展目标、产品特点及演示活动等要素之间的关系。

一、提出设计需求

接到业务后,展示设计师的第一考虑是充分理解客户需求及其参展目标,并不断对展示内容进行分析,然后针对具体的、明确的内容进行设计。从参展商的角度来讲,就是要明确提出对最终设计方案的要求。因此,这一过程需要设计师、设计公司业务人员和参展企业相关负责人的良好沟通。

评价一个展台设计方案是否成功的标准不仅要看展台是否华丽,更重要的是看它所表达的概念与参观者之间是否有高质量的沟通,以及展台能否表达企业和展品的内涵。一般来说,在面向多家展示设计与搭建公司进行招标时,企业的参展负责人应明确以下几个标准(詹永翔,2009):

- 完整性标准,即形态、色彩、工艺和格调等都能统一起来;
- 功能性标准,即形式要服务于内容;
- 文化性标准,指设计要有突显的风格和品味,其中,地域性和民族性的传统文化应当有恰当的表现;
- 舒适性标准,指所设计的展台能为参展商和观众提供一个舒适的洽谈环境;
- 创造性标准,要求所要表达的内容必须尽快被观众识别。

经典实例

关于征集第十四届西博会"高新技术馆"四川综合展区展览展示设计方案的通知

各有关单位:

第十四届中国西部国际博览会,定于 2013 年 10 月 23 日至 27 日在四川成都世纪城国际会展中心召开,为充分展示我省的整体形象,现公开征集优秀展示设计方案,要求如下:

一、展览地点

成都世纪城国际会展中心。

二、展位面积

1180 平方米。

三、展示主题

创新驱动发展加速成果转化。

四、展示内容

重点宣传展示四川省科技成果转化专项、战略性新兴产品。

五、展示形式

光、电、动、展板、模型、实物等。

六、设计要求

(1) 限高6米,不使用吊点,四面通透,本次展览以实物为主,辅以灯光图片、多媒体展示和产品互动等方式,呈现一个发展中的四川高新技术的整体形象。

(2) 平面设计方案清爽、大方、主标题及主画面突出。

(3) 结构设计方案要求结构简捷、色彩明快、开放式布局,具有现代科技气息。

七、承建单位资格要求

按照西博会组委会《2013年展会特装布展施工单位资质认证管理办法》要求,参与设计与搭建的单位,须通过西博会特装布展资质认证的特装布展承建单位,查询特装布展承建单位,请登录网址:

http://www.westernchinafair.org/news/detail/10000000000000000000003376.html。

请各有关单位按以上要求提出展览方案及方案预算,于8月18日前将展示设计方案以电子文档形式交四川省技术转移中心。

联系人:×××

联系电话:×××

E-mail:×××

2013年7月30日

(资料来源:四川省人民政府网站,http://www.sc.gov.cn。)

二、构思展示剧情[①]

所谓展示剧情,是指在将大型展示设计具体化并达到最佳效果的制作过程中,就像电影或戏剧有故事情节一样,针对企业参展的目的来决定展出的故事内容、表现方法等因素。在展示设计的初期阶段即设计公司着手设计之初,企业应该提供相关资料和要求,以帮助设计师构想展示剧情的大致框架;随着设计作业的推进,不断进行修正,在基本设计结束时要决定展示剧情的各个主题的内容。所以,展示设计自始至终受到展示剧情的影响。

在展览设计中所传达的商业信息最终要落实到模型、影像、图表、样品等多种展示媒体上,而所有这些展示媒体的分配也必须按照展示剧情的内容来决定。参展商要将重点放在重要主题的展示上,并利用创新的媒体来展示重点,同时要善于利用各种新颖的宣传媒体使好的想法变成可行的具体方案,这样既能保证符合展览场地的限定,又具有主题统一的风格。

---

① 本部分参考:米诺.大型展示设计初探[N].中国纺织报,2003-03-12.

经典实例

1995年，苏州福马设计制作公司受中国外经贸部、林业部委托，设计承制了"'95德国汉诺威国家森林工业及木工机械展览会"整个中国展区的展台。这是我国首次以国家展团的形式参加该展会并辟出了集中的展示空间，而此前由于国内参展单位展台分散，给人留下中国馆无整体设计的印象。

苏州福马在设计构思时，主要抓住了两点：一是体现民族性，二是体现时代性。最后的方案是：展厅中心两边是两扇中式的朱红色大门，中间放置了一个4 m×6 m的白色大灯箱，形象地展现了一扇巨大的正在开启的门，象征着开放的中国。由于展区内展品大小参差不齐，因而采用了16根立柱，形成一片"柱林"的感觉，与森林工业展的主题概念相切合；并在每根立柱上部用伞形的黄色布幔装饰，从而把凌乱的空间归纳成一个和谐统一的整体区域。顶部则用轻质材料的球形网架架空，给人以与机械有关的联想。整个展台如同法国蓬皮杜艺术中心，也是暴露的框架结构，突出工业化特征。展台设计如图5-14所示。

图5-14 "'95德国汉诺威国家森林工业及木工机械展览会"中国展区

整个中国展区面积达1500 m²，是展览会现场最大的展区，主立面是现场唯一的，加上独具创意的"开启的大门"和"柱林"造型，使得展厅形象鲜明，气势宏大，具有很强的冲击力。该设计在当地媒体中引起了轰动，中国馆也因此被誉为本届展览会上"最具民族风格特色的展台"。

（资料来源：宋微建.从两个实例看现代展示设计的特征[J].室内设计与装修，2008(8):29-32.）

三、选择初步方案

怎样在众多的设计方案中选择一个适合本企业的方案的确是一门学问，要做好这项工作既需要参展经理与设计师之间的良好沟通，更要求参展经理具有较高的专业素养。概括而言，参展经理应重点把握展台主题风格、空间结构、配套设备、图片设计和信息载体等方面，使之与企业的参展目标及要求相吻合。

（一）设计原则

如今，业界倾向于把特装展台①的比例作为评价一个展览会档次的重要指标，很多展会组织者也将其作为一个亮点来大肆宣传，从而给参展商造成了一定误导。然而，参展商决不能为了设计而设计，尤其是特装修，不是花钱越多、装修越豪华，效果就越好。

展台设计有3个基本原则——紧扣主题，美观适用，结构合理。首先，展台设计要与整个展览会的贸易气氛相协调，并与企业本次参展的产品相辉映，切记展台设计只是为了衬托展品，千万不能喧宾夺主；其次，展台设计需考虑参展商自身的公众形象，不可过于标新立异，同时要满足后期举行现场活动的需要。另外，参展商还应充分考虑展台的功能分区。一般而言，一个理想的展台至少包括产品展示、接待咨询、商务洽谈和员工休息四个分区，有些展位还会专门设计小型的表演舞台，这一点对大型企业或某次参展面积较大的一般企业而言尤为重要。

（二）主题与风格

参展经理应首先和设计师一起解决设计的整体概念问题。所谓整体概念，就是将展示的主题、空间条件、展示目的、观众的感受等诸要素纳入总的设计思路中，其中，最重要的就是主题和风格。展示主题要寻找贴切的表达方式，其语言形式的应用和审美态势的组成要以符合展示主题的特点为基础；在整体风格上，则应形成一个大统一、小对比的视觉空间。这就要求设计切合展示的特点，以创新的造型语言、合理的设计符号，体现展示内容的本质意义，使各个展示空间既有独立的特点又有整体的形象(孔锦，2002)。

从展示设计本身的流程上讲，基本上可以分为构想草图、勾画空间结构示意图、设计效果图和计算机绘制出图，有时还需要制作三维模型，其目的是借助造型空间、形态结构、材料加工等来表述展示设计的真实的客观特征。其中，构想草图是设计过程的开始，它主要解决展示的设计定位及表现形式，基本要求是首先要定位准确、形式美观；其次要有大胆而新颖的创意(梁晓琴，2003)。一般来说，参展经理可以根据草图来初步判断设计师的设计功底和创意水平。

（三）空间结构

展示空间设计要根据展示的具体主题内容，合理解决错综复杂的功能要求，将功能原则与人本原则统一。此外，展示空间充满的是人流和信息的转换，这是一个流动过程，它要求空间系统应有流动空间的组合效果以及观众在观展过程中产生的连续的心理效应(孔锦，2002)。一句话，设计展示空间时不仅要全面尊重布展的事实空间，更为关键的是，应紧紧围绕人的观展行为。

一般而言，展台的建造样式可分为3类：开放式展台，展台外部无遮无拦，从外面一眼就能看到展台，所有展品一目了然；部分开放式展台，展台周边有一些隔板，观众不能一下子看到展台内部，这类展台使用最为广泛；封闭式展台，这种展台四周都有隔板（可能设有窗户），观众须进入展台才能参观展品、观看演示。展台上的隔板可以围出单独的空间，并把展台分割成不同的功能区。在展示区，这些隔板也可作为信息公告板，用以张贴图片、图表和文字

---

① 按照展览行业的国际惯例，展台面积在4个标准展位(36平方米)以上就要进行特装修。

内容，这样朝向展台内侧的各个面就组成了展示区域。

经典实例

美泰公司（MATTEL）以生产芭比娃娃等玩具闻名世界，该公司每年都积极参与国内外的大型展会，是美国著名的玩具参展商。2002年，美泰公司参加了某国际玩具博览会，但取得的效果并不好。

2003年，美泰公司对参展目的和展台布置重新进行了调整。首先，将进行展示的玩具从上一届的500件减少到了120件，整个展台显得简练而别致。这样，观众走进美泰公司的展台，就不会再有过多的玩具进入视线。其次，重点展示个别产品及其生产线，最终目的是展示公司的品牌。

此外，对展台布局进行了重大改变，展品分门别类摆放在男孩厅、女孩厅和初学走路孩子厅，前两个厅在展台的第2层相对而设，1层则为初学走路孩子厅；洽谈室增加到了14个，可同时容纳洽谈客户的人数从24人增加到120人。据美泰公司负责人介绍，2003年在展厅设立了足够的会谈室，使得与客户洽谈的机会比2002年增加了三成。

（四）展台设备

进行展台设计的目的是突出公司形象，并保证观众能看到/听到需要传达的信息，而这离不开具体设备的支持。展台设备主要包括展品、道具和照明，基本要求如下：

- 通过有吸引力的手段，向观众展示产品对用户的特殊利益；
- 展示区和讨论区的展览道具和设备应摆放整齐、色彩适当、质量过硬。除提供信息的展示区、摆放桌椅的讨论区外，其他区域可放置一些简单的道具，如厨房用具，以及办公用品、宣传册和免费礼品的存放设施等；
- 灯光要均匀照射展台，从而在灯光散乱的展厅中突出展台，要运用照明强弱及空间配置突出展品所在部分的灯光效果。

（五）图片设计和信息载体

在展览会现场，大多数专业观众希望能迅速找到所要寻找的展台，而其最初印象往往是由公司徽标、展台色调、大小和位置等因素决定的。这便需要参展商妥善处理好图片（如技术展示）、书面文字、照片幻灯片、声像材料和展台色彩配置（包括地板色彩）等要素之间的搭配关系。

- 图片是对展品的必要补充，但向观众左一张右一张地散发图片既耗费人力物力，观众也难以"消化"诸多信息；
- 展品说明往往是观众注意到的第一信息，因而在展览会上，应将展品名称置于合适的位置，且文字资料要准确无误、言简意赅；
- 照片和幻灯片可以强化语言信息，增强展出的整体可视性，尤其是高质量的大幅彩色照片和幻灯片能有效营造活跃的气氛，但在使用时需要注意尺度；

• 使用电影、电视录像、多媒体等声像媒体,能够增强展台的吸引力,有助于提供更详细的信息,但千万不能让声像媒体的声音干扰到本公司展台或邻近展台上的谈话;

• 选择展台色调时要认真考虑文化、少数民族、信仰等因素,同时还要考虑到色彩对观众和展台工作人员的心理影响,比如橘红色容易使人感到不安和紧张,而深蓝色让人有平静之感。

经典实例

2004年广州国际金属博览会上武汉钢铁(集团)公司的展台占地225平方米,整个展台包括外延形象展区、科技创新展区、工业创新展区、产品创新展区和精品展区五大展区,此外还包括接待区、洽谈区、休息区等常用的功能区域。整体展区的设计希望体现现代感、工业感,符合武钢的国际化企业形象,体现宏大的气势。中心展区采用形象的表现手法,五片向外发散的造型象征着钢花飞溅,位于四周的四根大型立柱采用镂空的中心圆孔形式来体现武钢的重点产品——桥梁钢,具有很强的工业感。整体色调采用极具工业感和现代感的蓝色及灰色搭配,"武钢"的文字标志则用鲜明的红色凸显。

然而,上述方案在材料应用上仍存在一些问题:

(1) 大部分造型结构采用木结构,例如,没有采用方钢管作为龙骨,使得整体造型结构比较笨重,不便于安装、拆卸和运输;

(2) 木结构未经防火处理;

(3) 门楣上的武汉钢铁(集团)公司LOGO和位于展区最高点的红色"武钢"标志的材料采用的是铁字工艺,成本高且比较重,在安装时费时费力;

(4) 灯管发光灯箱的效果不太理想——由于灯箱的设计尺寸偏小,导致开灯时能明显看到里面发光,而且在喷绘灯光和白色灯光之间未安装白色有机乳胶片;

(5) 精品展区的发光玻璃地台的龙骨采用的是整体网格式木结构,并在上面铺了磨砂玻璃,没有考虑龙骨结构的重复使用。应将木结构做成1 m×1 m的标准方格单元,这样既方便运输搭建,又可重复使用。

(资料来源:李奕.浅谈展览展示设计中的材料运用[J].湖北美术学院学报,2008 (2):72-73.)

四、开展现场勘测

从理论上讲,设计人员如果能提前到展览会现场进行勘测,将有助于设计师把握其所设计的展台在整个场馆的位置以及周边环境,但在现实工作中几乎没办法操作。此时,参展商需要扮演设计公司和主办方(或主场搭建)的纽带角色。下面是一张标摊的展品位置单,参展商可以根据自己的展出需要,先勾勒一幅草图(图5-15),供主场搭建商或设计公司细化。

展品位置单

参展商名称:_____ 展台号:_____

请在下表中草拟出您的要求（比如电话、射灯、文件架的位置）：

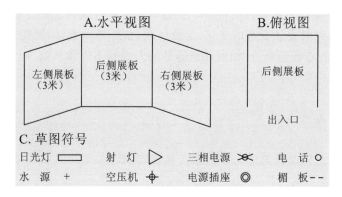

图 5-15　某展览会标摊展品位置示意图

五、现场搭建管理[①]

确定设计方案并签订制作合同后，就可以开始考虑搭建工作了。对于租用标准摊位的企业，现场搭建与拆除管理工作相对简单，但对于那些采用特装展台的公司，布展和撤展期间的工作内容就复杂多了。

（一）标准展台

以下是某展览会主办方对标准展位参展商现场施工的相关规定：

• 参展商不得在标准展台的结构上附加任何额外设施或装饰。若参展商需升级已租用的标准展台，请提交表格（套装展台租赁表），告知主办单位指定展台搭建商并获其批核。所有展位均属租用性质，参展商不可擅自对标准展位的结构做任何改动，也不得拆除其任何组合件。如参展商须拆除或改动任何标准设备的位置，譬如射灯，可联系主场搭建商。如参展商自行加高或更改标准展位结构，主办单位有权当场拆除。

• 不可在围板、地板或天花板上钉钉子以及贴胶布、海报或其他任何附着物；否则，若展位的装置或设备有任何损坏，将由参展商负责赔偿损失。

• 参展商无论租用一个或多个标准摊位，公司楣板名称只可显示签约公司名称，不得使用任何非签约公司名称。请参见表格×。

• 租用标准展位的参展商欲增订额外家具，如电话、家具、饮水机等，请使用各项表格申请服务。请于×年×月×日前将表格回传给主办单位指定搭建商。

• 所有参展商均不得在展览会期间撤离展位或撤离展品。展台及展品也不得于展览会结束前（×年×月×日 16:00）拆卸。

• 所有电源及插座只供展品使用，参展商不得将任何灯饰装置接驳到电源上。

• 不可损毁展馆内地板。

• 参展商不得自带空压机进入展馆场内，如有需要，可联络主办单位指定展台搭建商申请压缩空气机。请参见表格×。

[①] 注：因为展台搭建与之后的拆除工作是紧密相关的，本节也会部分涉及撤展的内容。

（二）特装展台

以下是某展览会主办方就特装展位的设计与搭建制定的管理办法的部分内容：

（1）选择租用光地的参展商，只获得分配的展览空地（不包括任何设施、地毯及电力供应），参展商必须自行设计和搭建展位，并铺上地毯。

（2）特装展台所展示公司标志及公司名称，仅限于签约公司本身，原则上不应该在显著位置展示其他非签约公司的LOGO及名称。

（3）租用光地的参展商必须委托符合资质的搭建商设计及建造展位，并在×年×月×日之前提交表格×（参展商指定搭建商申请表）和表格×（安全施工监督管理员登记表）。

（4）请各参展商及委托搭建商认真阅读以下信息，并严格遵守以下所有规定，以便展位设计图能在指定时间内得到审批，同时避免出现其他问题或额外费用。

- 搭建商审核所需提供的资料

A.《参展商指定搭建商申请表》；

B. 注册满三年及以上的搭建商营业执照复印件及电工证件复印件（需在有效期内且现场电工人员必须与事前递交的电工证件报备信息吻合）；

C. 签字并盖公章的《××会展中心安全责任书》及《安全施工指南》；

D. 审核意见书（双层展台或顶部结构搭建面积超过展位面积50%及以上的单层展台必须提交）；

E. 完整设计图纸最终稿（包括三维效果图、平面图、立面图、搭建材质图、电箱位置的展馆平面图）；

F. 所有参展商指定搭建商购买特装展位责任保险凭证。

备注：以上材料A、B、C、D、E、F完成提交后方可预订用电及交付押金。

- 展台设计建筑审批

为了给参展商提供更专业、便捷的服务，××会展中心特指定××展览服务公司为所有双层展台或顶部结构搭建面积超过展位面积50%及以上的单层展台进行统一审图，请填写并提交表格×来完成展位的审核工作，且只有××展览服务公司审核通过的以上类型展台方可进馆搭建。

- 搭建商办理进馆手续流程

A. 详细熟读并遵守《安全施工指南》。

B. 在×年×月×日前将《参展商指定搭建商申请表》及以上所需材料提交给主场搭建商——××公司。

C. 按展位面积的大小，向主场搭建商缴纳施工押金。

D. 凭主场搭建开具的施工押金收据及签字盖章的《××会展中心安全责任书》，于×年×月×日起即可向××会展中心制证中心申请办理搭建工作人员胸牌，×月×日起可以办理运输车辆出入证。具体有关办理施工证及运输车辆出入证的流程请参考××会展中心颁布的《施工人员证件办理流程》及《卸货区车辆通行申请表》。

E. 光地搭建商审核及办理进馆手续流程图。

- 搭建商施工押金管理（略）
- 搭建商黑名单管理规则（略）

（5）关于展位的搭建和拆除，如参展商订购的是光地展位，可以选择自己的搭建工人、或通过临时代理雇佣的搭建工人或使用主办单位推荐的搭建商的服务。如果参展商订购的是标准展位，主办单位将会提前完成展位搭建。

补充阅读

以下为某展览会主办方发放给参展商的《多层展台设计的建筑审批表》(见表5-8)、展台搭建设计图纸审查规定及支付方式等文件，该展会的参展企业如果采用特装展位，在进行具体设计与搭建时就必须遵守。

1.《多层展台设计的建筑审批表》

表5-8 多层展台设计的建筑审批表

请回执： 上海××展览有限公司 上海市浦东新区××路××号 邮编： 电话： 传真： 电邮： 联系人：	公司：
	地址：
	电话：
	传真：
	电子邮件：
	授权：
	签名：
	日期：
	展厅/摊位号：

根据表后所列条件，我公司申请在展览会期间搭建下列设施（搭建材料的简短描述）：

展台总面积：	主体材质：	材料型号：
上层展台面积：	主体材质：	材料型号：
底层展台面积：	主体材质：	材料型号：

其余材料明细：

所用于展台部位					
名称/型号					
所用于展台部位					
名称/型号					

允许参观者入内的上层展台面积：____平方米　预计二层展台人数限额____名

展台施工单位：

公司名称			
地址			
电话		传真	
联系人			
一级结构注册工程师姓名		编号	
联系电话		联系地址	
备注	如参展/搭建商不交由主办单位审核图纸，请务必将一级结构注册工程师一栏，填写清楚。若交由主办单位审核图纸，则无须填写。		

2. 展台搭建设计图纸审查规定

所有室外展台及双层展台都必须通过国家一级注册工程师审核通过。展会组委会将委托上海××展览服务公司审核由特装参展商提供的图纸：

a. 展台整体效果图（正，两侧面），一式四份；

b. 底层平面图，一式四份；

c. 上层平面图，一式四份；

d. 展台规划说明书及搭建材料技术数据，一式四份；

e. 正立面图，一式四份；

f. 剖面图，一式四份；

g. 侧立面图，一式四份；

h. 结构图，一式四份。

对于已通过国家一级注册结构工程师审核的展台，则由上海××展览服务公司进行复核，复核展台应提供的图纸包括：

a. 展台整体果图（正，两侧面），一式四份；

b. 底层、上层平面图，一式四份；

c. 展台规划说明书及搭建材料技术数据，一式四份；

d. 正立面图和侧立面图，一式四份；

e. 剖面图，一式四份；

f. 活载、风载、静载计算数据及结构图，一式四份（加盖国家一级注册结构工程师章）；

g. 结构计算书，一式四份（加盖国家一级注册结构工程师章）；

h. 展台审核国家一级注册结构工程师资质证明复印件。

注：委托上海××展览服务公司进行审核或复审的图纸必须将尺寸用阿拉伯数字具体标示，切忌只用网格线标明，如有此情况发生，图纸将会被退还，无法审核。若因此而造成时间上的延误，后果由参展商及施工单位承担。

此外，所有搭建公司所提供的文件必须使用中英文，所有图纸必须按照规定比例绘制，且必须标明详细的尺寸（米）；传真的图纸和文件不予受理。室外展台及双层展台搭建设计图纸未经注册结构工程师审核通过且未经主办单位审核的参展单

位,主办单位和展馆及相关审图单位有权禁止该单位在展馆范围内施工。

3. 支付方式

如需通过上海××展览服务公司进行审图,审图费为人民币50元每平方米。如已通过国家一级注册结构工程师审核的展台,则需支付人民币25元每平方米的审图复核费。有效审图面积为上层实际搭建面积加上地面实际搭建面积。表5-9所示为上海××展览服务公司的支付方式。

表5-9 上海××展览服务公司的支付方式

账 号	银 行 名 称	公 司 名 称
○○○○○	招商银行上海分行淮海支行	上海××展览服务公司

对于未付清审核费用的参展单位,主办单位和展馆及相关审图单位有权禁止该单位在展馆范围内施工。表5-10所示为展台搭建公司项目负责人/现场负责人的声明。

表5-10 展台搭建公司项目负责人/现场负责人的声明

展台搭建公司项目负责人/现场负责人的声明		
我作为该展台搭建的 □项目负责人 □现场负责人 （请打钩）		
姓名：		地址：
公司盖章：		电话：
在此声明:将严格按照主办单位对特殊展台搭建的各项安全规则和注意事项进行展台搭建。		

六、展后拆除展台

拆除展台的过程和费用也要取决于展台的构造、位置、设计、技术设施及展品大小等情况。有参展经验的工作人员应该亲自或借助外部力量监督撤除展台的过程,从而能按时将展台撤完且费用不超过预算;在撤展之前,要做好各种准备工作。如果组织得不好或者拆卸展台时不够细心,就可能产生额外费用,如贵重设备因包装不合理而在运输过程中损坏,由于野蛮拆卸而使物品受损等,都会造成额外的损失。

第三节 展台设计与搭建的相关规则

在企业参展过程中,围绕展台设计和搭建问题,展会主办方一般都会有相应的要求。以下是上海某展览会主办方发放给参展商的有关展台设计和搭建的若干规则,仅供广大参展工作人员参考。

一、相关利益主体

（一）指定搭建商

——在一般情况下，主办单位会指定大会搭建商以保证为现场提供高效、有序的搭建、撤展服务。

——参展商可以在主办方审核后使用自己联系的搭建商来搭建展位。

——对于自己联系搭建商的参展商，需自己负责搭建商对其的服务工作。

——主办单位指定搭建商是为了方便参展商。任何参展商与搭建商签订的关于施工的合同，主办单位都不对该合同负责。

——展馆内如需使用机械，请与指定货运商联系。

（二）展台搭建商

——为了确保安全，展馆内的电路和管道安装只能由主办单位指定搭建商来负责施工。

——在主办单位的认可下，参展商可以委派搭建商负责自己的展台设计和搭建。该搭建商需要向展馆交纳一定的搭建管理费。

——参展商有责任和义务使自己的搭建商遵守大会的各项规定。

（三）指定货运商

——有关物品的货运事宜请与各自的货运代理商或者直接与指定货运商及其上海办事处联系。详细请参见"服务与联络"。

——参展商可以选择指定货运商以外的其他货运商将展品运至上海，同时请将货运商公司名称、地址、电话、传真以及联系人的信息递交给主办单位以及指定货运商。但是，根据海关的要求，且为了更好地服务参展商，在展览会现场，所有货运事务请联系指定货运商：全球货运有限公司上海代表处。

（四）团体和国家展团

团体和国家展团的组织者应保证其所有的参展商都同意并遵守"展览规则"。

二、展品运输

（一）海关/检疫要求

——展会现场的设计如同海关报税地。所有进入展馆的展品都是免税的，并且在展会结束后应立即出关。任何展品在没有得到海关的认可前，不允许被带出展馆。

——任何展会现场使用的宣传品，如印刷品、影片、录像带、幻灯片等都需要提前向主办单位递交其当地的版权认证书。参展商可以联系指定货运商代办。

——如果自行携带海外或本地物品，则必须在物品运出前到海关登记。

（二）展品入场

——参展商如果委托运输展品直接到达展馆，请不要将到达时间定在搭建时间之前。参展商及其委托人或者搭建商应按照主办单位提供的入场时间，自行将展品运入场。如果展品在馆内标准展台都搭建起来之后才到达展馆，可能会难以搬运、安装。

——请注意,如果参展商在展馆内需要机械服务,请与指定货运商联系。任何由非指定货运商提供的铲车、起重机、平板车都是禁止在馆内使用的。

——如果任何重型或者大件展品在没有委派货运商的情况下到达展馆,主办单位将要求指定货运商代表参展商搬运这些物品,所有产生的费用,包括加急费都将由参展商负责。

(三)仓储

展会现场不提供储存处。相关服务请直接联系指定货运商或者指定搭建商。另外,参展商必须处理空的或者无用的纸板箱,以便于运返。

(四)保险

——参展商应该对展品由于盗窃、火灾、自然灾害及不可抗力因素造成的遗失或损失进行保险。

——每个参展商都有责任保障展馆及其设施、主办单位及其代理不受损失;不能破坏展览会的宗旨,并保障任何公众组织或中国政府部门及尊重其他参展商及其人员、代理、承包商的任何行为、费用、言论、私人事件等。

——参展商应对其工作人员及承包商在运输、搬运、布展与清理过程中造成对建筑物、地面、墙体及展馆内的任何损坏进行保险。

(五)破损

因参展商、参展商代理、搭建公司或与之相关的雇员造成的展览场地设施的破损所产生的费用由参展商负责。对于申请"标准展台"的参展商,因展商、参展商代理、搭建公司或与之相关的雇员造成的展台装修材料如地面铺装物、灯具和租用设备的损坏所产生的费用将由参展商负责。

三、现场搭建

(一)光地搭建管理费

在光地搭建前,展馆将按照20元/平方米/展期的价格向参展商收取光地搭建管理费。

(二)参展商资料包

所有参展商必须在到达展馆后立即前往大会报到处报到,领取参展商胸卡和参展商资料包。

(三)入场

展览会在专业日只向业内人士、专业观众开放,普通公众不得进入。展览会在公众日则向所有公众开放。主办单位在展览会现场以及搭建、撤馆期间有权谢绝任何人入场或者要求其转移地点。

(四)展台边界和设计限制

——参展商的展台不得超越边界,参展商不得在展台边界以外的任何地方放置任何展品或物品。

——参展商展台背面(面向走道或相邻展位)亦须覆以饰面材料,严禁将未经装饰的基体材料直接裸露在外。饰面材料必须与展台的整体设计相符且通过主办单位的认可。

——标准展台限高2.5米。任何展台结构超过2.5米的,必须提前1个月将设计方案递交主办单位审核。如果被认可,这些结构必须与标准展台展板保持1米的距离。

——展台正面开口:任何展台,不论高度,在其正面开口处,必须有至少开口面一半宽度的通道,或者是透明材料的结构。

（五）电源和照明

——电压供给:三相四线制380 V电压,单相三线制220 V电压,有±6%的变化率。

——频率:50 Hz变化率不超过±1%。

——电功率:至少有0.85的延时。

此外,还必须遵守以下规定。

电动机的启动:所有的电动机,需要有独立的自动保护设置,以避免以下某一个启动器发生过电流事故:①等于5 HP,直流;②5~25 HP,星—角连接;③大于25 HP。

自动变压器:所有在展馆内需要连接到主电源上的电器产品的安装都必须由主办单位指定的搭建商单独安装;对电压、频率、电器的接连等有特殊需要的展商,必须用自己的变压器或转换器对其进行变动;不允许在展厅内使用多线插座和私自接线;电器产品必须在使用前通过主办单位的测试和允许;展台中的电器设备必须在每天展览结束后的15分钟内关闭。如果需要24小时供电,可以事先向主场搭建提出。

四、展中现场管理

（一）展览会现场宣传

在展览会期间,参展商不得在其展台以外的任何地方或者付费广告所在地放置海报、贴纸、标志。并且,参展商不得在展馆的过道或者出、入口处发放宣传册、邀请函等物品。以免对其他参展商造成不公,以及给参观带来不便。

（二）演示和介绍

如果其他参展商向主办单位提出合理的投诉,主办单位有权决定可接受的音量标准和演示的程度。任何现场宣传活动,包括产品演示、组织竞赛或者现场测试都必须得到主办单位的认可。任何影片、影带或者幻灯片的播放都必须在展会前将有关的版权认证书递交给主办单位审核。参展商可以通过指定货运商来安排递交。

（三）供展品演示用的机器

——做演示的机器需安装安全装置。只有在这些机器断开电源时,才能除去安全装置。

——运行的机器必须与观众保持相对安全的距离,强烈建议参展商安排专人看守。

——所有的电器设备必须符合安全标准、遵守安全规定,并需预先提供认可。

——任何引擎、发动机或供电机械在没有合适的防火保护下,严禁使用。

（四）展台清洁

在展期中,主办单位将安排常规清洁工作(不包括参展商自行搭建的展台)。参展商展台的清洁工作是由其搭建商负责的。标准展台的清洁工作由指定搭建商负责。在搭建和撤

馆期间,参展商委托的搭建商需负责拆除并清除展台的结构物、垃圾等(保洁押金:3000元/展位/展期)。

（五）音量控制

在展期中,参展商应将展台音量控制在70分贝以下。

五、其他管理规定

（一）安全

——主办单位将在展馆内提供保安服务。在规定的展览时间以外,参展商及其工作人员不得停留在展馆内。

——所有在展馆内的人员必须佩戴相关证件。参展商的通行证或者临时通行证可以与现场主办单位办公室联系获取。

——如果展品十分贵重或者敏感易损,请雇佣保安人员专门在展会期间看管展台。如需雇佣保安人员,请直接与主办单位联系。注意:请不要自行雇佣来自其他保安公司的保安人员。

——参展商的工作人员必须在展览开始前30分钟入场,展览结束后30分钟离开展馆。

——为保证展览会的安全进行,在展览时间内任何展品不得出、入展馆。

——在展览会现场的消防通道、紧急出入口等处不得放置任何障碍物,或阻挡道路、视线的物品。

——任何在展台内展示的车辆都只能含有最少量的燃料。

——任何种类的电器在夜间都必须关闭。当展台关闭后,参展商必须关闭所有不需要运作的灯以及用电设备。

注:如果展台需要24小时供电,请联系主场搭建商另行申请。

（二）危险材料的使用

展馆内禁止使用没有灯罩的灯或者临时性的气体照明灯。展馆内禁止使用氨气。展馆内禁止使用易燃、易爆物品,汽油以及危险气体。展馆内禁止使用放射性材料。

（三）吸烟

展馆内禁止吸烟。

（四）消防

——所有参展商及其承包商、工作人员、代理、服务人员等必须遵守《中华人民共和国消防法》以及会展场馆的消防安全规定。

——任何人遇到火情,无论大小,都应启动火灾警报,尽力将其扑灭或控制,并撤离附近的所有物品。展台挡板后及其他专用服务区不能存放包装材料或宣传册。展馆内部及周边的消防通道必须保持畅通无阻。

例如,如果在上海举办展览会,以下情况必须取得上海消防局的书面批准。①展览会中演示、操作暖气、烧烤炉、生热或明火器具、蜡烛、灯笼、火炬、焊接设备或其他生烟材料。

②演示、操作任何可能被认定为危险的电力、机械或化学器具。如果有任何被认定为或可能被认定为危险材料的,请向有关部门报批。其中,危险材料包括易燃液体、压缩气体或危险化学品。必须注意不得阻碍、遮挡消防系统、空调系统、机械通风口、消防安全设备、水龙带柜、火警手柄、室内照明紧固装置及监控系统。

（五）不可预见的情况

如有超出本"规定"的不可预见的情况发生,主办单位的决定将是最终决定。

补充资料　中国出口商品交易会布展施工管理规定

为全面提高中国出口商品交易会（以下简称广交会）的布展和服务水平,完善和规范布展施工管理工作,现制定如下规定。

一、标准展位装搭和特别装修布展

广交会展位布展分为标准展位（以下简称标摊）装搭和特别装修布展（以下简称特装）两种。

（一）标摊装搭是使用统一材料,按规定的标摊模式统一进行的展位搭建。标摊的搭建及展具配置工作由外贸中心展会服务部（以下简称服务部）负责；相应的水电安装工作由外贸中心技术保障部（以下简称技保部）负责。

（二）特装布展是指：

(1) 广交会指定的重点布展区域的总体布展（第92届广交会特指两期的1～10号馆和12、14号馆的一楼,以及第二期的20号馆二楼）；

(2) 同一参展企业2个以上位置相连的标准展位（非标准展位及洽谈厅展位须4个相连）不采用标摊装搭的模式,而是申请预留空地,委托交易团或商会审查认定的布展施工单位进行的木型装修布展或使用其他与大会标摊装搭材料不同的制式材料进行的复杂装修布展。

（三）广交会不接受2个以下（不含2个）位置相连的标准展位的特装申请。

二、布展单位

（一）广交会指定服务部为主场标摊搭建单位,其布展行为同样受本规定约束。

（二）广交会仅允许通过交易团或商会审查认定并正式书面向广交会推荐的布展施工单位进场承接特装布展。

三、特装布展的初审管理

根据"谁分配、谁招展、谁负责"的原则,广交会分配性展位特装布展初审管理统一由相关的交易团负责,招展性与保证性以及洽谈厅展位特装布展初审管理统一由相关的商会负责。特装布展初审管理工作包括：

（一）对其负责展位部分的参展企业所选择的布展施工单位进行审查认定,并

向通过审查认定的布展单位出具致外贸中心的正式推荐信。

（二）审查认定至少须包括以下内容：

（1）申请单位须为具有合法经营资格的企业，具备从事室内装修工程资格；

（2）具备一支专业的技术队伍，有固定的从事展览工程业务的人员。确保具备足够的人力、物力，在大会规定的筹展期、撤展期内完成各项布展、撤展工作，不提前进场与滞后完工；

（3）熟悉并严格遵守《中国出口商品交易会布展施工管理规定》《安全管理规定》《用电安全规定》，服从广交会管理。

（三）交易团、商会须根据本规定，对其通过认定的布展施工单位予以规范约束，并负有相应责任。

四、特装布展申请

需特装布展的参展企业，须通过本款第三条规定的范围归口至所属交易团或商会向广交会报图，特装布展展位的审图工作由外贸中心广交会审图组（以下简称审图组）负责，审图组只接受经过交易团或商会初审后的图纸。所有特装图纸须经过审图组审核通过后，方可施工。

五、特装布展的申报和办理

（一）特装布展应根据有关商会的展区布展方案要求，在外贸中心的总体协调和指导下进行布展。有关商会的展区布展方案要求每届春交会于1(7)月31日前送达各交易团，并同时在广交会网站上公布。

（二）特装图纸由各有关交易团、商会统一收齐初审后于3(9)月15日前寄至审图组。鉴于审图须图表清晰，不接受传真图纸。申报特装应报送以下资料。

1. 特装图纸，包括：

（1）设计方案的立体彩色效果图；

（2）设计方案的平面图、立面图（包括详细尺寸和材料说明）；

（3）有关用电资料（包括电气结线图、电气分布图、开关规格及线径大小等使用材料说明、用电负荷等）；

（4）材料报送单位和施工单位联系人、联系方式的详细资料；

（5）所有设计图纸和文字说明须使用A4规格（不接受传真）。

2. 特装布展施工单位推荐信。

3. 交易团或商会初审图纸意见表。

4. 消防安全责任书。

（三）审图组在收到交易团和商会报送的资料后，负责进行复审；复审后，资料送广州市公安消防局审批。如报送资料不符合有关规定，由审图组将审核意见通知有关交易团或商会，交易团和商会负责通知布展单位按整改要求5日内重新报审，最终报审时间为3(9)月30日，逾期未能通过消防审批的，不得进场施工。图纸经过消防安全审批的布展单位，在筹展期间可直接到序幕大厅现场一条龙服务点（4月18—23日到交易大厦8楼）办理有关手续。

（四）各布展单位进场施工前须办理的手续

1. 须凭交易团或商会的推荐信（副本亦可）到审图组领取"展位装修消防报建的批复"。

2. 交纳有关施工管理费、电费。

3. 提交布展人员名单（从事技术工作的工作人员要提供相关技术资格证件复印件，如电工资格证复印件等）和施工所用工具清单并办理施工许可证后方可进场施工。

（五）在3(9)月15日前报送图纸的特装布展展位（含洽谈厅展位），审图组在向交易团和商会发出审核意见时，出具退还道具配置费的证明，由交易团转交参展企业。该费用在结算时统一退还交易团，参展企业可凭审图组证明向所属交易团查询并领取。

六、特装布展要求

（一）所有特装布展展位的设计与布展，其垂直正投影不得超出预留空地的范围。

（二）如交易团和商会先以传真或其他方式书面通知审图组为参展企业展位预留空地的，须在通知预留空地后7日内将所有报图资料补充齐全，否则仍视作企业未报审图纸处理。

（三）布展单位对所有已通过审批确定的报审内容，一律不得自行更改；如确需更改的，须经审图组审批。对擅自更改的，广交会有权不予供电，并给予警告直至处罚。

（四）布展单位施工时须将施工许可证挂放在展位醒目位置。施工须严格按图进行，不得超出施工许可证规定范围，并随时接受大会现场服务办公室的监督和检查。一经发现布展单位超出规定范围施工，现场服务办公室可口头警告直至取消其施工许可证，由此引起的一切后果由该布展单位负责。

（五）布展单位不得在现场使用切割机、电锯，不得在现场喷漆。

（六）特装展位的维护工作由该布展单位负责，相关的交易团和商会负责监管。

（七）由广交会招标布展的展区，布展事宜在标书中另有规定的，以标书具体规定为准。

（八）3(9)月15日后，一律不接受当届特装申请。

七、标摊装搭的申报及办理

（一）广交会各展区均设指定的标准展具配置模式。参展单位可于3(9)月15日前将自行设计的改装方案（仅限于修改标摊内部配置或拆除隔板）由交易团和商会统一汇总报审图组，逾期申报不予接受，一律按广交会指定模式搭建。

（二）对广交会统一搭建的展位、配置的展具，各参展企业和布展单位一律不得拆装改动，否则，广交会有权强制恢复原状，所产生的费用及后果全部由参展企业自行承担。

八、布展工作须知

（一）所有布展须符合《中国出口商品交易会展馆防火规定》的要求。

（二）所有参展、布展单位未经审图组确认同意,进场时一律不准带展具进馆布展,撤展时不能带展具出馆。

（三）严禁锯裁展馆的展材、展板或在展材、展板上油漆、打钉、开洞。

（四）展位楣板文字(参展企业名称)经商会核对,由广交会统一制作,参展企业未经所属商会审核批准,不得擅自更改;如确需更改,可在筹展期内到序幕大厅现场一条龙服务点按楣板制作和修改的有关规定进行。更改楣板文字的程序具体按第四章第十一条楣板文字制作与修改的相关规定办理。

（五）所有用电须符合《用电安全规定》的要求。严禁参展单位私接电源线或增加照明灯具,如有需要,可到现场一条龙服务点按章缴费办理手续。

（六）不得在展厅人行通道、楼梯路口、电梯门前、消防设施点、空调机回风口等地段随意乱摆、乱挂、乱钉各类展样品、宣传品或其他标志;不得使用双面胶及单面胶等粘贴材料在展馆通道的柱子上粘贴任何物件。

（七）不得在展馆天面上打钉或利用天面管线悬吊展架、灯箱及各类装饰物件。

（八）展样品拆箱后,包装箱、碎纸、泡沫、木屑等易燃包装物须及时清出,不得在展位背板后存放包装箱等杂物。

（九）展馆内布展须注意的空间参数:展馆内装饰、布展,装搭物最高上限为距天花面 80 cm,设备层面 50 cm,悬空装搭物最低下限为距地面 2.5 m。

（十）展馆内严禁吸烟。

（十一）第一期在 4(10)月 13 日 20:00 后,不得有未布展的空展位;4(10)月 20 日下午 18:00 前不得撤展。第二期在 4(10)月 24 日 12:00 后,不得有未布展的空展位;4(10)月 30 日下午 18:00 前不得撤展。

九、监管机构

广交会现场服务办公室为广交会布展施工的监管机构,对参展单位、施工单位的布展施工进行全程监督和管理,并对违规单位进行处罚。

十、违规处罚

凡在布展施工过程中有违规行为的,一律按照本《手册》第十一章违规处罚条例的相关规定进行相应的处罚。

十一、本规定从二〇〇一年十二月十二日起执行。过去规定与本规定相抵触的,一律以本规定为准。本规定由中国对外贸易中心负责解释。

注:大型展览会都对布展施工有很多具体规定,参展企业要提醒所选的展览服务商务必熟悉和遵守这些规定。

本章小结

　　无论是对经验丰富的参展经理还是初来乍到的新手,展台设计都是一项非常复杂而艰巨的工作。参展经理可以不是展示材料和用品方面的专家,但必须掌握展台设计与搭建工作的一般流程,更重要的是,能够深入理解展台设计与本企业的参展目标、产品特点及演示活动等要素之间的关系。

　　本章第一节从参展商的角度列举了展台设计与搭建的基础知识,包括展台的类型、标准展位的配置、常用展览材料以及展示设备租赁等。此外,还在补充知识中介绍了目前市场上流行的三类展示用具,即一次性使用展具、循环便携式展具及循环租用式展具。参展经理掌握上述基本知识有助于自己更好地与展示设计公司沟通,并能合理控制成本,因而是十分必要的。

　　第二节介绍了展台设计与搭建工作的一般流程,包括提出设计需求、构思展示剧情、选择初步方案、开展现场勘测、现场搭建管理和展后拆除展台等。其中,展示剧情和主题贯穿整个展示设计工作的始终。具体选择方案时,参展经理应重点把握展台的主题风格、空间结构、配套设备、图片设计和信息载体等方面,并使之与企业的参展目标及要求相吻合。

　　第三节结合某展览会主办方发放给参展商的有关展台设计和搭建的若干规则的实例,从利益主体、展品运输、现场搭建管理、展中现场管理等方面,说明了企业在参展时应该遵循的一般规定。

关键词

　　展示设计(layout design):是以说明、展示具、灯光为间接的标的物,来烘托出"展示物"这个主角的一种设计。

　　展示剧情(exhibiting script):是指在将大型展示设计具体化并达到最佳效果的制作过程中,就像电影或戏剧有故事情节一样,针对企业参展的目的来决定展出的故事内容、表现方法等因素。

　　指定搭建商(official contractor):也称主场搭建商,是指主办单位为了方便参展商而委托一家实力较强的展示设计与搭建公司来统一协调现场的搭建和撤展工作(注:参展商可以在主办方审核后使用自己委托的设计公司来搭建展位)。

复习思考题

1. 展台设计的基本原理是什么?
2. 目前市场上流行的展示用具主要有哪些类型?

3. 请从参展商的角度解释展台设计与搭建的基本工作流程。
4. 一般来说,参展商选择展台设计与搭建公司时应遵循哪些标准?
5. 在展品入场时有哪些需要特别注意的事项?
6. 在广交会特装展台的申报材料中,特装图纸包括哪些内容?

案例讨论题

一家电子制造商的参展"蜕变"记

在2008年的香港某电子产品展上,虽然观众已不再像往年一样熙熙攘攘,甚至显得有些稀拉,但在欧利电子有限公司的展台上,工作人员李伟却没能闲下来。尽管欧利电子的展台并不大,却让人看起来很舒服,有几位拖着箱子的外国观众在经过时停住了脚步,开始打量欧利电子的展台,紧接着就把目光停留在布置得错落有致的展品上,这时李伟适时地上前去打了个招呼,就轻轻松松地把外国观众引进了展台内,开始一一介绍起自己的产品。

欧利电子公司是1999年成立于深圳的一家电子组件制造商,最初时拥有四十多名员工,专做数码测试仪器。随着电子产品加工业在沿海的火爆,与欧利生产同样产品的厂家也逐渐增多,欧利决心破釜沉舟,走自主品牌之路。由于处于发展中的欧利电子公司主要销售渠道来源于电子展会,于是公司领导决定,将参展作为树立企业品牌形象的一个重要突破口。于是,他们邀请了王牌广告公司的品牌顾问团队为企业制定一系列品牌策略。

从上一届电子展的参展人员口中,公司领导了解到,欧利的展台处在黄金位置——客流最多的转角处,但参展的布置却只有两张圆桌、一排呆板的展示架和储物柜,再加上一堆未经分类的新旧陈列产品、宣传资料以及几个一线的销售人员。在对以往的参展情况进行深入分析后发现,欧利电子公司在布局及陈列、派发资料等方面存在很大可改进的空间。

第一,产品摆放及人员站位不合理。产品在后墙陈列,而在展位最前方的正中央仅摆放两张小圆桌,上面放有企业产品目录及宣传资料以便观众索取,这样一来,参观者一定要进入展位里面才能近距离看清产品。而销售或接待人员的位置则靠近接待台,这导致客人多会出现在工作人员身后,于是,当各类参观者络绎不绝地从好几个方向进入展位时,工作人员根本来不及同时兼顾所有参观者,造成了不少无形损失。

第二,产品陈列无序,难以让客户对产品留下深刻印象。由于欧利的产品并未统一用色,同一系列的产品都是五颜六色的,因此,在对产品不加任何说明的情况下,所有产品全部摆放在展示架上,以至参观者眼花缭乱,无法很快了解到产品的种类与特性,当有逾百家的同类企业同时参展时,客户的兴趣和耐心自然会减少。

第三,参展人员现场派发资料效果不明显。欧利制作了自己的宣传单,并花钱聘请了一些实习生,在展会现场发放,但实习生几乎逮到谁就发给谁,而现场发放宣传资料的企业太多,对方漫不经心地接过这薄薄的一页纸之后,绝大部分是瞄一眼便将其丢弃在垃圾桶内,弄得双方都不甚愉快。

针对以上情况,欧利电子公司的领导及团队首先确认欧利参展香港电子展的主要目的是让更多客户对本公司产品的特性感兴趣并愿意了解,从而对产品的质量充满信心,于是,他们便有所侧重地进行了以下策划。

第一,陈列架前移,设封闭式洽谈处,在公开展示和保留客户隐私中取平衡。他们撤去大会原有的长架与储物柜,将展示架全部移到展位靠前的位置单边陈列,让参观者可以在展位外围看到产品;另外,用屏风及展示架将展位内部全部围起来,作为固定的洽谈区,安排一位工作人员专门引领公司的老客户以及合作意向明确的新客户从预留的一个小入口入内详谈,如此安排避免了出现拥挤嘈杂的状况,充分尊重客户的隐私。欧利参展人员事后表示,这样井然有序的布局得到了客户的普遍好评,更多公司的老客户都乐于进来就实质问题与负责人进行商谈。

第二,产品统一用色,分类摆放,讲究陈列技巧。由于在展会前,欧利的CI系统已经启动,王牌广告公司为欧利的系列产品外观、商标粘贴位置等进行了统一,颜色统一选用红灰色系,因此在分类陈列时就可以让参观者明确产品的类别及独特功能;另外,在显眼位置花心思进行选位摆放,展示的是产品最漂亮的某一部位,如旋钮、机器的切面等,而非单纯地将整台仪器以全貌陈列,这样一来,引起了不少参观者的好奇心,都想靠近一看究竟,参观人数明显增多。

第三,重新设计宣传资料,不仅增加了页数,还在内容、风格以及页面设计上进行创新,让人有兴趣去翻阅;同时,把主动派发资料变为资料自取,并在展会之后以邮寄的方式将更多资料直接送达客户或潜在客户手中,从而大大增强了宣传的针对性。

经过一番精心改造,欧利公司的整体形象在展会中变得更加鲜活,参展效果明显得到改善。几年后,欧利的销售额每年增幅达20%~30%,从一个不起眼的小厂跃升为行业内的佼佼者。2008年,李伟作为欧利的参展人员,已不仅是推销产品,更是担负了展示欧利品牌形象的重任。

(资料来源:上海展报网站,http://www.shzhanbao.com。)

思考:

(1) 比较欧利电子有限公司参加两届香港电子展的不同策略。

(2) 结合案例,解释参展企业在选择展台设计方案时应考虑哪些核心要素?

第 6 章

展品的选择与物流

学习目的

- 理解选择参展展品的依据及注意事项。
- 掌握展品运输代理商的主要工作内容及展品运输的基本程序。
- 了解展品进出场馆的基本要求。

线索引入　展品运输中的常见问题及解决之道

(1) 参展企业相关人员对《运输指南》一无所知,仓促上阵,在展品装载前的包装、报关及报检等事项上频频遇到难题,甚至无从下手。

《运输指南》是展品运输代理在每个展览会开幕前制定的一份实用性文件,通过相关途径分发到参展商手中,以便相关人员能及时了解展品运输中的相关环节,及时应对紧急问题。为了保证展品运输的安全性,避免展品在整个运输、装卸和展台就位的全过程中出现损坏与丢失展品的现象,《运输指南》对参展品的包装、运输保险等提出了相应的规定和建议,对超重、超限展品的运输、装卸和展台就位也做出了相应的提示。为了保证运输代理在展览品从抵达指定港(站)开始到展台就位的这段时间里有充足的时间完成展品的报关、报检、提货、运输、查验、熏蒸处理等必要的手续和操作过程,展品运输商在收到《运输指南》后,可以组织相关人员认真看一看,读懂了再工作,有助于少走弯路。

(2) 有少许参展企业在报关时走入误区,为了少缴关税,特地将展品价格压得很低。

出国参展需要办理展品和运输单证、海关手续、保险手续,但是,各国对单证的具体要求可能不一样,需要事先了解,并做好相应准备。为了方便通关,所有展品

都必须标价、申报。出售展品需要标价,其他展品和用品,比如礼品、宣传品、自用品、招待品、道具等,即使无商业价值,也需要标价。有些参展企业为了少缴关税,便在展品清单上做手脚,将货物价格标得很低。这也许会节省一部分小钱,但最终结果是得不偿失。海关一旦认定参展商瞒报货值,数倍罚款就已免不了,展品还要被扣;万一展品受损,保险公司将按报关清单赔偿。因此,参展商还是如实申报为好。

(3) 参展商认为运输商实力强、专业、安全,就麻痹大意、心存侥幸,不买保险是出展展品运输中常遇的问题。

运输险是展品在运输和展览过程中的保险。在展品发运并取得提单后,按展品清单上的价格办理保险手续。一般可办理一切险种,并取得保险单。保险期是从展品在国内仓库发运一直到运回国内仓库为止。参展商可以将分保业务交由承保行办理。建议展商根据自己展品的实际情况上附加险,它可以提供盗窃险和破损险的保护。如果在运输途中发生破损丢失,应设法向事故责任方取得理赔单证,若无法取得理赔单证,则要求责任方出示证明书。受损方填写受损报告书,连同索赔清单交承保公司办理索赔手续。索赔期一般为一年。

(4) 包装箱的标签标注不详,或是有遗漏,致使运输公司工作人员无法准确地将展品送至展台,运输延误。

在国内,参展样品的包装通常由参展企业工作人员解决。包装一定要做到细致入微,要在货物的包装箱上将标签填好,企业名称、展览会名称、展台号、日期、货物名称等细节都要写清楚。有的企业只写展览馆的名称,不写展会名称,就会耽误运输。比如法兰克福展览中心很大,经常同时举办两个或者三个展览会。如果展会名称不标清楚,运输商就不知道该将展品送到哪个馆。

(5) 参展企业对展品运输不重视,没有安排专人专项负责,对展品到达时间、到达地点,甚至整个运输方案一点都不了解,一旦出现不可预测的情况,将影响参展样品的展出。

参展商希望在展览会期间向观众展示自己的展品和技术,但往往因为发货不及时贻误了时机。出现这种问题是由于参展商从国内港(站)发货较晚,导致展品在规定的抵达港(站)时间之后才到达。这会给参展商指定的展品运输代理带来提货、运输、报关和报检等方面的时间压力,进而导致参展商不能及时参展或无法将展示产品摆上展台。这就要求参展商事先做好运输筹划方案。整个方案涉及运输方式、运输路线、运输日程和运输费用等因素。在确定展品运输日程时,不仅要考虑运输所需的时间,还要考虑展品、道具、资料等展览用品准备所需的时间,以及办理有关单证和手续所需的时间。

展品之于参展就如粮草之于军队,俗话说:"兵马未动,粮草先行。"展品运输工作是将展出所用的参展样品用空运、海运、陆运或综合方式从货物所在地运到展出所在地,在布展工作结束之前将展品陈列在展台之上,并在展会结束后运回或运到下一个展出地点,以及办理有关手续的工作。

大多数情况下,展品都不是由参展商自己携带到展会的,而是通过专业的物流公司或展会指定运输代理商来承担展品的运输服务,他们在办理展品出境手续方面更加便捷,选择好的运输代理商将省去参展企业很多不必要的麻烦。如果是赴海外参展,还会涉及运输总代理商、境外运输代理商、展会指定运输代理商等多个主体,因而更加复杂。总之,展品运输环节多、时效性强、费用开支大,必须做到"安全、准时、省钱"。

第一节　展品的选择与包装

一、参展展品的选择

(一)参展展品的选择依据

展品即参展商在展会上所展示的产品或服务,它是参展企业对外展示与宣传的核心物,也是展会观众最关心的目标对象。展会上的一切展示活动都是围绕展品而展开的。然而,展会观众只会对较少的展品留下比较深刻的印象,与此同时有限的展台空间内往往只能陈列参展企业种类繁多的部分产品与服务,因此,参展商需要谨慎选择参展展品,选择那些能集中代表参展企业产品属性、产品形象和产品趋势的产品。

选择合适的展品是成功参展的一个重要环节。展品选择要体现自身产品的优势,展品品质是参展企业给观众留下印象的最重要因素。参展商可以召开由决策层、销售部、研发部、公关部等部门负责人会议,共同商定参展商品。选择展品有三条原则,即针对性、代表性、独特性。所谓针对性是指展品要符合展会的目的、方针、性质和内容;代表性是指展品要体现企业的技术水平,生产能力及行业特点;独特性是指展品要有自身的独特之处,能和其他同类产品相区别。

参展商在挑选展品时,需要注意以下事项。

(1)参展商品与企业未来一段时间内的战略方向、全年产品推广计划相一致,部分产品还可以借势在展会上开展公共关系营销或事件营销。

(2)由于现代专业展览业细分化程度越来越高,参展展品应注意和展览会的主题保持一致。如乳品展览会,其具体的展出内容可能是牛奶和奶制品,可能是制造工艺,可能是生产设备,可能是包装材料或技术,也有可能就是一场品牌大战。

(3)展出商品的数量应根据所选定的展台位置、面积大小来决定,有些展厅对展品的高度、重量、所使用的材料等有限定要求。

(4)客户关心的是最新或质量最好的产品,所以不应展出过时的产品。

(5)应选择展出效率最高的产品。产品大多具有生命周期,即新生、发育、成熟、饱和、衰退五个阶段。对普通产品而言,在新生和发育阶段,展会有事半功倍的效果;在成熟和饱和阶段,展出的效果可能事倍功半;到了衰退阶段,展出往往会劳而无功。①

(6) 挑选所有产品中那些能够集中代表其他产品的类型(颜色、型号、功率)。在有限的空间陈列过多的展品,会使其摊位显得散乱,即使观众看过后,也不容易对产品产生具体的印象。

(7) 所挑选的展品在技术、功能或外观等方面要与展会上的竞争对手形成一定的差异。

(8) 所选择的展品应便于运输和保管,尽量减少展品运输中可能造成的麻烦。展品具有很强的时效性,要求在很短的时间内要送达指定地点,而且参展的展品很多都是新开发的高技术含量的产品,对包装、运输等条件要求严格。

(9) 参展产品具有自主知识产权,或者取得了有效的知识产权授权使用许可。

(10) 展品最好在展位选定前至少在展台搭建方案设计前就要确定下来,这样方便规划展位申请面积和设计展台搭建方案并顺利实施,否则会造成展台面积浪费或展台面积不足。

经典实例

2008年10月22日,2008中国国际产业用纺织品及非织造布展览会在上海国际博览中心落幕。这是亚洲最大的产业用纺织品及非织造布展览活动,逢双数年在上海举办,至今已成功举办了七届。本届展会吸引了17个国家和地区的近300家企业参展,展览面积达11500平方米,逾半数的参展商和近两成的买家来自海外。展会以突出高新技术在产业用纺织品领域的应用为最大特征,同时兼顾新型产业用纺织品原料的集中展示,展品范围从原料、机械设备及配件、卷材一直到最终成品,涵盖了整个产业链。

为了全面展示产业用纺织品的重要技术成果在国民经济各个领域中的应用,主办方借鉴了全球著名的法兰克福产业用纺织品展对展品的分类方法,按照参展商报名展出产品的应用范围,明确划分了12个产品最终应用领域展区,方便买家搜罗目标产品。这12个展区包括农业用、建筑用、家用、工业用、医疗用、包装用、环保用、交通用、防护用、运动用纺织品展区等。

近两年来,中国产业用纺织品行业快速发展,企业研发的新产品也越来越多。参展商精心挑选了各自独具特色的产品进行了展示。

浙江天台县生产的工业用布,对质量控制、色彩运用十分重视,生产的机织布、滤布受到众多买家青睐。

康帝雅(上海)纺织有限公司展示的一件户外服使用了不同面料,比如服装的前后身用了具有防水、防潮性能的加厚尼龙面料,肘部用了透气耐磨的面料,引起了不少观众的关注。

海德恩公司的双层贴合布可用于船底布材料,非常坚固,两层的设计使布料更加坚固耐磨,且更容易固定。

---

① 包装印刷企业如何成功参展,http://www.chaoshanren.com.

山东海龙博莱特化纤有限责任公司是目前国内帘帆布行业规模、品种、设备工艺领先的企业,此次展示了其最早研发生产的高模低缩涤纶帘子布和帆布,其中,高模低缩涤纶帘子布被评为"国家级新产品"、"中国专利及新产品博览会金奖",芳纶帆布填补了国内空白。

……

(资料来源:中国国际产业用纺织品及非织造布展览会印象,http://press.idoican.com.cn.)

(二)展会对展品的特殊要求

有些展览会对参展商品的种类进行了限定,个别展会还可能明确规定某些产品不可以参展,参展商在挑选展品时必须严格遵守《参展商手册》的规定。

(1) 参展单位的展品中禁止夹带违禁、易燃易爆危险品及其他违禁物品;

(2) 为确保展览会的专业性,参展商须按展览会规定的范围申报展品,展品与其申报展品不符,且有违反展览会展品范围规定的,主办单位有权取消其参展资格;

(3) 凡涉及商标、专利、版权、质量认证的展品,参展企业须取得合法权利证书或使用许可合同;

(4) 由供货单位提供的展品,参展企业和供货单位须在参展前签订书面展品参展协议(协议内容包括展品类别,展品参展的展位号,商标、专利、版权、质量认证条款及时效等,并附相应合法权利证书复印件),口头协议一律无效;

(5) 参展商使用的样本、目录以及所有已批准在展会上发放的刊物,对涉及商标、专利、版权、质量认证的产品宣传,须符合有关法规;

(6) 展会主办方一般会为展会统一购买保险,对部分特殊商品可能要求参展商自己购买展品保险。

经典实例

第五届哈萨克斯坦中国商品展销洽谈会对展品有以下特殊要求。

(1) 展品中3类商品的特别要求。

①食品:提供出口食品生产企业卫生注册证书(复印件)。

②植物及产品:粮食、水果、苗木、饲料、种子等应符合检验检疫要求。

③机电、化矿产品:必须提供产地检验检疫机关出具的《出境货物换证凭单》。家用电器、电子产品须提供品牌、型号等内容,家用电器提供生产厂家的"CCC"证书复印件。

(2) 参展单位和企业提供的展品必须与《展品登记表》相符。一个展位展品体积不超过1立方米,超过1立方米将加收通关费。

(3) 汽车、大型机械设备等展品由组委会协助通关,费用由参展企业承担。

(4) 展品包装用质量好的纸箱包装，符合运输要求。包装箱内严禁用报纸包裹展品，食品必须使用独立包装箱，不能与其他展品混装。每只包装箱上必须贴唛头，注明单位名称、商品名称、数量、重量等，以备报检、报关查验。

（资料来源：第五届哈萨克斯坦中国商品展销洽谈会《参展商手册》，http://www.yl.ec.cn.）

二、展品的运输包装①

展品选定以后，参展商需要联系并协助展品运输商按照展会要求完成展品的包装。在产品包装现场，参展商一定要指定专人与运输商办理展品交接手续，确保所有展品全部打包，并在包装箱外遵照国际惯例做好运输标记，最后制定一份完整的展品清单表。

（一）包装要求

（1）一般展品都要求采用瓦楞纸箱包装。较重的展品需用木箱包装（如五金工具、农具、卫生浴品、机器、拖拉机、摩托车等）。禁止用稻草、草包做包装。

（2）包装箱要牢固、美观、便于装卸。

（3）包装箱内使用的衬填物，最好使用新型的苯板、压塑等材料，禁止使用稻草、废报纸，也可用干净的纸张、木丝作为衬填物品。

（4）包装箱内严禁装运易燃、易爆和有毒物品。

（5）机电产品（包括家用电器）的包装箱上和产品上要有产地标志，如 MADE IN CHINA。

（二）运输标记

运输包装箱上必须刷上有关标记。

（1）唛头（见图 6-1）：

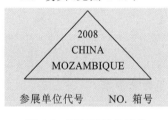

图 6-1 某包装箱的唛头

NO.01（如果同一展品有两件以上，则编成 01～12 累推）在包装箱的左上角刷上各单位的缩写；在唛头下的 NO. 前刷上各参展单位的代号（各参展单位英文缩写）；在 NO. 后刷上展品的箱号。包装箱的编号原则为：①非同类展品不要混装，如纺织品、服装箱中不再装机电产品等；②如每单位同类展品在两箱以上者，需按序连续编排箱号，之后再编另类产品箱号。

（2）体积：长×宽×高（以厘米（cm）为单位）。

（3）毛重：以千克（kg）为单位。

（4）易碎、怕压、防潮、不能倒置的展品，都应刷上相应的标记。

（三）展品清单

（1）展品清单是向国内外海关报关、结关的重要单证。因此，填制清单要认真仔细，数字正确，内容完整。要求做到单货相符，即清单上的展品数量和内容与实际包装箱内装的数

---

① 资料来源：2008 莫桑比克展览会展品运输指南，http://www.hbccpit.org.

量和内容要相同,否则在国内外验关时会出现麻烦或造成经济损失。

展品清单除针对展品外,宣传品、礼品、样本、展览用品等都需按类分别编入清单,也可以分别制定展品清册、卖品清册、宣传品清册、展览道具清册等。

（2）清单上类别栏请填上参展单位中文名称,右上方的页次号,按各参展单位的页数顺序排列,总页次由展团统一编排。

（3）箱号:按各参展单位的展品分类依次编排。

（4）展品编号:无展品编号或商品货号的可以不填。

（5）品名:中文品名要完整,外文品名翻译要准确。这关系到上税时税率的计算。

（6）规格:按照展品的实际规格填写,规格一栏中还包括填写产品的成分,如纺织品、服装等。

（7）数量和单位:展品单位的中、英文要一致,单位价格也要一致,数量要填写准确。

（8）单价和总价:均以 CIF 美元到岸价计价,并注明 USD 字样。

凡清单所列物品都必须有单价和总价(可按实际价格的三分之一作价),对外赠送的宣传品、礼品、自用品和展览道具等单列,不作价。

单价、总价取小数点后两位。

（9）清单每页页底注上总价的小计,毛重小计和体积小计,在清单的最后一页下面要注上金额、毛重和体积的总计。

（10）尺码:注明长×宽×高所得的立方米数,体积取小数点后三位数。

表 6-1 所示为 2008 莫桑比克展览会的展品清单表。

表 6-1 展品清单表

唛头 Mark	HB	HB	HB	HB	HB	类别 Classification：		分 第 页	总 第 页		
箱号 Case No.	展品编号 General No.	品名	外文品名 Item	规格 specification	数量 Qty.	单位 Unit	单价 Unit Price	总价 Total Value	毛重 (kg)	尺码 (m³)	备考 Remark

(资料来源:《2008 莫桑比克展览会展品运输指南》,http://www.hbccpit.org.)

补充阅读　到海外参展的展品运输流程

以下为上海瑟维斯进出口有限公司南京分公司就出展企业的展品运输工作所做的相应说明。

问:参展商通常应该在展会开展前多久准备展品?

答:由于国外对于展览品到达日期有着严格的规定,为了保证能够有足够的时间清关,通常为开展前10个工作日至20个工作日到达目的港,所以展商应该尽早准备展品。通常展商应该在正常的海运时间上加半个月至一个月的时间前备好展品,顺利出运。如果空运,应在正常空运时间加上十天时间,准备好展品,安排出运。

问:展览品运输与普通出口货物的运输有何不同?

答:展览品运输对于时间性和安全性非常严格。所有展品一定要到达目的国后才能够顺利清关,如果延迟清关或者无法清关则将导致参展商的巨大损失。所有展品一定要在开展日期之前送达展馆展位,从而确保参展商有充足的时间布展。

问:展品运输主要涉及哪些费用?

答:展品运输的费用不仅仅是单纯的运费,主要由以下这些成本组成:国内短期仓储费、国内文件费、报关费、检验费及运费等;国外文件费、清关费、仓储费、内陆运输费、进馆费、展品派送费以及晚到费、设备使用费等各种可能发生的费用。

问:展品出运前展商应该做好哪些准备工作?

答:仔细阅读展览品运输指南,严格按照承运商的要求来包装展品、粘贴唛头、准确如实地填写出运展品清单,对于需要出口商检证明、出口许可证、检验检疫证明等相关资料的展品应提前办理并及时交与承运商。

(资料来源:万国企业网,http://cn.trustexporter.com.)

第二节 展品运输

展品运输是指展品包装结束后,通过运输工具将展品移动至目的地的行为(包括展品装卸作业),其责任范围为自出发地的展品包装箱离地时始,至到达目的地的展品包装箱落地时止。① 在整个参展过程中,展品运输作为关键的一个环节,是企业参展的生命线。② 如果在展品运输这一环节稍有差错,将会严重影响企业的参展计划;有时,甚至会将耗资巨大的出展计划化为泡影。

一、展品运输代理的选择

品牌展览会指定的运输代理商往往也是服务好、信誉佳的运输公司。展会主办单位申请展会批文在海关备案时,会同时将运输代理在海关备案。主办单位委托哪家运输公司,海关才受理哪家公司的报关业务。一个国际展览会的参展商有海外参展商和国内参展商之分。其中,海外参展商通常由一些国际性的运输公司代理。

国际展览运输协会(International Exhibition Logistics Association)认为展品运输代理

---

① 出国(境)文物展览展品运输规定,http://china.findlaw.cn.
② 展品运输——企业参展的生命线,www.rchzfw.com.

（主要指其会员所承接的出口代理）工作主要有六个方面，即联络、展前客户联系、单证办理及通知现场代理、最佳运输、现场支持以及展后处理/回运。而目前，国内大多数展览会的运输、海关报关等工作都是由同一家运输公司来操作的，因此，主办单位在选择运输代理商时需要综合考虑其运输能力和海关报关能力等综合服务能力。尽管国际展览运输协会（IELA）所提出的工作准则（standards of performance）是针对其会员的，但它对参展商和主办单位选择合适的运输代理商仍具有借鉴意义。

（一）联络

为了进行有效的联络，协会成员必须都能够使用英语进行联络，所有代理都必须有员工可以说流利的英语；联络的第二个要素是设备，所有代理都必须有常设的国际直线电话、电传和传真设备；一些发展中和第三世界国家政府可能限制使用传真，这种情况除外；最后一个要求便是所有代理必须有一个明确的邮政地址，因为代理可能还有其他业务和其他地址。

（二）展前与客户联系

在六个工作部分中，这一部分是最关键的。因为这一部分工作中任何一项未做好都会给参展商的展出工作带来麻烦。出口代理（export agents）给参展商的要求必须内容明确、简洁，必须使用参展商的语言，最重要的是不能有歧义。出口代理有义务安排翻译人员将现场代理或展会组织者发出的基本运输要求翻译成相关语言，在任何情况下，不允许出口代理将运输要求原封不动地直接转给参展商。基本运输要求至少应包括以下内容。

■ 单证文件

世界各地的现场代理（site agents）都需要办理许多不同的单证文件，而且单证说明必须准确无误，因此最好有样本。代理要建议参展商使用 ATA 通关单证册，以最大限度地减少单证文件，并出具"授权签字和修改函"。另外，代理必须让参展商完全了解相关的手续及规定，包括从本国出口并进口到展览会所在国，以及办理手续所需的时间。

■ 包装/标志

出口代理应当了解运输方式和路线，并让参展商知道展览会所在国对包装的规定。出口代理必须确保所有包装都按基本要求印有标记。

■ 截止日期

截止日期必须包括所有选择，也就是空运截止期、海运截止期、陆运截止期和铁路运输截止期，以及拼装或整装运输的截止日期。出口代理必须在展览会开幕前至少 90 天提出截止日期要求，这对于需要远程海运的运输尤其重要。

■ 其他情况

必须让参展商知道有关其产品和展览会所在国的任何特殊规定，譬如限制的物品种类、随时携带的物品、进口特别要求或审查等。同时，还应将目的地对进口或重要物品的任何限制告知参展商。

（三）办理单证文件以及通知现场代理

货物启程时必须将展品情况和搬运细节用电信方式通知现场代理，具体包括参展商、展台号、展品运到展台的预期时间、箱数、尺寸、毛重、净重、体积和 CIF 价格。另外，运输细节还必须包括航班号、提单/空运提单号、卡车货车/集装箱/铁路货车号等信息。至于现场代理要求的可转让单证，则要按现场代理的时间表和基本运输要求的规定份数，用特快专递或航空快递发出。

（四）最佳运输

考虑到货物的特性、预算和时间限制，作为协会会员的出口代理应当向参展商建议最佳的运输方式和路线。此建议的依据是前面所提到的标准，对展览会所在国的了解和基本运输要求。

（五）现场支持

出口代理对现场支持的主要目的是确保参展商在运输和装卸各方面能获得国际展览运输协会的专业标准服务，其次是帮助现场代理顺利完成他的那一部分工作。

出口代理在现场可以用不同方式提供支持。例如，可以作为客户和现场代理之间的协调人，处理所有相关运输事务，也就是说，现场代理只需与一个人打交道便可办理很多参展商的事务；现场代理可能因为缺乏语言能力与一些客户交流困难，在这方面出口代理也能提供支持。另外，出口代理可以随时协助海关检查货物，并迅速安排空箱运出和运回，以减轻现场代理的压力。在展览会期间，出口代理要巡视所有客户，以便收集展品处理或回运的要求，并整理成准确的、易读的表格转交给现场代理。

（六）展后处理/回运

出口代理将展品处理/回运的有关要求明确地交代给现场代理后，还应该监督所有搬运操作，以确保各项工作按时完成，并符合基本运输要求，使客户满意。当任何展品在当地销售时，出口代理一般应当通过现场代理办理，交代交货条件、交货地点和销售条款，并将海关和进口的所有情况通知现场代理，以便安排相应的运输。当展品回运时，运输将由出口代理安排，但仍要将有关货物和海关手续的全部要求告知现场代理，办理展览会所在国的再出口手续，以避免延误报关。

关于报关的具体规定，可以查询《中华人民共和国海关对进出口展览品监管办法》、《在国外举办经济贸易展销会等的审批管理办法》等法规的相关说明。表 6-2 为国际运输代理和国内运输代理的工作程序比较，仅供参考。

表 6-2　展览会国际运输和国内运输的工作程序比较

主要工作	国际运输代理	国内运输代理
来程运输	选择出口代理—发货（报关）—长途运输—现场代理接货—掏箱—运至展览场馆—开箱	委托代理—发货—长途运输—接货—掏箱—运至展览场馆—开箱
回程运输	出口代理、现场代理和参展商预先协商—现场代理包装—报关—运输—接货	预先准备—包装—运输—接货
注意事项	运输方式、海关报关、有关单证与保险	抵达日期、保险和费用

注：以上展品运输的工作程序以展品需要回运为前提。

此外，在展品运输过程中，参展商必须向展品运输代理商提供以下材料：

（1）关于展品和相关物品的证明和文件；

（2）运输单证，包括装运委托书、装箱单、集装箱配装明细表、提单、运费结算单等；

（3）海关单证，包括报关函、报关单、清册、进口许可证、发票等；

(4) 保险单证。

> **补充阅读**
>
> 在实际操作中,国际参展产品的进口报关(来程运输)往往采用进口、再出口、ATA单证册和保税等四种形式。其中,ATA单证册形式能有效缩短报关时间,并节约参展成本,因而颇受海外参展商欢迎。
>
> ATA单证册是国际海关合作理事会(Customs Cooperation Council)为暂准进口货物而专门创设的,目前已成为暂准进口货物使用的最重要的国际海关文件。ATA由法文 Admission Temporaire 与英文 Temporary Admission 的首字母复合组成,表示暂准进口。从其字面含义可知,使用ATA单证册的货物有别于普通进口货物,这类货物在国际流转时,其所有权不发生转移。
>
> ATA单证册制度的宗旨是为暂准进口货物建立世界统一的海关通关手续,它许可暂准进口货物凭ATA单证册,在一年的有效期内,在各国海关享受免税进口以及持证人免予填写国内报关文件等便利,因此,ATA单证册又被国际经贸界称为货物护照(或货物免税通关证)。
>
> 我国于1993年加入了《关于货物暂准进口的ATA单证册海关公约》、《货物暂准进口公约》和《展览会和交易会公约》。自1998年1月起,我国开始实施ATA单证册制度。经国务院批准、海关总署授权,中国国际贸易促进委员会/中国国际商会为我国ATA单证册的出证和担保商会,负责我国ATA单证册的签发和担保工作。
>
> (资料来源:中国国际贸易促进委员会/中国国际商会网站,http://www.ccpit.org.)

二、展品运输方式的选择

展品在国内异地参展都会涉及长途运输的问题,如果是参展商自主安排展品的运输,可采用铁路运输、公路运输、水路运输和航空运输,这四种运输方式各有优缺点,需要参展商根据交通运输状况和展品特征进行选择与组合。

(一)铁路运输

铁路运输一般采用集装箱运输,根据展品不同,一般采用1吨、6吨、10吨、20吨箱。1吨、6吨箱适合运送单体贵重的展品;10吨、20吨箱适合整体展位的分解运输,这一类运输所占的比重最大。铁路运输的好处在于展馆一般都有可以接收集装箱,运到指定的存放地,可以省却很多转运的麻烦。缺点在于费用比较高昂,周期比较长,对前期工作的准备造成了很大的压力。一般参展商由于参展次数有限,对整体流程的把握不是很到位,所以容易造成运输不能按时到达的现象。

(二)公路运输

由于高速公路的日益发达,公路运输显示出越来越强劲的趋势,运输时间逐渐缩短,灵

活性大大强于铁路运输,价格也较低,但公路运输有很难克服的致命伤:一是,道路情况的好坏与展品的损坏费有直接关系;二是中途转车无法监控,丢失东西时有发生;三是意外情况发生的概率大大高于铁路运输,所以公路运输对包装的要求要大大高于铁路运输。

(三) 水路运输

水路运输是出展展品运输中最主要的运输方式,占展品总运量的三分之二以上。我国绝大部分出展参展样品,都是通过海洋运输方式运输的。海洋运输的运量大,运费低,航道四通八达,是其优势所在;但速度慢,航行风险大,航行日期不准确,是其不足之处。

(四) 航空运输

随着国内大中城市航空业的迅速发展,越来越多的航空枢纽为展品物流提供了便利,航空运输目前也极为常见。航空运输以其速度最快,展品运输安全度高等优点受到参展商的青睐,比较适合体积小、重量轻、时间紧的展品;但与此同时,航空运输的成本也是最高的,往返机场的中转运输、展品装机等程序较为麻烦,所运输的展品重量、体积、危险性等在一定程度上也制约了航空运输。

经典实例

1. 费率。

(1) 铁路运输。从车站接货到展台为 140 元/立方吨(立方大按立方收,吨位大按吨位收),每票最低收费 160 元,进出库费为 20 元/立方吨(含七天仓租)。回运费用相同(仓租和火车运费另计)。

(2) 空运。到货每票不足 5 千克为 120 元,5～20 千克为 160 元,20～45 千克为 180 元,超过 45 千克每千克加 1.50 元包干计收。轻泡货按长×宽×高(cm)除以 6000＝计费重量(kg)计算。回运费用相同(仓租和空运费另计)。

(3) 汽车运输。从汽车站接货到展台为 140 元/立方吨(立方大按立方收,吨位大按吨位收),每票最低收费 160 元。回运费用相同(仓租和汽车运费另计)。

(4) 展馆交货:40 元/立方吨。

(5) 以上(1)、(2)、(3)项费率为接卸并送至展台的费用。

(6) 由于货物没有注明收货人,造成车站或机场压货而产生的费用由发货人承担。

(7) 包装及唛头标志:包装牢固且适合多次搬运装卸,外包装两侧印有清晰标志。

(8) 单件重量超过 1 吨的货物属于超大件,发货前请将相关货物详细尺码等资料提供给运输公司后另行报价计费。

2. 费用支付:在展馆办理展品交接时直接支付。

注:(1) 以上办法不适用于国外展品。

(2) 展品运输保险由各参展单位自行办理。

(资料来源:某国际货运代理有限公司国内展品货运办理指南,http://www.sinayn.com.cn。)

特别需要注意的是,展品出国运输时手续较为烦琐,涉及很多部门,而且情况各不相同,主要有陆—海—陆、陆—空—陆两种方案。出国展首先是要通过海关,要准备相应的报关手续。如果包装材料属于动植物检疫范围内,还要按相关的动植物检疫规定进行消毒防腐处理。由于环节多,周期长,在时间的把握上更为困难,可考虑找境外专业展览运输商来承运,他们有丰富的经验和多种运输方式,一般都可以按时运到。

补充阅读

以下展品在出口时,货运手续会相对比较麻烦。

(1)食品类:大部分国家对食品实行"进口许可证"制度;对允许进口的食品也有很多限制,如生鲜类、动物油脂制品等。

(2)玩具类:因为玩具类产品的消费对象是儿童,很多发达国家对玩具的安全性能有强制性要求;对中国出口玩具需要知识产权证书。

(3)医疗器械类:几乎所有国家都施行"进口许可证"制度,而且部分医疗设备还有其他要求,譬如X光机要求检测放射度等。

(4)化妆品类:运输条件有限制,进口时要求提供"化学成分分析"和"卫生检验许可证"。

目前中国各地的海关制度基本上相同,但国内主要港口在展品出口方面有一些操作上的细节区别,例如:

北京:出口ATA货物可以直接凭ATA报商检,不需要企业提供商检凭证。

上海:出口ATA货物需要企业再提供商检凭证。

广州:出口ATA货物需要企业提供商检凭证且查验非常严格。

深圳:海关不接受拼箱ATA申报,专人验放,较慢。

海关一般会在下列情况下扣押货物:①单证不全,如不能提供相关的产地证书、许可证等;②申报不清楚,过于笼统,如"家具"、"办公用品";③货物和单证不符合,例如有未申报、夹带等。

如发生上述情况,物流公司一般会第一时间与海关取得联系,征求他们的处理意见,同时也需要参展商积极配合来尽早解决问题。

(资料来源:http://info.sinobal.com.)

三、展品运输的基本程序

对于参展商而言,只有当展品被安全送到展览会现场后才能按计划布展和展出,因而展品运输工作会直接影响主办单位的筹展进程。为保证展品如期、安全地抵达展览会现场,参展商需要和运输代理商密切配合。概括而言,展品运输的基本程序可以分为以下四个阶段。

(一)运前:认真挑选运输商

在参展商确定参展以后,主办单位会告知其指定的运输代理商信息,参展商也可以主动

向主办方了解。与此同时,运输商也会得到一份参展商名录,并主动与他们联络。通常的操作方式是:运输代理商将一份货单传给参展商,上面列出收费标准、发货日期、收货人等项目,参展商将货物的情况填写清楚后回传给运输商。尤其需要注意的是,参展商一定要将展品的详细情况告诉运输商,譬如有没有超长、超大型或者有特殊要求的货物等。

在协议签订之前,运输商一般会给参展商传真一份运输指南,其主要内容包括:运输公司和展览馆的通讯地址、联系方式和联系人,接货时间安排,包装标志,收货人(一般就是运输公司名称),到货通知,保险,服务项目及收费标准,委托协议等。以下是某参展商和××运输有限公司签订的委托书,仅供参考。

委托书

××国际展览运输有限公司:

　　本委托方接受贵公司的标准营业条款,以下是我公司预备参加"＿＿＿＿＿＿"的展品明细表:

展商名称:　　　　　展台号:　　　　　总件数:

箱号	包装式样	品名	长	宽	高	体积	重量	备注

总计:　　　　　　　立方米:　　　　　　　公斤:

请在以下服务事项中打钩:
一、我司将自行办理上述展品的进/出馆就位事宜。　　　　　　　　　　(　　)
二、我司将委托××国际展览运输有限公司
　　A. 进馆　1. 车站/码头/展商仓库提货到展台　　　　　　　　　　(　　)
　　　　　　2. 展馆门口接货运至展台　　　　　　　　　　　　　　　(　　)
　　B. 出馆　1. 展台运至展馆门口装车　　　　　　　　　　　　　　　(　　)
　　　　　　2. 展品送货至车站/码头/展商仓库　　　　　　　　　　　(　　)

填写注意事项:
1. 一切业务均按照我公司标准营业条款办理。
2. 委托人应对本委托书所填写内容的正确性和真实性负责。展品包装必须符合运输的要求。
3. ××公司员工在展品进馆前对展品的体积和重量进行核对、更正,并按展会认定的报价计算进出馆费用,请参展商确认。
4. 如展品卸车就位有特殊诸如吊装的要求,必须至少提前7个工作日书面通知××。
5. 付款方式:A. 现金(　　)B. 支票(　　)C. 其他(　　)

委托单位:　　　　　现场负责人姓名:　　　　　联系电话:
展商确认并签字:
××运输公司现场专员:　　　　　联系电话:
　　　　　　　　　　　　　　　　　　　　　　　日期:　　年　月　日

需要指出的是,海外参展商虽然可以自由选择运输商,但需要注意的是,对于普通商品来说,参展商可以任意选择一个运输公司来承运,但是对于海关监管的展品的运输,则不是任何公司都能完成的。目前,并不是每个公司都可以做这种监管运输的业务。因此,海外参展商在选择运输公司时要特别注意这个问题。

(二)运中:紧密联系运输商

发货后要通知运输代理商,告诉对方负责人货已经发出,并将运单传真过去,上面写清楚货名及规格、发货公司的名称等信息。通知的方式最好不要仅用电话,最好以书面形式发传真,以便于对方根据文件上的内容进行核对。

在发货时,包装箱的标签要全面、清楚,包括企业名称、展览会的名称、展台号、日期、货物名称等。这些虽然是细节,但很容易产生麻烦,有的企业只写展览馆的名称,而没有写展会名称,这就可能耽误运输。在欧美发达国家,货物运输的各项标志比较规范。例如,在较大设备的包装箱外,参展商会在箱子四角用火烫出链子状的标志,表明这里是可以用来吊的位置;另外,机器的重量、重心、方向等都有清楚的标志。这样,展品进场时工人搬运操作起来就不会把货物碰坏。如果展品是易碎品,在包装时要加好防震材料,箱子外面则特别注明易碎标志;如果展品不能倒放,也应该标示清楚。

之后,参展商要继续和运输代理保持紧密的沟通,因为在运输过程中通常会有一些意外情况发生。按照惯例,参展的货物通常是在开幕前两天运到,万一出现差错便会影响布展工作。例如,在第九届中国国际纺织机械展览会(CITME 2004,举办日期是2004年10月12日至16日)开幕前,北京市交管部门突然下达一道规定,9月25日到10月7日不准外地车进入北京。由于纺织机械往往是非常大型的设备,光调试至少就要用上两天时间,所以许多企业都要早早地进入场馆。此时,运输代理商必须通知企业提前运送展品,或者10月7日以后再运。

(三)进馆:迅速有序搬进场

由于展前准备时间一般很短,更何况有些设备还需要调试的时间,因而展品进馆时间非常宝贵,所有参展商都希望自己更早进馆,但这是不现实的。在一些大型机械展中往往会出现这样的现象,某个参展商的展品很大,进馆时堵在了场馆中间,导致所有展品都进不去。因此,为了尽量节约进馆时间,参展商应该听从运输代理商的安排,由运输商根据自身的经验统筹安排,通过这种方式尽可能地争取时间。

此外,目前,由于部分展览馆管理不善,在展览会搭建现场往往有一些"游击队"式的搬运工。他们看见参展商进来就蜂拥而上,以极低的价格承揽搬运业务。这种搬运服务价格虽低,但服务质量没有保证。在搬运过程中发生展品损坏时,他们通常的办法就是逃跑。有的甚至本身就不是真正的搬运工,在搬运过程中会趁机盗窃展品或参展商的钱物。

(四)展后:妥善处理参展品

展会结束前夕,参展商需要和委托的运输商提前沟通,商定好撤展以及展品回运的地点、时间等事宜。通常撤展时间大致相当于布展时间的一半,需要事先制定比较完善的撤展计划,主要包括拆除展台、展品重新打包和转运离馆等;在进馆布展时,最好让承运商熟悉一下展馆环境,根据自己展位的位置,确定最佳撤展路线,敲定接货时间和准确地点。展品出

馆后,要及时与承运商沟通,如果展品需要中途转运,还需要另外安排一位责任心较强的员工全程负责监督。

此外,由于同主题展览会的存在,一些企业有时希望在展会结束后再去参加在另外一地举办的展览会。如果是进口展品,就要事先与运输代理商沟通,因为海关监管的产品报关手续比较烦琐。若两个展览会不在同一个国家,参展商除了要考虑海关转关时间的因素外,还应考虑运输的问题。每年某些季节是航空公司空运的旺季,有时候空港运输太紧,航空公司不接受订舱,这样会使展品无法及时运抵目的地。

补充阅读

以下为国外参展时展品运输的注意事项。

(1)抵港时间,最好稍微留有余地,以防港口至展馆途中的意外延误。但抵港时间亦不宜过早,一是会增加仓储费用,二是会增加展品受损的可能。

(2)展览品使用出口包装,具备集装箱运输条件的,尽量使用集装箱运输方式;在散装出运时,尽量在配载时考虑到港后卸货的便捷。

(3)唛头、箱号、装卸运输标志要力求明显,展览道具箱外唛头的拟定,一般取展在国的大写首字母,加上展出年。同时还要有箱号、体积、重量、吊钩批示符号和防雨、易碎等安全标志。

需要加以说明的几点是:

(1)送海关一式两份的展览品清单,包括:
- 样张;
- 分类列出:通常分有展品清册、卖品清册、宣传品清册、展览道具清册;
- 文种系展出国文种与展在国文种相对照;
- 有些国家要求标明每件展品毛重、净重。

(2)需交验本国出口商品检验局出具的展品与卖商检证书。

(3)对某些食品、毛皮制品等,尚须出具检疫证书。

(资料来源:中国会展网,http://www.expo-china.com.)

第三节 展品进出馆安排

展品进出馆安排(exhibit move-in and move out arrangement)是针对展品排队进馆布展和展后撤展出馆的总体计划。为了保证展品安全,一般非大会指定承运商及参展商均不能搬运展品进出展馆(手提展品除外),展品进出展馆都应委托展会指定承运商(或展会指定搬运服务队)来进行搬运,并由其统一调度展品进出馆的时间和车辆等。非展会指定的承运商搬运展品进出展馆,需事先联系展会承运商并提供展品详细资料(如数量、重量及体积),由展会指定承运商进行统一安排。尤其需要注意的是,参展商在安排超重展品进场时,必须提前与组委会就该类展品的进场、陈列及搬运问题进行协商。

一、展品进馆安排

(一)展品进馆的工作流程

展品进馆之前,需要准备以下四个阶段的工作。

1. 进馆前展品存放

展品一般会在展会开展之前运送到目的地。如果展会主办方接受参展商的委托代收展样品,大多数展品会被运输到展馆展样品仓临时存储,参展商提货时需要缴清由展会主办方代垫的提货、运输、仓储等费用。

2. 展品验收

展会主办方一般不会接收异地托运来的展品,需要参展商在展会现场亲自接收货品。参展商在展品进馆之前,应开箱检查展品在运输途中是否有遗漏或坏损。

3. 展品运送至展台

核对展品无误之后,由运输代理商或展会指定的现场搬运服务人员将展品运送到展台。

4. 运送并存放空箱和包装材料

展品回运时仍需要包装,可将空箱和包装材料存放在展会指定的地方,以备展后所用。

(二)展品进馆的准备工作

在展品进馆之前,参展商需要熟悉展会现场的基本情况并办理相应证件。

1. 了解展会关于进出馆的时间安排

展会主办方对参展商报到期限、展台搭建时限、布展时限、展出时限、撤展时限等都会在《参展商手册》或《展品运输指南》中给予明确说明,参展商需要事先据此制订周密的计划,在规定时限内完成相应的各项工作,否则可能会受到展会主办方的惩罚。

2. 熟悉展馆交通线路与组织安排

首先,熟悉展会主办城市交通部门在展会举办期间的交通管理规定,提前申请办理异地货运车辆进入展会举办城市的许可证等,并按照交通部门及展会主办方制定线路在市内行驶,否则有可能延误展品的进馆布展时间;其次,熟悉展馆内外交通线路与组织安排,一般展会指定的现场承运商会制定展品进出展馆的方案,负责交通安排及管制工作,参展商熟悉交通组织情况将有利于尽早把展品运入展区;最后,了解展会现场交通管制对外运车辆的管理要求,提前办理货运车辆进出展馆的许可证。

3. 办理相关证件

展会设立的登记服务中心会为参展人员提供各种证件办理服务,主要包括以下几种证件。

(1)参展商证:供参展单位业务人员进馆使用,按照展位数分配参展商名额。

(2)筹展证:供参展单位或协助参展单位进入展馆进行布展的人员使用。

(3)撤展证:供参展单位或协助参展单位从事撤展工作的人员使用。

(4)车证:供参展单位或有关服务单位的车辆进出、停放在展馆,以及运输展品的车辆进出办展城市和展馆使用。

• 停车证:持证车辆在规定日期可进出和停放在指定展区的停车场,司机须持大会有效证件。

• 酒店车证:持证接送展会宾客的酒店车辆可进入和停放在指定展区的指定位置。

• 筹撤展车证:持证货车在规定时间内可进出市区和指定展区。

为了确保展品顺利到达展区,参展商现场工作人员需要办理好以上展会指定的各种证件,证件不齐或没有证件将会影响展品的运输和搬运,现场补办证件耽误时间且需要额外收费。

二、展品出馆安排

展品出馆前,参展商需在展会规定的时间内拆除展台,将所租用的展具退还场馆的相关服务部门或指定搭建商,清理残留下来的垃圾,按接收展位时的原样交还给主办机构,并付清相关清理费用、修补好所有破损,退还所缴纳的押金。展品按照规定进行打包,并印刷相应运输标记,连同展品清单交由展会指定承运商审核后,按照承运商展品出馆统一调度运送出展馆。

撤展时需要注意以下事项:

(1)展览举办期间所有展品展具,除特许外,一律不准携带出馆;

(2)展览会闭幕前,各参展单位应将所有展品展具开列清单,办理出馆手续,即到展馆服务台办理《出馆证》;

(3)展览会闭幕后,各参展单位及时清理展品及自建展台,由大会统一指挥按"先外后内"的原则顺序撤出展览场地;

(4)在撤展过程中,各单位应注意爱护展馆设施,不得损坏公共展架、展板、地毯等;

(5)接运展品的车辆要服从交通管理人员的指挥,司机不得离开车辆,严禁乱停、堵塞交通,违者可能遭到处罚;

(6)展品要全部撤出展馆,如确需留在展馆内暂存放的物品,需提前到展厅服务台联系租用仓库;如需要托运的可到展会运输代理服务处办理;

(7)出国参展时,各参展企业尽量不要随身携带展品,以免造成不能通关或高额罚金,以及在参展过程中因不能出据完税证明而遭没收及高额罚款。

2016年3月15日至17日,SEMICON China 在上海新国际博览中心成功举办。作为中国半导体行业历史最长、影响面最广、业界首屈一指的专业展览会,SEMICON China 每年都以宏大的展览规模、精彩的现场展示、丰富的同期活动,汇聚众多全球产业精英。以下是 SEMICON China 2016 的参展商进馆及撤馆安排。

SEMICON China 2016 参展商进馆及撤馆安排

1. 参展商进馆及撤馆时间

N1、N5 馆

	租用光地参展商（特装展位）	租用标准展位参展商
进馆时间：		
展位搭建	星期日,3 月 13 日 10:00—22:00	不适用
展位布置	星期一,3 月 14 日 09:00—22:00	星期一,3 月 14 日 09:00—22:00
展品进场	星期日,3 月 13 日 12:00—22:00	不适用
	星期一,3 月 14 日 09:00—22:00	
开始供电,启动空压机（经展馆同意）	星期日,3 月 13 日 16:00	
展览会指定搭建商开始铺设走道地毯	星期一,3 月 14 日 17:00	
撤馆时间：		
展品,家具打包及撤馆	星期四,3 月 17 日 17:00—22:00	
切断供电和空压机	星期四,3 月 17 日 16:30	
所有展位拆卸完毕,搭建材料及废弃物运出展馆	星期四,3 月 17 日 22:00 之前	不适用

N2、N3、N4 馆

	租用光地参展商（特装展位）	租用标准展位参展商
进馆时间：		
展位搭建	星期日,3 月 13 日 10:00—22:00	不适用
展位布置	星期一,3 月 14 日 09:00—22:00	星期一,3 月 14 日 09:00—22:00
展品进场	星期日,3 月 13 日 12:00—22:00	不适用
	星期一,3 月 14 日 09:00—22:00	
开始供电,启动空压机（经展馆同意）	星期日,3 月 13 日 16:00	
展览会指定搭建商开始铺设走道地毯	星期一,3 月 14 日 17:00	

N2、N3、N4 馆		
撤馆时间：	租用光地参展商（特装展位）	租用标准展位参展商
展品，家具打包及撤馆（特装展位禁止拆卸结构）	星期四，3月17日 17:00—22:00	
切断供电和空压机	星期四，3月17日 16:30	
所有展位拆卸完毕，搭建材料及废弃物运出展馆	星期五，3月18日 12:00 之前	不适用

* 以上进馆及撤馆时间可能会有所变动，具体信息将在《参展商快讯》中通知各参展商。

（1）参展商的所有展品须在2016年3月14日周一16:00之前送达展馆、拆箱并标明空箱以便存放。展览会主办单位将在稍后开始铺设走道地毯。展位须在3月14日周一22:00以前搭建、布置完毕。如果展品已运达，但展位未能在上述时间前搭建完毕，主办单位有权替参展商搭建该展位或将展品移出展馆，由此产生的相关费用将由参展商承担。

（2）为了保障撤馆时展品的安全，维护撤馆秩序，在2016年3月17日周四17:00至22:00撤馆期间，N2～N4馆参展商仅可撤离展品和家具，禁止拆卸展位结构。N1、N5馆所有展位必须当天拆卸完毕。

（3）所有N2～N4馆申请光地展位的参展商须于2016年3月18日周五09:00开始方能拆卸展位结构，且于2016年3月18日周五12:00之前完成展位的拆除工作，并将搭建材料及废弃物运出展馆。

2. 展览会期间参展商进馆时间

为了方便参展商在展览会开放前做好一切准备，展馆将在展览期间（3月15—17日）于上午8:30向参展商开放。参展商进入展馆时必须佩戴胸卡。如果参展商要求在上午8:30之前进入展馆，需要另行支付费用。如需详细信息请联系 SEMI China。

3. 加班申请

参展商如需加班，可在布展期内每天14:00前直接联系本馆的展厅经理申请加班，或至本馆门厅服务柜台申请并支付相关费用（参展商无需前往登记大厅向展馆申请）。

4. 提前退场的处罚

本展览是一项专业的商业展览，为确保所有观众能圆满地参观完所有展位，并保持展馆内商业洽谈气氛良好，参展商不得在展览会最后一天（3月17日）规定的撤馆时间开始前将设备移出展位。在规定撤馆时间之前拆除展位的参展商将被扣除会员优先绩点和搭建押金，严重者可能被拒绝参加下一年的展览。参展商的一切撤展行为应在撤馆开始(3月17日16:00)后进行,并确保展位在3月18日12:00以前安全撤出,展品、搭建材料及废弃物移出展馆。

5. 出门单

所有展品撤离展馆需要"出门单",出门单由大会指定主场运输商统一发放,并于3月17日16:30后在各馆门厅服务柜台经大会指定主场运输商盖章后方能使用。

图6-2所示为光地搭建商审核及办理进馆手续流程图。

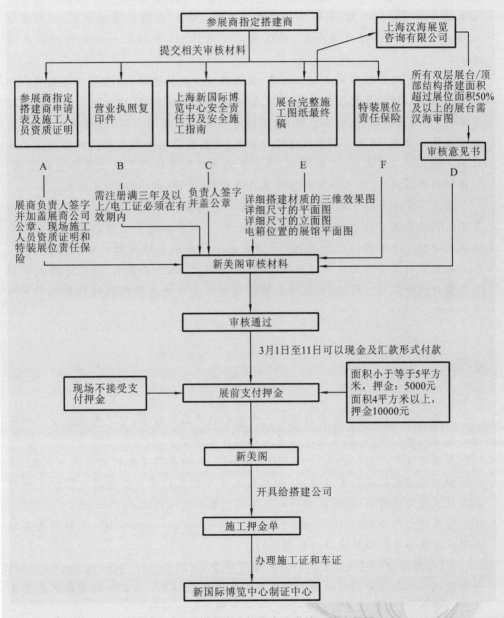

图6-2 光地搭建商审核及办理进馆手续流程图

(资料来源:SEMICON China 2016参展商手册,http://www.semichina.org.)

本章小结

本章第一节主要介绍了参展展品的选择与展品运输前的准备工作。选择什么样的产品参展需要参展企业做出慎重决策。所挑选的展品一般都要求具备针对性、代表性、独特性三个特征。针对性是指展品要符合展会的目的、方针、性质和内容；代表性是指展品要体现企业的技术水平，生产能力及行业特点；独特性是指展品要有自身的独特之处，能和其他同类产品相区别。在展品运输之前，必须派专人与运输代理商办理交接手续，确认展品运输计划，并制定一份完整的展品清单表。

第二节主要介绍了对运输代理商、展品运输方式的选择，以及展品运输过程中的基本程序。国际展览运输协会（IELA）对展品运输代理商的六项工作职责进行了界定，分别为联络、展前客户联系、单证办理及通知现场代理、最佳运输、现场支持以及展后处理/回运。在展品运输过程中，参展商须向展品运输代理商提供展品及相关物品的证明文件、运输单证、海关单证和保险单证等。至于展品运输方式，可以根据展品特性、费用以及时限等来选择铁路、公路、水运、航空等方式。

第三节主要介绍了展品进出展馆的安排。为了保证展品安全，一般非大会指定承运商及参展商均不能搬运展品进出展馆（手提展品除外），展品进出展馆都应委托展会指定承运商来进行搬运，并由其统一调度展品进出馆的时间和车辆等。展品在进馆前需要完成进馆前展品存放、展品验收、运送至展台、运送并存放空箱和包装材料等工作。同时，参展商在展会结束时也需要遵循展会的相关规定来撤展和出馆。

关键词

展品（exhibit）：即参展商在展会上所展示的产品或服务，它是参展企业对外展示与宣传的核心物，也是展会观众最关心的目标对象。

展品运输代理商（exhibit transport agent）：承担展品运输的物流代理机构，通过运输工具将展品移动至目的地（包括展品装卸作业），其责任范围为自出发地的展品包装箱离地时始，至到达目的地的展品包装箱落地时止。

展品进出馆安排（exhibit move-in and move-out arrangement）：是针对展品排队进馆布展和展后撤展出馆的总体计划。

ATA单证册（ATA）：是国际海关合作理事会（Customs Cooperation Council）为暂准进口货物而专门创设的国际海关文件。使用ATA单证册的货物有别于普通进口货物，这类货物在国际流转时，其所有权不发生转移。

复习思考题

1. 参展企业在挑选参展展品时需要考虑哪些因素？
2. 如何衡量一个展品运输代理商是否优秀？
3. 国际展览运输协会（IELA）对展品运输代理商的工作职责有什么样的规定？
4. 出国参展和在国内参展时展品运输工作的不同主要体现在哪些方面？
5. 什么是ATA单证册制度？
6. 展品在进出展馆时需要注意哪些事项？

 案例讨论题

SEMICON China 2016 展品运输服务指南

自1988年首次在上海举办以来，SEMICON China 已成为中国首要的半导体行业盛事之一，每年都会聚集当今世界上半导体制造领域主要的设备及材料厂商。以下是《SEMICON China 2016参展商服务手册》中有关展品运输的内容。

4　展览会指定货运商

国际半导体设备与材料协会（SEMI）指定上海安普特物流有限公司为SEMICON China 2016的唯一指定货运商，TWI Group Inc.为美国地区的主办方指定货运商。

4.1　现场展品装运

上海安普特物流有限公司已被指定为展览会现场展品装运商。参展商可以雇用任何货运商将展品运到展馆卸货区，但上海安普特物流有限公司是唯一一家指定的展馆馆内货运商，负责从卸货区运输展品至展馆内展台位置。

4.2　展馆规格

以下是上海新国际博览中心展馆的规格明细。请参展商务必注意下列重量和长度限制，并以此为据安排展品运输。

(1) 混凝土地板，馆内地面承重为3,000公斤/平方米；
(2) 货运门宽4.9米，高4.4米；
(3) 展位搭建限高4.4米。

4.3　运输地址

下列地址应为直接发货至上海空/海运的收货地址。从2016年3月13日10点起，展品才能开始移入展馆。主办单位推荐您使用展览会指定货运商——上海安普特物流有限公司的服务，因为只有上述这家货运公司才是获得授权办理所有展品以暂时进口方式进口的货运商。

如您将用其他途径发货至上海，请注意您雇用的货运商必须在展品到达上海新

国际博览中心前为展品清关。

安普特物流有限公司收货人资料:(略)。

4.4 展览会指定货运商运输指南

随附指定货运商操作费率供参展商参考。参展商可根据自己的选择使用上海安普特物流有限公司的服务,并向有关公司索取详细的运输指南和费率。

4.4.1 展览会指定货运商联系方式

(略)

4.4.2 主场费率

1)海运

展品运输费率(进馆或出馆,适用于单件不超过 3,000 公斤的展品)

从上海港口运至展台,反之亦然。服务包括:

——海关报关和港口操作(*集装箱堆场或其他环节所产生的额外费用,包括换单费用以实报实销向展商收取);

——从上海港口运至展台或反之;

——海关对进出口展品的查验;

——空箱操作和储存;

——开箱/装箱;

——就位。

基本服务费		USD51.50 每参展商每票货
基本运输操作费		USD59.50 每一立方米或每一千公斤,以两者之最大值计算
最低收费	拼箱散货	USD59.50 每参展商每票货
整箱最低收费	20 英尺标箱	USD1368.50/20 英尺标箱
	40 英尺标箱	USD2737.00/40 英尺标箱
	45 英尺标箱	USD2975.00/45 英尺标箱
码头港杂费	拼箱散货	USD32.50/每一立方米或每一千公斤,以两者之最大值计算(最低收费 3 立方米)
	20 英尺标箱	USD201.50/20 英尺标箱
	40 英尺标箱	USD301.50/40 英尺标箱
集装箱拖箱费	20 英尺标箱	USD294.50/20 英尺标箱
	40 英尺标箱	USD442.00/40 英尺标箱

2)空运

展品运输费率(进馆或出馆,适用于单件不超过 3,000 公斤的展品)

从上海机场运至展台,反之亦然。服务包括:

——海关报关和机场操作(*机场或其他环节所产生的额外费用,以实报实销向展商收取);

——从上海机场运至展台或反之；
——海关对进出口展品的查验；
——空箱操作和储存；
——开箱/装箱；
——就位。

基本服务费	USD51.50 每参展商每票货
基本运输操作费	USD0.80 每公斤,以实际或体积重量作计算,以两者之最大值计算
最低收费	USD80.00 每参展商每票货
*机场港杂费	USD0.40 每公斤(最低收费100公斤每参展商每票货)

3) 晚到货

如展品于规定日期之后到达,将收取基本运输操作费的30%的晚到附加费。对于晚到货,安普特会尽力在展览会开幕之前将展品运至展台,但是不能给予任何承诺。即使不能如期送货至展台,亦需收取晚到费。

4) 超重/超大附加费

该费率适用于单件不超过3,000公斤的海运和空运展品。单件超重的展品将由主场运输根据货物体积重量个别收取超重附加费：

* 若任何一件展品的重量超过3,000公斤或(长)3.0米×(宽)2.2米×(高)2.2米,请联系货运商,价格另议。

5) ATA 国际公约加签费

如使用ATA国际公约作临时进口,ATA国际公约加签费为USD88.50每ATA国际公约每次加签。

6) 送审物品清关费

胶片,录影带和光碟等送审物品审查必须在装运到达的60天前提交,展会结束后须全部运回始发地。清关费用如下。

快递	送检样品不收费,有关手续费及许可证申请费将另行报价
空运	送检样品不收费,有关手续费及许可证申请费将另行报价

7) 现场操作费

现场操作服务包括将展品从展馆卸货区送至展台,拆箱、就位、并/或在展览期间暂存空箱,反之亦然。

基本运输费	USD36.50 每一立方米或每一千公斤,以两者之最大值计算
最低收费	USD36.50 每参展商/每次托运

* 若任何一件展品的重量超过3,000公斤或(长)3.0米×(宽)2.2米×(高)2.2米,请联系货运商,价格另议。

* 现场操作费用加收6%增值税。汇率:1美元=人民币6.2元。

8）海关保税仓

所有留购或需暂存于上海待参加其他展览会的展品必须从展馆送往海关保税仓库存放，而展商或买家须承担以下费用。

由展台至海关保税仓库的监管运输费	USD48.50 每一立方米或每一千公斤，以两者之最大值计算
最低收费	USD48.50 每参展商每票货
保税仓库仓储费	USD1.30 每立方米每天，最少按1立方米1个月计算

同样的，如果有展品需从海关保税仓库转往展馆参展，上述费用一样适用。

9）文件服务

USD5.00 每页。最低收费 USD56.50 每展商每票货。

10）检验检疫费

如产生检疫，收费如下。

空运或散货	USD8.00 每件货物，最低收费 USD72.50 每展商每票货
20尺集装箱	USD87.00 每20尺集装箱
40尺集装箱	USD113.50 每40尺集装箱
45尺集装箱	实报实销

如产生熏蒸或卫生处理，将按实报实销向展商收取。另由于航空公司现在施行了更加严格的安检规定并针对航空运输中的很多安全敏感物品要求磁性检验及消磁处理，如发生以上检验及处理将按实报实销向展商收取。电池、粉末、液体和凝胶都属于航空公司管制危险物品，请在撤馆重新包装物品时将以上电池等管制物品取出，否则展品在机场安检扫描时会被扣留并受处罚。

11）雇用工人或其他

我们的费用包括正常工作时间内现场的拆箱、包装装箱。如展商需要额外的工人，请与主场运输商联系，提出申请，费用另计。

12）其他服务

如有任何上述未有提及的服务需求，价格另议。

13）其他费用

上述报价不包括：由于展商提交运输文件不及时所造成的仔码头、机场货站/代理仓库的超时仓储费，以及疏港费、海关保税仓库仓储费、仓库操作费、现场集装箱落箱/上车费、现场集装箱堆存费。同样不包括需付给中国政府的关税。有关政府部门的背书/加签费用也将按实际产生收取。

14）备注

请向展览会指定货运商——上海安普特物流有限公司索取详细的运输指南和费率。

（资料来源：SEMICON China 2016 参展商服务手册.）

思考:

(1) 结合以上材料,谈谈展品运输过程中有哪些关键节点?

(2) 展品运输所涉及的常见费用有哪些?

第 7 章

参展人员的遴选与培训

学习目的

- 理解参展人员管理工作对企业参展效果的重要性。
- 掌握参展人员的分类及遴选与培训的方法和手段。
- 了解参展人员培训的主要内容。

线索引入　展会采购商:既关注产品也关注工作人员素质

2009年中国(绍兴)国际纺织品博览会主办方相关负责人陆高峰认为,企业参展有显性和隐性两方面作用,前者表现为结识新客户、签下订单;后者则是获取产品信息,提高企业知名度。因此,企业在参展前应有所定位,事先策划,有的放矢。

对于参展商而言,吸引客户其实就是吸引采购商(专业买家),为此记者采访了来自也门的拉得曼。作为外商办事处负责人,他专门负责替母公司寻找合适供货商已有多年,在中国参加过大大小小的很多展会。在他那里,记者听到了一位采购商的声音。

拉得曼每次到展会后肯定会先逛上一圈,做到整体情况"心中有数",同时暗暗记下那些自己感兴趣的展位,然后再具体了解。至于能让他动心的绝对是产品,特别是那些代表流行趋势的新产品。其次,对那些布置得有特色的展位,也会比较有兴趣,因为展会上选择很多,假如企业花心思在布展上,这表明他们很有心。拉得曼还告诉记者,有兴趣只是第一步,第二步的详谈和接触才最重要,假如企业工作人员"一问三不知",报价、克重、面料等专业问题经常卡壳,除非他对产品非常喜欢,否则肯定会掉头就走。此外,他认为除了专业素质外,他还看重工作人员的态度,假如碰到三心二意、马虎对待的工作人员,他对企业的印象也会大打折扣。

  记者还采访了参展经验丰富的企业，根据他们过往的经历，总结出几个需要注重的地方：企业工作人员可以统一着装增加专业印象，假如有胸牌应佩戴；在展会上不要看报纸杂志、打电话或在展台上吃东西，这会显得同展览会的环境和气氛很不融洽；积极对待每一位参观者，通过名片喊出客户的名字，努力记住潜在顾客的名字，在谈话中不时提及；与客户交谈时，把手机设成静音，等等。

  不难看出，员工的素质将影响到参展的效果，因此展前人员的培训是非常有必要的。通过给员工进行参展培训，给他们发放参展事宜指南，召开各种动员会议，可以把各项工作妥当地分配给参展的所有工作人员，从而让他们清楚各自的任务和目标。此外，员工良好的个人素质和沟通技巧也是展示企业形象的一个方面。

  （资料来源：http://www.jeans.gov.cn/col1235.html.）

对于任何一家参展企业而言,参加展览会的主要目的之一是在观众心中留下印象。通过参展,希望买家或终端消费者能够记住他们的品牌、他们的产品还有他们想要传达的一切信息。然而,要成功吸引观众,除了出色的展台设计、醒目的标志之外,还有一项非常重要的因素——参展人员的素质。

不断增加的销售成本,加速的经济全球化进程和瞬息万变的世界经济环境,使企业在展览会上的每一次面对面交流和接触变得更加重要。参展人员之于参展,如同销售人员之于企业,其重要性显而易见。但参展人员的种种不良行为,如不停地用手机聊天、与同事在一起闲谈、与不合格的准顾客周旋许久、在展台上用餐等等,往往会让参展工作的前期努力付诸东流。因此,参展人员的遴选和培训工作关系着参展工作的成败。

第一节 参展人员的分类与职责

参加展览会是企业营销的重要手段之一,是一项繁杂的系统工程,涉及参展企业多个部门、多个岗位人员之间的精密配合。

一、参展人员的分类

根据分类方式的不同,可以将企业的参展人员进行不同的划分。

(一)按照参展人员的职责范围划分

一旦企业决定参加某个展览会,就要着手进行从参展的筹备到展出的各项工作。按照职责范围的不同,可以将参展人员分为筹备人员和展台工作人员。

筹备人员是负责参展筹备各方面工作的人员,包括联络、调研、展品、运输、设计、施工、宣传、公关、差旅等。

展台工作人员是在参展过程中服务于展会现场的工作人员(包括临时招募的志愿者、翻译人员等),具体而言,有展台经理、现场接待人员、级别更高的公司管理人员、跑腿型的工作人员以及后勤服务人员。

(二)按照参展人员的工作性质划分

展会是企业面向客户的一个平台,为了达到业务推广目的,不仅需要销售人员的参与,还需要产品研发、技术服务等企业其他部门人员的支持。因此,按照工作性质进行分类,企业参展人员包括销售人员、技术人员、后勤人员。其中,销售人员负责产品的推介,技术人员负责对相关疑难问题进行解答,后勤人员负责展会的服务及管理工作等。

补充阅读

在一篇名为《避免参展人员管理工作的失误:13个关键问题》(*Avoid Booth Staff Duds: Thirteen Essential Questions You Have To Ask*)的文章中,作者提出

为保证展览的一次成功,需提前4~6个月对参展人员进行培训。关于参展人员管理工作,关键要解决以下13个问题。

1. 一共需要多少参展人员?

要回答这个问题需要考虑很多因素,例如:展会的规模有多大?展出持续多长时间?需要人员演示产品、安排酒店客房、主持研讨会、组织竞赛吗?要确保你的展台上任何时候有足够的人员。还要让你的员工在工作4至6小时后有一个休整的时间,没有人能够连续工作12个小时。

2. 谁是最能代表你的企业的人?

参展工作需要多种技能。你希望你的员工能较好地掌握产品知识,拥有完美的人际沟通技巧、推销的本领,还有热情、迷人的个性。这些员工应该具有主动精神,行动敏捷果断,能够在缺乏他人指导的情况下工作。

3. 员工的培训组织好了吗?

为了保证获得成功,要帮助参展团队掌握他们所需的技能和工具。培训工作应该覆盖参观者类型的有效区分,有质量方面的提问,处理难对付的参观者,业务拓展和跟进,以及其他很多方面。

4. 预展的议程安排好了吗?

预展能够确保参展团队理解他们的目标、角色和责任,充分具备处理各种意外的背景知识。利用预展的机会澄清各种疑惑,明确员工关心的问题。

5. 参展人员熟悉展出的产品和服务吗?

要有效地销售产品,必须掌握全面完整的产品知识。有很多情况是,公司派出仅拥有最基本知识的新手参加展览,这会让参观者非常失望。观众不会回来再找一个也许能够回答他问题的人,而将径自走向竞争对手的展台。

6. 实操演练的环节安排好了吗?

不要想当然地认为你的员工已经完全了解了他们销售的产品。他们完全有可能还没有熟悉产品的每一个特点,尤其是当你在推介一个新产品的时候这种情况更容易出现。花点时间彻底地培训你的员工,让他们对产品进行实际的操作演练,以便熟悉展出的惯例。

7. 是否有一个技术人员能够在现场回答问题呢?

根据你的产品/服务线,选择相关技术人员在展会现场来处理有关产品的特殊问题是再正确不过的事了。适当地教会这些技术人员一些销售技巧,但是注意不要喧宾夺主,他们的主要职责还是从技术上给予帮助。同时还要叮嘱他们提防展会间谍的存在,不要透露过多的信息。

8. 着装的规则制定了吗?

在参加展会之前,必须制定着装的规则。选择公司制服是比较可行的,如果没有的话,那么要向你的团队清晰地表述你希望他们穿什么样的服装。因为仅仅说"正式套装"会让他们有太多的活动余地,相反应该说"黑色的裤子或裙子、白色衬衫、黑色外套和红色领带"类似这样的表达。

9. 所有展台工作人员的胸卡准备好了吗?

参展团队中的每一位员工都需要一个胸卡以便在展示区、招待区等自由进出。

所有这些标志应该提前预订好,如果有任何错误或遗漏都可以及时纠正。

10. 展台工作人员的名片准备好了吗?

展台上需要分发的名片数量是惊人的,所以一定要让你的团队有充分的准备。

11. 展出的议程拟定好了吗?

一项完整的议程应该包含从展会入场到退场的每一刻。并且要指明负责现场展示、展间休息、技术支持和配套职责的相关人员。把"报到"时间纳入议程是一项好主意,这样参展的销售人员就能够在办公室里检查信息,打必要的电话了。

12. 谁来监督展台的安装和拆卸?

这两项工作经常被忽视,如果没有人负责的话,将成为物流活动的梦魇。应指派两个人来负责该项工作。尽管有不少展会组织者提供收费服务,但你仍需要有公司的员工进行现场监督。

13. 参展团队知道了撤展的流程吗?

需要有专人安排从会场撤展的流程,确保展品已经妥善地包装,协调所有物品返回公司的运输。因此要指派一队人负责此事,给他们配备所需的工具和资源。

(资料来源:王春雷编译. The Basic Trade Show Booth Etiquette Rules for Staff [EB/OL]. [2016-06-09]. http://marketing.about.com/od/eventandseminarmarketing/a/boothstaff.html.)

二、参展人员的职责

综上所述,按照职责范围的不同,可以将参展人员分为筹备人员和展台工作人员,而筹备人员和展台工作人员还可进一步细分;按照工作性质进行分类,可以将企业参展人员分为销售人员、技术人员、后勤人员等类型。每一类参展人员都应该有明确的职责,下面以参展经理、展台经理和展台业务人员为例进行解释。

(一)参展/项目经理

许多企业的参展/项目经理都来自企业的营销部门甚至销售部门,由总经理或其他高管任命,并授予相应的责权。总体来说,参展/项目经理的职责如下:

——选择或参与选择参展筹备人员和展台经理;
——制定工作内容和日程,并在现场根据实际情况进行调整;
——编制参展预算,并控制经费开支;
——监督、协调和管理参展筹备人员的工作;
——与展台经理共同选择或招募、培训展台工作人员;
——负责参展工作总结及参展效果评估。

(二)展台经理

展台经理的核心任务是维护展台工作秩序、保证展台工作效率,其直接上级是公司主管领导,直接下级包括各部门负责人,销售员、技术员、公关员、保安员、清洁工、接待员及产品演示员等。对于一些中小企业,参展经理往往也是展台经理。无论如何,企业应授权展台经

理管理所有的参展工作人员,包括级别比展台经理更高的人员。一般来说,展台经理的岗位职责如下:

——贯彻公司的营销和市场战略,参与确定参展目标;

——维护展台工作秩序、保证展台工作效率,而不要将主要精力放在具体的接待观众、洽谈、记录等工作上;

——与项目经理协调相关宣传工作;

——与参展经理共同选择展台业务人员,并安排参展人员培训;

——负责协助、监督和管理展台工作;

——有一定的推销知识,能够更好地指导展台业务人员;

——在展览会结束后,负责安排参展效果评估和参展工作总结;

——负责安排、监督后续工作;

——负责与展览会主办方、新闻媒体、VIP、施工单位等相关单位之间的交际、公关、新闻、联络等工作;

——在展览会结束后,负责监督展台拆除、展品回运、账单支付、参展评估和总结以及后续工作安排;

——展台经理应尽量由一人自始至终担任,可以配备助手协助管理。经理不在现场时,可由助手负责。

(三)展台业务人员

展台业务人员是参展现场工作人员的主力军,企业的参展目标能否实现在很大程度上取决于他们的能力水平和努力程度。展台业务人员的职责如下:

——主要工作包括接待观众、介绍产品、洽谈贸易以及签订合同;

——根据参展目标和展出内容,配备不同的展台业务人员,主要是推销人员、公关人员和技术人员;

——在展台业务人员中还有一类是展台辅助人员(注:大企业可以根据工作需要和条件,配备齐全的展台辅助人员),常见的岗位有秘书、翻译员、招待员、技术工、模特、演员及志愿者等,他们的职责是各司其职,以支持产品展示、宣传推广以及业务人员的销售。

补充阅读   参展人员的"八要"、"八不要"

"八要"

(1)要充满热情,自信大方。俗话说得好,服务得热情,就会变得热情;反之,如果你一副没有耐心的样子,就会无法耐心地服务。在观众看来,你就代表着企业的形象,你的言谈举止和神情都会对他们认识你的企业产生影响。

(2)要佩戴好工作铭牌,以便客户叫出你的名字,最好是戴在身体右侧贴近脸的地方,这样在与客户握手时,铭牌就会更贴近对方。

(3)要使用统一(至少是统一设计)的联系人名片,以方便客户日后联系。即使碰上竞争对手,也要有技巧地与对方交换名片。

（4）要善于记住潜在客户的名字，因为这是与潜在客户建立关系的敲门砖。如果在介绍时没有听清楚，一定要礼貌性地请客户再说一遍。

（5）要整理好产品目录、报价表等相关资料，以方便客户索取。在初步洽谈的基础上，可以请有意向的客户到接待区域进一步商谈，并单独登记客户的姓名、要求及其各自报价等重要信息，同时进行分门别类，重要客户要单独做标记。

（6）要分清索要样品的观众，不要随便送发，更不要连竞争对手也给。碰上竞争对手索要样品时，参展人员可以委婉地表示样品不多，或请对方留下名片，回公司后再寄给他。

（7）要在空闲时到竞争对手的展位上了解情况，包括最新产品、价格及服务等，这有利于做到知己知彼，从而提供比竞争对手更有优势的服务下单。

（8）要指定专人接待媒体。媒体也许会到你的展位找新闻，此时一定要安排专人接待，这样可确保对企业的宣传始终保持一致的口径。如果每位参展工作人员都向新闻媒体发表观点，那无疑是自找麻烦。

"八不要"

（1）不要光坐着，给人留下的印象就是：你不想被打扰。

（2）不要看书，因为你只有两三秒的时间引起客户的注意，吸引客户停下来，与你谈话。

（3）不要在展会上吃东西，因为你在吃东西时，客户是不会来打扰你的。

（4）不要见人就发资料，客户前来索取，也最好是采用邮寄的方式，这样更能准确地把资料送到潜在客户手中。

（5）不要与旁边展位人员闲谈，客户看到你在与别人说话，他们是不会打扰你的。你应该找潜在客户谈，而不是跟你的朋友谈。

（6）不要以貌取人，自信、热情、礼貌的表现更能让你赢得客户的订单。

（7）不要聚群，在客户眼中，走近一群陌生人，总令他们心里不踏实。你的展位前应该创造一个温馨、开放、吸引人的氛围，这样更有助于客户在你面前停下脚步。

（8）不要跟他人或者公司内部人员发生争吵，以免影响公司企业形象，同时也会浪费展出期间的宝贵时间，有事必须另行处理解决。

（资料来源：作者根据相关资料整理.）

第二节　确定参展人员

选择参展人员要遵循量和质的统一原则，既要保证参展的每一项工作能够落实到人，展出过程中有足够的人员来接待观众，同时也要保证这些人员拥有足够的能力和技巧来完成这些工作。

一、确定展台工作人员数量

国际经验表明，每一个参展的工作人员可以照顾到大约 5 平方米的展台面积。这样根

据展台面积的大小,可以估算出所需展台工作人员的大致数量。

为估算展台工作人员数量,美国新泽西参展调查公司(Exhibit Surveys)提供了一个更为准确的公式。在一个典型的展览会中,约有16%的观众是为了寻找某一同类产品而来,在这16%的观众中约有45%会进入到你的展台。以一个有8000名观众、展出时间为24小时的展览会为例,8000个观众中有1280(8000×16%)名观众对你的产品有兴趣,在1280名观众中有576(1280×45%)名观众会进入你的展台。因此,每小时进入你展台的观众数量为24(576÷24)人。

接下来,根据你所设定的与每一位顾客交流的时间的长短,每一位展台工作人员每小时能够接待的顾客的数量,就能计算出所需的展台工作人员数量。

二、展台工作人员应具备的知识和能力

参加展会的观众都希望能够通过和展台工作人员的交流来增进对产品和服务的了解。美国展览业研究中心(Center for Exhibition Industry Research,简称CEIR)的一项调查显示,展会观众最关注展台工作人员的以下三种特质,依次为对产品和解决方案的知识掌握、提供信息的意愿(是否乐意帮助客户)以及信誉。因此,要求展台工作人员必须具备如下知识和能力:业务知识、沟通能力、销售技巧、协调能力、技术能力等。

业务知识,指展台工作人员对公司产品(或服务)以及公司背景知识的熟悉程度,尤其是对本公司的新产品以及竞争对手产品的了解,同时还要清楚地知道公司参展的目标及任务。展会观众观展的重要目的是渴望见识新产品,更进一步获得产品细节的信息。当展会现场有十分了解产品知识,能够很好地回答观众问题的展台工作人员时,展会观众就容易被打动。

沟通能力,指展台工作人员在现场接触观众,与观众交流的能力,包括语言能力、衣着形象、言谈举止等多个方面。展览会是与竞争对手同场竞技的舞台,企业展台工作人员必须有出色的沟通能力,才能将客户吸引并保留在本展台。

展会现场销售与一般情况下的销售有着很大的区别。首先,展会的参观者鱼龙混杂,必须要从大批的参观者中区分并重点跟踪潜在客户;其次,展会现场云集了众多竞争者,而观众通常都是走马观花;再次,展会销售是一种集中的、长时间的工作。所有这些问题,都必须依靠展台销售人员的技巧去解决、克服。

企业参展是一项由内外部多个组织相互协调的工作,不仅包括企业内部的多个部门,还包括企业外部的服务商、展会主办者、场馆方等。展台工作人员只有拥有良好的协调能力才能处理好不同组织间的关系,从而使参展流程得以有条不紊地进行,避免或减少意外事故的发生。

尽管不必每位展台工作人员都很懂专业技术,但现场必须有适当数量能够解决观众对产品技术疑问的工作人员。同时,展台其他人员特别是负责产品演示的人员,应该能够解答关于产品的基本技术问题。

补充知识　　参展人员应具备哪些相关知识?

虽然每个人的条件各不相同,但所有成功的参展人员身上必定具备一些相同的知识和能力。为了获取展会的成功,参展人员应掌握如下知识。

1. 产品及其应用的有关知识

他们必须了解参展产品,并掌握产品的不同使用方法。大量的产品信息被存放在计算机数据库,参展代表可以直接提取。熟悉产品特点可从书面知识开始,进而做到能在实践中运用这些信息解决顾客的问题。现在许多参展代表带笔记本电脑进行参展拜访,这使得参展人员可以在顾客的办公室调出任何产品的信息。

2. 竞争对手的产品知识

对竞争产品的细致了解可以使参展代表设计出优于对手的产品参展演示系统,所以参展人员应该像了解自己的产品一样了解竞争对手的产品,因为他们必须在参展时与对手竞争。

3. 客户知识

在如今激烈竞争的环境下,参展人员必须以顾客为导向才能获得成功。因此,他们必须了解客户的业务。每个客户的重点和问题不同,参展人员必须能够识别它们,并做出相应的反应,对于每家企业,参展人员通常要与几个不同的客户打交道。参展代表必须了解所有对购买决策起影响作用的人的偏好。

4. 展览知识

有关展览性质、展览分类、展览设计、展览实施等知识。

5. 公司的相关知识

参展人员需要明白公司系统如何运作,还应了解公司政策与程序及其原因。当参展人员了解这些原因后,他们就能自觉遵守这些规定,也能更好地向观众解释。所有参展人员还需了解一些有关公司历史、目标、组织、政策和程序的信息,了解公司的历史和当前的使命非常重要,这些背景知识有助于参展代表理解公司并接受最高管理层的价值观。

6. 业务实践知识

许多参展人员需负责各自区域的利润,且经常充当顾客的顾问。因此,了解本公司和客户公司经营背后的基本业务实践非常重要。

7. 关系建立技巧

许多公司专注于与特定的客户发展长期关系。参展人员必须进行有关培训,以便识别这些客户,并培育与他们的关系。着重长期利益的客户管理与关心短期参展的客户管理,对参展人员的活动安排有不同的要求。他们必须同客户一起工作,预测并识别问题,并找到互益的解决方案。这要求很大程度的相互公开、信任和承诺,而这很难在交易型营销中看到。

8. 团队参展的技巧

许多参展人员在团队中工作。团队成功所需具备的技能与单纯强调个人能力不一样。因此,培训中必须重视几个要素:善于察觉同伴的需要;接受别人的缺点;合作,信息共享;虚心接受别人的意见;将团队的成功置于个人成功之上等。

9. 时间管理技巧

大多数参展代表都有管理自己区域的自主权。他们不仅要在客户方面分配时间,还要在工作的各个方面分配时间,特别是参展、服务和行政工作之间。参展人

员应明白时间的无效使用将大大降低他们的成效。

10. 参展技巧

他们必须能够与客户有效交流,并说服客户,这就要求参展人员必须学习参展技巧与手段。

11. 知识产权与法律知识

在展览计划、实施、施工展出等工作中必须遵守有关规定。与施工有关的法规可能有建筑法规、技术设施法规、展台施工规定;和展品与贸易有关的法规有贸易法规、商业法规、海关规定、保险规定、版权法规等。

12. 计算机辅助参展

许多公司培训参展人员使用软件来分配在客户之间的接待时间,制定拜访日程,以及处理工作的许多管理细节,比如发出订单,提交拜访日志和报告,设计说明书和报价单。由于参展活动的成效越来越依赖于计算机的使用,许多参展人员还把笔记本电脑作为其参展介绍的必要工具,并把计算机应用技术作为参展必备的培训课程。

(资料来源:佚名.参展人员应具备哪些相关知识?[EB/OL].[2013-07-17].中国会展网,http://www.expo-china.com/pages/news/200909/66488/index.shtml.)

第三节 参展人员培训的形式

据美国企业的一项调查显示,不少公司并未对展前培训引起足够的重视。约30%的参展公司在每个展会前都开展培训,21%的被调查公司只在重要展览会前才安排培训,32%的公司培训的次数非常少,17%的公司从来没有安排培训。一些被调查公司还指出他们经常把培训和销售会议结合起来。事实上,由于参展人员的构成比较复杂,所承担的责任也各有不同,培训不仅必要,其形式也不能一概而论。应采取切实、恰当的培训形式。通常来说,参展人员的培训形式有以下几种。

一、介绍会议

介绍会议的目的在于帮助所有参展人员了解本次展览的概况,公司参展的目的、目标,公司的背景资料,产品知识等内容。可以将展前动员与基本情况的介绍结合起来,鼓励参展人员帮公司实现目标,明确他们的任务,指出努力的方向。除了口头形式的讲述之外,还需要配合一些相关的文字及图片材料,便于参展人员更为详细地了解和记忆。介绍会议应该有公司的高层领导出席,表明公司对展会的关注,从而引起参展人员的重视,调动他们的热情。

二、专题讲座

专题讲座的受众可以是全部参展人员也可以仅为其中的一部分。它是有针对性地对参展人员应具备的知识技能进行深化和提高的一项活动。因此,既可以请公司内部的技术骨干或产品经理向销售人员讲解技术细节,也可以请外脑——专业的展览公司来培训参展的常识和展台销售技巧等。

三、角色扮演

角色扮演是一种以培养参展人员正确的行为方式和思维模式为取向的培训模式。它以真实的展览会场景为蓝本,通过参展人员对所承担责任的分析与行为表现,达到提高工作认知水平,熟悉展览观众心理,进行自我潜能开发的培训目的。角色扮演是非常有效的培训方式,因为它给予学员直观的展现,从而能够调动学员的积极性、主动性,帮助学员学会如何提出问题,搜集信息。

四、现场演练

现场演练的方式,为参展人员创造了接近展台真实的情境。它能起到三个方面的作用:一是可以检验参展人员对参展所需知识和技能的掌握程度;二是可以让参展人员提前进入展览工作状态;三是可以让参展人员熟悉展台现场的设备和展出产品。

补充阅读

Mark S. A. Smith 是一位电子工程师,同时也是一位营销专家。他不仅为企业如何最大限度地提高展览营销效果提供实践指导服务,还为此撰写了书籍和多篇相关文章。他认为"联系的快速五法(connect QUICK)"能够帮助企业在参展中取得胜利。展会上,要想接近参观者有三个先决条件:你的态度、你的亲和力和你接待顾客的主动性。

首先,你的态度是至关重要的。记住,参观者从你的展台前经过比在展台上停留下来要容易得多。所以,积极、乐观、开心,你才能吸引顾客。

亲和力意味着要学会用肢体语言,着装得体,面带微笑。不要将任何实物障碍置于你和观众之间,如桌子。把你的展览假想为一场晚会,而你就是晚会的男主人或女主人。主动地迎上去,第一个向参观者打招呼。欢迎他们到你的展台来,尽一切可能让他们感觉舒服。但是,一次展览不是一场鸡尾酒会,不需要以一些诸如"你好吗"、"有什么我能帮你吗"这样无聊的寒暄来开场。当你看见一个观众,礼貌地握握手,就开始介绍自己和公司。这样能迅速建立关系,展现出你的专业素养,为下面的谈话定下基调。这一阶段展现出你能多大程度地给予顾客帮助。

"Q-U-I-C-K"代表了如何能够快速与观众建立联系、获取有用信息的5个步骤,这也是充分发挥现场建立关系的方法。你要尊重观众的时间,也要把自己的时间用在最有价值的观众身上。

"Q"代表资格认定(qualify)。你需要获得的最重要的信息是观众的工作性质。这让你知道该如何提问。对一位大夫或护士的提问应该区别于对一个管理者的提

问。与手术室护士打交道的方式应该与分销商的有所不同。这样才能快速地建立起与观众的关系,自然而然地在不重要的观众身上少花些时间,在有意向购买的观众身上多下工夫。

与资格认定相对应的是找到可以帮助你鉴别他们是不是合格观众的特征。当你询问他们的需求时,注意那些可能让生意不那么好做的因素。例如,如果他们说现在还没有预算,那么近期你们之间也许就无法成交。如果他要求的配送时间超出了你的能力,你也不会得到这张订单。所以,不断地发现那些阻碍交易的点滴信息。一旦你发现了这样的苗头,立即礼貌地停止谈话,请你的观众离开。

"U"代表理解(understand)。他们为什么会来展会?他们在寻找什么?他们想解决什么问题?他们需要满足什么样的需求?这些问题让你知道如何去帮助他们。你的秘密武器就是提问,问一大堆问题。

"I"代表识别(identify)。识别你可以怎样帮助他们。你所需要的就是发现一两个点。如果你发现什么也不能够帮助他们,那也很好,这意味着你可以不用浪费自己或是他们的时间了。

"C"代表设定一个行动计划(create an action plan)。你和你的观众都需要知道下一步该怎么做——做一下演示,安排一个会晤,寄些文字材料或者什么也不做。这个步骤让观众认可你的下一步销售行动。

"K"代表请他们离开(kick'em out)。当你觉得应该结束谈话时,再次重申一下接下来的行动,或者甚至说:"对不起,我不能够帮您。"然后和观众握一下手,并且说:"感谢您的光临。"这三个动作会让你的观众离开,现在你可以自由地去接待下一位观众了。

(资料来源:Smith M. S. A. Choosing the right trade show for your company [J]. Health Industry Today,1994(Feb).)

第四节 参展人员培训的主要内容

观众对整个展会和参展公司的印象大约有90%取决于参展人员的表现。所以对于选定的参展人员,无论是否曾经参加过展会,企业都需要进行展前的培训。一般来说,参展人员培训工作做得越好,企业参展所获得的收益就越大。流于形式的展前培训,不仅不能给企业创造效益,甚至还会让参展的投入付诸东流。

展前培训的内容可以依据培训时间的长短、参展团队的经验水平、参展团队的人数、团队成员相互之间的熟悉程度、参展人员对产品的知晓度、展出产品的复杂程度和数量、展览的规模以及促销计划来制定。一般而言,应该包括以下几个方面。

一、公司的参展目的和目标

企业不能仅仅因为竞争对手去某个展会而去参展。对于每一次的展会,必须有一个明确的目标,而这一目标只有传达给了参展人员,才有可能完成。企业参展的目的可以是树立企业形象、发布新产品、获取订单、生成销售线索、维持现有客户、了解竞争状况、招募分销商以及培育市场等等。将参展目的量化为参展目标,例如,假设你的参展目的是为了生成销售线索,那么就需要计算出在展会中应该获得的潜在客户数量。对公司参展目的和目标的了解有助于制定相应的绩效评价标准,有效地激励员工。可以通过角色扮演的方式来检验参展人员是否理解了公司参展的目的和目标。

二、展台礼仪规范

展会上展出的除了展品之外,还有展台工作人员的形象、举止和仪态,因此参展人员有必要了解基本的展台礼仪规范,帮助维护整体的展示形象,建立和观众的良好沟通。展台礼仪规范可细分为形象礼仪和接待礼仪两部分。其中形象礼仪包括仪容、仪表和仪态。仪容主要指人的容貌;仪表即人的外表,如服饰、形体等;仪态是人的行为的姿势与风度。展台工作人员要做到仪容端庄、仪表得体、仪态优雅,才能给观众留下美好的印象。接待礼仪是在社会交往接待活动中表现出来的行为规范和准则。根据不同展会的特点,其要求的接待礼仪也有所差异。培训时应结合展会的情况,告知参展人员。

三、参展流程

参展流程具体包括参展进度、运输安排、接待事宜和展台规划等。参展商需要拟定一份参展的进度时间表,分别将展前、展中和展后的工作内容以及相关的时间节点、负责的人员等一一标注。根据进度表与参展人员沟通具体的工作细节,确保参展人员明确各自的角色和责任,如接待人员、演示人员和机动人员等等。每个员工都必须清楚他们应该如何去做,他们的表现将如何衡量,对容易出现错误的地方该如何避免。

参展商一般会选择专业的公司来进行展品、展示道具的运输、安装和拆卸。在这种情况下,参展人员要知晓展品运输的路线、日程,展品的接收,展品的分类与陈列等事宜,保证公司展品能够在恰当的时间、正确的地点和合适的情形下出现在展位上。

参展人员应对前来参观的观众有些基本的了解,包括他们的企业背景、与本公司和竞争对手的业务往来状况、参观者的个人职务等问题。

此外,参展人员必须熟悉本公司展台的规划,了解展示区域、洽谈区域、休闲区域相应的方位,从而知道自己在展示期间所处的展台位置。同时,还需要对附近及竞争对手的展台规划和展品有所了解,从而能够制定应对策略以留住潜在顾客。

四、商务交往方法

展台销售是在特定环境下的销售,参展人员首先必须要了解展台销售与一般销售的区别。例如,在展会上参展人员与观众接触的时间是有限的;展会上的观众都受到了连续不断的感官刺激;观众会马上将你与竞争对手相比较。因此要让参展人员掌握独特的与观众沟通的技巧,包括:与观众打招呼的方法;如何进行简要的"电梯交谈"(elevator speech);怎样向观众提出3至5个开放式问题以区分观众类型;如何对未来进一步的接触达成一致;怎样愉快地结束谈话等。参展人员还需学会捕捉与观众交谈过程中的重要信息的方法。

五、潜在客户管理技巧

主要是关于潜在客户跟进的流程。展台工作人员要学会询问一些必要的问题,完成潜在客户表格的填写。如果展会是通过电子卡片登记的,展台工作人员还要练习如何使用电子读卡器,如何输入附加的信息以及处理信息。展台工作人员还需要知道公司将在什么时候、以什么方式跟进这些潜在客户,便于他们在展台上将此类信息传达给客户。

六、产品知识

告诉你的参展团队,在展览过程中需要突出哪些产品/服务/解决方案。给每个参展人员准备好一份展台指示图,上面标明产品或服务的展示区域及相关的讨论区域,如果有技术专家对该专题进行解答,他们的名字也最好标注在上面。当碰到疑难问题时,这份展台指示图可以让你的展台工作人员准确地将顾客引导到相关展品前或者交给合适的人员。

七、有效客户识别技巧

在展台上,对于有效客户的识别主要依靠观察和提问。从行为举止的细节可以发现,可能的买家非常关心产品的具体细节,会仔细研究产品画册和样品,不时地询问详细情况,与走马看花的关注程度完全不同。另外,参展人员还可以通过了解参观者的需求,遇到的问题,承担的职务以及采购的时间和预算限制等来鉴别。

八、产品演示技巧

观看产品演示是观众参加展会的目的之一。展会现场产品演示技巧包括"说"和"做"两个方面。从"说"的角度看,首先,要使用通俗易懂的话语,便于观众理解,除非你面对的观众是该领域的专家并熟知相关的技术专用名词;其次,内容要突出产品的用途及独特性;最后,要尽量使用同一种语言,不要中英混杂。从"做"的角度来看,首先,展品的陈列要放在显眼位置;其次,产品演示过程中需注意与观众的互动,但是不要在展会上指导顾客如何去使用该产品。

九、后续工作技巧

展会上的展示只是营销活动的开始,当展会结束后,参展企业有更多的工作要做,例如巩固和发展客户关系,进一步的贸易洽谈,推介产品和服务,订立合同,等等,这些工作统称为"后续工作"。后续工作的好坏,一定程度上决定了企业参展的真正效果。参展人员应记录参展者在展位上的情况,事后进行资料的搜集,根据重要程度依次去联系。对于收到的名片要进行分类整理,建立客户档案,将详细的产品信息邮寄给潜在客户。

补充阅读 企业应该如何开展参展培训?

在各项纷繁复杂的工作中,参展企业应该如何做好员工培训,实际表现又如何?若干年前,美国《博览会》(EXPO)杂志曾经围绕该话题做过一次调查,目的是深入了解单个参展公司进行员工培训的任务和内容。被调查者的参展经验广泛，从最少每年只参加 1 个展会到最多每年参加 300 多个，大多数被调查公司（57%）每年参加的展览会数量在 10~50 个。问卷主要集中在以下一些问题上：参展公司开展员工培训的频率，为什么进行这些培训，持续多长时间，培训内容包括哪些，何时何地进行，哪些人参加了，谁负责培训，以及对最终参展效果的影响。

以下是最终调查报告的主要内容，仅供国内参展企业参考。

1. 培训目的

参展公司对参展员工进行培训的主要原因所占比例大致相当：

培训新的销售代表（to train new sales representatives）26%

巩固参展技巧（as a reminder of exhibiting skills）24%

增加展览会的潜在客户（to increase exhibition leads）22%

创造团队精神（to create team spirit）20%

2. 培训时间和地点

40%的参展公司在每个展会前都开展培训，43%的被调查公司只在重要展览会前才安排培训，一些被调查公司还指出他们经常把培训和销售会议结合起来；从培训时间上来看，大约有 22%的被调查公司选择在展前一周开展培训，而 50%的公司仅在展会开幕前对工作人员进行培训；86%的展前培训是在 2 小时内完成的，其中有一半仅花费 1 个小时甚至更少的时间。

33%的被调查者偏向于在平常的办公地点进行培训，32%的人选择宾馆或展览中心，还有少部分人（22%）选择在展位上开展培训。

3. 培训内容

在培训计划所包含的内容中，参展流程被大多数公司列为最重要的因素，具体包括参展进度、运输安排、接待事宜、展台规划和潜在客户管理策略。按照被选次数所占的比例，分项情况如下：

——参展流程（exhibition logistics）16%

——展台礼仪规范（booth etiquette do's and don'ts）15%

——公司的参展目的和目标（company exhibiting goals and objectives）13%

——商务交往方法（meeting and greeting techniques）11%

——潜在客户管理技巧（lead management techniques）10%

——产品知识（product training）10%

——有效客户识别技巧（qualifying techniques）9%

——产品演示技巧（demonstration techniques）6%

——结束业务接待技巧（closing techniques）5%

——后续工作技巧（follow-up techniques）5%

4. 培训对象和主体

统计结果还显示，81%的被调查者认为参展培训是强制性的；参加培训的三个主要群体包括：新的销售代表（19%），经验丰富的销售代表（19%），营销人员

(19%)，另外两个具有代表性的群体是技术人员(12%)和高层管理者(12%)。

在所有培训中，87%是由公司内部人员执行的，只有13%的公司会聘用外部专家。有趣的是，在聘用了外部专家的公司中，有75%的被调查者表示，他们的参展团队对外部人员反应更加积极，而且有17%的人表示公司里没有人熟悉如何做好参展培训；相反，对于那些由公司内部来组织参展培训的公司，责任主要落在了展览经理的身上(注：在由内部人员组织参展培训的公司中，40%的被调查者选择了"展览经理"是培训的主要负责人)。

5. 其他结论

当被问及培训对整体展出效果的影响时，被调查公司认为参展培训在以下几个方面都是十分有效的："提醒团队掌握必要的参展技巧"(27%)；有利于"形成一个有凝聚力的团队"(26%)；"增强团队精神"(21%)等等。然而，只有17%的公司能够证明培训提高了客户线索的数量。尽管如此，对于那些将培训重点放在收集客户线索上的参展商而言，有43%的被调查者表示他们意识到了培训所带来的10%~20%的增长。

此外，竟有高达93%的被调查公司表示他们举行了展后总结会议；展览会一结束便开展这项工作的公司大约占到三分之二。

6. 需要注意的问题

如表7-1所示，令人感到惊讶的是，相当数量的参展企业并没有重视一些十分重要的展览技术，比如结束业务和后续工作。同样令人不解的是，优先考虑"参展目的和目标"的回答者数量也很少。然而，大量实践证明，那些注重员工参展目的、客户识别和结束业务技巧培训的公司就是那些在展览会上收集客户线索最多的公司。

表7-1 美国企业参展培训的基本情况

占整个培训时间的百分比		没有	1%~24%	25%~49%	50%~74%	75%~100%
涵盖下列培训内容的公司在所有被调查公司中所占的百分比	产品知识	40%	27%	14%	12%	7%
	参展流程	21%	60%	10%	2%	7%
	参展目标	33%	6%	12%	45%	4%
	展台礼仪	17%	74%	7%	0	2%
	会面与问候	50%	46%	4%	0	0
	有效客户识别	48%	50%	0	2%	0
	演示技巧	60%	38%	0	2%	0
	业务结束技巧	71%	27%	0	2%	0
	后续工作技巧	77%	21%	2%	0	0
	客户管理	48%	50%	2%	0	0

(资料来源：美国展览业研究中心(CEIR)，2005年.)

本章小结

参展人员在展台或展位上的言谈举止代表了企业的形象,他们的工作态度、工作能力和工作方式,与企业的参展效果有密切的关系。因此,参展人员的遴选与培训是企业组织参展活动的重要内容。

本章首先介绍了参展人员的类别。主要有两种分类方法:按职责范围和按工作性质分类。其中,按职责范围可分为筹备人员和展台工作人员;按工作性质可分为销售人员、技术人员、后勤人员。

第二节主要说明如何确定参展人员。从数量上来说,应根据展台的面积、展出的时间、预计的观众数量和与顾客交流时间的长短来计算。从能力上来说,参展人员必须具备业务知识、沟通能力、销售技巧、协调能力和技术能力等。

第三节描述了参展人员培训的常用方式,包括介绍会议、专题讲座、角色扮演和现场演练。这4种培训方式的特点各异,达到的效果也不尽相同,参展企业可以根据培训时间和目标,进行灵活组合。

本章最后详细说明了参展人员培训的内容。分别是公司的参展目的和目标、展台礼仪规范、参展流程、商务交往方法、潜在客户管理技巧、产品知识、有效客户识别技巧、产品演示技巧和后续工作技巧。

关键词

展台工作人员(booth staff):是指参展企业派出的在展会现场负责咨询、展品演示、技术支持等展出服务的工作人员。

展台礼仪(booth etiquette):是指参展人员在会展前的策划和准备、会展期间的实施以及会展后续服务过程中应具备的行为规范和形式。

潜在客户管理(leads management):是指参展企业为了开发新的潜在客户而采取的方法、系统和手段,主要依靠一系列的营销手段和技术来实现。

复习思考题

1. 为做好参展人员规划和管理工作,企业应注意哪些常见问题?
2. 怎样估算展台所需要的工作人员数量?
3. 参展人员应具备哪些基本的知识和能力?
4. "联系的快速五法"(connect QUICK)对参展工作人员有什么指导意义?
5. 请简要论述参展人员培训的重要性。
6. 对参展人员的培训应该涵盖哪些基本内容?

案例讨论题

  参展人员虽然来自同一家公司,但参展毕竟是一项临时性的工作,在大型公司,参展人员此前彼此可能还不相识,参展时间虽然短暂,但对外展示的却是统一的企业形象。为了让参展人员在现场有良好的表现,展前培训是不可省却的重要环节。以下是相关公司在参展培训方面的成功做法。

  东芝株式会社医疗部门非常看重对员工的展前培训,据该株式会社北京事务所中国区综合管理部市场教导员李琪介绍,在开展前,该公司会对参展人员就参展机型的技术方面进行集中授课,使讲解人员对各机型的状况能有一个较为全面的掌握,有时还会邀请日本总部的专家,在展会期间对包括参展人员在内的全体技术人员进行培训。

  培训可以采用口头培训与书面资料相结合的方式,除了让工作人员明确了解企业的优势、展会期间的宣传内容、宣传目的和展品特性之外,还应包括展会礼仪的培训。澳柯玛集团将礼仪知识作为展前培训的一项重要内容,该集团营销策划部韩方集先生认为,工作人员的礼仪表现事关企业的形象,尽管参展人员内部有着明确的分工,但观众并不了解每个人的具体工作内容。比如说,当某位观众向工作人员问起一个并非其分管范围内的问题时,如果他在表示自己不是很清楚的同时,能很有礼貌地将观众领到相关同事那里,就会给观众留下很好的印象。这虽然只是一个细节问题,却能塑造较好的企业形象。

  济南第二机床厂对于参展员工的培训打的是持久战,其市场部经理沈东谈到,在展览知识方面,会从一些业内杂志上阅读了解,平时就介绍给相关员工。

  (资料来源:北京天陞展览展示有限公司网站,http://www.skylevel.cn.)

思考:

  (1) 结合以上材料,说明对于展台工作人员的培训,采取展前集中培训和长期培训两种形式的侧重点各是什么?

  (2) 从参展人员管理的角度来讲,如何才能让参展更有效?

第 8 章

吸引和接待观众

学习目的

- 了解企业参展期间观众接待工作的主要内容。
- 掌握参展商在展览会现场吸引观众的常用方法与获取渠道。
- 学会如何和观众进行有效沟通,从而吸引和发现潜在客户。

线索引入

李小姐是某公司的采购员,每逢建材、家居或文具类的重要展会她都要光顾,采购一些公司计划中的材料或办公设备。某年的上海家具展,李小姐要为公司选择一款会议桌椅。在浏览了近半个展厅的时候,李小姐驻足于一个很有新意的展厅面前浏览这里的陈式品。

参展人员十分热情,一见到李小姐在一款桌前观看,便走到李小姐面前介绍:"您真的很有眼光。正如您现在所见到的,这套会议桌椅的设计是一流的,而且材料质地上乘,这么豪华的桌子,放在您的公司里,一定可以大大提升您公司的气质。"

李小姐轻声答道:"这个,我倒不是很重视。你能给我讲讲它的具体构造吗?比如说高度、边角之类的……"

参展人员热情地回答说:"当然可以,这套桌椅设计十分独特,其边角都是采用欧洲复古风格……"

李小姐摇摇头,打断了他的话,笑笑说:"你说得这些似乎并不是我最感兴趣的。我比较关心……"参展人员立刻接过她的话说:"我知道您想说什么!这套家具采用了最典雅的象牙紫色,而且选用上乘的木料,外面还有保护层,我保证它的

使用寿命绝对在 20 年以上。"

李小姐很无奈,再次重复道:"你说的这些,我都相信,也可以感觉得到。不过,我想你误会我的意思了,我更关心它的……"显然,李小姐本想说:"我更关心它是否适合我所在的企业用,这款桌子所配的相关椅子是多少张?"

然而没等她说完,参展人员便抢过她的话说:"我们公司特别为这套桌椅配置了一些茶具。这样,无论是您的员工还是您在会见客户时都可使用。此外,如果您买全套的,我们还可以给您优惠价……"

李小姐打断了他的话:"对不起,我想我不需要了,谢谢你。"

问题:为什么这位参展销售员说了那么多好处——质量、价格等,却没能吸引客户,反而还打消了客户的购买热情呢?

(资料来源:孟梅.展会中与客户沟通的艺术[J].现代营销(经营版),2008(11):72.)

当展览开幕的这一天,我们也迎来了整个展览工作中至关重要的环节——现场观众接待。可以说,所有展览筹备工作都是为了这个环节,展览的价值也在这一环节得到实现。你的展览目标已经明确,工作人员都已训练有素,那么你们公司的大门也要向客户开放了。

现场观众的接待主要包括:吸引观众、与观众的沟通及产品演示、洽谈、整理客户线索几部分内容。

第一节 现场观众接待的主要内容

观众接待是展台的关键工作之一。该工作主要是发现新客户并与之建立联系,以及保持、巩固与老客户的联系。接待安排可以是事先预约的,也可以是随意的。最好将预约接待安排在观众较少的时间,以减少会谈时的打扰,同时也避免失去接待其他客户的机会。接待对象可以分为重要客户、现有客户、潜在客户、普通观众等。重要客户,不论是现有的还是潜在的,可以列出名单,事先告知展台人员。如果发现重要客户前来参观,要予以特别的接待。要接待好现有的客户,维护好关系。

一、吸引观众

在展览会上,一个参展商将与成百上千的其他参展商一起竞争。参展商除了要在展位的布置方面下工夫之外,还可以做一些引人注目的事,如举办特色活动、刊登现场广告、开新闻发布会、参加评奖、开展礼品促销等。

接待潜在客户是展览会的最大优势及最大价值所在,也就是展台最重要的工作之一。接待的关键是要找到对的人,然后用适当的时间去和这些人交流。时间不能过多,因为你需要接待很多人;但也不能太少,因为你需要和客户进行深入的沟通,获取信任以及下次会谈的机会。

二、沟通与演示

沟通、演示与接待工作紧密相连,目的是让经过展台的观众了解我们的产品和服务,同时展示企业的形象。有效的演示和沟通会使潜在客户对产品产生兴趣,对公司和销售人员产生一定的信任。便于展台的销售工作人员了解客户的需求,从而为今后的联络做好铺垫。

(一)沟通对象

通常,参展商在展台上要和四类参观者打交道:
- 技术类参观者;
- 管理类参观者;
- 私有/公共领域参观者;
- 媒体参观者。

参展商应该为这四类参观群体准备合适的信息资料,例如,制作精美的小册子,产品及技术信息、报价单、新闻稿等。在出国展上,信息资料应该被翻译成当地的语言或通用的外语。

(二) 产品演示

我们经常看到展览会上会有如汽车销售请顾客试车,食品展台的工作人员请顾客试吃等现象。但是,有些商品是不能交给顾客试用的,也有些顾客并不会操作产品,这时推销人员应该亲手为顾客演示,充当主角,鼓励顾客参与演示,邀请顾客做助手。这样有利于形成双向沟通,发挥顾客的推销联想,使顾客产生推销认同,增强洽谈的说服力和感染力,提高洽谈效率,激发顾客的购买信心和决策认可。

在展览会上,展品的演示人员需要注意以下几个方面:①应非常熟悉产品并熟练地进行演示;②演示的重点在于产品的特性及带给客户的帮助;③最好能让观众参与到你的演示中。

通过让潜在客户的参与,能够抓住客户的注意力,减少客户对购买的不确定性和抵触情绪。在整个过程中你需要与客户互动,有问必答。你也许不能回答客户的每个问题,但你可以与客户约定个时间,告诉他你将会在何时以书面形式回答这些问题,然后遵守承诺。

对于一些不适合进行现场演示的产品,我们还有不少间接演示的办法:可以通过图片、模型、VCD等方法展示产品;可以通过权威机构的检测报告或专家的论据进行说明;产品的销售统计资料及与竞争者的比较资料也是很好的选择;还可以用行业权威报纸杂志的相关报道以及成功案例来给客户留下持久印象。

三、洽谈

洽谈工作的重要内容之一是宣传和推广企业的产品和服务以及树立品牌形象。有效的沟通会使潜在客户对参展企业产生信任,对展出的产品和服务产生兴趣,进而使客户产生购买意愿。对新客户的大宗买卖以及投资项目要谨慎,避免当场签约,任何决定都必须在彻底了解客户的需求之后做出,即使报价等条件再有利,也需要保持慎重的态度。展览会的关键功能是建立客户关系,从客户需求的角度出发,给予相应的服务和产品的解决方案。只有做到这点,才能提高订单成功的概率。

四、整理客户线索

整理客户线索的第一步是记录。这项工作为展后的跟进和展览效果的评估提供事实根据,极为重要。常见的记录方式一般有收集名片、使用来访客户登记簿、电子录入等。

收集名片是最简便的记录方式,缺点就是内容有限,无法了解客户的真正需求。[①] 有些观众就是用名片来换取展台上的资料或者礼品,所以很难去了解客户的需求和评估他们的购买能力。在20世纪90年代初期和中期,展商使用较多的是观众登记簿,一般只记录参观者的姓名、公司地址等情况,有些可能还有"要求"一栏,但是这种方法和名片一样,都很简单,无法记录交流情况,对后续工作的帮助不大。

现在很多公司采用的是记录表格,一种是展台工作人员在和客户沟通的过程中填写的表格;另一种是让有兴趣但是来不及或不愿意等候接待的参观者填写的。这种表格除了有

---

① 刘松萍,郭牧,毛大奔.参展商实务[M].北京:机械工业出版社,2005.

参观者的基本情况之外,还有参观者的公司情况、参观兴趣、产品需求、展台接待人员的评语及后续工作的建议等。

随后就是对客户的资料进行分类整理,然后进行潜在客户的评估。

补充阅读　　完美展商形象小贴士

1. 要充分利用展览会的机会,多接触参观商

须知,前来参观的人,很可能就是你的潜在客户,千万不可以失去与潜在客户建立关系的机会,如果可能,利用展览会的机会,举办小型的联谊活动,把你的新老客户请来聚一聚,一方面介绍你的最新产品,另一方面联络感情,能取得事半功倍的效果。

2. 除与客户洽谈商务外,应坚持站立参展

因为,展览会期间坐在展位上,会给买家与专业观众留下不想被人打扰的印象,买家与专业观众产生这种印象后,他们就会感觉你对潜在客户不够热情与重视。因此,会影响他们对企业产品及相关服务的选择。

3. 参展商在有限的展位空间,不应该看闲书与报刊

应充分把握机会引起对方对企业与产品的注意,吸引买家与专业观众停下来对企业与产品进行咨询,精神饱满地回答有关问题,提升他们的信心。

4. 在展会上应杜绝随意吃喝的现象

因为这种粗俗、邋遢和事不关己的表现会使所有的潜在客户对参展商的企业文化、管理水平、员工素质和产品质量产生怀疑,导致对企业与产品的不信任。

5. 关注与发现每一个潜在客户是参展商参展的重要目标

应竭力避免怠慢潜在客户的行为,哪怕只有几秒钟。显而易见,谁都不喜欢有被怠慢的感觉。如你工作正忙,不妨先与客户打个招呼或让他们加入你的交谈。如你在与参展伙伴或隔壁展位的人谈话,这时应自觉立即停止。

6. 参展期间,要注意打手机的方式与时间

不适当的电话,每一分钟就会相应减少与潜在客户交流的时间,从而直接影响企业在展会上的业务目标。在展会上,即便只找到了一个好的潜在客户,也是一种成功。而不恰当地打手机,往往可能会使你与客户失之交臂。

7. 展会上发材料,要注意合适的方法

怎样才能将价值不菲的信息送到真正需要的潜在客户手上呢？邮寄,便是一个较好的方法。不会让他带太多宣传品,加重他的行程负担。展会后,你会按他的要求将材料寄给他。这样做参展商可以一举两得:既表明了参展商的专业性,同时又可以用信用跟进的方法,加深印象,也有好的理由做电话或电子邮件的系列追踪。

(资料来源:http://news.busytrade.com/expo/332_89079.html.)

第二节 吸引观众的常用方法

展览会是促销产品和树立企业形象的最佳时机。如何吸引客人驻足,如何在最佳时机发放小礼品,如何找出潜在客户,如何安排现场产品介绍的时段,等等,都是参展商需要仔细研究设计的问题。在一些规模较大的展览中,一些有实力的厂家都要举行现场活动,有的甚至把新产品介绍和抽奖活动安排在一起,与同场的竞争对手一较高低。

众所周知,半数以上展览会观众的参观目的就是想看看有什么样的"新"产品和服务展出。"新"是如今传播业最有效的辞令之一,也成为展览会的同义词。因此,参展公司应在展会上推广新产品、新服务、新职员甚至新型设备。参展商可以在展位上使用醒目的图形、演示及其他有效方法来吸引观众的注意力,并注意在必要时配上适当语种的译文。经验表明,让观众参与其中的实际操作/互动式陈述会令他们对参展商的新产品或服务有更深刻的印象,从而有助于推广工作的成功展开。

一、策划特色活动

随着参展商参展次数的增加,越来越多的特色活动应运而生。参展商利用各种方式吸引参观者的眼球,让观众在自己的展位前驻足。但策划特色活动一定要切合主题,而且目标明确、可传播性强,以最大化地提升参展效果。

企业也可以选择赞助同期的某些活动或者研讨会。赞助体现了你对一个展览会的支持。赞助不仅提供了增加你企业的曝光率的机会,同时还强调了你的企业致力于该行业的发展。本书将在第十章对产品演示活动、新闻发布会、文娱表演、招待会进行详细的分析。

> **经典实例**
>
> **现场活动贵在"出奇制胜"**
>
> 2008北京国际车展还未上演,一场"车模大战"却提前打响。日前,各大网站都推出了"北京车展模特抢先看"等栏目,观众对美女车模的关注度一点都不亚于车展本身。作为自主品牌领军企业的奇瑞,在2008北京车展却另辟蹊径。据悉,奇瑞一直将节能环保作为企业的发展战略,并致力于节能产品的研发和制造。
>
> 在2008北京国际车展上,奇瑞推出的6大阵营展品均大打环保牌。同时为切合日益凸显的节能环保问题,奇瑞的62名模特在每天的两场"奇瑞五娃环保天使模特大赛"走秀活动中,除了展示她们曼妙的身姿和卓越的气质外,每人还发表一句环保宣言,将环保宣言融入到走秀表演的肢体语言中,向观众倡导一种绿色环保的新生活。这一独具特色的环保宣言活动,使奇瑞不仅诠释了其品牌内涵和汽车文化,也让奇瑞展台成为万人瞩目的焦点。

在每年一届的中国国际数码互动娱乐展览会(ChinaJoy)上,许多游戏公司都会花大价钱做足美女营销,但当新鲜事成为常见事的时候,各种类型的showgirl就早已不是什么新颖的营销手段了。在第十二届ChinaJoy上,国内领先的视频分享网站56网的"鲜肉WiFi"在众多参展商中脱颖而出,树立了一个以小博大的营销范例。

今年的ChinaJoy现场,游戏厂商们依然是各出奇招,showgirl、外国男模、cosplay等应有尽有,观众们都有用手机拍照、分享的冲动,然而,场馆内手机信号差,而且又费流量。56网看中了这一需求,别出心裁地想出了"鲜肉WiFi"的方式,请美女模特随身携带无线路由器分散在展会各个场馆,免费让现场观众使用WiFi。(见图8-1)

图8-1　56网在ChinaJoy现场提供免费WiFi服务

在众多厂商希望用各色showgirl一争高下的时候,青春靓丽又具有清新气质的56网免费"鲜肉WiFi"自然成为了本届展会的亮点。互动娱乐是ChinaJoy不变的主题,56网旗下的在线演艺平台——"我秀"也在今年参展。56网"鲜肉WiFi"的美女模特吸引了大量观众围观拍照或合影,并且这些观众利用56网提供的免费WiFi直接将图片分享出去,这一新鲜事在社交媒体上得到迅速传播,广大网友纷纷参与评论。

区别于其他游戏厂商秀美女的营销模式,56网的"鲜肉WiFi"在本届ChinaJoy上的营销策划显得更加符合人们的需求。有人看到清新美女,有人用到了免费WiFi,没有让人心生反感的暴露。"鲜肉WiFi"在满足用户需求的同时,也娱乐了大众,收到了以小博大的营销效应。

(资料来源:赛迪网,http://www.ccidnet.com.)

二、刊登现场广告

为了实现参展效果的最大化,除了拥有个性化的展台设计和精美的布置外,在展会现场做积极的宣传也可以摆脱展台固定面积的限制,时刻在众多观众面前宣传企业形象,烘托现场气氛,吸引更多的客户前来展台洽谈和采购。

（一）现场广告

参展期间，为了达到更好的宣传效果，参展商可以向主办单位申请现场广告，具体现场广告阵地标识说明及费用根据各展会主办者的要求而有所不同。如表 8-1 所示。

表 8-1　第十二届亚洲宠物展览会市场宣传方案

编号	宣传项目	规格/可供	位　　置	单价/展期
OS-1	北外墙布幅	10 m×30 m	西侧 东侧 中部	¥75000 ¥65000 ¥88000
OS-2	广告牌	2.15 m×8.9 m	大堂内主入口上部玻璃墙	¥15000
OS-3	充气拱门广告	跨度 18 m	北广场	¥10000
OS-4	升空气球条幅广告	条幅 10 m×0.9 m	北广场	¥4000
OS-5	广告牌	1.2 m×7 m	二楼展厅入口	¥5000
OS-6	广告牌	9 m×1.2 m	展厅内侧夹层	¥5000
OS-7	广告旗	需查询	所租展位上空	¥4000
OS-8	广场条幅	15 m×0.9 m	北广场	¥2000
OS-9	旗杆升旗	1.6 m×2.4 m	北广场	¥1500
OS-10	指路地标	不足 1 平方米按 1 平方米起算	馆内地面	¥1000/平方米（1 平方米起定）
OS-11	扶梯上方内侧广告牌	5 m×1.7 m	东、西扶梯内侧上方	¥7000/个
OS-12	指示牌广告	1 m×2.5 m	展馆入口	¥7000/个
OS-13	扶梯入口门楼广告	内 3 m×3 m×0.5 m 外 2.5 m×2 m×0.5 m	东、西扶梯入口	¥30000/个
BW	饮用水（含写真制作）	须咨询	瓶身	¥40000/20000 瓶

（二）其他形式广告

1. 会刊广告

（1）封面拉页：醒目的位置使得客户主动浏览性高，充分彰显企业的雄厚实力，适合企业整体形象的推广。

（2）封二广告：此广告形式效果一流，不但可以迅速提升参展公司在行业的知名度和美誉度，带来无穷的商机，在广告的重复阅读上也会得到充分的发挥。

（3）扉页广告：位置显著，浏览量极高，适合企业推广品牌和提升行业影响力。

（4）封三广告：具有极高的关注率。比较适合发布企业力推的新产品和技术，色彩冲击力强,带来超值的广告市场效果。

(5) 封底广告:同为浏览量极高的广告形式;视觉冲击力大,观众浏览性高,帮助公司扩大影响力。

(6) 跨页广告:位于内页的跨页广告,色彩鲜活亮丽,突显公司的影响力。

(7) 内页整版广告:客户点投率最高的广告形式,此类广告比较适合发布企业最新的产品和技术,比如新品介绍、渠道招商等。

(8) 书签广告:书签因其独特的形式,极易受到关注,是企业宣传突破传统平面会刊广告的绝佳选择。

2. 资料袋广告

在大型展览会上,通常有数以万计的展商和观众提着印有参展公司标志及广告的手提袋,用以携带大会会刊、参观指南及其他展位上搜集的资料。资料袋将在各登记处派发给到会的展商和观众。

3. 观众胸卡

每位进入展馆的贸易观众都会戴上观众胸卡。将公司的Logo、名称和展位号等相关信息印制在观众胸卡上,使公司的形象出现在展馆的每一个角落。

(1) 胸卡上方正面广告。

(2) 观众胸卡挂绳:所有的观众将佩带印有公司标志和名称的胸卡挂绳入场,挂绳的作用不仅体现在展会;当观众离开展会后,再次看到精美的挂绳时,它将突显公司的形象。

三、发放宣传资料[①]

常见的展台资料包括公司介绍、产品目录、产品说明、服务说明、展出介绍、价格单以及展台工作人员的名片等。有统计资料显示,50%的人没有目的或者目的不明确却到处收集资料,最终将收集的资料留在餐馆的饭桌上、汽车座椅上或废纸篓里,即使拿回办公室也是放到资料堆里,并决定以后有时间再看,实际上是不会再看的。因此,参展工作人员要管理好宣传资料,具体包括选择发放对象、控制散发数量、撤下残损的资料、添加新的资料以及补充库存等。

首先,资料要有针对性地散发。例如,可以分层次地向目标观众寄发、散发。资料可以分为两类:一类是可以散发给每一个参观者的简单、成本低的资料,包括单页和折页资料;另一类是提供给专业参观者的成套、成本高的资料,一般不宜当场提供,最好是展览会后邮寄给客户。

其次,应注意资料的摆放位置,并控制好资料的发放。供散发的资料最好放在参观者方便拿取的地方,一般不要对称摆放或摆放成规整的几何图案,以免观众误认为是展示品而不领取;可以使用资料架(台),但不能影响正常的展台接待工作,也不要影响观众行走;资料不宜大量堆放,而要均匀散发,可以由展台工作人员直接散发或少量地放置在展台上,并不断地添加,以免滥发造成浪费。另外,散发的资料要有数量控制,以便整个展览期间都有正常

---

① 资料来源:小卫.09年会展策划——企业应如何参展汇编[EB/OL].[2008-12-12].教育联展网,http://edu.21cn.com/cehua.

的供应。

对于给客户提供的贸易资料,编印成本一般很高,控制可以严格一些。这些资料可以放在接待室或资料柜内,不要让参观者自由拿取,而由展台人员有选择地提供给有价值、真正需要资料的客户。据调查,许多真正的客户往往不愿意携带很多资料,而且基本不翻阅在展览会上收集到的资料。因此,许多时候在展台上可以不直接提供宣传资料,而只配备少量资料用于谈判参考。在进行细节性的洽谈时,可以使用有直接关系、辅助洽谈的资料。若客户需要资料,展台工作人员可以请其填写索取表,并于当天或展后安排邮寄。

四、举办新闻发布会

与媒体的有效沟通也是成功参展的因素之一,特别是当展商希望介绍其革新成果或发起有趣的话题时。展商可以把他们的新闻稿放在展场里的"新闻中心"或"媒体中心"。

召开一场新闻发布会的策划工作应包括:在展会开始之前发送特别邀请函、为VIP提供特别招待、公司领导人发言、印刷、电子和视听辅助材料、食品与饮料及其他小物件(如展会纪念品)等。

新闻发布会可以直接在展台里举行,也可以在会展中心租用一个房间来举行;如果有必要的话,也可在展馆以外的场地进行。但是,因为记者在展期里被若干新闻活动所累,只有那些时间合适、发布的消息有意思和邀请函富有吸引力的新闻发布会才能吸引记者的注意,并取得成功。

五、参加评奖或比赛

有些展览会的组织机构会在展览同期举办评奖或比赛活动,评奖活动一般具有很高的权威性和规范性。企业应挑选适合自己的评奖或比赛活动来参加。

例如,中国住交会联合众多主流媒体,推出业内权威的、公正的CIHAF(中国住交会)中国房地产"三名"推介榜,获得了业界的高度认同。该推介榜具有全国覆盖、行业整合、产业完整、明星效应、权威公正的特点。

六、礼品促销

人们的记忆是短暂的,尤其是对枯燥的文字,而对色彩、形状以及有形实物,则会印象深刻,所以参展企业一般会在目标客户光临展台时,向他们赠送精美有趣的小礼品。当参观者获得了一些有形实物时,如纪念笔、记事簿、手机链、鼠标垫、日历牌等小礼品,便会在展后很长时间内都会有印象。

以下是派送礼品时需要注意的事项[①]:

■ 最好将品牌名称、标志、公司名称和电话号码印在礼品上,如果礼品上没有这些信息,赠送礼品的意义就不大了;

■ 礼品要与企业的产品相关联,要让客户对该企业的产品留下深刻、良好的印象;

■ 礼品既要实用又要有创意,而且要能体现企业的风格和定位;

---

① 唐新玲.时装展会:参展全攻略[M].北京:中国纺织出版社,2006.

■ 不要将赠送礼品随意堆放,让观众任意领取,否则,会给人一种赠品不值钱的感觉。要将礼品送给对产品真正感兴趣的人。

其实派送礼品并不是件轻松的事,即使能够挑选到既实用又新颖的礼品,也很快会被人效仿,所以派送礼品要领先潮流,不断推陈出新,这是一件很具有挑战性的工作。

> **补充阅读　　看看参展商的促销大战**
>
> 昨日,东亚旅游博览会刚刚启幕,中外参展商就上演了一幕市场促销大战。他们借助东博会搭建的大平台,纷纷展示美丽的风光,以此吸引更多大连市民的目光,争得更大的市场。
>
> 昨天上午,众多的中外参展商在参会的同时,纷纷举行了旅游产品说明会、推介会等,并推出许多优惠政策,一时间记者忙得团团转。来自田中角荣故乡日本新潟县的旅游促销团,此次不仅在展会上设立了展位,展示了春夏秋冬四季的旅游产品,而且还推出了入住当地酒店的旅行团,每人每晚奖励 2000 日元等优惠政策。在古巴举行的旅游说明会上,推出了古巴经典全景游等一系列旅游产品,令人目不暇接。韩国仁川举行的旅游说明会上,也推出了"沿着大长今的足迹游览"、"韩国医疗观光"等旅游产品。
>
> 同时,国内各省市的参展商也不示弱,纷纷发起促销攻势。丽江此次组织了由旅行社、景区、酒店参与的大型旅游促销团,并由市长王君正带队参展,推介丽江旅游度假新产品。昨天,他们请来了大连的 80 家旅行社,举行大连•丽江旅游座谈会,征求如何加快两地旅游发展的建议。丽江市旅游局局长和耀新向记者介绍说,东亚国际旅游博览会期间,丽江参会代表团以推介"天雨流芳、梦幻丽江、柔软时光、休闲丽江"形象为主题,通过搭建特色展馆、发放制作精美的丽江休闲度假旅游宣传手册、多媒体展示、播放形象短片及举办丽江旅游推介暨恳谈会、大连"丽江旅游之夜"酒会、大连•丽江旅游座谈会、丽江民族文化艺术展演等活动,向参加东亚国际旅游博览会的海外买家、国内旅行社和大连市民等推介丽江古城、玉龙雪山等一批全国一流、世界知名的名牌旅游产品,以吸引更多的大连游客来丽江旅游观光。
>
> (资料来源:李枝宏.借东博会搭建的大平台中外参展商争抢大连旅游市场[N].大连日报,2008-10-11.)

第三节　如何与观众有效沟通

沟通,本意是开沟使两水相通,语出《左传》:"秋,吴城邗,沟通江淮。"其引申义为彼此相通。作为专业术语,沟通专指相互之间信息的传递与交流。那么,什么样的沟通才是有效的呢?有效沟通有四个特点:沟通双方要有共同的动机,它是人们进行有效沟通行为的直接原因;沟通双方都是积极的参与者,即有效沟通过程中的每个参加者,都要求自己的伙伴具有积极性;有效沟通的过程会使沟通双方获得双赢,即有效沟通应当在一定程度上以影响对方的思想、行为为目的,结果使沟通者之间原来的关系优化;沟通双方应当有一定的沟通能力,即具有进行沟通所需要的知识和经验。

一、影响有效沟通的主要因素

从展会的角度来看,有效沟通就是营销人员在展会上与潜在客户保持联系,及时把企业的产品介绍给客户的一种有效的方式。影响有效沟通的主要因素包括展台及布局、工作人员、潜在客户、沟通方式以及环境因素。

(一)展台及布局

沟通双方的实体距离及心理上的距离将影响沟通的效果。结构上的设计会影响实体或心理上的沟通,以及沟通双方的互动。在展台上,与参观者沟通并传递信息给他们是展商主要关注的事项。因此,展台的设计、对展示产品和信息的选择、对参展员工的组织和资格核定等都是重要的。为获得一个恰如其分的企业展台设计,应将以下因素考虑在内:

(1)一致的企业标志展示;
(2)使用企业专有的颜色和字体;
(3)展台上提供的信息资料的设计也要体现一致性(产品目录,小册子,图像);
(4)一致的、以目标为导向的展台布局;
(5)参展员工举止及外表与企业理念相吻合。

未来的展览会上,评价一个展台是否成功的标准不是看它的展台是不是很华丽、奢侈,而是看它的沟通能力,它所表达的概念以及展台所确定的功能性和展品本身的内涵。

(二)工作人员

按照普遍规律,展会上86%的观众是具有"购买力"的——这意味着他们有权替公司采购或对公司采购决策有直接影响。因此,展台工作人员应该将每位前来参观展位的人员都视为潜在新客户。试想:如果有人愿意花时间前来参观,那么他一定或多或少对贵公司或产品感兴趣。而展品销售团队所要做的就是找到客户的需求并建立合作关系。

也有调查显示,展会94%的购买者对同类产品进行比较有时只是为了确保他们能购买到最好的产品。因此展台工作人员必须充分了解产品,并且态度要友好、介绍尽量能使客户满意。在展览会期间,每个工作人员都应把自己视为公司的唯一代表,做到万无一失。

展台的人员配备可以从以下四个方面加以考虑:
(1)根据展览性质选派合适类型或相关部门的人员;
(2)根据工作量的大小决定人员数量;
(3)注重人员的基本素质,如相貌、声音、性格、自觉性,能动性等;

（4）加强现场培训，如专业知识、产品性能、演示方法等。

最重要的一点是，团队需要密切配合，并且非常熟悉相关产品/服务，为观众提供帮助。

（三）潜在客户

由于展会云集了一个行业许多相互竞争的公司，观众可在短时间内轻易地对多种产品和多家供应商进行比较。因此，展位是公司让客户了解其对于公司重要性的一个良好平台。应当事先了解哪些客户会前来参展，并计划预留时间在晚间举办的社交会见活动中与他们展开交流；了解他们是否有任何特殊要求或与产品相关的疑问，并当场安排合适的职员为其释疑。不要忽视这些重要的客户活动，否则只会让竞争对手逮住机会。

在广泛的调查研究基础上，我们总结了客户参观某些展位的一些原因：

（1）了解其现有产品/服务的最新式样、趋势、改进等；
（2）了解最新产品的供应状况；
（3）与技术服务代表会面，了解设备更新或问题解决的相关情况；
（4）与管理团队会晤；
（5）对比和评估竞争性产品；
（6）进行社交访问或参加招待活动；
（7）建立人脉关系；
（8）采购新产品或服务。

（四）沟通方式

心理研究表明，人们所接收的外部信息中，有87%是通过他们的眼睛接收的，只有13%的信息是通过其他四种感官接收的。因此，销售人员应该使产品介绍最大限度地可视化，可以通过产品演示来实现。只有真正打动客户的心，才能刺激顾客的购买欲望。

除此之外，在展台上的多数时间，工作人员和客户都是进行语言上的交流的。销售人员应该通过询问和聆听的交替进行来了解客户的需求，并且根据需求给出相应的解决方案，而不是一味地去描述产品的特性。此外，人们在沟通时易于记住刚开始和最后发生的事情，所以在销售人员的口头沟通中，还应注意开始时的礼貌寒暄和最后的结束语。

最后，在沟通过程中，选择不适当的时间、地点等，都会直接影响到信息的传送。竞争对手对于客户的影响，也是至关重要的一项因素。

二、与买家有效沟通的常用技巧

在展会中和客户的有效沟通非常重要，既要保证沟通的内容有意义，又要创造愉快的沟通过程。通过展会上短暂的沟通，力求在双方之间建立信任，以便采取进一步的行动。展台工作人员在沟通中应遵循"3P原则"，即 positive（自信）、personal（个性）、pertinent（中肯）。谈吐自信，就是要让参观者充分了解公司及产品的品牌和优势，积极地进行自我肯定；突出个性，就是要把自己公司及产品与众不同的特点展示出来，强调公司的专业与能力；语气中肯，就是宣传要实事求是，不要言过其实，夸夸其谈。

和客户的沟通，关键在于抓住客户的需求，引起客户的兴趣，这就需要展台人员掌握良好的沟通技巧。[①]

（一）积极提问、仔细倾听

展览会的买家通常来自四面八方，他们对于产品的要求往往不一样，有的关心价格，有的关心质量，有的关心服务，要通过询问来判断客户身份，了解客户需求。只有理解了客户之后，才能更好地回应他。从与客户的交流中寻找可量化的特定信息，例如客户的目标是什么，他的选择标准是什么，他希望获得哪些可量化的收益，他使用什么样的评估系统。这样一来，客户会把你当成一个真正的专家。

此外，在和客户进行深入沟通之前，还应该了解客户的背景，包括地区、供应记录等信息。调查客户的地区非常重要，一方面，来自欧美的客户与来自东南亚的客户要求可能是不同的，欧美地区对质量要求比较高，而东南亚一些国家更注重价格而不注重质量；另一方面，通过与客户交谈他所在地区熟悉的事情，能够让他产生认同感，这样会迅速产生好感，就更有兴趣沟通。通过了解客户的供应记录可以判断其对当前产品市场的认知程度，从而开展针对性的介绍。

（二）注意与客户沟通的语言

在展会上应该使用礼貌、热忱和积极的语言来吸引客户。无论是熟悉的客户还是新来的客户，都要主动打招呼，礼貌问候，以便让客户感受到你的热情；对客户提出的问题要做出准确而迅速的回答。如果客户问到不属于你责任范围的事情或者提出你不能解决的问题，都应采取积极帮助客户的姿态。例如，客户向你提出"某某在不在？"这样的问题时，无论你是不是客户要找的人都不能说"那不是我部门的事"或者"我不是您要找的人"。

切忌在双方热烈讨论某一问题时，突然将对话结束，这是一种失礼的表现。要把时间掌握得恰到好处。在准备结束谈话之前，先预定一段较短的时间，以便从容地停止。笑容是结束谈话的最佳句号，因为最后的印象，往往也是最深的印象，可以长期留在双方的脑海之中。

销售人员应充分了解人性的特点并把它们融入到销售语言之中。展会上，大多数客户会通过与参展营销人员的交谈，以及对环境和营销人员的言行举止的观察来判断自己是否应该做出购买决定。因此，只有量化了客户的目标与选择标准、赢得客户的信任，从客户的需求来打动客户，并让他们感到物超所值，这样才可能促进客户签订订单。

（三）朋友第一、生意第二

从销售人员见到客人，到同客人交谈，要始终把握住一点，那就是让客人感觉到是他想和你做朋友，而不是你想和他做生意。当自己与客户的私交建立起来，彼此的信任感也就随之产生。因此，今后的业务往来也就接踵而至。

急于想拿到订单，打开业务局面的新人，往往会因为自己急于做成订单，而让自己处于被动，从而负担很多不该负担的"费用"或者多做很多额外功课。因此，在展会上要促成的不是当下的业务订单，而要做到与客户做"朋友"。当然，这需要经过很多次同客人的"博弈"才能做好。

---

① 资料来源：孟梅. 展会中与客户沟通的艺术[EB/OL]. [2009-04-11]. http://www.globrand.com/2009/233195.shtml.

> **补充阅读　　贸易展览会观众的消费行为**

如今,作为大量供应商及服务商寻找潜在买家的重要市场,贸易展览会已成为行业交流的重要平台。然而,目前关于展览会的研究主要集中在参展商方面,很少有旅游或会展领域的学者和管理者分析观众的采购行为,针对非业内消费者购买行为的研究更是少之又少,尚未形成成熟的观众消费行为的概念。

一、研究方法

通过文献梳理,Wong 等学者(2014)整理出影响展览会观众消费行为的三个重要因素,即价格敏感度、促销倾向性以及采购需求的多样化,进而构建了一个观众消费行为影响的研究框架。接着运用问卷调查法,实地走访 2011 年 5 月在台湾高雄举办的大型旅游贸易展览会,发放 738 份有效问卷收集样本数据。然后基于调查收集的数据,运用 SPSS 和 AMOS 工具进行数据分析,检验已构建模型的判别效度、有效性和信度,进而改进模型,得出各因素之间的影响关系。

二、主要结论

本文通过分析框架的构建、数据分析和检验修正,得出了贸易展观众消费行为影响因素的概念框架:①观众对价格敏感、对促销有购买倾向、需要采购多样化的产品都会对其消费行为产生积极影响;②对价格敏感或有多样化产品需求的观众往往更容易有促销购买的倾向;③价格敏感度高的观众往往更容易有对产品多样化采购的需求。

三、对业界的启发

在参加贸易展览会的过程中,为了吸引购买力强的观众,参展商可以采取有竞争力的定价策略、促销策略和产品多样化策略。本研究得出,对价格敏感的观众比其他观众的购买力更强,不仅间接影响促销倾向和产品多样化需求,从而促进消费,还直接积极地影响到消费行为。因此,在参展特别是现场接待中,参展商需要快速地识别出对价格敏感的客户,从而准确找到潜在客户,提高营销的有效性。

(资料来源:Wong J Y, Li T H, Peng N, Chen A H. Conceptualizing trade show visitors' consumption behavior [J]. International Journal of Tourism Research,2014,16(4),325-328.)

第四节　潜在客户评估

在展会上,观众来到一个展台前未必一定是来谈业务的。参展工作人员一定要多询问来者需要什么帮助,多倾听客户对展品或公司提出的问题。在展览会上能接触多少潜在的

客户,是企业参展是否成功的一项指标,同时也是企业参展最重要的目的之一。

一、对潜在客户的界定[①]

所谓潜在客户,即指对某公司的产品或服务(包括公司名称、联络方式、背景信息等),或者对该公司本身表现出兴趣的潜在购买者。一个合格的潜在客户可以被定义为具有某些特征,符合公司预先设置的潜在客户标准,可以转化为客户的未来购买者。

遗憾的是,在商业营销界,特别是会展中,潜在客户这个词通常被用来形容各种各样的联络人,包括:

- 碰巧经过展台,把名片放进名片盒换取赠送奖品的人;
- 名字出现在展前邮寄名单中的人;
- 通过电话簿和行业指南等发现的联络名单中的人。

以上的各种人只能说他们有可能与贵公司联系,如果他们表现出对贵公司和产品的兴趣,也可以被称为"联络人"或者"问询人",并不是这种人就没有价值。事实上,通过一系列的通信和交流,他们最终可以转化为有价值的潜在客户。但是把他们统称为潜在客户会令其含义贬值,同时会赋予"联络人"过高的价值。

二、评估潜在客户

(一)重要性

在展览会现场与参观者交谈、评估他们的购买潜力,这种能力是企业参展成功的关键,也是提高竞争力的最佳渠道之一,但是很多公司都没有认识到这一点。了解客户的需要比站在那里向客户介绍自己更为重要。参观者对他们在展览会上听到的信息只能记住很少的一部分。展商的工作是建立联系的平台,尽可能地获取参观人的信息,然后主动地进行追踪工作。

(二)收集信息

在潜在客户的评估方面,必须要从参观者中清除那些永远都不会与公司发生商业往来的参观人。因此,要剔除参观伴侣,或者只是一起来展览会玩玩的参观人。但是如果希望和以后有可能成为购买者、影响购买者或向别人推荐产品的所有参观者建立联系,展台前潜在客户的评估标准就可能变得非常模糊和宽泛。

很多营销人员发现,销售人员会围绕以下目录对潜在客户进行评估。

- 客户基本特征。客户公司的基本情况,如名称、所属行业、规模、产品、人数等。还包括该客户在行业的知名度,信用情况等。
- 决定权。来展台参观的人是否具有决定权。如果他没有这项权力,就需要了解有购买决定权力的人以及联系方式。也可以询问购买环节中的其他相关角色,如谁推荐,谁购买,谁使用等。
- 需求。客户公司对产品有何需求,我们的产品和服务是否能满足他们的需求。

[①] 史蒂文斯.展会的组织管理与营销[M].孙小珂,陈崴,金鑫,译.沈阳:辽宁科学技术出版社,2007.

- 销售量。客户公司有多少个部门需要,需要多少?
- 预算。客户公司是否有预算,预算额度多大?
- 时间表。客户公司是否急于购买?做出购买决定需要多久的时间?我们的产品或项目从他们购买之日起,多久可以使用?
- 合作历史。客户公司是目前的客户之一吗?

通常,展览会现场的环境是嘈杂的,容易分神,需要展台的工作人员先搜集到如下最基本的信息:

- 联络人信息;
- 联络人喜欢的联系方式;
- 商量下一步联络内容。

展览会会为开展销售和客户跟进工作提供了有利的平台,展台人员要尽可能多地记录参观者的信息。一份详细的记录就是潜在客户评估的最直接的材料。

小贴士

展台工作人员在做记录时要争取尽量准确,尤其是潜在客户方面。准确的记录有助于后续工作的顺利进行。

展台接待和洽谈记录要适时统计,每天可以进行简单的统计,内容包括观众接待数、观众来源、询问内容、合同洽谈数量和金额等,统计结果是每天展后会议的内容之一。对于一些需要急办的事应该马上与相应部门交接,以便及时处理。

在展览会闭幕后,可以做一些复杂的统计分析,主要内容包括:根据记录建立或更新客户名单,选编新的展出邀请名单;分析宣传、广告、公关的效率并找出改进的方向;统计后续工作建议,分轻重缓急安排处理等。记录、统计和分析工作指定人定时做,对于一些后续工作,迅速统计并立即处理非常重要。

(三) 潜在客户分类

有些公司采用"线索分类系统"来反映影响一个展会销售线索的两个重要变量:时间和金钱。参观者将要购买的产品或服务的时间框架是首要、关键的考虑因素,公司需要及时给予答复。下一个考虑因素则是可能的采购金额,因为这通常会决定公司在后续跟进时要投入的精力。以下是一个简单的线索分类系统,世界各地的许多公司都可以使用。

"A"类客户:大金额,购买时间段短。
"B"类客户:小金额,购买时间段短。
"C"类客户:大金额,购买时间段长。
"D"类线索:小金额,购买时间段长。

这一分类流程的另一个原因也很简单:展会结束后大家都精疲力竭,唯一需要我们立即采取行动的就是 A 类和 B 类销售线索。其他的可以在之后再行跟进,那时候团队经过一段休息精力也恢复了。

参展管理：从战略到评估

许多公司采用基于互联网的处理系统来保证线索能被妥善存储、归类和跟进。这些系统通常可自动准备给潜在客户的信函，包括价格信息，并设定随后与公司代表面对面的会见等。

最后，也是最重要的，跟踪所有在展会上获得的销售线索，这样就能衡量最终在销售方面的成功和总体结果，从而有助于证明对展会投资的合理性，以及比较不同展会的参展效果。

 本章小结

展会现场的观众接待工作对于参展企业来说犹如临门一脚，其质量的高低在很大程度上决定了企业最终的参展效果。利用展会这个平台，聪明的企业不仅能够树立良好的企业形象，更能够与观众建立友好互信的关系，为企业的业务拓展开辟新天地。那么究竟如何才能吸引和接待好观众呢？

本章第一节从整体上把握了展会观众接待工作的主要内容，指出展会的接待工作不仅仅是要创造人气，更重要的是留下客户线索，为进一步的联络做好充分准备。

第二节详细介绍了多种吸引观众的方法。企业应该根据自身及产品的特点，综合运用其中一种或几种方法，努力在观众心目中留下美好的印象。

与观众沟通是企业参展的主要任务之一，而沟通不仅仅是言语上的，还包括环境、氛围、肢体语言等众多要素，每一种要素都可能会影响整体沟通效果。第三节从展台设计及布局、工作人员、潜在客户、沟通方式以及环境因素等方面，论述了参展商进行有效沟通的技巧；接着从展会沟通艺术的角度，阐述了在与观众交流的过程中，企业参展人员应该掌握哪些原则与技巧。

展会上与潜在客户的沟通只是沟通的开始，更重要的是进行展后观众的分析与跟进工作。第四节对潜在客户的评估工作做了详细的介绍。

 关键词

观众接待（visitor reception）：该工作的主要目的是发现新客户并与之建立联系，以及保持、巩固与老客户之间的联系。

沟通（communication）：作为专业术语，它专指相互之间信息的传递与交流。

3P原则（3P principles）：positive（自信），personal（个性），pertinent（中肯）。

潜在客户（potential buyers）：可以定义为对某公司的产品或服务（包括公司名称、联络方式、背景信息等），或者对该公司本身表现出兴趣的潜在购买者。

复习思考题

1. 对于参展商而言,展会现场观众接待工作主要有哪些内容?
2. 试列举参展企业在展会现场吸引观众的常用方法。
3. 在进行产品演示时,参展工作人员需要特别注意哪些事项?
4. 影响有效沟通的主要因素有哪些?
5. 如何才能与观众进行良好的展会沟通?
6. 为什么要进行潜在客户评估工作?

案例讨论题

展会的什么属性能导致重复参观?

"是什么原因使得观众不再观展?""哪些属性是观众觉得展会需要具备的?""什么样的展会使观众最满意?"这些问题往往让展会主办方苦恼不已。为了培养展会的忠诚观众,展会急需了解客户的需求和评价,探讨该话题对参展企业也有重要指导意义。Whitfield 和 Webber(2011)曾经以 2008 年 MICROSCIENCE 展览会为例开展过一项研究,致力于解决以下问题:①识别观众在选择展会时会考虑的因素;②找出案例展会在这些因素中的表现;③分析观众在选择重复参展决策中最重要的因素。

一、研究方法

(1) 通过文献综述,筛选出影响展会满意度和重复参展决策的属性,确定可用于评估展会的主要属性。

(2) 采用问卷调查方法,在 2008 年 MICROSCIENCE 展览会上派发了 1008 份问卷,回收 218 份有效问卷,以测量 MICROSCIENCE 展会的表现和重要性。主要以两个阶段的问题来对受访者进行调查:①你对该展会的以下属性的满意程度如何?该展会的以下属性对于您决定是否参加展会的重要程度如何?②您以后是否会参与未来的 RMS 活动?

(3) 运用重要性—表现分析法(IPA),统计观众对 MICROSCIENCE 的满意度(非常满意/非常重要 5 分—非常不满意/非常不重要 1 分),最终得出参观者对案例展会相应属性的重要性和表现评分。

在 IPA 分析图中,4 个象限显示各属性的重要性及表现,X 轴表示表现评分,Y 轴表示重要性评分。若属性分布在第一象限则代表该属性"保持工作良好",在第二象限表示"可能过度重视",在第三象限表示"需集中精力",第四象限表示"低优先值"。

(4) 运用线性回归方程,计算展会各属性的重要性评分和满意度评分对观众重复参展决策的影响,进而得出各属性作用程度的排名。

二、主要结论

1. 第一阶段的分析过程反映了观众对各属性的评价以及展会需要如何做出改进

从 IPA 分析图可知,落在第一象限的 7 个属性是需要继续保持的,分别是"获得产品信息"、"寻找新产品"、"参展公司的数量"、"遇见行业专家"、"联系潜在供应商"、"获得技术建议"以及"社交"。其中,有 3 个属性和产品有关,2 个和商业人脉有关,1 个与展会声誉有关。

第二象限只有 1 个属性,表示观众对该展会在"购买商品/寻找商品"上的表现非常满意。然而,该属性对展会的重要程度并没有太大影响。

第三象限的 2 个属性,即"新产品数量"和"展品的类型"是最值得集中资源的。因为它们是重要性高但观众满意度低的属性,所以集中资源进行改善,可以迅速产生良好的效果。

第四象限的 3 个属性为"相对市场价格"、"寻找竞争者"和"参加研讨会"。尽管表现不佳,但并不是观众优先考虑的属性。

2. 第二阶段的分析过程反映了观众重复参观的意向

在被访问者中,39.64%(86 人)明确表示将重复参观,40.8%(89 人)表示非常可能会再次返回,因此,有意向重复参观的人占 80% 以上。17.4%(38 人)表示也许会再次参观,2.16%(5 人)表示很可能不会再返回,没有人明确表示肯定不会回来。

根据以上结果进行回归方程分析,并综合重要性和满意度,得出两个发现:①对于展会观众,社交互动(networking)的重要性和满意程度都是较高的;②寻找新产品和获得技术建议也是提高观众重复参观的重要途径。

三、对业界的启发

从以上案例分析中可以看出,主办方需要集中资源提升两个属性:新产品数量和展品的类型。IPA 分析方法可广泛地运用在展后评估阶段,以改良基于调查问卷的简单统计分析方法。具体而言,可以运用 IPA 分析方法,有针对性地了解某个展会的观众所重视的展会属性和该展会表现不佳的属性,识别最需要投入资源改善的表现力较差但观众很重视的属性,从而有利于组织者从客户关系管理(CRM)的角度来进行改进。

(资料来源:Whitfield J, Webber D J. Which exhibition attributes create repeat visitation? [J]. International Journal of Hospitality Management, 2011, 30(2), 439-447.)

思考:

(1) 请结合案例研究中通过 IPA 分析发现的 13 个展会属性的分布,对比分析自己记忆中的相关属性。

(2) 本案例研究中最后的策略是站在展会主办方的角度提出的,这对参展企业有什么启示?

第 9 章

市场情报管理

学习目的

- 理解从情报学角度观察展览会上遇到的竞争对手的重要意义。
- 掌握在展览会上搜集市场、客户和竞争对手情报的主要方法与获取渠道。
- 了解展览会中的知识产权侵权行为及常用的保护措施。

线索引入

华东进出口商品交易会(华交会)上参展商的不同"表情":

表情1:"No Photo"。宁波一家塑料制品出口公司经历了多年"教训",练就了"三不"原则。一不随便发放产品目录册。若对方支支吾吾掏不出名片、亮不明身份,参展商就以产品目录册数量有限为由而拒绝发给对方。二不轻易报价格。一般而言,前来"刺探军情"的竞争对手有一个明显特征,即到了展位前目光直盯新品,对旧品"视而不见",对于具有这种特征的人,参展商格外留神,若对方一再追问价格,就只报零售价而非贸易价。三不让拍照。这种情况多出现于化妆包、塑料日用品等"光有外观"的产品。

表情2:"Without Reservation"。参展的一家陶瓷公司对各种索要产品目录册的人几乎来者不拒,生怕错失了任何一个潜在客户,发放产品目录册如同发传单,业务经理告诉记者,公司的"活水棒"放于水中,会让水分子变小,具有多重保健功能,在国内外都申请了发明专利。这家参展公司看起来很自信:"要模仿?我们的陶瓷是经过特殊配方、特殊工艺,煅烧后可释放远红外线波长,怎么能轻易模仿得

了?我们不怕被模仿。"

……

(资料来源:吴颖. 华交会参展商底气足[EB/OL]. [2007-03-05]. http://jfdaily.eastday.com/j/20070305/u1a264526.html.)

市场情报(market intelligence,MI)是企业为获得或维持竞争优势,通过一定的方式对竞争环境和竞争对手的信息进行搜集、整理和分析后得出的有用资料。中国自古有句俗话叫"商场如战场",市场情报是情报的衍生物,具有真实性、知识性、时效性、共享性和可传播性等特征。在如今竞争激烈的市场经济环境下,市场情报的搜集与整理也就像战争情报一样对企业显得格外重要,有的企业甚至建立了专门的情报系统,不惜一切代价获取有用的市场情报。

展览会是一个四处充满信息的空间,参加展会是收集市场情报的一种有效途径。优秀的展览会往往是一个客商和供应商云集的大市场,展览会已经成为各企业市场部或销售部从事收集竞争情报活动的重要场地,可以直接观察竞争产品、拍摄实物照片、同竞争对手员工交谈、搜集各种文字资料、获取各种产品样本等,而且获得的信息通常比较真实可靠。大部分参展商可能在思考怎样把自己的产品与服务信息传播给与会的观众,殊不知身边的竞争对手正以"伪装"的观众身份在暗地里观察他们。一名参展工作人员,应该怎样处理?又可以通过哪些正当的渠道在展会上获取想要的市场情报呢?

第一节　观察竞争对手

展览会对企业经营决策可以产生深远影响:一方面展览会可以反映行业的发展方向,通过它来了解本企业的经营目标、经营决策是否与行业总体发展趋势相吻合;另一方面,通过展览会能收集到市场、竞争对手和消费者的相关信息,这些都可以为调整企业结构提供参考。展览会不仅是企业进行产品比拼的最佳场所,也是理想的市场调研场所。展览会上,企业都会将最新的成果拿出来展示,展出者和参观者都不介意回答一些专业性强的问题,甚至很乐意提供意见和建议,而在其他场合就会大不相同。

因此,在展览会上做调研,既能节约时间、精力,又能获得有价值的信息。参展商需要首先搞清楚哪些是自己的竞争对手?竞争对手的哪些情报信息具有真正价值?在展会上又可以通过哪些方式来获取这些情报信息?

一、识别竞争对手

竞争分析和竞争对手分析是两个不同的概念,竞争对手分析(competitor analysis)只是竞争分析的一部分。竞争分析除了竞争对手分析之外,还包括行业的竞争环境分析、波特五力分析中的供应商的分析、经销商的分析、潜在进入者的分析以及替代产品的分析。

竞争参与者和竞争对手也是两个不同的名词,每一个企业都在某一个行业环境里生存,在这个行业中有许多的竞争参与者,但并不是每一个竞争参与者都是你的竞争对手。只有那些有能力与该企业抗衡的竞争参与者,才能称其为竞争对手。所以在分析竞争对手的时候要有的放矢,不能面面俱到。[1]

除了大型综合性展览会之外,越来越多的专业性展览会都开始针对某个特定的行业或产品,比如机械、玩具、服装、钟表、礼品等,所以参加同一个展会的参展商是极有可能遇到现

---

[1] 佚名.如何正确进行竞争对手分析[EB/OL].[2014-01-30].http://wenku.baidu.com.

实直接竞争对手或潜在竞争对手的。每个参展的企业都有自身的核心产品、市场定位和营销策略等，因此展览会上每个企业的竞争对手不是完全相同的，这就需要参展人员进行观察和辨别。

具备以下条件的同行企业大致可被视为竞争对手：
（1）已被列入本企业竞争对手名单的参展企业；
（2）销售与本企业相同或相似产品的企业；
（3）目标市场与本企业相同或相似的企业；
（4）生产工艺或技术与本企业相同或相似的企业；
（5）企业研发方向或研发重点与本企业相近的企业；
（6）产品销售范围与本企业相同的企业；
（7）与本企业有着相同的供应商或合作伙伴的企业；
（8）企业规模和实力与本企业相近的企业。

二、关注竞争对手

在收集竞争对手的信息情报的过程中，我们需要重点关注哪些有价值的信息呢？如果从厂商的角度来剖析竞争对手，通常可以从以下六个方面来进行深入剖析。

（1）竞争对手的数量与经营实力。包括各个对手的产能、产量、性质、背景、销售量、销售额、经济实力、企业形象、经营历史、团队组成等。

（2）竞争对手的市场占有率。因竞争对手在不同的行政区域和行业领域的市场份额不尽相同，因此计算其市场占有率时也要根据不同的区域和领域数据统计裁定。

（3）竞争对手的竞争策略与手段。包括其销售渠道、物流、公关、服务、动态、回款周期与收款方式、营销人员的素质与职能、销售人员的工作模式等。

（4）竞争对手的产品。包括其产品价格、性能、质量、附加值、稳定性、产品组合等。

（5）竞争对手的技术。包括各竞争对手原材料的采购、技术人员素质、研发实力与动向、生产设备、生产管理、生产人员素质等。

（6）竞争对手的客户分布。包括对手的客户分布区域、行业侧重面、各区域市场的经营状态等。

对竞争对手展开调查的渠道主要有公司年度报告及文献资料、竞争对手的客户、竞争对手的上下游合作伙伴、竞争对手公司员工、本企业的员工、下游产品销售市场或档口、新闻媒体记者、各类展会以及政府相关部门与行业机构等。其中，了解竞争对手的情况是参展商参展的主要目的之一。对于参展商而言，在展会上可谓是零距离接触自己的竞争对手，很多时候与竞争对手仅仅是一墙之隔或是隔条走廊相望，他们总是希望能够全面了解自己的竞争对手，尤其是竞争对手的产品特性、价格、营销策略、交易方式、研发动向等核心的商业机密。调查竞争对手主要可采用以下方式展开。

（1）亲自到展会里的各个展厅转上一圈，看一看各个厂家都拿出了什么像样的产品，对整个展会形成一个总体印象。

（2）在正式接近竞争对手展厅之前，务必要侦察一番它的动静，事先了解到诸如展厅布局、新产品样品、工作人员安排等情况，找出你打算交谈的对象。

(3) 在观察竞争对手展厅时,应该注意的情况包括:主要参观者是什么人,来自哪些公司,提了些什么问题,潜在的买主提出些什么问题。什么样的参观者被带到商务间进行单独面谈(即简单的竞争对手"消费者调查")。

(4) 通过旁听观众的谈话,了解消费者对竞争对手产品的质量、样式和颜色等方面的评价(即简单的第三方"产品评估")。

(5) 观察并记录到竞争对手展厅参观的人员数量(即"客流量统计")。

(6) 正式同竞争对手员工交谈的时间,应该是对方能有机会较详细回答你的问题的时候。可以先从展厅里的新产品开始谈起,然后逐渐引到你关心的问题。

(7) 所选择的谈话对象如果是对方参展的技术人员,有可能透露出很多宝贵的信息。因为他们不太设防,不经意之间会说出一些公司内部信息。

(8) 所选择的访谈对象如果是销售人员,他们比较喜欢夸大其词,除了介绍各种产品的性能、特点和价格之外,有时会告诉参观者,自己公司的一些大型广告宣传和促销活动计划。

(9) 双方交谈时,请不要做任何记录,也不要用录音机,应尽量用心记住关键信息。[①]

像展览会这样一个特殊的交易场所,参展商可以通过多种方式来获取竞争对手的信息,但其中最简单有效的就是参观竞争对手的展区,可以从竞争对手的宣传资料、现场体验和展出对比等方式来间接获得对方的有效情报,同时自身的产品信息也可能被对方所获取。对于大多数同行企业而言,虽然不是很欢迎竞争对手的来访,但一般都会礼貌接待,在比较中互相取长补短。许多企业缺乏参展经验,参展人员的反情报意识就更为薄弱。从展览会上获得产品情报的身份包括客户、记者等,以分销商的名义获取资料是更为透彻的做法。调查人员在参观竞争对手的展区时,应该注重从以下几个方面来收集相关信息。

(1) 竞争对手产品宣传资料;
(2) 竞争对手展台布置与设计;
(3) 竞争对手展会上的营销活动;
(4) 竞争对手对产品的不同理解;
(5) 竞争对手的产品优点、业务重点及投入情况;
(6) 竞争对手产品研究阶段;
(7) 竞争对手对部分问题的理解和解决办法;
(8) 现场体验竞争对手产品;
(9) 竞争对手相关人员姓名、职位;
(10) 竞争对手分支机构、投资及地理位置;
(11) 竞争对手用户分布等。

三、竞争对手的比对调查

展会竞争对手比对表(trade show check list)可以很方便地帮助参展人员来研究竞争对手的行动计划,通过与竞争对手的比较能够更客观地评价自己,比如展台形象、专业性、产品

---

① 张继焦.在展会上,我们还能做点别的什么?[EB/OL].[2008-11-04]. http://blog.china.com.cn/zhjijiao/art/303367.html.

个性、知名度、展台设计和市场差异等。表 9-1 所示为竞争对手比对分析表,有助于参展企业通过开展持续的对比分析和计算决策,来改进自身在未来展会上的参展效果。①

表 9-1 竞争对手比对分析表

(1) How often do you see this competitor at the same event that you attend?
　□ 经常 Often　　□ 偶尔 Sometimes　　□ 第一次 This is the first time
　* On a scale of 1 to 5, how would you rate your competitor's exhibit display booth based on:
　□ 视觉冲击 Visual Impact　　□ 形象 Image　　□ 图案 Graphics　　□ 灯光 Lighting
　□ 总体设计和结构 Overall Layout and Configuration　　□ 产品展示 Product Display

(2) What promotional tactics is the competitor using to engage people to visit the booth?
　* On a scale of 1 to 5, how does this compare with what you are doing to attract booth visitors?
　□ 超过 Better　　□ 差不多 About the Same　　□ 不如 Not as Good or Effective

(3) What promotional items and giveaway does this competitor use?
　* Is this competitor involved in conference workshops, seminar sessions, or panel discussions?
　□ 是的 Yes　　□ 没有 No
　* On a scale of 1 to 5, how would you evaluate the staff working the competitor's booth based on:
　□ 个人形象和专业水准 Image and Professionalism　　□ 着装 Dress　　□ 友善程度 Friendliness
　□ 专长 Expertise

(4) What type and variety of product literature and printed materials does the competitor use?
　* How would you evaluate the quality and breadth of materials compared to yours?
　□ 超过 Better　　□ 差不多 About the Same　　□ 不如 Not as Good or Effective
　* Did this competitor do any pre-conference marketing?
　□ 是的 Yes　　□ 没有 No

四、竞争情报的获取渠道

展会上可以获取竞争对手情报的渠道有很多种,只要用心去做总可以找到好的途径。竞争对手的信息总是伴随在其左右,除了自身对外宣传和展示的信息之外,其实只要竞争对手出没过的地方或与其接触过的人都可能隐藏着情报信息。

(一)竞争对手的展区

展览会上既要大肆宣传自己最独特的产品,又要对核心技术和服务有所保留,这让大多数参展商感到颇为为难。因此,在竞争对手的展区可以说暗藏着很多有价值的信息源,比如竞争对手的产品宣传材料、营销推广活动、展台设计及展品陈列都是其市场信息的集中体现;同时,也可以细心观察造访竞争对手展台的观众,体验对方展台上陈列的产品,并倾听观众的评价,获取竞争对手的销售渠道和客户信息等方面的情报。

(二)竞争对手的客户

竞争对手的客户是跟其有着密切联系的人事,由于他们特殊的合作关系,客户一般都对竞争对手的产品特性和价格策略等了如指掌。调查人员可以在与对方客户的购买谈判或电话回访中,把自己的产品与竞争对手做比较,从而间接了解竞争对手的信息。

---

① 资料来源:Trade Show Check List To Evaluate Competitors,http://www.trade-show-advisor.com.

（三）展会调查公司

一些较有实力的公司在展会上可以聘请专业的调查公司进行调查，参展企业可以将自己的调查目的委托给调查公司，调查公司以某公司的名义伪装成潜在顾客或专业买家，从而对竞争对手的市场情报进行深入的了解。

（四）展会媒体报道

每个参展企业总是希望自己能在众多的参展商中脱颖而出，而他们的一举一动可能成为展会上媒体关注的焦点，展会媒体有可能对其进行跟踪报道或专题采访，竞争对手可能会借此机会在媒体上发布自己的未来计划和研发方向。即使不到现场，如果能深入研究各种媒体的报道，尤其是网媒的现场报道，也可获得大量接近一手的信息。

（五）展会统计报告

展会举办者通常会在展会期间以及展会结束后公布一些统计数据，展会统计报告是对展会举办效果的一份综合评价，如参展商数量及展览面积、展品结构、参展商目标、参展商对观众专业性的评价、专业观众分析、总体效果评价等。除此之外，还可以从展会的会刊和公告中了解到竞争对手的一些情况，比如上一次有5个对手参展这次展览会，而现在只有4个了，你就要详细了解情况，为什么少了一个？到哪里去了？

五、有效情报的获取策略

竞争对手情报的获取必须做到有的放矢，如果想在展览会举办的短短时间内收集到有效的竞争对手情报（competitive intelligence），必须制订一个详细而又周密的情报计划。

首先，参展之前收集有关竞争对手的资料信息，这样可以对竞争对手有一个大致的判断和了解，明确情报工作的重点，预测竞争对手在展会上可能采取的行动，从而在展览会上可以有针对性地收集有价值的信息，同时也为策划一套新颖的展会活动方案做好准备，而不是毫无目的地随意收集大量无用的信息。

其次，在展会现场采集相关信息，可以利用笔记本、数码相机、手提电脑、存储器等辅助工具尽可能多地收集竞争对手信息，捕捉竞争对手展区的每一个细节并保存下来。

最后，展会后评估分析信息，有效的情报都是从大量的信息资料中萃取出来的，需要情报人员进行思考和总结，同时也可以将自己的优势和劣势与竞争对手做对比分析，从而找出自己的产品、销售人员、展品、宣传资料、顾客评价和展会前的营销策略及其在实施效果方面的差距。

六、反竞争对手侦查的技巧

展会情报管理主要包括两个方面：一是从参与展会的人和环境中获取信息；二是防止泄露参展企业的内部机密。由于没有一个完善的信息收集计划，参展企业至少会浪费整个参展或会议预算费用30%的资金。与此同时，如果没有任何保护措施，企业至关重要的信息被竞争对手收集的概率将比采取措施要高出10到100倍。[①]

---

① 资料来源：http://www.geodennisassociates.com。

(1) 参展要有详细安排，从展台设计到专业研讨会都要制订详细计划；

(2) 展台中陈列多种对未来探索性的产品，以免竞争对手发现公司的研发重点；

(3) 明确不同工作人员的职责；

(4) 对参展人员进行全面培训，尤其是领导和专业研发人员交流中应注意的内容；

(5) 资料提供采取分阶段方式，现场提供公开内容，详细内容经过用户确认后通过上门、邮寄等其他方式提供；

(6) 对于媒体、专家、国家机关工作人员，要在交流的同时有所保留，尤其是相关领域的专家，尽可能在介绍公司产品的同时，听取对方对行业、产品的看法等。

补充阅读　利用展览会来提升企业竞争力

Susan A. Friedmann 是一位著名的美国会展培训师，她对利用展览会来调查竞争对手颇有心得。她认为：市场每天都处于不断的变化之中，新的企业不断涌入这个行业并推出一系列的新产品、新服务和新的市场营销策略，为了能够更好地参与并应对这些变化，需要洞察竞争对手的行为，而展览会正好提供了这样的一个便利空间。

在展会上可以向展台工作人员直接询问很多重要的问题，从他们的回答当中可以知道他们新产品投放的计划(new product launch)、营销策略的评估(assess marketing strategies)、分销渠道(distribution channels)等。就算只发现一个相比于竞争对手很小的竞争优势都可能会带来意想不到的效果。

但是，事实上直接询问的效果并不是很理想，竞争对手并不会轻易地把市场情报直接告诉你。其实，公司的促销宣传单上已经提供了很多有用的信息，比如尺寸、地点、设计和效果等。经验丰富的专业观众是很容易读懂展台的，他们能从众多的信息元素中提炼出有价值的信息。

1. 展会上竞争对手所公布的信息(Information competitors are sharing)

(1) 对方企业的来历；

(2) 他们在市场中的声誉和形象；

(3) 部分销售策略。

2. 访问竞争对手的展台(Visit your competitor's booth)

在跟对方交谈之前，你需要尽量弄清楚以下几个问题，并把其中明显不同的地方详细地记录下来，尤其是那些能够创造市场机会的要点一定要借鉴过来。

(1) 是否对我们造成威胁？他们的展台是否比我们的更吸引观众？

(2) 提供产品或服务的程度；

(3) 此次展会重点推介的产品和服务；

(4) 重点塑造的展台风格。

3. 谨慎地与对方员工交谈(Be subtle when talking with the booth staff)

展会上竞争对手跟我们一样不希望放过任何有价值的行业信息，通过任何一个简短的交谈都可能获得很多有用的信息，包括以下普通展会观众想知道的一些问题。

(1) 产品/服务的独特之处；

(2) 最新推出的产品/服务；

(3) 产品安装和维护的简便方法；

(4) 发货时间；

(5) 公司及其分支机构的分布；

(6) 质量和服务的优缺点；

(7) 价格策略；

(8) 特别的优惠政策；

(9) 企业经营理念。

4. 切入深层次话题(Move on to more intrusive questions)

(1) 供应商(谁是竞争对手的供应商？他们对供应商满意吗？他们觉得供应商有哪些不足？Who are their suppliers? Are they satisfied? Would they consider switching vendors? What are their complaints and unmet needs? What are the key factors in their purchasing decisions?)

(2) 生产技术(竞争对手是否整合应用了技术革新手段来降低成本？Has the company integrated changing industry technology to create cost savings, be very general here. If you say"Gee, have you all adopted the new X-7T die cutting laser protocol?"or some other very technical question, they'll know you're not just a random attendee.)

(3) 竞争优势(在过去一年中，竞争对手是否有任何有助于增强竞争优势的并购行为？If your competitors have made any important aquistions over the last year, giving them a competitive advantage.)

(4) 追随目标(他们把行业中的哪些企业作为引领者？Who do they see as the leaders in the industry? You can tell a lot about a company by the firms it tries to emulate.)

5. 学习竞争对手的成功之处(Learn from your competitors' success)

有些问题是非常有价值的，他们将帮助你发现竞争对手的市场份额和分销渠道，尤其需要特别关注那些竞争对手参与而自己没有涉足的领域，这些将有助于发现他们的成功之处。

(1) 竞争对手最大和最重要的客户是谁？

(2) 为什么客户会选择他们的商品和服务？

(3) 竞争对手产品中最具价值的是什么？

(4) 他们是怎样分配销售人员的？是否有建立局部性、地域性或全国性的销售网络？

(5) 在参加展会之前公司为此付出了哪些努力？

(资料来源：Susan Friedmann. Using Trade Shows To Investigate Your Competition[EB/OL]. [2012-10-18]. http://www.workz.com.)

第二节 参加专业会议

一、展会中的专业会议形式

(一)论坛

现代展览会越来越讲究展、会并重,组织者在举办展览的同时,通常要组织相关内容的论坛,并请来大批中外一流的专家、学者,甚至社会活动家、政府要员等参加,就相关热点或焦点话题展开演讲和论述。论坛是展会中一道绚丽的风景线,它是与洽谈交易活动并重的一项活动内容,也是展会中最精彩、最受欢迎的活动之一。在论坛上,这些特邀嘉宾不仅能带来国内外最新的信息、技术和项目,更能带来相关领域内具有前瞻性和导向性的新论点、新理念、新思维。更重要的是,论坛也是加强学术交流、增进友谊的桥梁与纽带,对提升展会档次、扩大影响、扩展潜在客户等意义非同寻常;同时,群英聚会、智慧激荡有助于拓宽视野、更新知识、交融理念、开拓思路。一些知名展会,如广交会、高交会和北京"国际周"等大型展会期间举办的论坛,听众多达数万人,门票紧俏,场场爆满。一场成功的展会,不但要有可观的成交额,还需要有发人深省、富有启迪的论坛讲座,已经成为无可争议的事实。①

(二)讲座

展会中的讲座有别于论坛,一般情况下规模不会太大,穿插在展会举办的间歇期间举行。讲座通常是针对某种新观念、新产品、新技术、新动态而进行的专题讲解,演讲者大多是从事某行业研究的知名专家、企业经理或企业研发人员,演讲的内容比较专业、具体,且听众大多是对此比较感兴趣的业内人士或潜在客户,因此展会中的专题讲座有利于参展商辨别出潜在客户,并借助讲座来传播新观念来引导消费、开拓新市场,达到推广产品与服务的目的。与此同时,展会中的专题讲座为行业人员的相互沟通和技术交流提供了一个特设的空间,在展会现场讲座结束后,一般都设置了提问和互动环节,听众可以就自己感兴趣或有疑惑的内容向演讲者直接发问,部分讲座中还包括一些咨询活动,通过这些都比较容易获得自己想要的信息。讲座作为展会现场一种比较专业的活动形式,更容易增进人们对产品与服务的深入了解,它与展台展示形成了完美的组合。

(三)培训

展会中的培训与上述讲座有些相似,只不过培训对象和培训形式会与其有所不同。展会中的培训已逐渐成为现代展会的辅助活动之一,展会主办方为了能够增加展会的吸引力,给参展企业和观众提供更多的附加价值,通常会举行与展会主题密切相关的培训活动,培训内容主要涉及知识普及、行业标准、技术应用和企业经营管理等方面,因此展会中的培训更具有公益性。2015 年第 22 届北京国际石材展期间举办了一系列标准宣传和培训活动,其目

---

① 佚名.论坛的筹备与组织[N].在线国际商报,2010-03-17.

的主要是全面普及石材知识、标准和规范,举办者希望借此来推动行业与展会相辅相成的规范发展。在2015年中国(武汉)国际孕妇、婴儿、儿童产品博览会上,主办方特邀专家就经销商关心的"如何提升经销商的经营管理能力——决胜终端"提供了培训活动,以产品宣传和渠道优化为主要内容,从内涵和外延上丰富了展览会的内容,为参展企业和观众创造了更多的信息价值。

二、专业会议中的情报信息

专业会议主要是针对行业新产品、新技术和新趋势的一个研讨,这些信息将有助于参展企业对未来产品和市场做出正确的判断,把握未来的发展趋势和改进方向。在国外的展会中经常会采用关键情报主题(key intelligence topics,KITs)来获取信息,专业会议中的KITs主要分为以下三种类型。

(1) 趋势性问题(strategic):判研未来市场对我们公司的有利之处;

(2) 预警性问题(early warning):监控技术环境并预测未来技术变革的主要方向,明确政府是否正在计划改变现有的政策;

(3) 描述性问题(profile):制定关于客户和竞争对手的资料库以预测他们将进行的行动。

在展会上举办的专业会议中,我们可以从以下问题来有针对性地搜集相关情报信息。

(1) 了解现有技术成熟度及应用情况;

(2) 了解对手、咨询机构、政府部委对技术发展的态度;

(3) 发现新技术,替代技术或潜在热点;

(4) 现场对比技术优劣;

(5) 了解利益相关方(包括政府、用户、供应商)对行业热点的理解或竞争态势;

(6) 发现合作伙伴及合作机会,包括上游供应商、下游客户、竞争对手、跨国(或跨地区、跨行业)合作机会;

(7) 通过现场体验,发现客户需求或潜在需求、客户对产品的理解,客户认为的产品优劣势;

(8) 发现可学习的标杆企业或项目,并初步搜集资料;

(9) 与业界知名人士或相关媒体当面沟通,建立联系,完善信息网络;

(10) 利用展会专业人士多,作为新技术的试探场所。

补充阅读 美国的投资博览会是如何助人投资的?

在美国著名金融会展公司英特秀(Intershow)亚洲代表处的组织下,中国企业家代表团首次赴美国首都华盛顿,参加了英特秀主办的在业界享有盛名的投资博览会(Money Show)。随后,代表团又赴纽约拜访了包括纳斯达克和美交所在内的华尔街的众多金融机构。这次为期两周的考察让代表团成员收获颇丰。

在华盛顿举办的博览会是Money Show系列展会中规模最小的一个,却仍然有数十个会场,近两百场的讲座,涵盖金融领域的各个方面,令人目不暇接。各个会场的演讲者和底下的观众时时互动,现场气氛十分热烈。同时,博览会还设立了一个展览大厅,以供各类金融服务公司设立展台,向与会的投资者们介绍他们的产品和服务。在林林总总的展台中,不仅有像富达基金(Fidelity)这样在美国乃至全世界负有盛名的基金管理公司,甚至看到了大名鼎鼎的美国证监会(Securities and Exchange Commission)的身影。而在展厅熙熙攘攘的人群中,有很多还是满头银发的老人。这一方面体现了作为美国金融会展龙头老大的 Money Show 的非凡魅力,另一方面也看得出在美国,由于政府的积极引导,理性投资理念深入人心,投资者具有非常高的学习热情。

作为投资博览会开幕式最精彩的一部分,《福布斯》杂志的总编辑史迪文·福布斯(Steve Forbes)的演讲无疑是很多人颇为期待的。他也没有令人失望,一上台,就石破天惊地抛出了自己的观点:美国经济中最大的问题,不是别的,正是在全球经济界叱咤风云的美联储。因为利率本不该由美联储人为地制定,而应该由市场来决定。接着他又提出减税的种种好处,如能够提高人们工作的积极性,提高生产效率,促进经济的快速发展等。很明显,他觉得主导国家经济政策的应该是财政政策,而不是货币政策。在西方各国政府普遍认为货币政策至上的今天,福布斯的这种观点的确是不落窠臼,发人深省。在场的很多观众也对他的这种观点表现出极大的兴趣,纷纷鼓掌表示赞同。

这次展会的一个特点就是"中国概念"在整个会场的讲座中随处可见。也就是说很多讲座都直接或间接地包括有关中国的内容。博览会还专门设计了几个以中国为主题的讲座,而且都安排在很大的会场里举行。其中一个讲座的名字更是特别吸引人——"13亿中国消费者如何帮你致富"。主讲人是一位美籍华人基金经理,他将美国和中国的经济发展速度和金融市场主要指标给在座的观众做了一个对比,并指出各项指标都说明中国的经济发展快速稳定,中国的资本市场良机无限。接着他又以亲身经历向在场的观众介绍了中国的巨大变化,说明投资中国企业的美好前景。演讲结束以后,大量听众涌了上去,不停地提问题。在众多场演讲中,这个讲座观众提问的人数是最多的。

(资料来源:美国的投资博览会是如何助人投资的?[N].第一财经日报,2007-10-16.)

第三节 参与客户交流活动

在今天竞争激烈的市场当中,仅仅是在展览会上展出商品后,就想等着客户找上门是不可能的。如果不能很好地亲近客户来捕捉市场机会,参加展览会将是浪费时间和金钱,参展商需要通过多种方式在展厅内外与客户进行广泛的沟通。只有在与客户深入接触的过程中才能摸清楚客户的真实需求,收集更多有效的市场情报。会展专家 Katriina L. 通过研究发现:真正的商机大都出现在展会之后与客户的交流之中。①

一、参与客户交流活动的方式

(一)展厅内的客户交流

企业参展的一个重要目的,就是通过展会直接与客户进行面对面的交流。展厅内的客户交流活动主要表现为参展人员与顾客的交谈,展台的作用不仅仅是吸引客户的眼球和目光,更应该成为参展商的"客户基地(client base)",所以展台的核心功能之一就是为参展商和目标客户提供一个交流的平台,比如产品介绍、产品展示、产品体验、购买洽谈等。为了能够与客户更加有效地进行沟通,参展人员需要做好以下准备工作。

(1) 熟悉自己产品的文字表述,包括外文介绍。

(2) 简略的公司介绍,经营特色及业务量等,最好是直接告诉客户,而不是印在纸上递给客户。

(3) 基本的报价单,供查询用,不用急着给客户确定最后的价格,他们会在展会上比较,交谈时留些余地,这样他们回去整理后会跟你联系。

(4) 熟悉国家名称和主要港口的名称,最好准备一份到各大港口的航海运费报价。

(5) 给每一个来交谈的客户评定等级,以便采取不同的接待方案。

①老客户,即 repeat order(R)。老客户当然是最重要的。现在展会太多,很大程度上都是老友见面会。

②现场签合同的采购商,即 purchaser(P)。如果客户直接在展会摊位上就和你签订了合同,那么你在展会进行中就应该注意与客户保持联系,及时将合同发给客户确认并提醒客户汇款。

③非常有意向的采购商,即 serious(S)。客户在摊位前与你进行了详细的交流了解,明确表明了他对哪些产品感兴趣,并询问了具体产品的特征,价格条款等。

④交换名片、索取样品的采购商,即 general(G)。对于这类客户,展会结束后,你可以发邮件对其表示感谢,按照客户的要求尽可能详细地将产品资料发给客户,并表明希望有机会合作的想法。

⑤随便看看或随便问问的采购商,即 information only(IO)。对这类客户,你要主动索要名片,因为这类客户里面有可能是来打探行情的,所以这时就需要根据他们的名片来联系了,如果客户的名片上有网址,则按照不同情况发送对应的产品资料。

(6) 当天整理收集到的信息,有时间就尽快回复。

(二)展厅外的客户交流

由于展台受到一定的时间和空间的限制,展厅内的交流往往不是效果最好的客户交流方式。展厅之外或展会结束之后,可以开展多种多样的客户交流活动。一般展会都会持续

---

① 资料来源:Trade shows: Networking inside and outside the show hall[EB/OL].[2008-10-25]. http://www.helium.com.

几天的时间,参展人员一定要保证展馆大门关闭之后,仍然与客户保持联系。比如,参加展会日程安排中的任何其他活动,事先准备参展客户的资料和信息以便跟他们更好地进行交流;此外,在展会间隙还可以邀请潜在客户一起喝茶或用餐,以便取得他们的信任和增进彼此间的相互了解,这将是一个很好的机会让你成为业内众所周知的人物。当然,还有以下一些特殊的沟通方式。

(1) 主动拜访客户;
(2) 邀请客户共同参观游览;
(3) 参加行业内举办的招待会;
(4) 参加展会期间安排的其他活动;
(5) 参加展会网上互动平台;
(6) 展会后邀请客户来企业参观;
(7) 展会结束后进行电话回访。

补充阅读　　与各国老外沟通的 10 大技巧

广交会是一个外商云集的贸易性盛会,在外国客户的交流过程中有很多需要注意的地方,以下这些技巧是众多参展商参会后的经验之谈,值得大家学习和借鉴。

(1) 欧洲人、美国人非常喜欢互动,你不需要太拘谨,不需要什么都说"yes"。

(2) 在两个人对话时,要适当地多称呼对方。假如你在对话中经常称呼对方,对方也会称呼你,这样可以让客户很容易对你有印象,这样对后续跟踪客户好处多多。非英语的名字,像北欧人的名字我们根本不知道怎么发音,很多法国人的名字不是按英语发音的,如果你不会读可以直接问客户,这是不失礼的。荷兰人和德国人的姓有很多是 2 个单词的,一定不能只读最后一个单词。例如 Caroline Van Bommel,这个女的你可以称呼为:Ms. Van Bommel;气氛足够好的情况下,你可以直接称呼对方的单名。

(3) 母语是英语的人说话可能会很快,没有停顿。你可以让别人稍微慢一点,这是不失礼的。千万不要没有听懂就接客户的话,否则客户会觉得和你沟通很困难,很容易就走掉了。

(4) 客户坐下来以后,你可以问客户你可以给我多少时间。(How many time are you available?)这样可以体现你对客户行程的尊重,也可以让你自己根据时间来掌握沟通的内容。

(5) 外国客户只要坐下来以后,要让他多说,在你完全明白的情况下再介绍你自己。和欧洲人、美国人谈的时候,你可以让客户简单说一下此行的目的,希望找一些什么样的供应商。有的客户不会直接回答你,有的客户会告诉你。

(6) 假如你有幸碰到职务较高的 Director、Vice President 等人物,要多说一些战略性的东西(Just let me know how I can create value)。这些人来展会不是为了 1 个柜 2 个柜来的。他们很多是来找战略性伙伴(strategic partners)的。假如你自己的企业实力可以的话,要主动邀请这些人访问你的企业。

(7) 客户有权利问你很多问题,其实你也是有权利问客户的。下列问题你可以试着问问看,对你了解客户好处多多。

① How can you evaluate your suppliers? Just generally speaking, not the detailed principles.

② What's your purchasing plan for next season?

③ How many stores does your company have?

④ Do you distribute your goods only in your domestic market? Or in the whole Europe? Which country is your biggest market?

(8) 在展览会最后一两天的时候,你可以问:"What do you think about the trade show? Did you find everything which you need exactly?"这种问题很容易让你从客户那里得到整个行业的情况,客户的观点对你是很有价值的。同时,你也间接地了解到客户还有什么东西没有找到,说不定你可以帮上忙,假如你刚好也有这种产品的话,客户也会把订单下到你这里。

(9) 跟客户介绍的时候,不要总是说:"Our quality is very good.",展位上大家时间都不多。不要说一些客人没有办法衡量的话,怎样说才叫好呢?大公司的买家很多都受过专门的采购培训,他们内部有一套定量的评估体系。所以,最好是用你本行业的定量术语来表达,假如本行业没有定量术语,就直接说:"We have supplied our products for ×× company for 5 years, and ×× company is quite satisfied with our quality. So I believe we can meet or exceed your quality requirements."这个××公司最好是客户知道的,和客户差不多同类档次,不要高太多,否则客户会误解。

(10) 其实,大公司的买手最关心的不是价格和质量,而是可靠性(reliability)。差不多的商品,买手从不同的供应商购买,价格有点小差距,国外的公司是可以接受的。但是,如果买手找的供应商出了差错的话,那问题就大了,欧洲还好一点,在美国可能会马上辞退他。所以,我们最好能站在客户的角度考虑问题,要让买手觉得你在所有的供应商里面是最值得信赖的,包括质量,价格,长期供货能力等。

(资料来源:http://www.16-expo.com.)

二、参与客户交流活动的技巧

从展会角度来看,有效的沟通就是营销人员在展会上与潜在的客户保持联系,及时把企业的产品介绍给客户的一个有效的方式。那么,在展会上参展商应该如何与客户进行沟通呢?行业展会云集了众多的产品和商家,要让自己的企业与产品在同行中脱颖而出,让客户牢记,最重要的就是要突出"异"。

(一) 倾听各种客户的声音

参与客户交流的主要目的就是深入了解客户的需求。即使是专业展会,前来参展的客户所涵盖的范围也相当广泛:有技术人员、采购人员,还有负责收集市场信息的情报人员。对于技术人员来说,最想了解的是最新产品的研发进度和价位;对于采购人员来说,寻找产品供应商是他们的最大目的;而对于情报人员来说,目的则是收集最新的研发方案、产品性能等信息,在此基础上做比较分析,帮助企业进行生产研发。由于不同客户的关注重点不同,针对不同客户的咨询派出适合的人员与其沟通,能更好地解决客户提出的问题,增加他们的满意度。

对于参展商而言,首先,必须事先做好充足的准备,比如产品资料、产品报价单、沟通者的名片(business card)等,这是展会上参展人员针对不同的观众做出的最好回应,也充分加深了客户对企业的印象;其次,观众来到每一个展位前未必一定是来谈业务的,参展商一定要多问问来者需要什么帮助,多听听客户对展品提出的问题。

(二) 提高参展人员的素质

在参与客户沟通活动时,参展人员不能仅仅停留在简单回答客户问题的水平上,还需要学会通过提问识别客户,或者能够通过观察客户和引导客户说出自己真实的需求,创造很好的沟通气氛,在很短的时间内赢得客户对参展人员专业知识、能力和品质的深刻印象和好感;甚至,在展览会现场发现未来如何满足客户的需求。因此,参展人员在与客户接触的过程中需要学会应用"QUICK 法则"。①

(1) Qualify(识别客户的合格性、需求的真实性);

(2) Understand(了解和理解客户的需求);

(3) Identify(寻找和客户的结合点,如何与客户进行深入的沟通、实现第一步的合作);

(4) Create an action plan(制订一个后续跟踪和服务的初步计划,确定下次联络客户的时间等);

(5) Kick them out(每个客户时间不要太长,学会迎进来也要适时送出去)。

第四节 知识产权保护

展览业作为促进中外经贸技术交流与合作、扩大对外开放的有效途径,近年来发展迅速。但与发达国家相比,我国会展业仍处于起步阶段,管理体制尚不够完善,在规范化、市场化、专业化以及展会知识产权保护等方面有着一定差距。如何加强对展览会知识产权的保护,已经成为中国会展业界一个不可忽视的重要问题。

一、知识产权与会展活动

(一) 知识产权

知识产权(intellectual property right)是一种无形财产权,是从事智力创造性活动取得成果后依法享有的权利。知识产权通常分为两部分,即"工业产权"和"版权"。根据 1967 年

---

① 黄泰山.挖掘展览会的多重价值[J].进出口经理人,2008(10):10-11.

在斯德哥尔摩签订的《建立世界知识产权组织公约》的规定，知识产权包括对下列各项知识财产的权利：文学、艺术和科学作品；表演艺术家的表演及唱片和广播节目；人类一切活动领域的发明；科学发现；工业品外观设计；商标、服务标记以及商业名称和标志；制止不正当竞争以及在工业、科学、文学或艺术领域内由于智力活动而产生的一切其他权利。总之，知识产权涉及人类一切智力创造的成果。

早在一百多年前，国际上就已开始建立保护知识产权制度。1883年在巴黎签署了《保护工业产权巴黎公约》，1886年在瑞士伯尔尼签署了《保护文学艺术作品伯尔尼公约》，1891年在马德里签署了《商标国际注册马德里协定》，此外还先后签署了《工业品外观设计国际保存海牙协定》（1925年）、《商标注册用商品和服务国际分类尼斯协定》（1957年）、《保护原产地名称及其国际注册里斯本协定》（1958年）、《专利合作条约》（1970年）、《关于集成电路的知识产权条约》（1989年）等；1967年7月在瑞典成立了"世界知识产权组织"，该组织于1974年12月成为联合国16个专门机构之一；从2001年起将每年的4月26日定为"世界知识产权日"。

20世纪80年代，中国开始逐步建立知识产权制度，工作起步较晚，基础较弱。1983年3月，中国实行了商标法；1985年4月实行了专利法；1990年9月又颁布了著作权法，并于1991年6月1日起开始实施。中国于1980年加入了世界知识产权组织，于1985年参加了《保护工业产权巴黎公约》。1992年1月17日，中美两国政府签署了《关于保护知识产权备忘录》；至1994年5月，中国已经加入了《商标国际注册马德里协定》、《专利合作条约》、《保护文学艺术作品伯尔尼公约》、《世界版权公约》等保护知识产权的主要国际公约。回顾国内展会知识产权历程：1994年，对外贸易经济合作部出台了《关于进出口商会在广交会期间加强商标工作的通知》；2002年，中国出口商品交易会（广交会）出台了《中国出口商品交易会涉嫌侵犯知识产权的投诉及处理办法》；2003年，香港贸发局颁发了《关于加强会展知识产权保护制度的规定》；2005年，国家知识产权局颁布了《国家知识产权局展会管理办法》。此外，涉及展会知识产权的法律法规有《合同法》、《民法通则》、《对外贸易法》、《专利法》、《商标法》和《著作权法》等。2006年1月10日，商务部、国家工商总局、国家版权局、国家知识产权局共同审议通过了《展会知识产权保护办法》（*The Measures for the Protection of Intellectual Property Rights during Exhibitions*，IPRs），并于2006年3月1日起实施，展览和展品的知识产权保护问题从此有法可依。

补充阅读　　会展知识产权关注九大要点

从会展产业的不同层面和产业链条来进行分析，当前国内会展业的各个环节均存在一些不同程度的知识产权问题。如何有效解决这些问题，成为提高中国会展知识产权整体水平的关键。以下问题还需要进行深入思考。

1. 国内展会组展商：展会项目被仿冒怎么办

作为一些展览会项目，特别是一些品牌会展项目的所有者，国内展会组展商最为关心的是展会项目如何不要被仿冒和克隆，也就是关于展会的题目和内容不断地、经常地重复、雷同的问题。在他们看来，形成品牌和已经成型的展会都应当算

作拥有"展会创意"的"知识产权"而受到保护,光有对展会会标的注册不够,还应对展会的名称进行保护。

2. 外国展会组织者:品牌移植中国怎么办

国外一些名牌展会向中国国内进行移植的时候,往往需要寻找国内的合作伙伴。这样在继续使用原品牌展览会名称、标记的过程中,就有对原展会品牌无形资产(知识产权)给予认定的问题。不能排除一旦合作破裂,便会引发知识产权的纠纷。实践经验表明,这个问题正是双方在合作时应当给予明确规定的一个重要、关键的法律内容。

3. 会展项目交易者:品牌交易缺乏标准怎么办

随着会展经济的不断发展,会展行业资本运作会频繁产生,展会项目的买卖交易也必将逐渐增多。对于这种会展项目所有权的交易,必然要涉及会展项目的品牌无形资产(知识产权)的转移和交易。在我国尽管已经出现了一些这样的交易行为和具体案例,但是由于操作的程序与规范还没有及时出台,特别是市场交易价值的标准制定的参考依据不足,而使得市场显得比较混乱。

4. 出国展览组展商:企业被投诉怎么办

作为出国展览组展商,比较注重的是在国外参加展览会时,如何处理中国参展商被外商投诉展品侵权或软件及著作权侵权而引发的知识产权纠纷(国内办展也经常出现此类问题)。类似事件的发生率已有明显上升的趋势。对此,他们普遍认为,对出展企业提出一般性的关于遵守知识产权的要求并不难,真正难点在于很难保证和控制所有参展展品都不出问题。所以,他们希望划定责任界限,一旦出现这方面的纠纷,要由有关参展商承担责任,而不要追溯到组展商。

5. 国内展会参展商:被组展商欺骗怎么办

国内展会参展商最害怕的是被组展商欺骗性的宣传所误导,从而参加了一些名不副实的冒牌展览会,甚至被骗展,结果是白花钱、没效果。但是,值得研究的是,这种展会的假冒宣传问题,是否真正属于知识产权保护的范畴,骗展是否侵犯知识产权。

6. 展台设计搭建商:抄袭设计方案怎么办

作为展台设计搭建商,他们在展台设计投标时最怕的是,参展商以种种借口不让他们的方案中标,然后却又转手将扣留下来的设计图纸或方案提交给第三方抄袭使用或略有改动后使用,其目的全在于图省钱。其实,这里确实涉及一些知识产权方面的问题。

7. 展具专利持有者:新型展具被仿制怎么办

一些已经广泛使用的标准展具和一些近期开发出来的新型展具确实是进行过专利注册登记的。因此如果仿制这些展具,就会涉及侵权的问题。但是从本质上看,这种侵权只是一种与会展业有着间接关系的制造业方面的知识产权问题。

8. 国家主管部门:被外商投诉怎么办

作为国家有关知识产权的主管部门,他们除了负责在总体上的宣传、教育和管理工作以外,当前似乎更为关注的是如何减少外商的指责和投诉。因此当展览会成为发生投诉事件较多的一种场合的时候,他们就会对展览会主办者提出要求,必须千方百计地采取措施,防止类似事件的发生。至于有关会展业全面的知识产权保护的问题,由于许多工作还有待深入地调查和研究,所以主管部门尚需要时间提出一个全面、具体的管理办法。

9. 会展行业协会:管理依据不清楚怎么办

目前的实际情况是,全国未成立统一的会展业协会组织,但是,一些地方性的会展业行业协会组织已经陆续建立起来,并且有的协会已经开始重视会展业知识产权保护的相关问题。

(资料来源:会展知识产权关注9大要点[N].国际商报,2006-04-12.)

(二)展览会知识产权

会展业在国际上的划分属于服务贸易。目前,涉及展会知识产权问题的国际法律文件主要有服务贸易总协定GATS,与贸易有关的知识产权协定TRIPS以及世界知识产权组织公约等。TRIPS界定了有关知识产权的效力、范围及利用标准。

在2005年首届中国会展经济国际合作论坛上,吴仪副总理明确提出中国会展业要走"市场化、法制化、产业化、国际化"的发展道路。温家宝同志也曾说过:"世界的竞争归根到底就是知识产权的竞争,就是品牌、质量、技术的竞争。"2006年3月颁布实施的《展会知识产权保护办法》(以下简称《办法》),表明了国家对保护展会知识产权的高度重视。《办法》明确规定了展会主办方和参展商为保护知识产权而必须承担和履行的权利与义务,明确规定了展会期间对侵犯知识产权的投诉机构和部门,以及处理机构和部门、展商侵犯知识产权的法律责任等;《办法》明确了展会管理部门应加强对展会期间知识产权保护的协调、监督、检查,维护展会的正常交易秩序,展会主办方在招商招展时,应加强对参展方有关知识产权的保护和对参展项目的知识产权状况的审查。同时,在展会期间,展会主办方应当积极配合知识产权行政管理部门的知识产权保护工作。

在积极贯彻落实《展会知识产权保护办法》的同时,为了更好地解决展会知识产权纠纷多、投诉难、处理烦等问题,北京、上海、四川、浙江、广州、深圳、武汉等地都先后针对会展知识产权保护工作制定了相关的公约、意见、规定、通知、办法等。制定的具有综合性、系统性的行政规章和其他规范性法律文件包括:《北京市展会知识产权保护办法》(2007年)、《义乌市展会知识产权保护办法》(2008年)、《广州市展会知识产权保护办法》(2009年)。2010年,上海世博会事务协调局专门制定了"关于知识产权"的规章(Special Regulation No.11:Concerning Intellectual Property Rights),以保护官方参展者参加世博会涉及的知识产权。

一、展会面临的知识产权问题

会展业与知识产权有着密切的联系,在展览期间,所有的产品都具有商业性。展览过程中产生和涉及大量的精神成果,包括展台设计、广告手册、宣传标语、图片、产品外观设计等,其中大部分是知识产权法的保护对象。

（一）展会中的侵权行为

展会中的侵权行为主要有四种：商标权（trademarks）、专利权（patents）、著作权（copyrights）、不正当竞争（unfair competition）。实际工作中，从展览会的筹备到举办都可能伴随一些侵权现象。

（1）主办者克隆展会，没有策划理念、没有办展特色，盗取或套用他人展会的名称、会标、主题、内容等；

（2）冒用较有名气的展览主办方名义招展；

（3）参展产品与同行企业的专利产品相同或近似，涉嫌剽窃抄袭他人成果，包括商品和样品的颜色、包装及卡具等；

（4）展品商标超过了授权使用的期限，或者跨区域使用商标而未经授权；

（5）展具、产品说明书、广告手册、宣传标语、背景音乐、图片以及用来演示的硬软件侵犯他人产品专利权和涉嫌侵权（盗版软件、盗版光盘）；

（6）展览设计中盗用、模仿他人设计图纸略微修改，据为己有并加以实施，或干脆沿用别人的外形设计方案；

（7）抄袭别人的外形、结构、原理；

（8）对产品功能、用途、技术特征等方面的宣传过分夸大，招致同行指控其虚假宣传、欺骗性销售。

（二）中国企业国外参展的侵权问题[①]

（1）激烈的市场竞争和贸易保护主义加强。在国际展览会中的外商十分注重对自己产品的市场保护，其产品不但在本国注册商标和申请专利保护，也在展出国和其他国家申请地方保护，为自己的产品销售市场架起了保护伞。

（2）我国企业缺乏知识产权保护手段。在国际市场频遭涉嫌侵权案件的我国参展企业，很少在有关展出地区进行产权注册。而这些产品却是我国长期出口的传统产品。

（3）参展企业了解产权知识和相关的法律裁决程序甚少。在产权纠纷发生时，一些外商仅凭口述或没有法律约束的文件对我方人员进行指控、索要钱财时，中方没有能力进行辩护。目前发生在国际展览会上所见到的法律文件基本上是当地法院根据起诉方单方面的陈述所签发的临时禁令，封存参展展品。我国参展企业均不清楚该禁令的作用和如何应对，也没有时间在4～5天的展期中通过法律手段撤销指控。

（4）对参展产品的审查缺乏手段。目前我国参展企业仍以外贸公司为主。这些企业在货源厂收取展品时不能得到展品到底侵权与否的真实情况。到底该如何审查展品，参展单位和组团单位始终找不到合适的办法，彻底摸清情况。许多参展产品在我国专利局申请了专利，但并没有在展出国或其他权威国际专利机构检索和申请保护，其结果只能是在展会上碰运气。

（5）忽视对展会用宣传材料的审核。近年来我国企业在参加国际展览会上碰到许多宣传材料的侵权纠纷。其中包括产品图片，也包括从网络和其他企业宣传材料下载或翻印的一般宣传图片。部分企业在参展时使用了集团公司的介绍手册，内容也包括了不是本次参展产品的旧照片，这些均有可能遭到指控。

---

① 徐艳丽.国际展会知识产权案件呈现八大特点[N].法制日报,2006-01-16.

(6) 参展产品包装也会引起争议。这些产品并不是参展展品，仅仅是用来包装所展出的展品或布置展位时使用的挂钩或固定材料等。

(7) 不愿主动及时应对控告。我国企业在遇到外商侵权控告时，往往不愿意主动配合和及时应对。结果使毫无根据的指控成为事实。由于我国企业对展出国的法律和规定不清楚，加之受打官司的费用和时间的限制，在展览结束后，企业不能很好地按照必要的法律程序解决展会期间引起的纠纷，这样就会造成下次参展的障碍。

(8) 产品商标权使用时间、范围违反约定。有些中外合资企业展出的展品是外商品牌，这些品牌的使用是有一定的时间和地区限制的。由于两个不同的使用商标企业在第三国展出时所享有的权利不同，在参展时也容易发生纠纷。

经典实例

相关调查表明，在欧美知名企业展会上，我国参展企业已发生多起展台被组展方搜查，展品被扣押、没收，甚至参展人员被拘禁的事件。在2014年3月举办的全球最大的电子信息产品展览会（德国）汉诺威国际电子与信息技术展（CEBIT）上，德国警方、海关和检察院联合搜查了51家涉嫌知识产权侵权的参展企业，仅中国内地企业就有24家，还有15家来自我国港台地区。

中国企业成为欧洲展会知识产权保护的重灾区，其中部分企业是由于知识产权意识薄弱，在对同业竞争者知识产权缺乏了解的情况下贸然参展，在被查抄之前根本不知道自己的产品已经侵犯了他人的知识产权。但更多企业遭遇查抄，则是基于以下两点原因：一是对欧洲展会知识产权执法措施的严厉性没有给予充分的重视，明知自己产品侵权，却仍抱着侥幸心理参展；二是不熟悉欧洲展会知识产权执法措施，尽管并未侵权，但不适当的对抗，造成对方执法措施严厉性的升级。

从欧洲主要展会国知识产权保护的立法与实践来看，各国更侧重于保护知识产权权利人，在展会中通过司法或行政的干预，以最高效的方式严厉制止任何涉嫌侵权行为。知识产权权利人仅凭简单的文件，如权利证明及涉嫌侵权的图片，就可通过民事程序向法院申请临时禁令，以立即停止展会上的涉嫌侵权行为，被申请人如违反禁令将可能面临最高25万欧元的罚款。

（资料来源：佚名. 中国企业如何应对海外参展的知识产权困境[EB/OL]. [2015-12-31]. http://mt.sohu.com/20151231/n433213102.shtml.）

三、展会知识产权保护[①]

（一）向谁投诉

按照法律规定展会举办者在展会期间必须设立知识产权投诉机构，并邀请专利、商标、版权等行政执法部门参加展会知识产权保护工作。驻会知识产权保护部门的职责是：依法接受和处理展会发生的侵犯知识产权的投诉案件；指导展会投诉机构开展知识产权保护工

---

① http://www.law-lib.com.

作;督促展会举办者落实展会知识产权保护管理规定;宣传知识产权保护法律、法规。因此,在展会上遇到知识产权纠纷时,首先可以向驻会知识产权保护部门投诉。

（二）到哪里投诉

除了直接向驻会知识产权保护部门投诉外,还可以向本单位所在地的知识产权管理部门投诉。例如,济南德佳机器有限公司在北京的大型国际展会上发现了侵权产品,直接向山东省济南市知识产权局投诉,该局远赴北京对涉嫌侵权产品进行现场取证,将侵权产品就地封存。本案中被请求人是一家济南的企业,济南市知识产权局此次赴京是异地取证并且进行查处,我国地方保护主义比较严重,由当地的行政部门进行异地执法,将有力打击侵权行为。

（三）如何投诉

投诉不能空口无凭,必须递交投诉材料以及证明材料,应当递交以下材料。

(1) 书面的投诉文件,至少要对侵权行为进行简单阐述,提出具体的投诉要求,留下联系方式。表9-2是一份国内某展会主办方向海外参展企业发放的知识产权保护申诉的样表。

表9-2 展会知识产权保护申诉表
Complaint Form for Intellectual Property at Exhibitions

Name of Complainant		Sex/Type of Enterprise	
ID No. /Business License No.		Occupation/Place of Business	
Telephone			
Address			
Name of Agent/Agent Enterprise		Sex/Type of Enterprise	
ID No. /Business License No.		Occupation/Place of Business	
Telephone			
Address			
Basic information of the exhibitor against which complaint is filed	Booth No. ____ at Hall No. ____ for Exhibition No. ____ Basic information of the exhibitor: Name of exhibitor/supplier Name of the product of infringement Type of infringement:trademark( )patent( )copyright( )		
Contents of complaint	(Facts concerning the complaint and reasons and evidence of the complaint shall be stated.) _____ exhibited by the exhibitor at Booth No. _____ in Hall No. _____ at(Name of the Exhibition)No. _____ is suspected of infringing the intellectual property right of the complainant (principal),right No. _____ ,name of right:_____ ,type of right:_____ . reasons and evidence:		

续表

Requests of complaint:			
Other issues to be specified:			
Remark: The complainant shall provide legally valid certificate of the ownership of intellectual property right; the agent commissioned by the principal shall provide a power of attorney.			
Signature and seal of the complainant		Date of complaint	

Letter of Commitment for Intellectual Property at Exhibitions

We are officially committed that:

We will not, at whatever places at the site of _____ Exhibition Hall, exhibit articles that infringe the intellectual property right of others. We will abide by relevant stipulations of "The Measures on the Protection of Intellectual Property at Exhibitions" and _____. We will conduct complaints and produce evidence in accordance with normal procedures specified in "The Measures on the Protection of Intellectual Property at Exhibitions" and _____. We will be subject to the administration of the exhibition organizer and administrative departments of intellectual property. We will accept the punishment made by the exhibition organizer if we violate the aforesaid commitments.

The Letter of Commitment is in two copies, held by the exhibition organizer and the promiser separately. The Letter will take effect upon the date of signing.

Promiser(exhibitor):

Booth No.

Representative of the Promiser:

(signature and seal)

Date:

(2) 提交证明自己享有知识产权的证据。

①涉及专利权的,应当提交专利证书、专利公告文本、专利权人的身份证明、授权委托书、专利法律状态证明、被投诉的参展者及参展展位号。

②涉及商标的,应当提交商标注册证书、商标权利人身份证明、授权委托书、被投诉的参展者及参展展位号。

③涉及著作权的,应当提交著作权登记证书或相关证明、著作权人身份证明。

(3) 递交侵权人的侵权证据。

(4) 递交其他材料,包括公司的营业执照复印件,授权委托书等。

补充阅读

为了避免在国际展会上遇到知识产权纠纷,企业非常有必要了解和熟悉参展国相关的知识产权法律,在参展前进行必要的法律咨询。展览公司应当有义务提供必要的咨询服务,参展商还可以向参展国的法律咨询机构咨询,也可以利用互联网进行检索,了解参展国的知识产权保护法律体系和知识产权法的执法机构和执法程序。特别需要注意的是,赴国外参展时,一定要带好企业营业执照、产品的有关书面材料、产品专利证书、商标证书等文件。国外参展商在参加中国境内的展览会时需要注意以下几个方面。

(1) 商标权(trademarks)。

- 在中国境内申请商标注册,整个过程需要2~3年时间。
- 如你有一个国际注册商标且在中国境内有效,你还必须获取中方批准的知识产权证书才能享有展会知识产权的保护,这个过程大约需要3个月。
- 如国外商标第一次参加由中国政府组织或认可的国际展览会,在商标进入中国市场3个月内填写申请表,参展商品申请商标注册时可享受6个月的优先权。

(2) 著作权(copyrights)。

- 中国是《伯尔尼公约》的成员,成员国内的任何著作权在中国境内将自动受到保护。但是,为了能在展会上受到知识产权保护,参展前需要对著作权进行备案,这个过程大约需要1个月。

(3) 专利权(patents)。

- 在中国境内申请注册专利权。一年内可以申请到外观设计专利注册,申请注册实用专利大约需要2年,而申请注册发明专利需要2~3年。

四、展会知识产权维权

由于展览会举办的时间一般比较短,参展单位对展会上的知识产权侵权行为认识不够,缺乏强有力的知识产权监管机构,取证难、索赔成本高,尤其是国际展览会还涉及跨境知识产权保护等问题,使得知识产权维权显得比较困难。有效的会展知识产权保护仅凭一纸办法以及只靠展会主办单位的监督及参展企业举证、维权是不够的。

(一) 积极主张权利

如果在展出前发现侵权行为,可以向展览公司发律师函,告知某参展商侵犯自己的知识产权,希望制止其参展;向展会所在地的知识产权管理部门发律师函,告知某参展商可能将侵犯自己知识产权的产品在展会上展出,希望制止,并及时查处;向自己公司所在的知识产权管理部门发律师函;向侵权者单位所在地的知识产权管理部门发函。如果在展会中发现有侵权产品,应当积极主张权利,取得侵权证据后向展会的知识产权部门进行投诉。如果展会结束后侵权赔偿和对侵权产品的处理没有得到圆满解决,还要坚持继续进行维权,继续对侵权企业进行起诉要求赔偿。

(二)成立参展商维权联盟

国外参展商组成联盟保护知识产权,从2003年秋季广交会开始,西方七大机电技术开发商结成专利保护联盟进驻广交会,专事进行侵权调查,在当届广交会上,他们发现10家涉嫌侵权企业。在深圳举办的国际礼品展上,众多深圳企业组建的深圳工艺礼品知识产权维权委员会,打响了集体维权的第一枪,最后13家参展企业被依法处理。参与的企业誓将维权进行到底。除了要求参展的仿冒产品下架,封存有关资料外,对特别恶劣的侵权行为还将通过法律途径解决。

(三)充分发挥协会的作用

在企业知识产权意识和能力较弱的情况下,行业协会在解决知识产权争端方面发挥了积极的作用。协会可以建立与主管部门的沟通机制,取得主管部门的指导,增加专家参与程度,提高协会的水平。企业需要借助于行业协会集中表达意见,政府通过协会转达政策信息。此外,行业协会本身具有行业内知识产权自律能力,知识产权侵权大多数发生在行业内部,行业协会本身可以作为裁判者对行业内容的侵权行为进行调解和裁判。

本章小结

如何获取有效的市场情报是当今企业竞争关注的核心问题,参加展览会是一个重要的途径。然而,展览会上充斥着各种各样的信息资源,简单进行市场和客户资料的收集并不会达到理想的效果。要做好展会中的市场信息收集与分析工作,需要从市场情报管理的专业角度来采取相应的策略和措施,首先是制订市场情报的需求计划,然后识别企业的竞争对手,再通过收集竞争对手展台信息、观察竞争对手展区活动、竞争对手比对调查等方式,对展前、展中、展后竞争对手的活动进行跟踪调查以获取有效的竞争情报。

在展览会期间,主办方或参展企业通常会举办一些专业会议活动,如主题论坛、专业讲座、行业培训等。参展工作人员可以采取关键情报主题的方法来获取信息,通过参加这些活动深入了解未来市场、产品与技术的变化趋势,察觉未来政府对行业发展可能采取的新政策与变革,同时还可以了解竞争对手在未来一段时间内的战略动向。

提供与客户面对面的交流是展会的一大重要功能,只有与客户进行了有效的沟通和信息传递才能真正了解到客户的需求及其变化,同时还可以从客户的口中获取关于市场和竞争对手的情报信息。在展会期间,参展企业可以利用展厅内展台所提供的交流空间与客户面对面地交流,也可以在展厅外通过多种形式与客户取得联系,增进彼此间的相互了解,并建立良好的合作与信任关系。

随着展会活动的日益频繁以及国际经济合作范围的扩大,展览会上的知识产权侵权行为也日益严重。一方面,参展商希望通过展览会来推广并销售自己的产品;另一方面,又非常担心自己的产品专利、展台设计等被他人剽窃和模仿。在展会上大力推行知识产权保护已成为世界各国达成的共识,2006年中国商务部联合国家工商总局、国家版权局、国家知识产权局共同颁布了《展会知识产权保护办法》,明确规定了展会主办方和展商为保护知识产权而必须承担和履行的权利与义务。当参展商发现自己的知识产权受到侵犯时应积极主动地运用法律手段来维护自身利益。

关键词

市场情报(market intelligence,MI):是企业为获得或维持竞争优势,通过一定的方式对竞争环境和竞争对手的信息进行搜集、整理和分析后得出的有用资料。

竞争对手分析(competitor analysis or competitive intelligence,CA or CI):通过了解竞争对手的信息,获知竞争对手的发展策略以及行动,以做出最适当的应对。

关键情报主题(key intelligence topics,KITs):是一种识别和确定情报需求的过程,是最初确定竞争情报部门潜在任务的一种非常实用的方法。

客户交流(networking):通过电话、网络、面谈等媒介和方式与客户开展的各种信息沟通、情感传递以及价值分享活动。

知识产权(intellectual property right):是一种无形财产权,是从事智力创造性活动取得成果后依法享有的权利。通常分为两部分,即"工业产权"和"版权"。

复习思考题

1. 参展企业如何在展览会上识别和观察竞争对手?
2. 参展商怎样在展览会现场收集市场情报?
3. 一般来说,可以从展览会的专业会议中获得哪些市场情报信息?
4. 在展览会现场如何与客户进行有效的沟通与交流?
5. 展览会现场有哪些常见的侵权行为?
6. 参展商如何在展览会上寻求知识产权保护?

案例讨论题

2003年第八届中国国际建筑贸易博览会上,展览会开幕的第一天,会展主办方就收到了浙江某知名装饰品公司和德国某品牌卫浴公司的公函,两家公司声称有十几家参展企业的产品侵犯了他们的专利权,要求主办方给予妥善处理,否则即申请法院进行证据保全,进场扣押被控侵权企业的参展产品。

作为主办方的法律顾问单位,上海市汇锦律师事务所受托全权处理此事。律师首先请两家公司出示他们的专利权属文件,两家公司出示的专利权属文件表明他们的专利均是外观设计专利。按照专利法的规定,外观设计专利权被授予后,任何单位或者个人未经专利权人许可,都不得实施其专利,即不得为生产经营目的制造、销售、进口其外观设计专利产品。律师认为参展企业单纯的展览商品属于许诺销售行为,是一种销售的要约邀请,并不在专利法明确禁止之列,而参展企业一旦在展会上与客户达成订单则属于销售行为,构成对专利权人的侵权。

鉴于此,如果两家企业与其他企业僵持下去,那么这两家企业暂时并不能控告其他企业侵权,只能任由其他企业大肆宣传产品,两家企业的利益显然会受到损害,而其他企业也不能在展会上销售其产品,有动辄遭受侵权控诉之虞,处于进退两难之中。因此律师建议两家企业邀请上海市知识产权局执法部门出面与其他企业共同协商由其他企业撤除在展会上可能侵权的产品,两家企业不在展会中追究其他企业的责任,最终事情得以妥善解决、展会圆满结束。

在许多已经发生的专利争端面前,大多数企业明显表现出准备不足,缺乏有力的解决措施等问题,从而多以支付专利使用费、丧失一部分市场而告终。这不仅直接影响了企业产品的销售和企业形象,还敲响了企业进一步生存发展的安全警钟。对于会展主办方,不注意知识产权的保护,往往会令自己尴尬地陪着侵权企业站在被告席上。律师建议企业参加展会不仅产品要"硬",自主的知识产权意识也要加强,只有这样才能从容应对展会中的知识产权纠纷。

(资料来源:新华网,http://news.xinhuanet.com/expo.)

思考:

(1)结合上述案例,分析当发生侵权行为时企业该怎样进行维权。

(2)企业如何才能做到不侵犯他人的知识产权?

第 10 章

现场活动管理

学习目的

- 了解参展商在展览会现场开展活动的基本类型。
- 理解参展商策划展览会现场活动的一般原则。
- 掌握参展企业在展会现场举行文娱表演、产品演示、新闻发布会、产品发布会和招待会的主要工作内容及管理技巧。

线索引入

丰富多彩的展会活动是吸引观众眼球的重要载体,同时也为增进参展各方之间的交流提供了良好的机会。总的来说,展会现场活动呈现出形式多样化、内容特色化、活动常态化和管理规范化等趋势。下面是某动漫企业参加首届中国国际动漫节的活动安排。

风水轮流转,主角到我家。2005年6月1日至6月5日,首届中国国际动漫节在杭州成功举办,此次动漫节全面展示了国内外的一批主流原创动漫作品、玩具及衍生产品,并在现场举行了卡通嘉年华会、cosplay表演等丰富多彩的活动。其中,由武汉江通动画带来的《天上掉下个猪八戒》情节曲折、幽默生动,为博览会上演了一场"搞笑节"。

《天上掉下个猪八戒》是一部由湖北本土动漫企业——武汉江通公司策划并制作,投资800多万元、历时三年完成的具有中国文化特色的动画片,当时正在中央电视台热播。为了参展,江通动画专门设计了一台由猪八戒唱主角的活动——"玩欢乐夺宝 学快乐八戒"。凡是回答对《天上掉下个猪八戒》官方的随机问题就有机会参加欢乐夺宝的游戏,夺宝过程中的多个竞技游戏"掷色子大赛"、"八戒绕口令"、"八戒模仿秀"、"八戒头像拼图"等更是好玩又刺激。"老猪扛锄头、哼哧哼哧走。小鸟唱枝头,老猪扭头瞅,锄头撞石头,石头砸猪头。老猪怨锄头,锄头怨猪头",如此好玩又好笑的绕口令带给现场观众一片欢笑。

为了让更多的人深入了解这部富有中国元素的动画片,八戒还在现场大秀了一把。《快乐看片会》一天四集,整集播放,专门为喜爱八戒的观众特别制作。憨态可掬,真诚可爱的猪八戒一扫《西游记》中贪吃好色的形象,变成了一只"21世纪的新好八戒",一只"大块头里有大智慧"的好猪。活动当日,该公司还举行了"八戒签名售书会"——八戒人偶采用夸张的特制印章,为喜欢他的 Fans 签名售书并限量送出精美的海报。此外还邀请了一位重量级的神秘嘉宾和观众一起做游戏。

此次参展,江通动画的展位面积达到 300 多平方米,公司希望猪八戒的形象能够通过这次国际性的动漫博览会走出中国,让更多的外国人都来关注中国本土的卡通形象。"八戒八戒,心肠不坏。八戒八戒,傻得可爱。八戒活得真自在。"在听完朗朗上口的歌曲后,相信会有更多人爱上这只可爱的猪。

(资料来源:http://www.cnhubei.com/200503/ca777103.htm.)

成功的展会往往安排有大量新颖独特的现场活动,它不仅能丰富展会的内容,还能够很好地调节现场气氛。参展企业通过恰到好处的活动安排,可以有效地促进与观众、媒体等多方面的沟通,从而实现信息交流和技术传播的目的。然而,现场活动必须经过精心的策划和布置,活动的目的要明确,主题能很好地与展会主题、展品宣传相结合,同时最好能够将专业性、参与性和趣味性融于一体,这给参展工作带来了很大的挑战。

展览会期间的现场活动越来越丰富,越来越具有特色,本章主要针对展览会现场常见的五种类型活动(产品演示、新闻发布会、新品发布会、文娱表演和招待会)进行研究,就如何策划和管理好现场活动,为企业参展提供指导性的建议。

第一节 产品演示

展览会的主要目的是促销、推广新产品,维系或创造业内联系,为参展商、业内专家和参观者提供交流思想和信息的场所。因此,对参展商而言,产品演示等活动是他们进行交流和综合市场营销的关键组成部分。

一、全面包装产品

既然展会上的主角是产品,产品的包装就显得格外重要,而且是对产品的全面包装。很多企业会狭隘地认为产品的包装仅仅是要让产品好看,其实不然,一个全面的展会产品包装主要由三个方面组成。

(一)产品硬件包装

产品的外在形式,可以提升产品的价值感。参加展会的产品,如果硬件包装不到位,在与很多同类型产品的"同台竞技"中肯定处于下风。特别是在展位面积小,企业产品组合又复杂的情况之下,如何选择更富外形特色的展品做展示显得十分关键。

(二)产品软件包装

一个完整的产品,软件包装必不可少。产品本身的核心价值,是由产品的内在特质决定,但是产品的延伸价值可以通过软包装完成,延伸价值与核心价值一样,也是打动经销商和消费者的关键,往往能够突出产品的差异化,提升产品价值。例如,一个好的产品概念,可以区隔同类的其他产品;美观另类并能充分体现产品特点的宣传物可以让经销商和消费者充分了解产品;一套好的说辞可以有针对性地说服不同类型的经销商……

(三)产品展示包装

如何让已经成型的产品,在有限的展位空间内得到最好的展示效果,产品的展示陈列显得很重要。一般来说,要根据展会的具体位置,人流流向的方向,让产品得到最充分的展示是衡量展示效果的标准。值得注意的是,不要过于密集地进行陈列,那样会很难看。同样,一定要关注产品展示时配饰物的选择,其基本原则是配饰物应该在风格和相关性上服从产品,另外配饰物一定不能夸张,以免夺去了产品的风头。

二、展前演练[①]

有了好的展位和豪华的展位装饰,仅仅只能引起关注,最终,还是要在具体的产品推介中,达到让参会者了解产品和认可产品的目的。展会中,"人"才是最活跃的因素。很多企业用已经录制好的光盘进行产品展示,不失为一个节省人力的办法,但是,这种展示方式灵活性差,不能随机地解决参会者的疑问,也会让产品推介人员对其产生依赖,从而降低了训练和推荐的积极性。采取人员一对一沟通的方式能够很好地解决这个问题,并且在推荐的过程中可以运用语气、肢体等辅助手段,让沟通更加有针对性和人性化。

参展前,进行相关的展前演练至关重要。要进行演练的绝非一个单一的环节,主要应该针对两类人员进行展前演练:产品演示人员的演练和礼仪小姐的演练。

企业在展会上做产品展示,应该选择那些经验丰富的业务人员。很多企业往往会有这样的错误想法:产品演示人员是自己的业务人员或技术人员,对产品的熟悉程度可以说是倒背如流,无须进行演练。但实际情况并非如此,因为沟通方式的变化会直接影响演示效果。一个关起门来和经销商侃侃而谈的业务人员,在展台前做展示时常常不知道手该放在哪,脚应该放在哪里。对企业技术人员和业务人员的培训,应侧重于展示礼仪和接待技巧。还有一个不能忽略的问题,就是要让技术人员演示时的用语是大家都能明白的,而不是专业术语成堆的介绍。

在展会期间,企业基本都是请专业礼仪公司的礼仪小姐来提供礼仪服务。礼仪小姐虽然有丰富的礼仪经验,但可能对企业、产品及展会安排比较陌生,因此对她们进行展前培训是必不可少的。培训的内容应该侧重于企业知识、产品知识和展会要求。

三、突出重点

从展品的陈列来看,应突出最能吸引客户的主要优点和利益点,对于那些客户不是很关心的功能,则一笔带过。一个参展企业或团体需要向外介绍或展示新产品、新项目、新发明、新技术、新设备等,这些东西在陈列时,一定要按主次进行摆放与陈列,尽量做到主题突出。

从展品的属性来看,要发掘展品的最佳展示方式和活动形式。展示产品最明显的效果和最独特的卖点,让人一看就能留住脚步。比如,通过"水浸泡",现场演示飞利浦新推出的高档防水剃须刀,防水卖点尽显无遗;将吸尘器"强劲吸力"这一独特卖点,通过"吸保龄球"在现场演示,能立马将主要功能展示出来,让客户立刻清晰地看到利益点。展示过程中,如果能够让观众参与到活动中来,则效果更佳。

除此之外,可以用灯饰、盆景、花卉、工艺品等对展示空间加以装饰,达到"美、靓、明、爽"的艺术效果。

四、处理现场危机

再周密的参展创意,毕竟也是远离展会进行的,一旦到了展会现场,都难免有遗漏之处和突发事件。在原有创意的基础上进行临时的补遗创意和对突发事件的合理处理,往往能够起到画龙点睛的作用。例如,在SHUREN昆明展示会中,参展商专门用了一面墙做投影

---

① 资料来源:深入展前演练,打好参展硬仗. http://www.cnena.com/news/bencandy-htm-fid-37-id-37577.html.

演示,到实际现场将投影幕布一挂,发现那面墙十分单调,3米×3米的展台也显得死气沉沉。要重新添加易拉宝等宣传物显然已经来不及了,最后企业向组委会借来一个盆栽做点缀,效果一下子就好了很多。

很多企业参加展会,都会将展会的目标确定为:展示产品,展示企业,与经销商交朋友,最终实现市场的开拓。但是不少企业真正在目标执行过程中往往就变得虎头蛇尾。展会展示的成功,其实只有一个目标,就是实现市场销售,也只有将展示效果变成销售胜果的参展,才是真正意义上的成功。

补充阅读　如何展示最新产品,而且防止展品被"抄袭"

在2005中国国际服装服饰博览会(CHIC 2005)上,众多服装服饰企业都通过精心布置展台,来使自己的新款式"闪亮登场"。但是,参展商们同时也不得不面对一个难题:如何既要将自己的最新产品展示出来,又要有效地防止别的商家抄袭?

只展出品牌概念,不展示最新设计

参展商要使自己的产品在展会上吸引最多人的目光,就必须将产品的特色体现出来,从而让观众认识和接受,但并不能展示企业所有的东西。法派集团有限公司营运总监汪洋涌表示,服装与其他行业不同,容易被人抄袭。对于最新的设计,他们是不会拿到展会上,在公众面前展示的。而参展只是展示一种概念、风格以及接下来的一种流行趋势。

才子集团市场部经理卓开喜也表示,他们并没有像有些参展商那样将整个系列都展示出来,而只是选择了为数不多但是极具品牌理念的服饰进行展示。他表示,其实在展会正式开始前,他们已经举办了一个大型的产品订购会,主要的参加者是其加盟商和代理商,那是一个适合展示技术的场合。而在博览会上,他们的主要目的是宣传一种概念,而非产品本身,因而并不太担心被抄袭的问题。

展后发专门的邀请函

为了防止抄袭,有些参展商通过展后的联络来传递产品的最新信息,并不非常重视现场展出商品本身所能体现出来的特色。记者注意到,在"意大利·罗马帝王"的展厅门前有一位来自欧洲的礼仪小姐,同时音响里面也播放着非常吸引人的意大利歌曲。其产品开发部经理徐善智告诉记者,展厅设计体现了一种欧洲风情,而这些都是为了吸引观众。这里展出的服装都是两年前的,主要就是担心会有被抄袭的可能。而对于有意向的专业观众,他们会给出邀请函,邀请其在会后去当地进行考察与洽谈。

波司登服饰有限公司山东区主管倪震也表示,在准备展会的过程中他们也考虑到了有可能被"抄袭"的问题,因而在展出的产品上进行了比较认真的选择,并没有展出最新的服装,而只是相对较新的。如果是真正感兴趣的加盟商,他们会在展会结束后进行进一步的联系。

不怕抄袭,是因为还有其他优势

也有一些参展商,表示并不害怕自己的展品被抄袭。海澜之家服饰有限公司

市场部营业主管李闯表示,他们展出的都是新品,而且非常全面丰富,甚至连价格都标在上面了。因为他们是做全国连锁专卖,而且价格适中,所以不介意把这些信息公开化。同时,他还认为,他们品牌的取胜之处在于服务和仓储自选的经营特色上,因此在设计上的抄袭对其影响是不大的。

北京业宏达经贸有限公司人事主管张嘉禾也表达了同样的观点。他认为,他们是做高尔夫球服装品牌的,有类似的服装是不可避免的。但是,这种高档休闲品牌的取胜之处在于它的面料,而且新的设计也会不断推出,因此对可能存在的抄袭问题并不担忧。

(资料来源:http://info.cm.hc360.com/2005/07/21200063391.shtml.)

第二节 新闻发布会

无论是新闻发布会还是新品发布会,参展企业在展会期间组织类似活动有四个关键要素:会议策划(根据会议希望达到的效果,选择最佳的会议形式,并规划相应的会议场地和会议准备方案);活动主题(选择与会者比较关心的,涉及能够解决销售、生产或管理等实际问题的主题);前期宣传推广(通过与展会组织机构配合或直接联系,让与会者提前了解会议内容和预订会议位置);现场指引和接待(保证与会者及时顺利地找到相关会场,并安排专业人员做好引导和接待工作)。

一、新闻发布会的准备工作[①]

一般来说,新闻发布会的主要工作有活动策划与主题确定、节目策划与议程安排;资料准备;与会人员邀请、沟通与确定;时间、场地落实与场景布置;产品展示、演示与信息发布;现场气氛控制等。其中,前期筹备工作包括以下几项。

(一)统筹安排工作人员

成立筹委会,组织相关人员,并明确分工。一个新闻发布会牵涉到方方面面,各项工作相互联系,彼此交叉,因而必须统筹安排。因此,在人员配置上应遵循"专业原则"、"平衡原则"、"分工原则"、"扁平原则"和"制度原则"。通常,新闻发布会的筹办也可以聘请专业公关公司代理。

(二)设定工作流程与目标

确定时间、流程和目标管理,并做好反馈、调整。时间的控制一般以时间进度表的方式来表现。注意在时间的安排上要合理,同时要留有余地。一般来说,前面的时间、进度安排要紧凑一些,保证后面有时间来调整、完善。

整个活动是一个系统工程,流程管理是指在活动中各项工作内容之间的相互衔接、协调

---

① 王缇萦.商务旅游策划与管理[M].上海:上海人民出版社,2007.

和配合关系及其有机组合的过程管理。比如在活动中，主题内容、意义确定之后才能确定议程、规格，规模、规格确定之后才能确定人数，人数确定之后才能落实场地，场地落实之后才能现场布置，等等。流程管理使总协调人对于整个活动的各个部分有着清晰的认识，便于找出工作的关键点、重点、难点，一般以程序框图表现。

（三）策划与选择活动主题

一般来说，新闻发布会的活动策划主要包括下列内容：

- 大多数新闻发布会的整个过程就是讲话，念稿件，例行演示。展览会期间的新闻发布会应该把重点放在产品的展示上，而发言的时间，演讲稿件的字数应该控制在把问题讲清楚的长度，不宜太长也不宜太短，15分钟到20分钟比较合适。
- 新闻发布会的主题可以有多种表达方式，常见的是在主题中直接出现"××发布会"字样，有的有一个大主题，下面为正题，也有两者的结合。按照国家新闻出版有关部门的规定，凡是主题中有"新闻"字样的发布会，须经国家新闻出版部门的审批。在实践中，很多企业略去"新闻"字样，采用其他表达方法。
- 参会人员的选择。参会人员的选择应遵循服务发布内容需要的原则，选择相关性强的人员参加。一般来说，官员都选择讲话较有分量的人物，而专家则是在该领域有建树或名气大的人。新闻记者则是发布会的重头，一般来说，先造一份拟邀请的名单，提前一周发出邀请函，然后电话落实。时间较突然的新闻事件可以采用电话和传真的方式。落实好后，做好分类统计工作。
- 确定参会人员名单。确定参会人员是一项很重要的工作，也是一个变化较多的因素，而它的变化将影响到整个发布会的规格与规模，进而影响发布会的各个因素。比如，重要人物的出席和缺席可能影响规格，或者时间调整等。因此，这是总协调工作控制的"关键点"，宜重点来抓。

经典实例

2008年4月20日，第十届北京国际汽车展览会率先对媒体开放，各家汽车参展商纷纷拿出自己的展车杀手锏，推出各种形式的新闻发布会。在W4展馆中，两大德国豪门品牌——宝马和奔驰的较量成为观众期待的重点，而W4馆上下午的新闻发布会分别被奔驰和宝马占据了主角地位。

因为有了国际女星章子怡的莅临，奔驰展位新闻发布会的人气可谓居高不下，其不仅在W4馆一枝独秀，而且在整个北京车展的发布会现场也是最为高涨。奔驰这次带来了多款首发车型，其中最具人气的当数奔驰新推的紧凑型SUV GLK。而GLK的发布正好成为了奔驰发布会的主角，加上章子怡一身性感红色连衣长裙出席，整个活动现场只能用人山人海来形容。香车配美人，奔驰豪车与影视明星擦出的火花竟然对现场观众有如此高的号召力，直到今天都让人印象深刻。

（四）拟定具体操作方案

具体操作方案用于企业内部或者协助代理公关公司，指导整个活动的开展，一般比较详

细,具体到每一个人每一步,时间上具体到分钟。一般情况下,新闻发布会筹备人员必须人手一份。

与之相对应的是,要提供给媒体的新闻通稿及其他相关资料。往往以广告手提袋或文件袋的形式摆放,并在新闻发布会前发给媒体代表。一般来说,文件资料的摆放顺序依次为:新闻通稿、演讲发言稿、公司宣传册、有关图片、纪念品(或纪念品领用券)、企业新闻负责人名片(以便新闻发布会后进一步采访、新闻发表后保持联络)。

(五)时间选择与场地安排

1. 时间选择

时间选择在新闻策划中是一种艺术。发布时机选择不同,效果迥异。企业发布会有时要避开重大的事件、会议,因为有重大事件时,新闻媒介版面较为紧张,记者也大多有安排,时间上不能保证。有时则要趋近于某些时机,起到借势的效果。

2. 场地安排

新闻发布会的场地可以选择户外,也可以选择室内,但以室内更为常见,而且选择高星级酒店的较多,因为室内各方面的配套设施要好一些。展览会的新闻发布会,一般都选择在展会现场召开。现场布置主要注意以下几个方面。

• 背景布置

主题背景板的内容要包含主题、展览会日期,有的还会写上召开城市等。颜色、字体注意美观大方,颜色可以以企业 VI 为基准。此外,新闻发布会现场外围也需要进行相关的布置,如横幅、竖幅、飘空气球、拱形门等。

• 席位摆放

摆放方式:发布会一般是主席台加下面的课桌式摆放,注意确定主席台人员。不过,现在很多会议采用主席台只有主持人位和发言席,贵宾坐于下面的第一排。

摆放原则:职位高者靠前靠中,自己人靠边靠后。

注意席位的预留,一般在后面会准备一些无桌子的坐席,以备临时到来的人员使用。相关设备在发布会前要反复调试,保证不出故障。

• 签到与迎接

一般有导引指示欢迎牌,事先可安排礼仪小姐迎宾。

二、新闻发布会的现场控制

现场控制是体现总协调人应变能力的关键一环。事实上,一个好的协调人会将工作做在前面:首先是预防变数的发生,比如平时做一些培训,事前做一些排练,从众多实践经验来看,现场的突变往往是因为沟通不畅、考虑不周以及礼节上的疏忽等因素造成的;其次,要在事前准备好备选方案;再次,注意积累现场的灵活应变的处理技巧。

对于前来参加发布会的官员、经销商,要有人陪同和沟通;对于记者,应该一视同仁;对于记者个人挖掘的新闻,一般不宜转告他人。在产品的演示讲解过程中,可以利用一些现代化的科技手段,如示意图、视频录像、幻灯片等,以帮助与会者理解。

在气氛控制上，总协调人处于一个平衡的重心上，气氛轻松活泼，与会者的心情也会舒畅。如果安排有主持人，协调人事先要与主持人充分沟通，让他（她）对整个展览会的风格有大致的了解与把握。

在答记者问时，一般由一位主答人负责回答，必要时，譬如涉及专业性强的问题，可以由他人辅助。针对记者可能的提问，发布会前一般会准备记者答问备忘提纲，并在事先取得一致意见，尤其是主答和辅答要取得共识。在国内，大多数记者不会提恶意刁难的问题，有时连善意刁难的问题都很少涉及，事实上，提问能够反映记者对会议内容理解、把握的广度和深度，是记者站在大众的立场提出争议点、重点、难点和大众关心点的好机会，更有助于传播。

在发布会的过程中，对于记者的提问应该认真作答，对于无关或过长的提问则可以委婉、礼貌地制止。对于涉及企业秘密的问题，有时可以直接、礼貌地告知，一般来说，记者可以理解；有的则可以委婉作答，不宜采取"无可奉告"的方式。对于复杂而需要大量解释的问题，可以先简单答出要点，邀请其在会后探讨。

发布会应该有正式的结尾。如果发布会安排在晚餐或午餐前结束，则应该有酒会或自助宴会等，在发布会结束时，由主持人通知时间与地点。另外，发布会后、宴会前，一般在贵宾室可以安排更深入的采访。

第三节　产品发布会

在展览会现场，绝大多数有实力的厂商都要举办各种活动，有的甚至把新产品推介和抽奖活动、表演等安排在一起，与同场的竞争对手比高低。在这"内容为王"的时代，越来越多的国内参展商开始对在展览会期间举办技术报告会、产品发布（推介）会感兴趣。然而，并不是所有参展企业的工作人员都真正理解技术报告会和产品发布（推介）会的重要性，并掌握其操作技巧。

一、举办产品发布会的价值

首先，举办产品发布（推介）会或技术报告会等活动容易让一家公司在众多参展企业中脱颖而出。观众会感觉到公司在技术创新、市场推广方面领先于同业竞争者，从而对公司的实力更有信心，在谈生意的时候信任感也会更强。

不过，意义远不止如此。一般来说，在展览会现场，一名观众在一个展位的停留时间不会超过20分钟，因为可能还有几十个甚至上百个展位等着他去了解和洽谈。所以，多和观众交谈一分钟，就多了一份赢得客户的希望。而产品发布（推介）会、技术报告会等却给了一家公司一个小时甚至更长的时间，充足的时间让工作人员得以有条不紊、全面细致地介绍公司状况、最新的产品和技术，同时还可以随时回答客户的问题。如果产品发布（推介）会或技术报告会的内容具有价值，听众会专心致志地从头听到尾。这样，无形中企业就比竞争者多出了很长的宣传时间。

经典实例

召开新品发布会 华硕开启VR的较量

2016年5月31日,华硕召开新品发布会,正式推出Zenbook 3超薄笔记本、Transformer 3系列平板电脑以及Zenfone 3系列智能手机,从而拉开了台北电脑展的序幕。

主场作战的华硕吸引了众多关注的目光,新发布的Zenbook 3笔记本开始凭借酷睿i7处理器、1TB PCIe固态硬盘等众多配置PK苹果Macbook Air,与此同时,这款新产品在尺寸、厚度、续航等方面,不仅不逊色于对手,甚至开始出现了甩开苹果的迹象。

另外,华硕还在发布会上推出了对标微软Surface Pro 4的混合型平板设备Asus Transformer 3 Pro平板电脑,尽管这款产品被外界调侃为最能"假装"Surface Pro 4的产品,但众多的周边配件,还是可以看出华硕在这方面超越对手的努力,尤其是率先为变形本引入了配备GTX1080显卡的VR(虚拟现实)底座。

由于主题是电脑展,手机厂商并没有过度地参与到展会中,这也让今年的台北电脑展几乎成了华硕的独角戏。在当天的发布会上,华硕接连发布了3款Zenfone 3系列智能手机,尽管节奏还是和以前一样,被认为是"发布一次管够一年",但相比过去仍然还是有明显的变化,这其中最抢眼的当属弃用英特尔,全线投入高通阵营。

高通一统天下的时代已经来了,而这也意味着,英特尔将要面临彻底被赶出移动手持设备市场的尴尬局面。

继智能手机之后,VR无疑成了科技圈最热门的领域。VR可以说是台北电脑展的新元素,但这也可能成为未来几年内包括台北电脑展在内的众多大型展览会不可或缺的主题。

(资料来源:佚名.华硕新品发布会召开 VR的较量展前就已开启[EB/OL].[2016-05-31].腾讯游戏,http://games.qq.com/a/20160531/027415.htm.)

二、产品发布会的策划与组织

在基本流程上,产品发布(推介)会和新闻发布会很相似,但两者面向的对象不同,前者同时关注客户和新闻媒体,后者更加侧重媒体记者。

(一)精心策划主题和流程

对于企业来说,产品发布会的主题策划和流程制定非常重要,由于企业新品发布会关系着未来的销售,出彩的主题和流程策划会给新产品的推出带来积极影响。在具体操作时,可以就发布会的形式、流程等,征求展会主办机构相关负责人或公共公司的意见和建议,以求有所创新,确保发布会取得良好的效果。

> **经典实例**
>
> **以"当代中国的生活哲学"为主题,代表中国家具行业"站出来"**
>
> 一年一度的"意大利米兰国际家具展"一直是全世界家居设计者聚集、交流的圣地,引领着世界家具顶尖时尚潮流。近日,由红星美凯龙搭台,联合十位创基金设计大师和十家中国家具品牌翘楚,带着各家创新设计的新作品,以"当代中国的生活哲学"为主题,代表中国家具行业"站出来",高调亮相2016米兰设计周。
>
> 当地时间4月12日,百强家具总裁陈晓太携手两位设计大咖孙建华和庞喜所设计的作品《承》茶几与《伴榻》在米兰展现场正式发布,吸引了现场众多设计师与业内人士的热切关注,在展会现场大放异彩。
>
> 玩转家具设计的行业大佬陈晓太与两位设计大咖合作推出的这两件参展作品可谓各有特色:孙建华的作品《承》茶几设计大胆前卫,融合了中西方文化对美的不同诠释,更抢眼的力学美感也颇具震撼力;庞喜在作品《伴榻》中深刻表达了对中国传统文化的理解,用极简方式把中国文化底蕴展现得淋漓尽致。对于两位设计师的作品,陈晓太表示:"每件作品都结合了多种元素,搭配出了不一样的韵味,作品也很有百强家具的味道。"
>
> 作为中国家具原创设计代表的百强家具,一直"视设计为企业灵魂",坚持做好产品文化传承与实用性的结合,正是这种20多年的坚持,赢得了行业内外对百强家具的认可与肯定,参展作品一经亮相便获得广泛好评。
>
> (资料来源:佚名.米兰站出来:现场直击百强家具米兰国际家具展新品发布会[EB/OL].[2016-04-14].新华网,http://news.xinhuanet.com/jiaju/2016-04-14/c_1118625327.htm.)

(二)做好相关筹备工作

首先,注意和展会主办方沟通,争取他们的支持。千万不要认为把申请产品发布会的表格交给主办方就万事大吉了,这只是一个开始。在提交表格后,要同主办方的有关负责人主动联系,告知将邀请哪方面的客户来参加发布会,并希望对方能协助自己进行邀请。其次,在发布会之前,一定要积极邀请客户特别是那些潜在客户。同时,通过新闻媒体、社交媒体等手段,为发布会营造氛围。

还有一项重要的筹备工作,就是精心安排发布会的主持人、发言人和工作人员,包括礼仪人员。以发言人为例,一般由本公司的主要负责人担任,除了在社会上口碑较好、与新闻界关系融洽之外,对其基本要求是修养良好、思维灵敏以及善于言辞。对此问题,水运市场网CMO阮磊认为,"大公司的发布会很多时候都是CEO在上面侃侃而谈到结束,然而对于新创业公司来说,很多CEO是不具备这种演讲能力的,而且下面的到场嘉宾也没有耐心听一个人一直讲。那么,团队的核心成员轮番上场和一些缓解气氛的现场活动就很有必要了,最常见的方式就是提问题送礼品"。

另外，如果发布会是在展位现场举行，一定要对展台工作人员进行培训，确保他们对发布会的时间、地点、发言人和主要内容等基本情况有所了解。这样，在展览开始后，他们就可以随时向光临展位的观众宣传发布会的情况，邀请他们届时参加。

（三）现场管理

由于企业文化、产品发布会的目的以及所发布产品性质的不同，不同产品发布会在现场管理风格上会有所差异。常见的操作技巧有：①现场一定要有工作人员专门负责观众登记，不仅要详细记录与会观众的信息，更要注意参会的业内记者，并及时向他们提供详细的资料；②主持人和发言人的讲话时间都不宜过长，对来宾所提的问题应逐一予以回答，一般不要超过两小时；③会议主持人要始终围绕主题，并注意调动观众的情绪；④在场景设计与布置上要做好细节，例如，舞台设计、背景颜色、灯光选择等都可能起到画龙点睛的作用。

（四）认真总结

发布会结束后要尽快整理出活动材料，并对发布会的策划、筹备、布置、主持和回答问题等方面的工作进行回顾和总结，同时收集与会者对活动的意见和建议，从中汲取经验，找出不足。

如果可能，最好能够将发布会的全过程用摄像机记录下来，并在发布会后进行编辑，制作成光盘用作长期宣传，或作为资料馈赠给客户。

补充阅读

从操作流程上来讲，参展商在展会现场举行的新产品发布会与新闻发布会大同小异。新产品的首次亮相必须出色完成，否则效果就会大打折扣，并有损企业的品牌形象。大多数新产品发布会都需具备多种要素，其中包括：

- 隆重的新产品揭幕仪式，通常包括邀请名人到场；
- 召开记者招待会；
- 提供体验或感受新产品的机会；
- 重要的特邀发言人，通常为公司代表；
- 新产品发布会通常还包括复杂的特殊效果和与众不同的主题餐饮服务。

新产品发布会成功的关键是邀请和吸引恰当的人群，这些人群包括：

- 公司员工；
- 销售系统的中介公司；
- 行业媒体或普通媒体；
- 公众。

当然，为了迎合不同的群体，发布会期间通常还会同时或先后举行独立但又相关的活动。需要特别指出的是，由于在规定时间之前，新产品不得为外人所见，因此新产品发布会还有一个重要问题便是产品的安全保密。

表10-1是一个比较隆重的新产品发布会的议程安排，仅供参考。

表 10-1　某企业新产品发布会的流程策划

序号	主　题	备　注
1	与会人员到达酒店（或会展中心会议现场）、会务组登记、接待	
2	与会嘉宾签名、来宾赐予名片；引座；播放广告片	设签到台两个、签名簿三本、签名笔十支,"请赐名片"标志,嘉宾需带胸花；背景音乐播放,全场灯光大亮,投影屏上连续播放资料片,气氛轻松友好
3	会议开始、嘉宾介绍	伴随激昂的开场音乐,全场灯光转暗,活动开始,主持人上场,电脑灯做灯效配合,投影屏停止播放其他资料片,定格在此次大会的主题上；主持人介绍到会的嘉宾和会议意义
4	领导致欢迎辞	由主持人请出并由礼仪小姐引至讲台；上场音乐配合、站定后,转换摄像机信号,使领导讲话上大屏幕,讲完后,全体鼓掌,礼仪小姐引领导从舞台另一方向下场
5	经理致辞	
6	新品展示	产品经理由主持人请出；形式为对话形式；结合投影仪大屏幕演示,背景音乐若隐若现
7	女子小提琴演奏	激情音乐,动感节奏,使发布会掀起第一个高潮
8	新品展示	主持人串场,模特向与会者展示新品,由专业人员介绍
9	舞蹈表演	请出舞蹈,舒缓现场
10	提问和交流	主持人宣布提问交流开始,分记者、经销商两部分
11	新品展示	主持人活跃现场并再次简单介绍本次活动所推出的主题
12	会议结束	大屏幕开始显示："请到宴会厅继续洽谈",人群慢慢移向宴会厅,电视台记者现场采访主要嘉宾（参考）
13	电视采访主要嘉宾	
14	所有人员到宴会厅就餐	
15	中间有文艺表演及模特展示新品	就餐中间穿插舒缓的文艺节目演出

（资料来源：长沙锐金计算机有限公司网站,http://www.rjjtw.com.）

第四节 文娱表演

为了提升人气,吸引更多的观众关注其产品,各参展商往往会在展览会现场采用各式各样的文娱表演来吸引眼球,如乐器表演、舞蹈表演、特技表演等,并搭配主持人在串联时对产品和服务进行介绍。

一、选择表演主题

现场演出可以活跃气氛,增强展出的效果。如果在外地参展,工作人员可以了解一下当地有没有什么特殊的娱乐活动,通常采用的节目有杂技、舞蹈、漫画表演、魔术、现场制作食品、流行音乐、乐器表演、互动游戏等等。但是,选择文娱表演节目要小心谨慎,最好制订一个详细的计划并深入了解自己的观众,因为展品性质、观众的年龄结构和文化背景等都是影响文娱表演节目选择的重要因素。

有表演的展位,在演出时能聚集一批人气,但看完演出后人们就一哄而散。这种做法,实际上浪费了投入却没起到真正的效果,因为所聚集的是"假"人气。因此,表演的内容或风格最好紧扣展出主题,而不是毫不相干,这样才能通过表演让观众记住产品。例如,某公司有一个案名叫"江南山水"的楼盘就在房展会推出了一台颇具江南水乡韵味的歌舞演出,加上主持人的巧妙串场,楼盘的特质和卖点深深地打动了参观者,现场人气聚涌,获得了巨大的成功。

二、搭建布置舞台

在布置舞台、灯光、视听设备时,天花板高度有着至关重要的影响。对于背屏投影,推荐的最低高度为 22 英尺(1 英尺=0.3048 米)。参展工作人员要组织提供舞台、灯光和视听服务的公司共同进行一次实地考察,并现场协商确定最佳的场地布局。

(一)舞台搭建与设计

首先要了解需要搭建多少个舞台以及它们的位置。其次,舞台需要多大多高,舞台上将要举行的文娱表演活动类型、承载的人数、乐手的位置等,将直接决定舞台的大小。再次,需要对舞台进行装饰,包括以下三个方面。

1. 舞美设计

舞美设计是通过色彩、线条、光线等创造出一个适合活动的演出环境,进而体现参展企业力图描绘的意境。要把展台的舞美设计搞好,要求设计师不仅掌握过硬的专业技能,还能分析活动的宗旨和意图,正确、深刻理解活动主题的思想内涵。

2. 布景和道具

布景和道具像演员一样重要,它们不仅配合演出,而且是演出的重要组成部分。布景要与表演主题协调一致,大多数舞台上常用背景板,背景板上要有活动的标志和名称、有关组织的徽章、举办时间和地点以及活动的主办单位等信息。

3. 舞台灯光

舞台灯光有助于形成独特的表演风格,文娱表演的主题、服装的华美、舞蹈的绚丽以及诸多只可意会不可言传的音乐和歌舞精神主要依靠灯光来表现。舞台灯光由专门的灯光师负责完成,需要同展会负责人员协调后,准确掌握演出舞台所需灯光的数量、灯具的负荷量以及灯光布置的大致位置。

(二)相关设施设备布置

1. 话筒

文娱活动的主持人一般都使用无线话筒,而演员根据需要和形式来决定使用无线或立式固定话筒等,在和观众互动时,最好也提供无线话筒,便于传递和交流。

2. 投影仪和屏幕

在文娱表演过程中,有时需要播放一些事先录制好的资料或影片,因而需要高质量的投影仪、放映机和高分辨率的屏幕,并由专门的技术人员控制。屏幕的尺寸根据场地的大小设置。在表演开始前一定要做好与播放设备、计算机的连接以及与屏幕的距离调试,保证放映效果清晰、不变形。

3. 录像机、VCD/DVD机、电脑

用于放映录像带、光盘等资料,操作方便,可以压缩大量的图片和声像信息,而且清晰、保真,便于携带。

4. 音响设备

音响设备需要经过专业人士的精心调试,方可在演出时使用。

5. 演员化妆室

演员需要的化妆室大小,以及是否有特殊要求,如镜子、特殊灯光、桌椅、衣架、储物室或者茶点等,都需要提前与演员沟通协商。

6. 储藏室

储藏室属于场地的后台,主要为演员和员工准备,演员可以在演出前后于休息室、更衣室或化妆室内休息,或与导演交流,工作人员也可以在此放松。后台也是用来存放音响、放映等设备以及储藏食品和饮料的地方。

三、控制演出现场

文娱表演要严格控制时间。如果需要进行现场排练,要考虑同一时间是否还有其他活动在此举行,并且要在观众到达之前结束排练。

提前与演员沟通好准备出场的演出时间,一般来说,音乐或表演应安排在客人预计到达的时间前至少15分钟开场,这样,迎接客人的欢迎曲就不是一片寂静了。另外,要向演员强调在客人到达之前做好准备的重要性,并了解同一天他们是否还有其他地方的演出,两个演出之间的时间是否充足,以及表演结束后他们是否赶往下一个目的地,由此来设定活动结束时间是否需要现场调整。

补充阅读　　动漫展会上表演真人秀

在昨日的动漫展会上一群中学生表演了精彩的动漫真人秀。我市目前有40多个此类社团,银白发亮的大波浪披肩卷发、金光闪闪的武士盔甲,表情或愤怒或忧郁,再配上开山巨斧、通天魔杖……昨日,青岛日报报业集团阳光大厅里俨然成了神话世界,漫画中的神怪精灵都在这里亮相。原来,这是一场为期4天的动漫展会中的动漫真人秀表演。借这次表演,记者走近这个"部落"。

"为什么参加动漫真人秀?"记者问,将自己装扮成"天界魔人"的小彤不假思索地回答:"因为爱呗!"他说,他从记事起就是在漫画书中长大的,经常为漫画书中的某个角色着迷,他曾幻想自己就是这个角色,可以除暴安良、维护世界和平。

据介绍,我市有各种cosplay(角色扮演)社团40多个,有两三千人。这些社团基本都是中学生自发组织的。青岛二中2B社团的一名动漫真人秀的表演者说,这个圈子里九成都是初高中学生,一般都是十多人聚集在一起,分别扮演同一部动漫故事中的不同角色,表演动漫故事中的部分剧情。

自己动手做服饰

要参加动漫真人秀,就必须得有服饰,大多数情况下,他们自己动手制作这些稀奇古怪的服饰。

扮演蛮公主的莹莹说,蛮公主头上那个大波浪的银白假发非常不好买,她曾经跑遍青岛大小假发店、小商品市场,后来终于在城阳批发市场买到合适的假发。"做一套服饰平均花销在三四百元左右。"莹莹说,因为都是学生,没有资金来源,他们都是把零花钱攒下来,购置服饰与配件。

服饰道具做齐了,要上台表演时,还要遭份罪。莹莹说,有些武士的服饰非常夸张,为使布料坚挺起来,要用塑料板、铁丝在里面加衬,有时穿上之后还要用绳子捆绑,再加上手持夸张的"兵器",一次表演下来,经常累得满头大汗。

正方:在模仿中创造

"动漫真人秀动手又动脑,还可以增强与他人的沟通能力。"已经有4年表演经历的小彤说,为了做出漫画中的服饰道具,他们会开动脑筋,使身边的所有物品都成为服饰配件:武士金色的肩甲是塑料下水管的弯头,头盔上红色的冲天冠是土产店2元一把的扫帚、盔甲是家中常见的方块竹席……"我们在模仿中创造。"小彤对此很自豪。

反方:太投入会影响学习

但也有人对这种表演唱反调。"这是浪费时间和金钱的游戏!"上高二的小张同学认为,这么投入地玩这种游戏,多少都会影响学习。部分家长也对此有顾虑。

我市一名教育专家表示,青少年可以在扮演喜欢的英雄人物的过程中,得到心理上的满足,这是可以提倡的,但不可过度。过分沉迷其中会改变他们的性格,甚至会陷入角色不能自拔,出现一些异常行为。

(资料来源:青岛新闻网,http://www.qingdaonews.com.)

第五节 招 待 会

由于展览会所形成的时间、空间和商机的聚集性,每一家参展企业都应该充分利用好这个平台。在展会现场,众多参展商都选择通过展品展示、与参观采购商接触交往,得到了满意的收获;而部分展商则借助展会期间的专业会议,依托展会现场高度集中的企业和各阶层的专业人士,为企业提供了一个展示形象、交流技术、共享资讯、提升水平的国际化大平台。

参展商在展会期间组织的会议主要有 4 种类型,即大型专题论坛——组织专家、学者和工程技术人员围绕专题进行的系列讲座或与听众展开互动型的讨论会;技术交流会——就本企业的产品性能、工艺技术、经营策略、管理方案等所展开的专业技术讲座和交流活动;商贸洽谈会——参展商在展览会期间,针对自己的重点客户和贵宾可组织的较小规模的商贸合作、投融资洽谈或签约活动等;客户答谢酒会——参展商在展览会期间,邀请相关厂商、客户、机构代表参与的大型酒会、冷餐会或其他形式招待会,以增进沟通联系和情感交流。[①] 其中,作为商务社交活动,客户答谢酒会是最容易与客户沟通感情的平台。

一、招待会用餐的选择[②]

招待会有多种选择,可以是立式、坐式自助餐,或者是坐式正餐;可以是正式的、有主题的,也可以是有趣的和休闲的。参展企业通过举办招待会把潜在客户请来,是为了让他们了解自己有能力制定和完成某个项目。

另外,在招待会的背后还有一些隐含的意义。例如,为了让来自四面八方的客人增进彼此之间的了解,不妨考虑准备一个立式的或坐式的自助餐,这样客人们可以自由地走动(座位不需固定),而且用餐时间不需太长。此外,还可以考虑安排一些有意思的娱乐活动,以便加强客人之间以及主客之间的互动和了解。

二、招待会现场布置

立式或坐式自助餐的现场布置相对比较简单,不需要考虑座次事宜。其中,坐式正餐可以按两种方式进行:开放式座位和事先安排座位。开放式座位可以让客人自由地选择坐在哪里、和谁坐在一起用餐,而事先安排好座位则是让客人们坐在指定的座位上用餐。如果是后者,应该预先制订座位安排计划,并且要简洁明了地告诉客人们如何就座。通常可以通过以下几种方式来完成:贴出一张座位图表;在客人的邀请函上写上他(她)的餐桌编号;在客人登记时告知他们。不论哪种方式,都应该在现场指派熟悉房间布局且熟悉餐桌分布的员工指引客人入座。

---

① 资料来源:协广展览网,http://www.simmexpo.com。
② 本部分主要参考:朱迪·艾伦. 活动策划完全手册[M]. 王向宁,等,译. 北京:旅游教育出版社,2008。

(一) 餐桌编号

若采用餐桌编号的方式，编号一定要清楚，而且要把这些编号清楚地展示给客人。如果招待会所在酒店备有餐桌编号和号牌架，应当要求提前看一下样本，以确保这些物品都是高品质的。另外，还要弄清楚这些编号牌是如何陈列的？有没有放在托架上？是否需要让人制作桌卡？可以请书法家或运用电脑编排打印号码（有时还包括单位名称、客源地等客人的其他信息），风格应当与主题的格调一致，并确保卡片稳稳当当地放在号牌架里。

(二) 座位安排

在安排座位时要考虑以下一些细节问题：客人就座以后需要撤掉桌子上的编号吗？让客人们在指定的桌子上任意就座，还是给每个人安排一个固定的位置？如果选择后者，应该准备个人席卡，并将它们放到每个座位上。

需要特别指出的是，对于招待会的重要客人，在安排座位时一定要讲究策略。而且，某些重要嘉宾可能会因为临时有事而未能前来，从而缺席或者找人代替出席，这些变化都应考虑在内。

(三) 注意礼仪，尊重客人

在有的文化里，贵宾席的餐桌应当摆放精致的装饰品；在另一些文化里，在座位卡上以某些颜色写出客人的名字是不妥当的，餐桌上摆放的鲜花的数目也是很有讲究的，此外鲜花的颜色和种类也代表了不同的意义。比如，在亚洲的礼仪里，应当竭尽全力保全他人的面子，千万不能让客人丢面子。

三、招待会的活动程序[①]

招待会的举办要遵守一定的程序，不能随意而为，一般程序大概有以下几个步骤。

(一) 迎接客人

主人一般在门口迎接客人。也可在招待会厅门口或休息室迎接客人，随从人员可先到大门处等候客人，引领客人进入招待会场所。如果有休息室，主宾可先进休息室小坐片刻，先到的客人也可在休息室等候，此时，主人可介绍他们与主宾认识，然后由主人带领大家进入招待会厅入席。

(二) 入席

主人陪同主宾进入招待会厅后，先在主桌入座，全体人员陆续入座；也可以等主桌以外的客人都已坐定，主桌人员最后入座。

(三) 致辞、敬酒

招待会开始应有仪式，通常由主办方代表主持，当众宣布招待会开始，并介绍主办方的主要领导和主宾。主办方代表主持招待会时应笑容可掬，端庄大方，并且要对每位客人都彬彬有礼，留心记住对方的姓名。招待会相关组织人员还要对现场全局有效把握，头脑冷静地留神关注细节问题，自始至终调节好场上气氛，让所有人都觉得满意。

---

① 资料来源：王敏杰.商务会议与活动管理实务[M].上海:上海交通大学出版社,2008.

招待会通常由主、宾双方重要人物发表讲话。按照国际惯例,简单几句致辞后,大家先彼此敬酒与用餐,酒过三巡之后,再安排正式讲话,主人先讲,主宾后讲,也可适当安排即席发言。

（四）进餐、交谈

不管是中餐还是西餐,在招待会过程中,主人要始终掌握好进餐速度,一般来说以中速为好,以照顾主宾。席间,主人也要引导客人们愉快地参与交谈,巧妙地选择话题,使席间充满和谐愉快的气氛。招待会组织人员一般坐在背靠门的下座,以方便进出,并且要注意关照全局。

（五）散席

果盘端上来意味着宴会快要结束了,吃完水果后即可离席。何时散席,西餐是以女主人的举动为准;在我国,是以第一主人的举动为准。第一主人看到大家都已经吃好了,就可以站起来,表示招待会结束。有休息室时,可在休息室稍坐,主宾一行先行告辞,主人送主宾到门口,待主宾一行离去,再送其他客人。

补充阅读　专业展要交流与展示并重

在日前结束的软博会上,来观展的观众中大部分是其他软件公司前来收集情报的员工,还有一些是对软件业比较感兴趣的个人,如相关专业的学生和记者等,但对参展商最重要的目标客户却很少。其实在其他一些专业的展会上,这一问题也同样突出,是什么原因呢？

"对于围绕成熟的现实市场而开展的展会（特别是对于大众消费类产品展会）来说,观众的专业化程度一般不会太高,人数自然会多,就像现在的房展、服装展等。而对于尚未建立的产品市场或是潜在的产品市场来说,由于产品没有面世或仍是概念产品,以此种产品为核心的专业展览,其目标观众一般限于专业人士或对专业产品有兴趣的人群,此类人群范围自然有限,这可以说是目前专业展会观众递减的重要原因。"北京赛迪世纪会展有限公司总经理赵树峰博士如是认为。

"向观众展示是展会的原始功能,这一点不能否认。当然对于专业展来说,它同时又是行业内一次聚会的机会,展会在促进业内信息交流方面发挥着不可忽视的作用,但这不能抹杀展会的原始功能。观众越来越少是一个不争的事实,对此,我们应该改善,而不是否认。"一位会展业的资深人士则这样认为。

事实上,据记者了解,国外专业展会重视向目标观众展示产品以及企业形象,但与此同时,他们也很重视业内的信息交流。业内人士认为,专业展今后的发展应该注重通过与之配套的高水平的会议论坛,邀请业内专业人士进行有见地、有效果的高水平交流,也应该注重通过组织专业化观众,扩大观众规模,营造现场气氛。只有这样,才能够实现专业展举办的初衷：交流与展示并重,帮助参展商发现客户、了解产品技术市场发展的最新趋势,提升参展商自身的知名度。

否则,偏重业内"交流",不如开展专业会议论坛效果明显;偏重向观众"展示",就会流于表面,很难实现良好的参展效果。尤其是面对中国展览业还不够规范甚至良莠并存的现状,要想培育有影响力的品牌展会,展示与交流的专业化程度必须提高。唯有如此,才能保证展会的现实效果。

(资料来源:http://www.showguide.cn/info/news_detail-id-17943-sort-6.htm.)

本章小结

展览会现场活动是促销产品和树立企业形象的最佳时机。参展商通过恰到好处的活动安排,可以有效地促进与专业观众、媒体等多方面的沟通,从而实现信息交流和技术传播的目的。然而,现场活动必须经过精心的策划和布置。

本章共分五节,分别对参展商在展览会现场经常举办的五种活动进行了介绍。第一节从产品演示的前期准备着手,分析如何全面包装展会上的主角——产品,以及如何做好展前演练,之后详细介绍产品演示和危机处理的工作重点。第二节从新闻发布会的内容及受众入手,详细阐述了新闻发布会的具体工作内容。第三节从价值分析出发,比较详细地介绍了策划和组织产品发布会的技巧。第四节按照组织文娱表演活动的顺序,从表演主题的选择、搭建舞台、布置相关设施设备以及现场控制三个方面说明了如何管理展会期间的文娱表演活动。第五节首先从加强参展商与客户直接交流的角度说明了举办招待会的重要意义,在此基础上,介绍了招待会的一般活动程序,并对各项程序中的注意事项做了详细说明。

关键词

新闻发布会(press conference):又称记者招待会,是某企业或社会组织直接向新闻界发布有关组织信息、解释组织重大事件而举办的活动。

产品发布会(new product release conference):企业为了向现有和潜在客户、媒体以及公众推介新产品而精心组织的活动,它往往设有演讲、产品演示、互动回答问题、酒会甚至表演等环节。

招待会(reception):指各种不配备正餐的宴请类型,一般备有食品和酒水,通常不排固定的席位,客人可以自由活动,常见的有冷餐会和酒会。其中,冷餐会以冷食为主,有一些热菜、饮料和啤酒;酒会有时又叫鸡尾酒会,但不一定只是鸡尾酒,酒类的品种可以比较丰富,并常常提供一些冷食、小点心和各种果汁饮料。

复习思考题

1. 如何在展会期间成功地进行产品演示?
2. 参展企业召开新闻发布会,应怎样做好准备?
3. 参展商在产品发布会现场有哪些注意事项?
4. 为展会期间的文娱表演设计舞台时,参展企业需要考虑哪些主要因素?
5. 坐式正餐类型的招待会需要如何布置现场?
6. 一般来说,招待会的基本流程包括哪些内容?

案例讨论题

特步借助"体博会"力推娱乐营销

好电影要有好剧本,好剧本要有精彩的故事情节,平淡无奇、索然无趣的展示会让观众厌倦。那么怎样才能在展会上赢得观众的关注、赞赏和忠诚呢?运用创新营销的魔力,为观众带来惊喜,让他们拥有从未期望过的美好经历。自 2001 年成立以来,特步参加过很多届体博会及各种大小型展览会,但真正意义上借势体博会营销的莫过于第九届北京国际体博会、第十届上海国际体博会和第十八届成都国际体博会。其展馆设计较为突出,品牌形象较为生动,宣传效果较为显著。

2001 年,三兴集团凭着雄厚的实力,将旗下多个品牌重新整合,隆重推出自己的时尚运动品牌——特步,正式以品牌形象的身份进军国内市场。那时三兴集团旗下的"特步"品牌几乎一切从零开始,靠自己慢慢地在摸索中前进。虽然聘请香港明星谢霆锋担任产品代言人,但"特步"品牌的知名度远远没有达到家喻户晓的地步。因而,公司高层领导想通过最快捷的推广方式来传播"特步"品牌。当时正好赶上国内体博会上升为国际体博会这样一个跨越式的转变时期,即第九届北京国际体博会。所以,特步毅然决然、全力以赴参加北京体博会,打响进攻国际体博会的第一枪。

特步参加北京体博会的情景,直到现在我们还记忆犹新。当时,公司邀请香港著名歌星谢霆锋到场。随着谢霆锋的出现,特步展馆可以说是立马爆棚,整体效果不同凡响,就连整个体博会也都受到观众热潮的感染。虽然只有短暂的几分钟,但对于真正的追星族来说这也许就够了。这里,不得不提到特步展馆的设计。站在展厅入口处往里看,一个硕大的红色轮胎巍然屹立在最显要的位置,特别醒目、耀眼。这个看似轮胎的特步展馆,里面却别有风景,一个圆形的大舞台立在正中央。除了正门有一个观众入口处,其余四周全部密封。完全是一个轮胎形状。特步展馆的设计理念非常简单明了,"红色"是特步 LOGO 的标准色,代表特步的事业红红火火,像初升的太阳。而"轮胎"则象征着特步的发展速度,自身就像是一辆行驶在高速公路上的汽车,必须加足马力促使轮子快速旋转,才能超越前面的竞争对手。这种超概念、超理念的展馆设计,给人留下了很大的想象空间和深刻的印象。

在上海体博会上,特步曾经用一架直升机轰动整个上海滩,"热血沸腾"是参观过特步展馆的人共同的感受。走进1号展厅,立刻被特步公司的杰作吸引,一架真的军绿色直升机摆在面前,特殊的前沿时尚迅速映入眼帘。仰头望去,巨大的绿色螺旋桨填充了展厅很大的一部分空间,令人精神一振,热血上涌,仿佛自己身处硝烟弥漫的战场。不难看出,特步是向人们展示"非一般的感觉"这一品牌主张,由直升机联想到"非(飞)一般"。这样精心设计的场面可谓独出心裁。无疑,特步在上海体博会抢尽风头,收获颇丰。特步公司以大手笔的创举,吸引了无数观众和媒体,更好地展示了企业实力和品牌形象。

在2006年的成都体博会上,5号展厅是最引人注目的,同时也是媒体关注的焦点。因为国内外所有著名运动品牌都集聚在这里,没有什么比这里更重要、更热闹。特步就在5号馆,而且占据显要位置,视觉传达可以说做到了最大化。特步展台设计另类,风格独异,以网游元素作为展台的设计理念。在本届体博会上,所有参展企业中仅此一家。大家都知道,特步与网游巨头盛大联手合作,共同推出《龙与地下城》(DDO)这个风靡全球的网络游戏。但当时,这款游戏只在相关媒体和网络上做过一些宣传(7月份公测),而真正的庐山真面目还未和大家见面,特别是真正的网游人物和城堡。然而,这一次成都体博会,特步却迈出了令人惊讶的一步,不但将一个浓缩版的《龙与地下城》城堡作为展品搬上体博会,而且还将游戏中的人物以演出的形式一一亮相,并且与大家一起做游戏。特步的这种创意,无疑满足了网游爱好者的好奇之心。

且看,光怪陆离的地下城堡,惊险刺激的格斗场面,小精灵、巫师、怪兽一个个频频出现,DDO剧情跌宕起伏,高潮迭起,一环扣着一环,吸引无数观众驻足观看,博得阵阵喝彩。同时,演出节目还和观众互动,观众除了可以美美地欣赏节目外,还可以直接参与进来。有一位参与互动的观众说,以前玩网游,再怎么刺激、快乐,那都是一个虚拟的世界,过后,也就是那么一回事,没有多少回味的感觉。但这次不同,让他真正找到了网游的快乐,亲自体验网游的险象环生,仿佛自己就是DDO的主角,心里充满了无限激情。犹如一座地下城堡的特步展馆,在体博会中鹤立鸡群,令所有参展企业感受到强大的冲击力。用同行的话来说,特步这次参展是做好了精心准备,独创这样的展馆出乎意料,同时也合乎情理。每天特步展馆都吸引成千上万的人参观,他们有的拍照,有的观看DDO节目,有的参与DDO游戏,可以说是人头攒动,人声鼎沸,挤爆整个展馆,使特步的工作人员忙得不亦乐乎。

据了解,这次特步参展,媒体关注度很高,《华西都市报》《成都商报》《东方体育日报》《东南早报》《海峡都市报》、新浪网、QQ腾讯、中国国际电视台都分别为特步进行特别报道,使得"特步"品牌在西南地区的影响力和关注度得到空前提高。不可否认,特步成为第十八届成都体博会的一大亮点。特步总裁丁水波告诉记者,特步是年轻而时尚的。这次体博会,特步将网络游戏搬上展台,目的是向年轻一族传递具有时代意义的体育精神,提倡一种健康、快乐的运动信息,更好地诠释"有我,就是主场"这个品牌新主张,而从营销角度来看,特步深度沿用娱乐营销这张制胜王牌。

(资料来源：广州协作办公室，http://www.gzxz.gov.cn/Article.)

思考：

(1) 在以上材料中，特步在参加三届体博会时分别采用了哪些现场活动手段？

(2) 特步是如何将参展与娱乐营销战略有机结合的？

第 11 章

参展后勤管理

学习目的

- 理解企业在参展过程中相关部门之间高效协作的重要性。
- 掌握参展后勤服务的基本内容和工作流程,以及通过优化后勤服务降低参展成本的技巧。
- 了解参展费用的构成,并学会制定参展财务预算。

线索导入

展会后勤服务是企业成功参展的保障,也是传播展会形象和品牌的重要窗口。下面的这则材料虽然没有直接说明某个企业在参加德国科隆国际家用电器博览会中是如何做好后勤服务的,但对企业充分利用主办方提供的各种配套服务做好后勤保障工作有一定的启示。

在2007年德国科隆国际家用电器博览会推介会上,一张展览服务清单让记者眼前一亮。这张"展会纵览——参展商、专业观众及媒介须知",薄薄三页纸,除了写明提供购票、酒店住宿、交通、银行提款、翻译等常规服务外,还开出了一张详尽的附加服务明细表。这些服务包括快递、照片冲印、与参展相关的行业协会信息、国际贸易新闻支持、法律、警察、休息及洗漱室、医疗站、邮局及媒体服务、运输代理、安排安全人员、失物招领等。在家电博览会期间,参展商和观众还可凭有效门票,在科隆市内及周边地区免费乘坐所有地铁、火车和公共汽车的二等车厢。为帮助家电销售商提高宣传效果,主办方还许诺在次年家博会期间,与德国造型委员会携手,邀请优秀造型师为各国销售商讲解如何布置商店的家电橱窗。

科隆家博会主办方之所以不厌其烦地开列展览服务清单,目的只有一个:把家

博会办得更好,使之对各国参展商和观众更具吸引力。目前上海的展览会数量、办展规模和影响力,已经在全国数一数二,可与"展览王国"德国相比,但在展览"精细服务"方面相差甚远。比一比这张服务清单,时下国内的展览服务中许多基本都是空白,如提供休息及洗漱室、医疗站、邮局及媒体服务、手机租赁、安排安全人员等,似乎从未听说过。而法律服务、翻译、运输代理等,也很少见;即便有,一般也不是由展览场馆方提供的。至于服务质量,更有待提高。

上述人性化的服务,让德国科隆国际家用电器博览会声名远播的同时,也将德国展览服务的水平提升到一个新的境界。

(资料来源:蒋心和.一张展览服务清单的背后[N].解放日报,2005-10-24.)

一般来说,企业参展的后勤工作主要由市场部门统筹安排,销售、财务、行政等相关部门配合。参展的具体工作是比较琐碎的,有很多细节需要经验的积累和各部门的良好沟通才能顺利完成。后勤服务到位,一线参展工作人员方可全力以赴把握商机,保证实现最佳参展效果。然而,如何协调各部门的利益,如何建立一套完善的参展后勤管理制度,成为参展企业关注的核心问题。

第一节 参展人员的差旅服务

根据 Bob Dallmeyer 在国际展览业协会(UFI)官方网站上发布的统计数据,在一些大型展会上,一半以上的观众是经过 2400 公里的长途跋涉来到展会现场的,即使是小型的展会,43%的观众也来自周围 100 公里以外。[①] 通常,参展人员的住宿、交通、餐饮、娱乐和商务考察等服务需要预先安排;如果是参加国外的展会,还需要提前办理签证。一般来说,大型展览会都会设置相应的差旅服务机构,参展企业可以选择由展会主办方统一提供的食宿等差旅服务;除此之外,为企业提供参展服务的专业公司也可以很好地为参展企业提供参展后勤服务,如展位预定、展位设计与搭建、展品运输、签证辅导、机票酒店预定、境外保险、境外宣传、境外翻译推荐等。选择专业公司成本高,但会获得比较周全的服务。

一、参展人员的住宿安排

公司可以选择自行为参展人员安排住宿,或者委托主办单位预订房间。由于参展人数较多且比较集中,住宿将成为参展人员考虑的首要问题,如果不事先保留房间,会产生下列问题:①展会期间是附近饭店的旺季,饭店可能将房间卖出,这样会迫使与会者住在距离会场较远的地方。②可能拿不到优惠价格,因为个人没有讲价的能力。展会期间,场馆周边的饭店一般都会大幅涨价,从而会增加参展费用。

通常,展会主办方会在住宿方面提供以下三种形式中的一种服务。

(一)主办单位安排

尽管都是主办单位安排,但提供服务的程度不同,给参展商和专业观众带来的感受也不一样。有的展会主办只在展前推荐一些场馆周边的酒店;有的主办方不仅推荐酒店,而且还为前来参加该展览会的参展商和专业观众提供优惠的价格;有的主办单位还会安排专人负责接受参展商和专业观众的预订,并在酒店大堂设置接待处,然后统一和酒店结算费用。排除部分主办单位希望通过提供客房预订来谋利的因素,这种方式能为参展商提供更加便利的服务。

一般来说,具体的操作方法是主办单位在寄发给参展商的《参展手册》或《服务指南》中附带一些酒店的基本情况介绍(包括酒店名称、地理位置、星级、价格等)和负责人的联系方式,然后由参展商自行决定是否需要预订。如果参展商需要预订服务,便可以将附带的酒店预订表填好后,传真或者发 e-mail 给指定的联系人。

(二)指定旅行代理商

有些展会主办方为了保证展览会接待工作的顺利进行,通过后勤服务给参展商留下良

---

① 资料来源:http://www.ufi.org/pages/thetradefairsector/howtoexhibit_1.asp.

好的印象,还专门指定展会接待服务单位,如2009第十七届中国国际服装服饰博览会,中旅体育旅行社有限公司指定为展览会接待服务单位,负责来京参展人员的酒店预订、交通及食宿安排等接待服务工作。

在展览会的酒店服务方面,这种操作方式比较流行。其基本程序为:展会主办单位指定一家旅游公司,然后由该旅游公司为参展商和专业观众提供酒店、票务(代订、代送火车票或飞机票)、旅游和订车等服务。指定旅行代理商一般会在展览会现场设立接待台,为现场与会人员提供相关旅行咨询或预订服务。

从理论上讲,采用这种方式,展会组织者不仅能够减轻自身的工作压力,更为关键的是能为参展商和观众提供更为专业的服务。但目前,不少国内展览会主办单位为了最大限度地赢利,不考虑自身的接待水平,将酒店预订等配套服务都承揽下来,最后反倒给自己带来了麻烦。当然,如果展会组织者有足够的实力和丰富的旅游接待经验,也可以自己安排参展商和专业观众的住宿或票务等事宜。

(三)专业代理机构

随着服务业的进一步分工,一些专业代理机构开始将大型会议和展览会作为公司的主要业务对象,如酒店预订网、会展商旅服务公司等。这些公司会主动与展会主办单位联系,并能够提供较为优惠的价格和更加专业的服务。

例如,Travel 2 Fairs是一家专门从事会议和展览会酒店预订服务的公司,它可以为参展商和观众提供宾馆、酒店式公寓及私人住宅等不同形式的住宿选择。Travel 2 Fair对所有房源的质量实行监督,以保证房间的标准质量。而且,Travel 2 Fairs的住宿预订系统可以处理直接或不完整的支付方式。

经典实例

以在上海新国际博览中心举办的某个展会为例,主办单位提供的酒店预订、交通及旅游服务等信息如表11-1所示。

表11-1 酒店预订服务表格

酒店名称	到展馆的距离(估计)	单人间每晚价钱	双人间每晚价钱	每日早餐
上海锦江汤臣大酒店(5*)豪华房	班车15分钟	RMB1550+	RMB1660+	包含
浦东淳大万丽酒店(5*)豪华房	班车10分钟	RMB1150+	RMB1250+	包含
上海证大丽笙酒店(5*)豪华房	班车10分钟	RMB1150+	RMB1250+	包含
齐鲁万怡大酒店(4*)豪华房	班车15分钟	RMB950+	RMB1060+	包含
浦东华美达大酒店(4*)高级间	班车20分钟	RMB910+	RMB1010+	包含
邦臣万源大酒店(4*标准 浦东)	班车20分钟	RMB710+(大床小套房)	RMB630+(标准房)	包含
陆家嘴世纪酒店标准房	步行3分钟	RMB430+	RMB430+	包含
双拥大厦(3*,浦东)标准房	班车20分钟	RMB350 net	RMB350 net	包含
久悦商务酒店(新酒店,浦东)标准房	班车10分钟	RMB270 net	RMB270 net	包含

注意：
- 大会指定的以上酒店价格是经过特别协商的优惠价。
- 以上带"+"号的酒店价格须另计15%的服务费。
- 免费班车服务：通过＊＊（主办单位）预订官方指定酒店将享受免费班车服务。

汇率：US$1 = RMB7.73 = Singapore$1.50

预定条款：
- 款项将在开展前2周即　　年　　月　　日前结清；
- 提前48小时通知，缩短住宿将给以退款；
- 在　　年　　月　　日之后取消预定，每个房间将收取一晚房费；
- 最后预定期限：　　年　　月　　日。

预订酒店资料：

入住客人姓名：＿＿＿＿＿＿＿＿　＿＿＿＿＿＿＿＿

酒店名称：＿＿＿＿＿＿＿＿　房间数：＿＿＿＿＿＿＿＿

房型：单人间/双人间/双人床间（请打钩）

入住日期：＿＿＿＿＿＿＿　预计到达时间：＿＿＿＿＿＿＿　退房日期：＿＿＿＿＿＿＿

本地旅游（参加团，到酒店接送）

上海一日游，每人 RMB360 预定人数＿＿＿＿＿＿　日期＿＿＿＿＿＿

苏州、周庄一日游，每人580元（含午餐）预定人数＿＿＿＿＿＿　日期＿＿＿＿＿＿

杭州一日游，每人810元（含午餐）预定人数＿＿＿＿＿＿　日期＿＿＿＿＿＿

机场专车接送（1~2人一趟费用398元；3~5人一趟480元）

我需要：□ 接机，航班号＿＿＿＿＿　到达日期＿＿＿＿＿　到达时间＿＿＿＿＿　人数：＿＿＿＿

　　　　□ 送机，航班号＿＿＿＿＿　到达日期＿＿＿＿＿　到达时间＿＿＿＿＿　人数：＿＿＿＿

（资料来源：2007中国国际甜食及休闲食品展览会参展商手册.）

二、其他差旅服务

（一）交通

按实际需要和地理距离，提前预订机票、火车票或由公司直接派专车参展等。

如有高级别的管理层出席展会，还可安排车辆在场馆与酒店之间接送。如有可能，可以为展会工作人员准备城市地图或场馆周边地图。

（二）餐饮

餐饮服务包括为公司参展工作人员的餐饮服务和工作人员宴请客户的餐饮服务。工作人员住宿周边的餐饮情况和场馆周边的餐饮情况都有必要预先了解，并准备详细资料备份文件提供给工作人员。

展会现场的餐饮服务究竟如何操作，要根据展览会主办单位和场馆之间所签订的协议内容而定。展览会主办单位在为参展商、观众以及所有工作人员提供现场餐饮服务时，一般采取以下两种方式。

1. 指定餐饮服务商

提到现场餐饮服务,绝大多数展会主办单位都倾向于指定一家餐饮代理商,负责供应展出期间的各项餐饮(包括各种快餐、自助餐、工作餐、冷热饮料等),当然,场馆常设的餐饮服务设施也能提供一定服务。为了给参展商及观众营造良好的就餐环境,有些大型展览会的主办单位还会在现场设立几千平方米的餐饮区和咖啡区(往往以搭建篷房的方式),可供几千人甚至上万人同时用餐。

2. 推荐场馆及周边餐饮设施

有时候,一些小型展览会的主办单位可能不负责现场餐饮(主要是午餐)问题,但事先都应向参展商和观众声明,并详细介绍和推荐场馆及周边的餐饮设施。随着展览业竞争的日益加剧,高质量的现场服务成了品牌展览会的重要构成要素之一,因而上述这种做法基本已经不存在了。

经典实例

2004年1月6日—9日,第五届中国国际展览和会议展示会(简称展中展)在上海举办,新上海国际旅行社作为这次展览会的指定会务公司,承揽了高峰论坛、来宾的住宿及会后考察活动的接待工作。在高峰论坛当天,新上海国旅在浦东国际会议中心租借能容纳足够人数的黄河厅为会场,并合理安排了会间的 Coffee Break 以及在七楼明珠厅举办的开幕晚宴,晚宴上还充分考虑到来宾们的不同口味,比如专为 UFI 主席 Mr. Ruud Van Ingen 等嘉宾特意准备了西式晚餐。另外,为了凸现本次展会的活力以及举办地的精致洋气,特地安排了1月7日晚在上海新天地东魅的联谊活动。

在住宿和交通方面,将来宾合理地安排在三家指定的酒店(三星级的新苑宾馆,四星级的银河宾馆和五星级的扬子江万丽大酒店),并在每个宾馆设有会务小组,24小时协助来宾处理入住等相关事宜;展会期间,每天都有豪华旅游班车往返于各酒店和会场之间。除此之外,考虑到部分嘉宾的旅游需要,在展会结束后还安排了赴宁波考察活动,主要内容是参观宁波国际会展中心,并合理地穿插了几个旅游景点。上述精心安排,使来宾们对这次展览会的会务工作相当满意。

(三)商务活动

展会结束后,可以参加由展会主办方或所在地商会等机构组织的一些新老客户面谈活动,或者参加行业内部举办的招待酒会、产品推介会,也可安排展会工作人员简单参观展会城市当地或周边的旅游景点,更多地了解展会所在地及附近的国家和地区的风土人情、社会经济、文化状况,以便与当地的客户建立更好的关系。

而如果当地有重要客户,或者公司在当地有代理商或销售商,销售经理可能需要去拜访。如果当地有分公司或办事处,管理层通常会去检查工作或者给当地的销售人员进行培训。这就不仅要安排展会期间的住宿、交通,还要把相关商务活动的差旅服务预先安排好。

通常,展览会主办单位会指定一家旅游公司为大会的旅行代理商。这样,旅游公司可以利用自己的独特优势,与目的地旅行社或管理公司(DMC)合作,承揽相关旅行考察业务,协调活动中涉及的各级目的地、各部门的接待工作,保证参展商或专业观众旅行活动的顺利进行。

补充阅读　参加国外展会,如何做到经济又实惠?

(1) 摊位费:一般在两千至三千美元,像美国展会标摊大多为光地,展位之间仅用布帷隔开,所以还要预算搭建的费用,一般另加一千至两千美元。欧洲如收两千多欧元,则已包含地毯、板壁、前台、桌椅等基本设施。记得次年三月前找当地外经贸局了解如何退费(能退一半)的问题,如此能省一半费用。

(2) 机票:如果能提前一个半月预订,费用至少能低三分之一。譬如去美国,一个半月前来回机票能低至五六千美元,到八月中旬则需八九千美元。另外很多人选择中途转机,我则愿意乘坐中途短暂停留但不下机的航班或直航机,虽说费用稍贵,却减少了麻烦和折腾。

(3) 酒店费用:在美国,如果选择离展会稍远的二三星酒店,一般可低至四十至七十美元/晚(我在芝加哥住的是 WESTIN,标准相当于国内五星以上,连税在内才七十美元,可谓价廉物美),可通过租车来减少交通麻烦,一般车辆租金在 60 美元/日。两三个人则能省不少费用。提前在网上预订,则优惠更多。

(4) 手机费用:一般半月时间至少预算一千五至两千元。最好利用当地投币电话,可省不少费用。

(5) 中转飞机票:美国的内陆飞机票往往在国内很难订到,所以我往往委托国外朋友事先预订。像从洛杉矶飞旧金山,现在订只需四十几美元。在美国国内转一圈,跑五六个城市,费用不会超过一千美元。欧洲则最好利用火车,法国的火车票稍贵,德国则从南坐到北只需六十几美元。

(6) 样品运送费:这块没法省。很多展会指定运送商,从中谋利。我这次去美国学精了,先把样品弄成小包装,用 TNT 快递寄往当地朋友处,到时运到展馆门口,然后手提怀抱一一运送进去,可省去两百多美元从门口运到摊位的运送费。

(7) 桌椅、地毯、海报、饰品等费用:我一般都在国内买好折叠轻便式,除去运费后,仍能省去不少费用。拿地毯作例,在美国租一张最破的地毯也要一百多美元(标摊 10 英尺×9 英尺),而我在国内买一张地毯才七十元,连包装三公斤,每公斤运费五十八元(算六十元好了),总共二百五十元搞定。所以我连杂志架(摆放产品说明)和垃圾篓(国外租一个也得二三十美元)都从国内买好寄去。背景墙搭建最低六百八十美元,我花几百元在国内做了一种可折叠的喷塑材料,到时四角用绳子一固定,便是一面精美的背景墙。其他如桌椅等,向当地朋友借来用用,样品柜则在国外花六十多美元买好(比国内甚至更便宜)。

(8) 吃的费用:如果自己吃,一般以每人每餐十欧元/七美元计。最好选择自助餐,否则须另付 15% 至 20% 的小费。

(9) 交通:在德国可利用展商卡免费乘坐各种交通工具,在美国可租车或与当地朋友联络接送问题。在巴黎则可利用四通八达的地铁系统。

(资料来源:佚名.如何经济实惠的参加国外展会[EB/OL].[2008-04-17]. http://www.csma.org.cn.)

第二节 文印和财务管理

在企业参展过程中,文印和财务管理是两项基础但又非常重要的后勤工作,本节将详细介绍这两个方面的工作内容及常用技巧。

一、文印资料准备和管理

按照功能的不同,可以将参展后勤工作中的文印资料分为两大类:一是提供给参展工作人员、主办方或供应商的支持性文件;二是提供给客户的营销性质的文件。其中,对于营销性质的文件,我们很难评估其影响力和所带来的效益,表 11-2 中的一组数据可供参考。

表 11-2 各种不同因素对展会观众记忆的影响[①]

影响展会观众记忆的因素	效用比重
展品有吸引力	39%
操作演示	25%
展台设计	14%
展台人员表现	10%
散发资料	8%
展出者的名气	4%

最佳的方式是所有的物料从制作到使用都由专人管理。

(一) 文印资料的选择

文印资料的选择标准主要有两个:时效性、成本。主要用图文并茂的形式宣传企业和产品,并附带说明公司的销售政策、市场管理制度、公司的市场运作思路。[②] 通常展会上要准备的文印资料包括公司介绍手册、产品宣传单页、各主营业务产品的销售手册(包括产品目录和价格表等信息)、给各销售准备的合同、来宾登记表、相关部门人员的名片等。

(1) 通过和销售、市场等部门主管协调,整理好最新的公司资料,然后确定这些资料的印制数量。一般可通过往年参加该展会或参加同类展会的经验预估,展会规模、展期长短、

[①] 资料来源:http://www.zjypw.com/news/2005/09/2506.htm.

[②] 资料来源:http://blog.163.com/hx_312/.

上一年展会观众量等数据可作为参考。

另外,在很多综合型展会上,展品范围往往是涵盖了产业的上下游,因而会出现其他展商是目标客户的情况,如果出现这样的情况,可在展前请主办方提供展商数据或所有展位的平面图,这样可以把这部分的数据也算进去,便于现场销售对材料的使用。最终带往展台的资料应比预先估计的多一些,尤其是去公司所在地以外的或当地没有分公司的城市参展。多带的比例要注意适当控制,否则撤展时将是一种负担。

(2) 如果参加的展会是国际性的,展台上可适当准备些外文的文印资料,在国内的国际性大展上,海外买家的数量也是占一定比例的。

(3) 如在展会同期公司另有其他活动,如技术研讨会、新品发布会等,则需准备其他文件资料。譬如,活动的邀请函、日程安排表、车辆安排表、活动现场发放的公司资料和礼品、出席嘉宾和工作人员的通讯录等。其中,工作人员通讯录不仅要有每个人的联系方式,还需要注明每个人的分工,以方便准确的联系;特别要注明1~2个总协调人的联系方式,在发生紧急事件时可作为应急情况处理联系人。

(4) 准备一份物料清单,注明物品明细、数量、负责人、就绪情况及就绪时间进度,以备核对。

(二) 文印资料的制作和管理

据美国著名会展专家 Bob Dallmeyer 的统计,展会上95%的观众会在展台索要产品手册或公司介绍,但同时也有65%的资料被马上扔掉。而这些资料往往印刷精美,制作成本高昂,在展会上很容易造成资源的浪费,也会加重销售部门不必要的成本负担。因此,文印资料的准备和管理需要预先计划,并对相关人员进行培训。

(1) 公司确定参展后就可以着手准备初步的物料计划,一些可确定下来的基本文件和资料可以先开始准备,清点现有资料,然后再做补充制作和调整。

(2) 宣传资料的制作没有必要追求最先进的印刷工艺,一切以表达出产品所需的效果为准。但招商手册、产品手册、宣传单、合同书等要从内容、设计、排版、印刷等方面确保优质化,这些有利于提高专业观众对公司的认可和信任度。

(3) 如果要制作新的文印资料,应该和销售部以及市场部门主管协商确定最佳方案,以确保符合公司最新的市场策略和产品定位。在具体制作时,需要确认时间期限并及时检查制作质量,以便出现问题及时弥补。

(4) 按照各个部门的要求,各文印资料有具体的负责人、发放对象和发放方式,分类整理和管理。

(5) 来宾登记表也是一项非常重要的文印资料。领用资料的观众没带名片时,可以手写登记联系信息,这一方面可以帮助销售引导观众领用匹配的材料;另一方面也可以有效地遏止一些不相关的观众领取资料,如保险销售人员等。一些职业逛展的收废品人员,通常会冒用一些别人的名片和联系方式。会后可以把相关名单整理出来给展台工作人员,以免浪费大家的工作时间和公司资源。

(6) 其他需要为销售部准备的文印资料:参展人员培训计划、差旅日程计划、重点客户名单、展商名单、当地销售商(代理商)名单、预先邀请客户莅临展台参观的邀请函等。

(三) 其他常用物料

专人负责资料的准备和保管（从展会预订后开始到撤展的全过程），大到大型宣传画，小到订书器、订书钉和胶带等，每个参展人员都应有负责的项目，各尽其职，各负其责。

（1）公司手提袋。数量参考资料的数量和大小。有时，公司手提袋的准备不仅要考虑公司的习惯也要考虑到展会的主题，如在一个以绿色节能为主题的行业展会上，多数参展公司不仅不用塑料袋，也不用纸袋，而选择布料质地的手提袋。

（2）为大客户准备的小礼品（最好上面有公司Logo或公司产品Logo）。可针对不同地区和类型的展会准备不同的礼品，也可以根据季节来准备。例如，某个展会在盛夏8月举办，有一家公司提供给客户的是带有公司Logo的太阳帽，不仅给客户留下了很好的印象，也增加了其他观众对该公司品牌的好感。

（3）文具。比如，请赐名片盒、订书钉、订书机、笔、透明胶带、双面胶带、海绵胶等。

（4）产品宣传的其他形式资料。如光盘、挂在墙上的装饰画、装饰海报等。需要注意的是，装饰画等最好使用大小合适的纸箱子，布完展后原来的包装如果没有丢可以留着继续用。因为在场馆要买到这些东西并不容易，很多公司参加展会带了很多易碎的产品装饰画和海报，但又没有准备好撤展时的包装，往往最后成为很大的麻烦。

（5）小点心。如果有洽谈桌，可以准备一些小点心或糖果。去公司所在城市以外的地方参展，可以准备一些小的特产以体现公司文化。

（6）常用药品。如果参加展会的人员较多，也可以准备一个小的药箱，预备一些常用药，如感冒药类、止痛药类、消炎药类、胃痛药类、创可贴等。

（7）摄影器材。为整个参展过程留下必要的影像资料。

(四) 特殊文件资料

参展是一项很复杂的营销活动，特别是参加一些大型展会，工作内容庞杂，而且展位面积越大，所涉及的服务和部门也越多。因此，参展团队在准备物料的同时，最好把合同文本类的文件也带到现场，而且安排专人保管。主要包括：与主办方的合同、附加订单（包括赞助、室外广告发布、参展商研讨会、服务设施加定、设备加定、临时工作人员中介服务等）；搭建商的报价单和合同协议；其他供应商的合同文本和相关文件。这样一方面可以及时核对各项工作细节，避免产生纠纷；另一方面也可以在纠纷发生时及时解决，把不利影响降到最低。

经典实例

背景：中建国际通过成功的市场营销策略，以奥运会项目为契机，迅速提升了公司在建筑行业的国内外声誉。

2008年6月11日至13日，由VNU亚洲展览集团主办的2008上海国际设计周在上海国际博览中心隆重举行，该活动由高峰论坛、展览及各类主题社交派对组成。中建国际设计公司（CCDI）设计集团参加了此次展会。

相对于多数公司制作精美的公司画册和让人眼花缭乱的建筑或景观项目背景板,中建国际的展台背景板、视频都只集中于一个项目——水立方。与此相呼应,展台上摆放的并不豪华的公司资料也主要是介绍水立方的,从技术含量到中西建筑设计师的创作故事,真实而坦诚地反映了中外合作中的摩擦(有进步也有退让),承认国内建筑设计机构的现状,更难能可贵的是承认公司在这一过程中的进步、无可奈何的退让和与国外的差距。但是,坦然而又不卑不亢的态度并不影响传递公司为这一项目骄傲的信息。对于这家之前并不是很知名的公司,很多人感到好奇,他们究竟在水立方中承担了怎样的角色。在临近奥运会的展会期间,很多人被水立方吸引,大家纷纷索要资料并当场阅读。

当时的另一热点是对四川地震灾区的援助,而作为一家建筑设计公司,在展台上中建国际准备的资料就是夹在水立方专刊里的公司内部报纸,那一期报纸是中建国际援助四川重建的专题。图文并茂地介绍了中建国际在四川灾区的社会责任行动,还有公司重要建筑设计师对灾后重建的专家建议等。在众多的建筑设计和施工同行中,不止中建国际一家公司参与了灾后重建,但是中建国际在这次展会上是唯一一家准备了这样主题资料的公司,同时又抓住了奥运会的社会热点,因此在现场,中建国际的资料很受欢迎,索取资料的观众纷纷仔细阅读。

启示:即使是最常规的资料准备,如果有出色的市场营销战略配合,一样会实现非常规的效果。

二、财务管理

参展费用主要包括四大类:设计施工费、展品运输费、宣传公关费用、行政后勤类费用。[①] 需要注意的是,部分涉外展览主办方要求参展企业具有健全的财务管理制度和良好的财务管理记录。据统计,欧洲企业在编制市场营销费用年度预算时,用在参展方面的费用约占总预算的50%;而美国企业用在这方面的费用仅占其年度市场营销费用预算的16.5%。[②]

(一)制定财务预算

参展项目的核心财务目标可以是获利,也可以是品牌推广,但必须与公司和销售部门的总体目标一致。

(1)预算应开列详细科目。首先要确定企业年度广告费中运用于展览会的比例,再确定各具体展会的比例。展会资金预算的安排要根据企业的产品来定位,不能对所有的展览会都投入相同的费用,应有所侧重。

(2)参展费用主要包括展位费、展位装饰装修费、展品运输费、机票、火车长途车费、市内交通费、食宿费、必要的设备租赁费、广告宣传费、资料印刷费、礼品制作费、会议室租赁费

---

① 郑建瑜.会展经营策划师[M].北京:中国劳动社会保障出版社,2006.
② 欧美展览会的历史渊源与特点[EB/OL].[2005-10-20]. http://news.xinhuanet.com/expo.

等。企业在制定参展预算时,还要加上总费用的 10% 作为不可预见费用的支出。① 同时,相关统计数据显示,在展会中每个普通展台的平均费用分摊比例大致有以下规律②:

- 展位(space)租赁,24%;
- 展台设计与搭建(booth expenses),33%;
- 购买展会服务(show services),22%;
- 产品运输(transportation),13%;
- 广告、促销和活动(advertising,promotional and special activities),4%;
- 人员差旅(personnel travel,hotel and expenses),4%。

(3) 展后工作也需要相应的预算。美国著名展览专家阿伦科诺帕奇博士在研究中发现,"观众在展览会闭幕后 3 周内对参观情况的记忆由 100% 迅速下降到 60%",因此,他建议参展企业趁热打铁,将 15%～20% 的预算经费用作后续跟进工作。

(二) 执行财务预算

在参展过程中,最好能严格遵守预算、控制开支,做到有明确的费用使用标准和使用权限,不轻易改变授权或干涉被授权人的决定。但很多时候,都需要根据实际工作需要对预算进行调整,尤其是临近展会开幕时,产生的费用会比较高,既要控制又要适当调整。可供参考的参展预算管理办法如下。③

1. 参展不仅止于展位

切忌将所有预算都集中于展位设计建设(尽管这是一种常见的错误),而应分配足够的资源用于参展宣传推广、人员培训与维持以及展会后的活动,如电话营销、直邮等跟进销售行为。

2. 准确记录支出

根据预算持续记录各项参展开支,并集中记录所有采购订单及发票。随时检讨造成超支的原因,不断提高将来计划及预算的效率。

3. 及时反馈所有表格

逾期订单及最后时刻的更改往往会导致额外的支出,因此要及时反馈订单等各种表格。

4. 选择可靠的展示设计公司

如果公司决定不采用标准展位方案,应选择确实有能力按时、按预算完成任务的设计公司。为此,可以联系相关展览工程服务商协会索取设计公司名单,并向候选公司的过往客户了解设计公司的服务记录。

5. 直接联系展台搭建承包商

参展商直接与展台搭建承包商联系,通常能更节省成本,尤其是在模块化展位设计中,因为许多承包商都会在整体展位搭建服务中免费提供设计咨询服务。

---

① 确定了参展:如何在国内参加展览[EB/OL].[2007-01-05].http://china.cnstationery.com.
② Budgeting a Trade Show Exhibit[EB/OL].[2008-10-10].http://www.allbusiness.com.
③ 参展预算及参展成本控制[EB/OL].[2006-08-01].http://www.reedexpo.com.cn/News/ShowInfo.aspx? ID=485.

6. 充分利用免费宣传机会

正面的媒体报道是对公司的最佳宣传形式之一,而且是免费的。因此,应认真撰写媒体发布材料,并在适当的时机向展会公关代理机构及相关行业媒体传达。

7. 珍惜使用销售资料

不要在展台上向所有观众发放制作费用高昂的宣传资料。应制作简装版本的资料作普通发放用途,而精装版本资料则专门针对那些有真正购买意向的专业观众。

8. 紧缩控制开支

明确规定公司将负担哪些开支。除按参展项目期限向员工预付一定标准的餐费及业务交际费补贴外,所有正当超支部分应由当事人按规定进行事后报销。此外,每日展会闭馆后应将展位上的酒水及电话等物品及设施妥善保管。

补充阅读　参展商如何削减参展预算、节约参展成本?

当你想削减你的展会预算时,首要原则是你想保留什么。削减展会预算是一件两难的事情。公司管理层只会要求你削减预算,但是什么项目该保留,什么可以削减他们不会有明确的指示。这个责任就由负责参展的人员来承担。这不是一件容易的事情,因为如果做了错误的决定,可能首先就会影响你的工作。

对不同的公司和展会而言,决定削减哪一部分的预算是不同的,并没有一个统一的标准。当决定什么该保留什么应该削减时,主管参展的经理就会陷入困境之中,某些项目是必须保留不可更改的,但是什么又是可以牺牲的呢?

对某些公司来说,聚会就像裙子的褶边一样是不可缺少的;对另一些公司来说,招待会对于建立和维系客户关系是必需的,因此,都不可削减。新闻发布会对某些公司是不需要的奢侈品,但是对另一些公司来说,使媒体不断地对公司的新产品和新服务保持关注是公司战略的重要组成部分。

无论是什么行业的企业以及企业的参展战略是什么,我们都可以从以下一些成熟的预算规律中学到些,这是从许多次的实验和错误中总结出来的削减预算的重要规律。

一、可以削减的预算

在我们讨论什么费用必须支出之前,让我们先看看什么费用容易削减。有几种方式可供选择。

1. 尽量减少赠品的费用

现场的展会管理者对此可能会有抱怨,但他们会理解的。无论如何,赠送会使你产生这样的想法"这个人可能不是我们的目标客户",英特尔公司一位曾经负责参展的专家这么认为,他从 1992 年至 2000 年都管理了英特尔公司的参展项目。英特尔公司在展会上用于赠送的花费从 5000 美元到 3 万美元不等,特别在一些大型展会上,比如在 Comdex 展会上。假如你的公司像英特尔这样一年参加 20 多个

展会并送出相应的赠品,那么可能节约的费用将达到6位数。

即使你没有参加那么多展会,你也可以计算一下在赠品方面节约的费用:根据最近的一项调查,赠品是提高预算的典型开支,经常占到展会预算的8%~12%。英特尔参加Comdex展会时在赠品上花费了大约3万美元,占总参展费用的1.5%。

2. 降低展位清洁服务的费用

在一些小的展位上,比如说,10英尺×10英尺、10英尺×40英尺或者20英尺×20英尺的展位,一般都是由展位上的员工做清洁工作。在一些大型展位上,如40英尺×50英尺、50英尺×50英尺或者50英尺×70英尺的展位,可能有专门的清洁工人来清扫垃圾或者废料。不过有经验的管理者就会要求清洁工人在展位刚搭建好的时候来打扫一次,而不是每天有专人打扫。因为过了第一天之后,展位的清洁工作往往就很少了。某些公司在清洁方面的费用一年平均每个展会可以节约1800美元到10000美元,而且也不会降低展位活动的水准。

3. 不租植物

从这一项你可以节约250美元到1800美元。有的公司一年可以节约5000美元,展位也不会显得没有生气。

4. 展位上少装电话

展位上的电话能满足需要就行了。通常在展位上拉一根电话线要250美元开销,如果少装几部电话就能减少很多费用。少装电话的好处还在于可以使你的员工少打未经批准的长途电话。

二、不可削减的费用

每一个老练的展会管理者都会有自己的经典原则,决定什么花销是必需的,参展商也可以从这些经验中学到更多。

1. 保证工作的稳定性和连续性

这是参展制胜的法宝,一位资深的市场传讯经理认为,参展商必须保证年复一年的展会工作之间的关联性。如果不注重这个规律,工作将充满不确定性。参展后跟踪客户将使你知道什么展会是高回报的,什么展会你可以不参加。如果参展商有一次没有追踪客户信息,那么下次可能要花几年的时间恢复这个信息并要多花成百上千元的钱。

2. 持高水准的销售团队聚会

这是一条非常关键的经验,作为参展商一定要花时间面对客户。不能削减客户与你的管理层,关键销售人员以及市场人员的会面机会。贸易展会是一种有效的与客户沟通的方式。比如在Comdex展会上,英特尔公司的市场分析家要与来自世界各地的100多位客户面谈。如果要送一位高层管理人员去客户所在的地方会面,平均每一次旅程大约需要花费5000美元。而在Comdex上一位管理人员可以会见25个重要客户,这一项就可大约节约10万美元。在展会上公司高层与客户见面能够节约多少钱是很难估算的。想象一下,如果有10位公司高层管理人员在展会上与100位客户见面,将节约多少费用。这么估算一下,贸易展会是一个很便宜的与客户接洽的机会。

3. 重点产品的展示推广费用不可少

重点产品信息的发布和宣传费用是不可缺少的。展会现场是发布产品信息的重要场所。当然,新闻媒体也能做到这一点,但是客户不能亲眼看到产品,也不能亲身体验新产品。不过,不是所有的展会都能做到让顾客对公司以及公司的产品有直观的认识。有经验的参展商会花一笔钱雇佣受过训练的专业人员,他们能够用最有效的方式展示公司的明星产品,用最少的时间获得最多的回馈,这笔预算是不可节约的。

4. 殷勤招待客户

在展会上让你的客户高兴是参展的主要理由之一。所以殷勤招待客户的费用不可少。参展商也许需要为此举办一些酒会或者活动,用来加固与客户之间的联系。一位参展商这么说道:"客户是我们参展的理由,也是我们做生意的理由。"

(资料来源:http://info.cm.hc360.com.)

第三节　现场设备、展具租赁

设备、展具租赁是展会主办方提供的一种增值服务,标准展位提供的设施设备比较简单,参展商一般都会根据展出的实际需要租赁部分展具,尤其是特装展台。

一、租赁内容

参展企业在展览会现场可能租赁的设备主要包括视听设备、家具设备、冷藏设备、供水和压缩空气、电力设施、电话和网络租赁等。

如果参展商在展位内举办产品发布会,技术讲座,有奖问答活动,赠送小纪念品甚至新颖的文艺演出等活动,一般都需要提前租赁设备(或者通过展览服务商一揽子解决),这些活动所需要的设备通常包括声像设备的大屏幕电视、电视墙、音响、舞台灯光、电视、录像机、DVD等。

二、租赁渠道

设备的租赁可以通过主办方向展会主场搭建商预订,也可以直接向服务商预订。向主办方预订,需要特别注意时间,如果离开展时间比较近,甚至是开展后再预订,会加收加急费。

三、相关注意事项

首先是提前做好规划,根据参展的实际需要确定租赁内容和数量。一般来说,如果展位比较大,就需要租赁照明设施,而照明设施增加得多的话,又需要增加照明电箱的电源箱的租赁。如果展品中有大型机器,就需要租赁增加机器用电的电源箱。如果租赁鲜花植物,在

挑选植物时应注意气质、颜色、形态和大小,叶小、枝呈拱形伸展的植物可使狭窄的展台空间显得更宽敞。

另外需要特别注意的是,所有设备租赁好后一定要有书面确认。例如,在某个食品展会上,一个生产茶叶的厂家认为,既然有茶叶类特别展区,主办方理所当然会提供饮水机等基本设施,结果现场没有准备,客户来了却没有办法试用产品,只能临时向场馆申请租赁,一时手忙脚乱,耽搁了展台的接待,同时也产生了额外的参展费用。

补充阅读

表11-3所示为某展会的现场服务价格一览表。

表11-3 某展会的现场服务价格一览表

展会日期是:2015年9月5日—7日。
—2015年9月3日以后提交的表格将收取30%的加急费。
—2015年9月5日以后及现场提交的表格将收取50%的加急费。

1. 音频视频设备

产品		规　格	单价/元	数量	总价/元
电脑					
	1	台式计算机(Pentium III)包括15寸CRT显示器,CD-Rom,键盘,鼠标和调制解调器	4000.00		
	2	台式电脑押金*	2800.00		
	3	笔记本电脑(Pentium III)	5600.00		
	4	笔记本电脑押金*	4000.00		
	5	15″液晶显示器	2240.00		
	6	15″液晶显示器押金*	1520.00		
视听设备					
	1	幻灯机	1440.00		
	2	高射投影仪	1760.00		
	3	投影屏(1.5米×1.5米,含三脚架)	1120.00		
	4	音响设备(含2个BOSE101音箱和1个扩音器)	1600.00		
	5	21″电视机连录像机(VHS,PAL)	2480.00		
	6	25″电视机连录像机(VHS,PAL)	3080.00		
	7	DVD放映机	960.00		
	8	42″等离子电视机	7200.00		

*所有押金需在现场以现金形式支付。(注:表中价格仅供参考)

2. 额外租用的家具和设备

编号	说　　明	尺　　寸	单价/元	数量	总价/元
1	A 套系： 圆桌×1(编号 4) 黑皮椅×3(编号 9) 垃圾筒×1(编号 16)	直径 80 cm — —	1200.00		
2	B 套系： 方桌×1(编号 5) 黑皮椅×2(编号 9) 垃圾筒×1(编号 16)	65 cm×65 cm×70 cm — —	800.00		
3	C 套系： 长方桌×1(项目 6) 黑皮椅×4(编号 9) 垃圾筒×1(编号 16)	120 cm×60 cm×77 cm — —	1360.00		
4	圆桌(白色台面)	直径 80 cm	520.00		
5	方桌(黑色台面)	65 cm×65 cm×70 cm	360.00		
6	长方桌(白色台面)	120 cm×60 cm×77 cm	440.00		
7	高圆桌(白色台面)	直径 60 cm×100 cm	520.00		
8	吧椅	直径 32 cm×75 cm	280.00		
9	黑皮椅	—	240.00		
10	白折椅	—	120.00		
11	白色围板	100 cm×250 cm	160.00		
		50 cm×250 cm	120.00		
12	白色洞洞板,连 50 个挂钩*	100 cm×250 cm	560.00		
	白色洞洞板,连 30 个挂钩*	50 cm×250 cm	520.00		
13	白色铁网	90 cm×120 cm	480.00		
14	阳光板,白色/透明	100 cm×100 cm	400.00		
15	透明压克力板	100 cm×250 cm	800.00		
		50 cm×250 cm	640.00		
16	垃圾筒	—	40.00		
17	木制平层板,白色	100 cm×30 cm	128.00		
	木制斜层板,白色	100 cm×30 cm	128.00		
18	木制平层板,白色	100 cm×50 cm	176.00		
	木制斜层板,白色	100 cm×50 cm	176.00		
19	玻璃平层板,透明	100 cm×30 cm	208.00		
	玻璃斜层板,透明	100 cm×30 cm	240.00		

续表

编号	说　明	尺　寸	单价/元	数量	总价/元
20	玻璃斜层板,透明	100 cm×50 cm	320.00		
21	锁柜,白色	100 cm×50 cm×50 cm	480.00		
		100 cm×50 cm×80 cm	520.00		
22	询问台内附1层层板,白色	100 cm×50 cm×80 cm	400.00		
23	弧形询问台内附1层层板,白色	153 cm×50 cm×80 cm	640.00		
24	双层吧台带锁柜,白色	100 cm×50 cm×80/100 cm	760.00		
25	方形展示台,白色	50 cm×50 cm×50 cm	400.00		
		50 cm×50 cm×100 cm	440.00		
26	方形展示台,白色	100 cm×100 cm×50 cm	520.00		
		100 cm×100 cm×100 cm	560.00		
27	长方形展示台,白色	100 cm×50 cm×50 cm	440.00		
		100 cm×50 cm×100 cm	480.00		
28	阶梯形展示台,白色	100 cm×50 cm×50/100 cm	840.00		
29	1/4 圆形展示台,白色	直径 100 cm×50 cm	440.00		
		直径 100 cm×100 cm	480.00		
30	圆形展示台,白色	直径 100 cm×50 cm	600.00		
		直径 100 cm×100 cm	640.00		
31	电视柜,白色	70 cm×70 cm×100 cm	800.00		
32	玻璃低饰柜,白色	100 cm×50 cm×100 cm	1000.00		
33	带锁玻璃高饰柜,白色	50 cm×50 cm×250 cm	1760.00		
		100 cm×50 cm×250 cm	2160.00		
34	玻璃高饰柜,白色	50 cm×50 cm×250 cm	1360.00		
		100 cm×50 cm×250 cm	1760.00		
35	4 层木展架,白色	100 cm×50 cm×250 cm	800.00		
36	4 层玻璃展架,白色	100 cm×50 cm×250 cm	1120.00		
37	叠拉门,白色	100 cm×200 cm	560.00		
38	布帘,淡蓝色	100 cm×200 cm	480.00		
39	木门(摊门),白色	100 cm×200 cm	720.00		
40	百叶窗	—	560.00		
41*	S形挂钩借用押金,50 个	—	440.00		
	每个遗失赔偿费	—	8.00		
42*	直挂钩借用押金,50 个	10 cm 长	440.00		
	每个遗失赔偿费	—	8.00		

续表

编号	说　明	尺　寸	单价/元	数量	总价/元
43*	简易式挂衣架	—	128.00		
44	可移动式挂衣架	42 cm×184 cm	304.00		
45	A4目录盒,亚克力	—	240.00		
46	直立式目录架	—	544.00		
47	即时贴	标准色 100 cm×100 cm	200.00		
47	即时贴	特殊色 100 cm×100 cm	280.00		
48	即时贴刻字	10 cm/字母	8.00		
48	即时贴刻字	11～14 cm/字母	12.00		
48	即时贴刻字	15～18 cm/字母	16.00		
48	即时贴刻字	19～22 cm/字母	20.00		
49	铜柱(附红绒围栏)	120 cm×83 cm	240.00		
50	植物	150 cm	360.00		
50	植物	100 cm	200.00		
50	植物	30 cm	120.00		
51	冰箱,115升	60 cm×60 cm×85 cm 230 V/1000 W	1120.00		
52	微波炉	45 cm×33 cm×28 cm 220 V/1000 W	960.00		
53	咖啡机	220 V/1000 W	560.00		
54	冷热饮水机连19升水1桶	—	640.00		
54	后加桶装水,19升	—	80.00		

3. 额外租用的绿化植物

序号	绿植名称	规格/米	租金/元
1	散尾葵	1.0～1.2	30.00
2	散尾葵	1.6～1.8	40.00
3	散尾葵	2.0～2.5	80.00
4	鸭掌木	0.5	25.00
5	鸭掌木	1.4～1.6	60.00
6	摇钱树	1.2～1.4	35.00
7	摇钱树	1.8～2.0	80.00
8	孔雀竹芋	0.3～0.6	20.00
9	绿巨人	0.7	25.00

续表

序号	绿植名称	规格/米	租金/元
10	一帆风顺	0.5	25.00
11	多仔斑马	0.6	25.00
12	巴西美人	0.8	30.00
13	孔雀木	0.8~1.0	30.00
14	八角金盘	1.2~1.4	40.00
15	滴水观音	1.0~1.2	40.00
16	金琥	0.3	50.00
17	七彩千年木	1.8~2.0	60.00
18	发财树	1.6~1.8	60.00
19	开运竹笼	1.4~1.6	60.00
20	非洲茉莉	1.2~1.4	60.00
21	龙血树	1.8	80.00
22	荷兰铁	2.5~2.8	100.00
23	龙血树	2.5~2.8	100.00

（资料来源：第××届××展览会《参展商手册》，价格仅供参考。）

第四节 开展后的后勤服务

开展后参展企业的工作重点会转移到现场来，这一阶段的后勤服务也主要是为了支持参展工作人员的现场演示、接待与洽谈等工作。

一、展台物料管理

在开展前一天，所有物料要按照物料单清点核实，这样有助于及时查漏补缺，尤其是一部分物料可能会在运输中损坏，这时要及时补充。在展出期间，每天都要对物料进行检查和清点，并听取销售和市场人员的意见，如果有必要，可以在预估的基础上进行补充。

另外，展台上的财物安全最好有专人负责，特别是要保证展品和参展人员随身携带的物品安全，尤其是贵重物品。在人流量较大、工作人员忙于接洽客户的时候，非常容易发生展品甚至私人贵重物品被盗的情况，特别是那些贵重又便于携带的高科技产品。因此，必须加强安全防范和物料管理。

二、餐饮与交通支持

(一) 餐饮支持

这里的餐饮主要是指工作午餐,而且是针对展台工作人员的。展会期间,展台工作人员比较忙碌和辛苦,工作人员往往到了午餐时间还在接待客户,所以这部分工作有必要由专人负责。

由于许多大型场馆的地理位置往往远离繁华的商业区,在餐饮方面,可选择的余地比较少,因此可由专人提前准备好餐饮的后勤服务,无论是预订还是提前去买,都定一个合适的固定时间,然后由工作人员轮流用餐。这样既节约时间,又能够保证中午时间展台仍有序运转。

除了午餐,展台所需的饮料和矿泉水等也应提前准备,并每天补充,比如,按人均 2～3 瓶准备。如果展台上有饮水机,可以准备一些带有公司 Logo 的一次性杯子,这样在接待观众时也可以使用。

(二) 交通支持

交通支持的基本要求是确保所有物料和人员都能够在合适的时间抵达展会现场。在人员交通方面,在展前要提前做好信息搜集,为工作人员提供场馆周边的交通信息,如果参展人员较多、随身携带的物品也较多,可以使用租车服务。对于出席的主管、区域经理或者更高层的管理人员,可以提前订好车辆服务。如果高层管理者要出席展会开幕式、论坛等活动,车辆服务时间可能还需要特别安排。

在物料运输方面,应随时保持与各个供应商之间的联络,确保每个环节的物料都能按时、保量到位。

三、现场洽谈服务支持

在展会现场,有已签约客户、潜在客户、无关观众来访,这时,展台的后勤工作就要做好这三类不同的引导和支持,以便工作人员与客户洽谈。

对于优质的潜在客户,除了交换名片、赠送资料外,往往还需要与对方进行更深入的交流。一般情况下,展台的洽谈区域保密性不够好,环境比较嘈杂,特别是对于大客户并不是最合适的洽谈场所,这时需要能够马上在 VIP 洽谈室甚至场馆附近预订合适的地方洽谈。

已签约的客户也有可能希望探讨更深入的合作或是高管参观展会路过来拜访,这时为了提高工作效率,更合适的方式是另外约时间再谈。譬如,等当天展会结束后专门约时间和地点,如客户或本公司销售经理下榻的酒店周边的咖啡馆等。

因此,需要提前调查展览场馆周边的餐厅、咖啡馆等情况,包括餐饮风格、人均价格、服务环境、定位电话等信息。对销售经理、市场经理入住的酒店周边的相关信息也可以提前做点功课,把所有的信息都整理好,并把打印的文稿带到展会现场,以备不时之需。

四、参展企业相关部门间的协作

参展是一项综合性的市场推广活动,通常是由市场部门负责。市场部门在统筹安排参

展事宜时,需要公司内部多个部门配合,以完成各环节的工作,这样才能保证参展顺利进行,进而收到预期的效果。

(一)整体工作协调

参加一次展会需要花一定的预算,因此,首先要通过财务部门的预算审核。对各部门人员的差旅标准等都需要经过财务部门确认,参展期间的餐饮、交通和通信等费用也需要财务部门制定标准。

在差旅服务和物料准备方面,又需要公司行政部门的配合,需要把一些注意要点和特殊要求详细精确地向行政部门表述,并核实执行情况,尤其是很多细节需要一遍遍地核对。

在展前准备物料时,不仅要满足市场部门的规划,最重要的是要征求销售经理的意见。此外,可以把相关的背景资料,如展会概况、展品的范围、主要参展企业、观众组织计划等信息提供给销售部门参考。然后,根据销售部门的人员安排,及时为这些人员准备后勤服务。在展会期间,尽量配合销售部门的工作,每天听取销售员工的意见,及时提供需要补充的物料和其他帮助。同时,市场部门也可以监督销售人员在展台接待客户和散发资料的情况,并提出反馈意见。

(二)参展人事协调

在所有工作中,最困难的恐怕是人力资源的分工和配合。首先,因为参展人员往往属于不同部门,人员的到位需要各个部门主管的配合。如何说服各部门的主管做出最配合的人力资源安排决定?如何说服人事部门对来自各相关部门的参展工作人员组织培训?

无论采用何种方式,目标都是为了达到最好的市场营销效果。市场部人员需要通过周密的计划和详细的方案来说明参展对相关部门产生的积极影响。

当然,比人员到位还要困难的是参展人员之间的配合。最基本的要求是市场部统筹安排好后勤工作,让所有的参展工作人员都无后顾之忧。至于如何让工作人员主动配合,是一门艺术,基础性的工作除了后勤工作外,制定好一些文件和细则也是值得尝试的好方法。

(三)展后跟进协调

各部门尤其是销售部门、市场部门都会比较关注参展的效果,展会结束后参展工作人员应尽快对参展工作做出总结,并向公司管理层进行汇报,同时向公司不同部门反馈参展信息及建议。

展会结束后,市场部也要配合销售部做好一些重要数据和文件的备份,并为销售提供相应的支持,例如,为大客户准备答谢卡等后续工作。

 本章小结

参展后勤服务是否细致周密在很大程度上决定着企业的参展效果,一个小的工作失误可能造成严重的后果。一般来说,企业参展的后勤工作主要由市场部门统筹安排,销售、财务、行政等相关部门配合。参展的具体工作是比较琐碎的,有很多细节需要经验的积累和各部门的良好沟通才能顺利完成。

本章首先介绍了参展人员的差旅服务。在本地或异地参展,都将会涉及交通、餐饮和住宿等问题,而且由于展会期间参展人员众多,临时安排这些后勤工作势必会遇到不少麻烦,因此,需要事先对参展期间的食宿及其他差旅服务进行周密安排。

在企业参展过程中,文印和财务管理是两项基础但又非常重要的后勤工作,第二节主要介绍了这两个方面工作的内容及常用技巧。其中,有效的参展预算和执行管理将有利于有效控制参展成本。第三节主要介绍了展会期间的现场设备与家具租赁服务。参展商一般都会根据实际需要租赁部分展具、电力、植物等,后勤保障人员要从展会主办方或指定的搭建商处租用相应设施设备,以确保展台正常运转,并给观众提供相应的便利。

本章最后就开展后的后勤服务进行了补充说明,包括展台的物料补给与管理、展中的餐饮与交通服务支持、展会现场洽谈服务支持等。在执行过程中,参展计划可能会发生一些变化,这需要后勤人员能够灵活处理,与其他参展工作人员友好协作,以保障共同完成参展任务。

关 键 词

展览服务(exhibition service):广义上的展览服务既包括发生在展览现场的租赁、广告、保安、清洁、展品运输、仓储、展位搭建等专业服务,也包括餐饮、旅游、住宿、交通、运输等相关行业的配套服务。

参展差旅服务(exhibitor travel service):为保障参展工作人员的顺利参展,由企业相关部门或专业公司提供的展会期间的住宿、餐饮、交通、商务活动支持、展后商务考察等服务。

展会商务活动(business events on the show):参展企业在展会期间所开展的产品推介会、客户交流会、招待会等商务活动。

参展费用(exhibiting cost):主要包括展位费、展位装饰装修费、展品运输费、长途交通费、市内交通费、食宿费、必要的设备租赁费、广告宣传费、资料印刷费、礼品制作费、会议室租赁费等。

复习思考题

1. 安排参展人员的食宿需要注意哪些问题?
2. 如果到国外参展,有哪些减少费用支出的常用技巧?
3. 在参展过程中,企业需要准备哪些常见的文印资料?

4．如何加强对参展文印资料的管理？
5．采取哪些措施可确保参展财务预算的有效执行？
6．展会开始后还需要提供哪些后勤服务？

案例讨论题

第 103 届广交会一期昨日下午正式闭幕，二期将于 25 日至 30 日举行。按照规定要到昨日傍晚 6 时开始撤展，而从中午开始，不少参展商为了节约成本，就开始打包展品准备撤展，部分展位还以一至二折的低价甩卖参展样品，引来采购商甚至展会工作人员的抢购。

打包撤展——酒店价格太贵当晚要飞

前日，大会曾发出通知，广交会第一期要傍晚 6 时才能结束，参展商不可以提前撤展、打包，否则将取消其下届参展资格。但记者昨日巡场发现，从昨日中午 12 时起，不少进口展区的参展商就开始打包，准备撤展，并以一至二折的价格甩卖参展样品。

在进口展区马来西亚"yuqin"净水器展位前，记者看到该公司销售代表吴先生正在低价叫卖净水器样品，前来咨询、购买者还不少。"我晚上就会飞马来西亚了，傍晚 6 时后再打包撤展肯定来不及。"吴先生说，广交会期间酒店价格太贵，他已经订了当晚的机票，因为不便携带，样品只好便宜甩卖。"市场 100 多元，通通 20 元一个卖掉，市场价 200 多元的我就卖 40 元一个。"

"广交会的订单主要集中在中间 3 天，最后两天根本没多少采购商，我们也马上要打包走人了。"中山泰腾投资有限公司副总经理梁伟培说，因为没有采购商洽谈生意，部分急于离开的参展商从最后一天中午就开始打包、撤展，但他没有听说过因提前撤展而被取消参展资格的特例。

无企业因提前撤展被罚

大会规定傍晚 6 时开始撤展，否则将受罚，为何参展商届届都无视规定、提前撤展呢？广交会相关知情人士就此解释：大会严格按照正常展览时间的规定要求参展商，这是对的；但是，考虑到客商参加广交会的食宿等多方面的成本问题，参展商在不影响洽谈生意的前提下，提早少许时间撤展也是情有可原的。"如果大会硬是苛求所有企业必须在傍晚 6 时后撤展，这样反而不是在为参展商利益考虑了。"

该人士还透露，自从广交会"一届两期"以来，两期中间的撤换展时间都安排得比较紧凑，所以在不影响大会整体安排和秩序的情况下，部分参展商提前"收拾行囊"也是可以理解的。

展品甩卖——进口展区样品甩卖最欢

在昨日下午的参展样品甩卖中，最受欢迎、人气最旺的当属进口展区，手工艺品、珠宝首饰、家用电器、红酒等都很叫座。"这个是贝壳制作的名片夹，一个 100 元人民币,那个贝壳首饰盒 500 元人民币一个。"来自韩国的精致贝壳制品尽管要价甚高,但仍然很走俏——从中午 12 时开始甩卖,两个小时里整个展位的样品已卖得所剩无几了。而一些设置于进口展区内的国货也很好卖。

展商心声——希望设置更多安检入口

从今日开始,本届广交会将进入换展期,二期将于本月 25 日开始并持续至本月 30 日结束。昨日,有参展商表示,加强大会的安检可以理解,但希望下一期能设置更多出入口。梁伟培说:"往届广交会期间,每个展区都有出入口,参展商和采购商进出十分方便。今年加强安检后,每天 8 时 30 分后只能排队入场,很耽误时间。展馆里的人很多,但大部分是参展商,采购商很少。"

(资料来源:陈红艳,骆智冕.食宿成本高　一期闭幕大批参展商提前撤展[N].新快报,2008-04-21.)

思考:

(1) 结合以上材料来看,展会主办方所提供的后勤服务对参展商参展有哪些影响?

(2) 参展商如何有效地保障自身所需的后勤服务?

第 12 章

展后客户分析与跟进

学习目的

- 理解展后客户分析对于参展工作的重要性。
- 掌握展后客户分析的主要内容以及展后客户跟进的常用策略。
- 了解展后客户跟进的常见方式及阶段划分。

线索引入　　参展指南——展中、展后

出口企业在展会结束后往往会接触到大量的买家咨询,是否咨询多就意味着订单多呢?我们来看某外贸公司业务员小张的故事:

场景一:公司参加某次展会,小张收集到了一大摞名片,心中暗喜:订单在望了!展会结束后,小张立刻按照展会上收集到的信息开始联系客户,但一个月下来,几乎所有的邮件都石沉大海了。

场景二:公司的网络营销平台每天都会收到非常多的买家查询,小张对每一个查询都非常认真地回复,生怕因为自己的疏忽漏掉了销售机会。但慢慢地小张发现,自己回复的查询虽然非常多,业绩却总是无法有效提升。

的确,展览会闭幕并不意味着参展工作的结束。参展归来后市场部工作人员还有大量后续工作要做,其主要内容是向表现出兴趣的客户继续跟进,引发其购买意向,或将尚未完成的谈判进行下去,力争实现成交。每个买家在展览会上都会结识多家参展公司,但这只是一面之交,能否建立长久的贸易关系在很大程度上取决于事后的联系。因此,有经验的参展商通常会抓紧展览会闭幕后到离开展出地之间的宝贵时间,拜访新结识的当地客户。这既是为了抢在竞争对手之前做工作,也是为了加深潜在客户对参展产品和服务的印象。

为此,展览会后要及时进行总结评估和后续跟进工作。主要包括:整理参展资料,如成交合同、新客户名单、接待记录、市场信息等;总结参展工作,如有何准备不足或工作不到位的地方,有哪些新发现和新启示,有哪些问题参展者本人无法解决,需要其他部门的配合;开展市场分析,如市场前景、竞争态势、应对措施等。

(资料来源:北京中商国际展览有限公司官方网站,http://www.zhongshangexpo.com.)

展览会结束只是企业参展工作的一个新起点。美国著名参展专家阿伦科诺帕奇博士在一项研究中发现：参观者在展览会闭幕后三周内对参观情况的记忆由100%迅速下降到60%，因而他建议参展企业要趁热打铁，将15%~20%的预算经费用于后续工作。[①] 由此可见，展出结束后还有许多工作要做，其中，客户分析与跟进是重中之重。概括而言，作为参展商巩固参展效果的重要阶段，客户分析与跟进的主要目的有4个：①对参展效果进行初步评价；②对所获客户信息进行分类；③为后期客户跟进提供策略；④为未来参展决策提供依据。

第一节 展后客户资料的整理与分析

一、客户资料整理与分析的作用

企业参展不外乎推广及销售产品、展示和提升品牌形象、了解市场发展趋势以及联络与发展客户等目的。无论出于上述何种目的的参展企业，当展览会结束以后，其参展工作并未完全结束。相反，它正意味着一个更为重要的新阶段的开启，这个阶段就是展后的客户分析与跟进工作。

由于展览会现场观众众多，洽谈时间也相对有限，因此，展会现场工作结束后参展企业应该花更多的时间对此次参展所获得的各种资讯加以整理和分析，以巩固及扩大参展成果。根据参展企业在展后阶段工作的主要内容，可以将参展商客户分析与跟进的主要功能归纳如下：

（一）筛选资讯，以获得有价值的信息

由于展览会具有显著的聚焦效应，使得大量的人流、物流及信息流在短时间内集聚。对于参展企业而言，客户信息就意味着商机，然而，过多的信息也会成为效率低下的直接原因。为此，参展企业应该在展会结束后及时对所获得的信息进行处理，并筛选出有效的客户信息。这是参展企业较其竞争对手获得市场先机的关键步骤。

（二）对客户进行分类，发掘潜力买家

不同客户对企业的贡献率是不同的，有效管理客户特别是有价值的客户是企业获得成功的重要保证之一。对于不同贡献率的客户，企业投入的精力也会有较大的差异。因此，对客户的甄别就成为企业在开展业务活动前的重要工作。通常情况下，企业会对客户进行深入了解与沟通，并将客户按照其规模或潜在业务量的大小进行分类，如可以分为白金客户、VIP客户、一般客户、潜力客户等。

在实际工作中，可根据展会上与客户谈判的过程及结果，将客户分为正式客户、潜在客户和无效客户。其中，正式客户是指老客户；潜在客户指对产品有明确订购意向，只需进一步跟进，确定一些细节即可订货的客户；无效客户指仅在展会留下名片，没有进行过交流，且对方仅是收集一些资料的客户。

（三）维护客户关系，制定市场应对策略

客户关系维护是一个长期的过程，在日益激烈的市场竞争中，客户的流失率居高不下是

---

① 陈献勇.基于效益双方视角的展会后续工作分析[A].中国会展经济研究会.2011中国会展经济研究会学术年会论文集，2011.

企业面临的重大挑战。一般而言,发掘一个新客户的成本是维护一个老客户成本的9倍以上。所以,企业不能只顾埋头发掘新客户,更加现实的问题是如何做好客户的维护工作,降低客户的流失率。通过客户数据的分析及跟进,参展企业能够更加具体地了解到客户的需求,并有针对性地采取策略。

(四)跟进客户,支持参展总结与决策

展览会的价值体现于参展商或观众的质量,从参展企业的角度来看,当面临众多的展会供选择时,如何选择合适的展会以及如何组织参展成为关键。

通常情况下,参展决策与企业过去的参展经历有较为密切的关系,尤其是当展览会数量繁多、鱼龙混杂时,借鉴以往的参展经验成为参展商参展决策的主要依据。客户分析与跟进是参展商全面评价此次参展收获的方法之一。通过对客户价值的分析,参展商不仅可以对自身参展筹备工作进行评价,同时,还可借此信息来判断展会的价值含量,从而为未来的参展决策提供依据。

二、客户资料整理与分析的内容

概括而言,客户资料的整理与分析工作主要涉及以下三个方面的内容:

(一)客户数据的整理与数据库的建立

现代参展企业已经不能仅靠记忆、名片及电话号码来闯天下,大数据技术为海量信息环境下的展会后期工作提供了有力的支撑。对于参展企业而言,应该将数据库建设作为企业信息化建设的重要环节。将展会中搜集到的所有客户信息都按照企业所需加以整理并输入客户数据库,这些数据将成为企业的宝贵财富。经常参加各类展会的企业应该主动建设一套完善的观众信息数据库,以方便后期的信息整理和分析。

另外,作为参展后续跟进工作的基础,客户数据的整理与分析工作应该尽快完成。通常情况下,在展览结束后一周内就应该开始联络有意向的买家,因此,专业观众信息的分类与整理工作应该在展会结束后三天内完成。在实际工作中,参展商对于观众信息的整理并不是到展会结束后才开始。由于在参展期间有非常多的观众来访,所以,必须在信息技术的支持下每天进行客户资料和信息的更新与整理。

表12-1所示为某家参展企业的邀约跟进记录表,主要用于重点邀约目标的跟进记录、总结和分析。

表12-1 邀约跟进记录表

第　　　次跟进
填表日期:20　　年　　月　　日　　　　　　　　　　　　No.:

姓名		性别		年龄		电话	
时间	月　　日			____时—____时		地点	
过程记录							
提出的疑问							
不满意解答及原因							

续表

姓名		性别		年龄		电话	
其他情况							
本次邀约跟进总结	满意之处						
	不足之处（待改进）						
下次邀约跟进计划							

（二）客户的分类与甄别

客户的分类与甄别即从海量观众数据中,借助一定的方法找出具有发展潜力客户的过程。对观众进行分类处理是提高客户跟进效率的重要步骤,通常情况下,首先应将观众按照其行业属性分为经销商、同行企业、行业人士等类型,并对经销商按区域进行分类整理。此外,还需要按照客户的价值高低进行识别和分类整理。

由于不同行业和企业对于客户的需求不同,因此,在客户分类与甄别的标准方面并没有放之四海而皆准的准则,只能是由企业的参展及管理人员根据企业自身的实际情况去预先制定相关标准,并在参展过程中有意识地搜集观众的相关信息。

（三）客户跟进策略的制定

展览会为参展商及观众提供了一个理想的交流与沟通平台,但要从信息沟通走向实际交易还需要一个过程。通常情况下,展会现场实际成交的业务量还是较为有限的,更多情况下,客户与参展商仅仅表达合作意向,后期的跟进与营销策略同样重要。

为了真正达到参展的目的,参展企业应该在展览结束后,进一步接洽重要客户并制定出针对性的跟进策略,在尽量争取任何一个机会的同时,尽可能地集中优势资源攻克具有较高价值的客户。

补充阅读　　如何跟进客户？

第 13 届金蜘蛛苏州紧固件展于 2014 年 10 月 29—31 日在苏州国际博览中心成功举办。对于紧固件行业来说,展会无疑是最直接、最有效接触和开发客户的方法。如何利用好展会这个宝贵的机会推荐产品,跟进客户,达成订单,这是所有参展企业和业务人员所关心的。以下是金蜘蛛紧固件网编辑的经验分享,希望对读者有所裨益。

名片的分类：苏州展期间来的客人五花八门,在展会结束后,为了提高客户开发和订单达成的效率,我们可以将客户分为老客户、重要客户、一般性客户及其他客户。

客户跟进与开发：前面提到,苏州展是维护老客户与开发新客户的最有效的渠道,所以必须抓住展会期间客户的动态,做到及时高效、有的放矢。可按照客户的重要程度,将跟进与开发工作做以下划分。

老客户返单：有些老客户在展会期间会跟你谈到某些自己很有兴趣的产品，并且提到具体下单品项、数量等，那么在展会期间最好就能将PI（形式发票）提供给客户。因为客户感兴趣的供应商肯定不止一家，展会期间观看的供应商越多，就越有可能将订单下给其他厂家，所以我们一定要及时做好PI/PO（采购订单）发给客户，这样客户可能就能将某个品项的采购计划确定下来，而不再考虑其他供应商的此类产品。

重要客人：对于这部分客人，业务员给他们发邮件和报价比老客户还重要，应该优先处理。因为此类客户极有可能就是近期会有订单的客户，而且一般情况下他们会同时找其他供应商索取报价，所以能够成为第一个发报价的，就很有可能抢占先机，让客户优先考虑。

当然，此类客户应该也会在展会期间观看其他供应商的产品，所以后续跟进过程中如果客户提到某款或几款产品价格偏高并且给出目标价，那么应该在最短时间内给客户回复是否能降价或达到目标价，否则可能就会失去机会。此类客户在报价后如果没有回复，可以立即追发邮件，一天追发两封都不为过，超过2天没回复，一定要电话跟进，这样才能清楚客户的想法，以免丢失潜在订单。有人可能觉得追得太紧不好，但考虑到展会期间客户收到的邮件报价极多，若能重复发或者多发几次邮件，客户看到你邮件的机会就大大提高，也会让客户更重视你。

对于其他客户名片，则在处理完以上2类客户名片后再做跟进。

在客户开发与跟进过程中，对客户进行分析同样重要，在给客户发邮件之前，查看客户网站是必不可少的，切忌拿着名片直接发邮件。这样不仅可以了解客户大致的经营范围、历史、规模等信息，而且对后续推荐产品和维护关系有着很大作用。

对于所有有回复的客人，都应该予以同等重视，特别是在客户跟进开发过程中客户提到需要的某些款式、目标价、采购数量等，我们都应该在最短时间内回复处理。

（资料来源：佚名. 参展经验分享：如何接待及跟进客户[EB/OL]. [2016-06-01]. 金蜘蛛紧固件网, http://www.chinafastener.biz/gb/news/17030.htm.）

三、客户资料整理与分析的对象

（一）不同类型的客户

参加展览活动的观众类型繁多，这些众多的观众成为参展企业展会跟进的主要对象。一般情况下，参展企业需要根据观众的身份、行为特点、客户价值以及参展频率等标准，对观众进行类型划分。

1. 从观众的身份角度进行分类

所谓观众的身份包括两个方面的含义，一是指观众所从事的行业或工作与参展企业间的关系，二是指观众自身在其企业内部的身份与地位。按照观众所从事的行业与参展企业之间的关系,可以将展览会的观众分成四大类,即同业竞争者、中间代理商、终端消费者以及一般观众。

同业竞争者是那些来自于与参展企业同属某一行业的观众,他们与参展企业构成竞争关系,通常不会进行较为深入的洽谈,却可以通过同业竞争者了解参展企业所处的市场状况和发展趋势。因此,在客户资料整理与分析方面,同业竞争者不是参展企业关注的对象。

中间代理商在参展企业所处的行业中,属于连接参展企业与终端消费者的服务机构,对于制造企业而言,中间代理商往往是区域的销售代理。中间代理商是参展企业需要重点关注的观众类型之一。由于中间代理商能够较为高效地为参展企业打开区域市场、创造销售渠道,因此,能够在较短时间内为参展企业创造经济价值。

终端消费者是参展企业产品或服务的最终用户。一般前来参观展览的观众均为大批量产品及服务的消费者,因此,参展企业与上述终端消费者直接进行业务联系有助于销售的实现,并在一定程度上能够降低市场推广的成本,在消费者中产生较为理想的口碑效应。因此,当参展过程中接触到终端消费者时,参展企业应该密切关注其需求并力争与其建立有效的沟通渠道与业务联系。

除了上述观众类型之外,展览过程中,参展企业还会遇见为数不少的一般观众,这些观众可能只是出于了解行业、观察市场、好奇等心态前来。对于这些观众,参展企业也应该尽量获取名片并对其能否成为潜在客户进行分析。

其次,从观众自身在企业内部的身份与地位来看,参加展览的企业代表一般为企业采购部门的管理者甚至是企业高层管理者。不同身份的观众拥有的权限有所不同,因而参展企业对具有决策权的专业观众进行重点突破,有助于提升参展效益。

2. 从客户的行为特征角度进行分类

客户在参观时的行为特点能够在一定程度上表现出其内心世界。因此,参展企业在参展过程中应该认真观察参观者的行为特征并将其记录在案,以方便展会后期的客户分析与跟进。按照观众在现场与工作人员进行交流和洽谈的方式,参展企业可以将客户分为五类,即仅仅观看的客户;只留下名片的客户;交谈过的客户;表现出兴趣并索取报价的客户;表示要订货并开始谈判的客户。

客户的现场表现能够在很大程度上表现出该客户对参展企业的热情及关注度。同时,客户的现场行为表现的信息也是进行客户等级划分的重要依据之一。对于表现出兴趣并索取报价的客户、表示要订货并开始谈判的客户要加以重点关注和维护;对于曾经交谈过的客户要进行深入的研究及了解其实质需求,继而达到争取市场机会的目的;对于仅仅留下名片的客户,也应该有针对性地进行回访及询问。需要注意的是,虽然客户在展会现场的行为能够表现出其对产品或企业的兴趣,但由于不同人士的行为风格不同,参展企业的工作人员也不能完全只通过现场的观众行为来判断客户类型。

3. 从客户价值的角度分类

通常,客户的价值是最具有意义的分类尺度,但是,这类尺度也比较难以衡量与把握。在某些行业内,会按照客户价值的大小,将客户划分为最高价值客户(MVC)、最高潜质客户(MGC)以及没有价值的客户(BZ)。

在展览行业,最高价值客户主要指那些具有很高知名度和行业影响力的大型采购及供

货商。通常也可以利用80-20的原则来判断客户的价值，如果20%的客户带来80%的利润，那么这20%的客户就是本企业最具价值的客户。最高潜质客户是指有潜力发展为知名度高、行业影响力大、经济效益好的企业。没有价值的客户则是指无法为会展活动及参展企业带来信息或者经济效益的市场主体。

4. 从观众的参展过程角度来分类

所谓"一回生、两回熟"，这是市场活动中的常见规律，参展过程同样如此。按照其参展的行为以及与参展企业交往的频率，可以将客户分为第一次观展接触的客户、重复观展接触的客户和频繁参展接触的客户三类。其中，第一次观展的观众是参展商重点争取的对象，但要获得这样的客源，需要付出较高的客户运营与维护成本。重复观展的客户相对较为容易进行沟通与交流，且易于达成相关的协议。对于频繁观展的专业观众而言，参展企业应该注意其长期合作的价值与意愿。

在参展工作人员看来，对于第一类客户，工作重点是在展会过程中了解其基本需求，并尽可能获取其信息档案。对于第二类客户，则需加深对其的了解并加强客户的维护与管理工作，努力达成成交意向。对于第三类客户，则应当发掘其频繁观展的原因，并制定相关的应对策略。

(二) 客户维护中涉及的信息类型

参展企业的客户维护工作范围包括搜集客户信息、促进客户成交、客户关系维护以及企业发展策略建议等方面的内容。在客户维护过程中涉及以下类型的客户信息。

1. 客户的基本信息

客户的基本信息也可以被称为客户的原始记录，即有关专业观众的基础性资料，它往往是参展企业获得的第一手资料，具体包括客户代码、名称、地址、邮政编码、联系人、电话号码、公司网址及邮箱、银行账号、使用货币、付款条款、发票寄往地、付款信用记录、客户类型等。通常情况下，参展企业需要制定出相应的客户登记表或数据库模板，用于客户基本资料的整理。

2. 客户的现场沟通情况信息

客户在现场的交流与沟通行为方式是较为理想的区分客户的指标。为此，参展企业应该在参展过程中，设计规范性的表格用于记录特定客户在展台与工作人员交流时的主要行为特征，如展台的停留时间、与工作人员的沟通时间、感兴趣的产品、前往展台的次数等。通过对上述信息的登记与整理，参展企业可以更有效地识别客户。

3. 客户的抱怨及投诉信息

在展会现场，除了有专业观众对于产品及服务表示浓厚的兴趣外，还会有不少的观众针对产品或现场服务提出意见或表示不满。对于这类客户，参展企业更是应该专心对待。对于接收到投诉信息的参展商而言，无论其投诉或抱怨的对象是否是参展企业自身，都是提升客户满意度及忠诚度的良好时机。参展企业的工作人员应该详细记录该观众抱怨及投诉的内容与对象，并提出展会后期的跟进建议。

除了上述信息类型之外，参展企业的客户信息资料可以分为静态数据和动态数据两种类型。所谓静态数据，即客户的基本特征，如公司名称、公司地址、联系方式、主营业务等；而动态数据即客户的消费行为资料,如何时购买、历史消费记录、流失或转到竞争对手记录、与企业接触的历史记录等。

第二节 常用的客户跟进方式与技术创新

客户跟进是在前期信息整理和分析的基础上,为实现客户关系的维护而采取的相关措施及渠道。在实施有效的客户关系维护方面,渠道选择十分重要。为此,本节将着重介绍常见的客户跟进方式与渠道。

一、基本型的客户跟进方式与渠道

所谓基本型的客户跟进方式,主要指在平常的工作中较为常见的客户维系渠道。按照其对客户的影响程度,可以分为以下三类。

（一）低参与度的信息跟进

低参与度的信息跟进主要指在客户的维系与管理过程中,不需要客户进行相应的回复及反应,对于客户的正常工作与生活干扰较小的方式,常见的有直接邮寄、图文传真、短信平台、网络资讯平台等。

1. 直接邮寄跟进

寄送邮件,就是以实物为代表跟客户进行接触。直接邮寄是较为传统的客户跟进手段与渠道,但是其地位直到目前仍然无法被取代。参展企业在进行客户维护时,直邮的邮递内容可以包括更加详细的企业资料、产品信息、产品的样品以及贺卡、生日卡、祝福卡、小礼物、活动邀请函、参观券等等,这些物品都能帮助客户更进一步了解参展企业的具体情况,有助于建立信任关系。

2. 图文传真跟进

利用传真进行客户跟进也不失为一种好方法。图文传真在商务领域内的应用十分普及,其信息传递效率较高,能够实现个性化定制,并且对于技术及设备要求不高,只要拥有传真设备就可以实现信息的互动与交流。虽然,互联网络技术的发展对图文传真发展产生了较大的冲击,但作为较正式的商务联络方式,图文传真仍然是商务领域的重要联系方式。

在参展企业展后的客户跟进过程中,使用图文传真方式需要注意以下几个方面。第一,准备图文传真相关资料时,要注重资讯的完整性与清晰性。第二,在实施图文传真过程中,应该表现出良好的专业素养,为后期的互动环节做好准备。与众不同的处事方法会给人留下深刻的印象,然而,工作人员往往会忽视这一点。例如,客户要求资料传真,就仅给客户复印基本资料,一张两张纸传真过去,而更进一步的联系方式却不提供。较为专业的做法应该是在传真时除了相关产品的资讯之外,还应提供后期的联络方式。另外,当传真发出之后,要及时跟客户确认是否收全,有无遗漏,是否清晰,是否完整。这样便增加了交流的机会,彼此之间的了解也进一步加深。

3. 短信平台跟进

所谓短信平台跟进,是指利用短信服务平台的优势与特点,在较短的时间内具有针对性

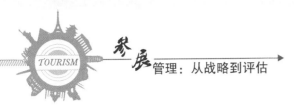

的发出大量信息。随着手机的日渐普及和短信平台功能的逐步完善,短信平台在客户的维护方面发挥着越来越大的作用。

短信的特点是既能及时有效的传递信息,又不需要接收者当即做出回答,对接收者打扰很小,非常"含蓄",比较符合中国人的心理特点。短信形式多样,有短信提醒、短信通知、短信问候等,在准确掌握客户信息的基础上,短信平台跟进的有效性很高,即一般都保证客户能收到相关资讯。利用短信平台进行信息发布及客户管理具有高效、经济、覆盖面广等特点。但是若使用不当,也会造成客户反感及投诉。因此要掌握好"度",既不宜太过频繁,从而使顾客感觉厌烦,也不要太过"冷落"。对于参展企业的商务活动而言,短信平台的客户跟进与维护方式只能在特定的情形下使用。一般来说,短信平台仅用于普通信息的发布以增强客户对该企业的好感度及忠诚度。因此,该客户跟进的方式较为适用于已经成为企业合作伙伴的客户。

4. 网络平台跟进

互联网络的发展以及电子商务的日益普及都使得网络成为参展企业维护客户关系的重要手段。网络跟进的方式主要有三类,第一种是构建完善的服务平台,为潜在客户提供较为充分的信息及服务。第二种是借助电子邮件系统主动与客户进行联系。由于电子邮件可以采用多媒体技术,能够将企业或产品有关的文字、图片、动画、视频等要素展示于客户面前,十分快捷且成本低廉。第三种是日新月异的社交媒体工具,如微信朋友圈等。

总之,网络平台的客户跟进具有信息量大,形式丰富以及目的性强等特点,适合根据客户的个性化要求进行信息定制。在电子商务日渐兴盛的时代,网络平台的客户维护具有广泛的应用前景。

补充阅读　　电子邮件跟进的小技巧

联系客户。给每位客户发邮件,注意不要群发。邮件中体现出上次展会的内容。对重点客户要重点联系,先联系重点客户,分清主次。附件中添加展会时的合影。

回复客户。邮件发出去以后,陆续会收到一些回复。对这些回复要认真阅读,掌握客户的真实想法,针对客户的回信内容及时复信。如果客户需要某产品的报价,那就专门为客户制作报价单。不要小看一份报价单,学问可大着呢。①报价单名字,很多人只是将报价单命名为"报价单",其实这是比较肤浅和不负责任的做法。客户会认为你这是一个普通的发盘,所以价格也不足为信。可以用报价单+客户名字+日期,如 Quotation-Microsoft-18-07-2006,不要小看多加几个字,客户会认为你这是专门为他做的报价单,对里面的价格也会认真对待。另外一个优点是你能够快捷地找到这份报价单。②报价单的内容及格式也十分重要,可以用 EXCEL 做,SHEET1 为报价单,SHEET2 为客户资料。报价单顶端左侧为公司的 LOGO,右侧为公司名称及联系方式。报价单包括以下项目:产品名称、图片、单价、特征、规格及包装方式等。底端为一些条款。

再次跟进。如果客户对你的产品及价格比较满意,则要诱导他订购你的产品了,比如询问订购的数量,时间,交易条件等,用这些来引导客户进入正题。如果你发了邮件,客户没有反应,一个礼拜后再发一封与上次有所变化的邮件。如果客户仍旧没有回复,你则要考虑一下客户是否对你的产品感兴趣。如果频繁的发邮件会引起客户的反感,不妨在接下来的第三封邮件中加上一条,如果贵公司不希望收到此封邮件,请回复说明。

(资料来源:铭万网,http://info.mainone.com/zt/2008-03/133929.htm.)

(二)中参与度的互动跟进

中参与度的互动跟进主要指在客户的维护过程中,对其正常的工作有一定的影响,但是影响程度相对较低。因此,采用该类客户维护方式时,需要经过充分的准备。较为常见的中参与度的互动跟进方式主要为电话回访。

电话是较为直接的人际交流方式,但随着电话推广与联系的使用频率的增加,这种方式也容易遭到客户的拒绝。因此,在利用电话进行沟通时,掌握电话推广时机、选择专业人士以及设计好电话交流的脚本是尤为重要的环节。在时机选择方面,应尽量考虑相关行业的工作行为模式与习惯,避免因为电话而干扰对方的正常工作。在电话跟进工作人员的选择方面,应该尽可能选择拥有丰富的沟通技巧、较强的应变能力、较深的行业及专业素养并经过良好训练的人员。而电话沟通前的相关语言及流程也应该精心设计,譬如如何通过简短开场(一般不超过30秒)以激发客户的兴趣。此外,对客户信息的熟悉程度也会在很大程度上影响电话跟进的效果。

(三)高参与度的直接跟进

高参与度的直接跟进主要指与顾客面对面交流的方式,例如登门拜访等。在参展商的客户关系管理工作中,登门拜访是较为正式也是成功率相对较高的一种客户跟进办法,但登门拜访的成本相对比较昂贵,且较为耗时。此外,登门拜访通常需要有事先的沟通作为基础,因此,比较适合相互之间有一定了解的客户。尽管直接跟进的方式在成本方面需要较大的投入,但该方式能够有效地了解客户需求并且能通过观察获得更多的客户相关信息,可谓大投入、大产出。

对于展览过程中对参展企业表示出浓厚兴趣的客户,参展商应该尽量争取获得直接登门拜访的机会。一般需要注意的是,登门拜访的人员需要掌握一些技巧和方法,如要掌握基本的拜访礼节,注重自身形象,关注拜访对象,找好拜访理由,细心观察客户办公室摆设及风格,了解客户习惯,透过现象来分析客户,查看公司实力等。

二、客户跟进模式与方法的创新

世界经济正步入客户服务时代,更有企业管理者明确指出"新经济便是客户经济",为此,客户管理与跟进的领域内也产生了较多的创新与发展。其中,受到广泛关注的便是

CRM 的应用。CRM 与上述客户维系的渠道有着天壤之别,前者是参展企业在客户维系阶段的相关方法,而 CRM 更加侧重于企业的运营理念及资源的整合。

(一) CRM 的概念与内涵

CRM(客户关系管理)是利用现代化的技术手段,使客户、竞争、品牌等要素协调运作并实现整体优化的自动化管理系统。而 CRM 的产生则主要是以市场需求及管理观念的更新、企业管理模式的转变以及电子化信息技术的广泛应用为背景。正是由于该系统以现代信息技术为基础,以提升企业综合竞争实力为目标,因而受到越来越多企业的重视。

目前,对于 CRM 的概念及内涵,常见的有两种理解:其一是从管理观念的角度来理解;其二是从系统及技术的角度来理解。

所谓管理观念层面的 CRM,是指实施以客户为导向的企业管理及发展战略,并在此框架下形成相应的客户导向的管理机制。例如,参展企业在战略目标制定时,要明确改进客户服务水平、提高客户忠诚度等内容,并在实际的管理过程中,通过业务流程的全面管理来优化资源配置,进而提升客户满意度。可见,观念层面的 CRM 主要提出一种企业管理与治理的模式与思想,但是,究竟如何实施客户关系管理,其中并没有详细涉及。

而从系统及技术角度理解的 CRM 则是指通过技术投资,建立起一套具备搜集、跟踪以及分析客户信息数据的系统,并开创新型的客户关联渠道,如自动化销售、客户呼叫中心(call center)等。可见,系统技术的 CRM 更多偏重于硬件及软件的开发及应用。

对参展企业而言,CRM 具有较高的理论指导及实用价值,本书作者认为至少应该包括以下三个方面。

第一,进一步强调及提升客户导向观念。作为参展企业,参展的重要目的之一在于透过展览与市场中的客户进行交流,寻求合作的机会。因此,参展的过程实际上就是参展企业判断、选择、争取、发展以及保持客户的过程。既然如此,参展企业以及参展的相关人员就必须要在观念上突破传统的行政或职能管理的框架限制,重新构建客户导向的内部管理机制和商业模式。

第二,促进企业形成新的商业运作模式。虽然企业参展的人员及部门有限,但是,参展工作牵涉的部门却十分广泛。参展企业的客户维护不仅要求参展人员树立客户导向的观念,更需要参展企业从根本上建立一种新型的商务模式,将企业的市场竞争、销售与支持、客户服务等工作环节有机联系在一起,从而打造企业的综合竞争优势,更好地为吸引及维系客户提供支持。

第三,利用新兴技术提升管理效率。就参展企业而言,CRM 作为 IT 业内的一个名词,也在一定程度上告知企业,信息时代下的客户导向并非完全依靠观念,技术与信息系统同样必不可少,这些信息技术与系统是客户导向思想的实现工具。为此,参展企业在自身发展方面,应该努力借助技术手段提升竞争力。如实现企业的信息化管理、构建精确描绘客户关系的数据库,尽力整合销售、营销、客户服务、技术支持、数据库等功能模块。

(二) CRM 的基本架构

作为系统化和技术化的 CRM,其构成可以分为四个部分,分别为业务操作管理系统、客户合作管理系统、数据分析管理系统以及信息技术管理系统。

所谓业务操作管理系统,主要是将参展企业的市场营销、销售以及客户服务等工作利用信息系统进行整合。客户合作管理系统则主要针对企业与客户接触的各环节,包括对客户信息获取、传递、共享、使用以及客户管理的渠道等进行信息化管理。数据分析管理系统的主要功能是向企业提供经营决策的相关支持。而信息技术管理系统则是主要针对CRM的硬件设备、系统软件以及应用软件的管理。

在信息时代中,随着互联网的日渐普及以及企业信息化建设的不断深入,CRM能够帮助企业更好地整合资源,特别是整合客户信息资源并以此为核心进行企业业务流程的重新设计与优化,最终提升企业的竞争实力。

(三) CRM建设的常见误区

目前虽然越来越多的参展企业认识到CRM的重要性,但是,在具体应用方面也还存在部分误区,值得企业管理者重视。

有不少企业将CRM理解为投入一笔资金,购买一套现成的系统或设备,即将花钱买系统或买设备当做CRM的全部,对于流程的改进以及专业人员的培养则忽略了。因此,对于参展企业而言,要借助信息化手段来提升客户关系管理的能力与质量,除了要引入相关的技术与系统外,还应花大力气从根本上优化企业的经营管理流程,使其真正以客户为核心。

第二种常见的CRM误解在于将其视为万灵丹。不少企业不对企业的实际情况进行分析,而盲目的用高价格买入所谓功能完备的CRM系统,结果发现投入的资金并未带来理想中的效果,进而贬低CRM在管理中的作用。可见,过褒与过贬都是不恰当的,正确的做法应该是分析企业自身的需求,然后引入相应的CRM管理模块。

第三种常见的误解就是将CRM与企业的管理工作分隔开,认为CRM是相对独立的信息系统。结果就有部分企业先投资引入CRM,之后由于无法将其与企业的管理工作加以整合,又反过来求助于CRM的相关专业人士。殊不知CRM与企业的管理工作是融合在一起的,只有利用CRM进行管理才能真正发挥其功效。

总之,作为客户关系管理的新进展和新手段,CRM具有较为重要的应用价值。同时,为了保证CRM系统的效果,企业也应该加强对CRM系统实际应用的相关研究。

第三节 顾客跟进的阶段与策略

一、参展企业顾客关系中的生命周期

参展企业的客户跟进是建立参展企业与客户间商务合作关系的过程,该过程具有较强的时间特征。国外有学者将上述客户关系与时间之间的关联特征,归纳为顾客关系的生命周期。生命周期的概念最初是用于生态学领域,主要用来对生态环境的演变规律加以描述,后来被引入到经济与管理领域。所谓顾客关系的生命周期,主要指企业与顾客之间在相互关联性方面表现出来的阶段性。

例如,奥克曼和沙门针对广告领域的相关研究进行了分析,总结出该领域内客户关系的四个阶段分别为预备、发展、维持以及终止。其中,预备是指客户与企业之间开展初期的相互了解的阶段。发展则是客户初步购买企业的产品及服务。维持阶段的主要特征是企业与客户的合作频率日益提升,关系日渐紧密。终止则是相互关系断裂或者破灭的情形(Wackman&Salmon,1987)。福特则将顾客关系分为五个阶段,分别为预备阶段、早期阶段、发展阶段、长期意向阶段、终极关系阶段。预备阶段与上述 Wackman 和 Salmon 的概念基本一致;早期阶段是客户最初尝试企业的产品或服务;发展阶段是客户与企业之间的持续购买行为阶段;长期意向阶段是在发展阶段的基础上,透过承诺来最大限度地减小相互之间关系不确定性的行为;终极阶段则是指两者关系处于制度化的阶段,关系的改变需要双方的共同认可(Ford,1980)。

由此可见,对于客户关系的生命周期,目前公认的分析方法是依据商务联系的紧密程度进行划分。为此,笔者根据企业参展与客户之间的关联性提出了参展企业顾客关系的生命周期。在上述研究的基础上,笔者将参展企业与顾客之间的相互关系发展分为七个阶段,分别为先期关注阶段、直面关联阶段、兴趣激发阶段、深入了解阶段、初步合作阶段、长期合作阶段、退化解体阶段。

(一)先期关注阶段

所谓先期关注,是指在展会举办之前,潜在客户与参展企业之间进行的信息搜集与相互关注行为。如客户在进行参展决策时对参展企业的相关资讯的搜集与关注等,这一阶段的行为可以视为参展企业客户关系的起始阶段。需要注意的是这种先期接触行为并非实质性的接触,该类接触也没有明确的针对性。

(二)直面关联阶段

直面关联阶段是指展会召开之后,客户在展会现场与参展商相遇并进行接触的过程。直面关联阶段是客户与参展企业的首次面对面接触。由于在人际交往中,第一印象十分重要,因此,直面关联阶段可以说是企业客户关系生命周期中较为重要的阶段。

(三)兴趣激发阶段

兴趣激发阶段则是进一步了解客户需求并借助自身产品的特征刺激客户兴奋点的阶段。会展经济被称为聚焦经济,参展企业对于潜在客户的兴趣激发同样属于聚焦效应,只有客户将视线聚焦在企业,未来的合作才会成为可能。

(四)深入了解阶段

对于参展企业来说,大部分的客户以及成交都无法在展会上马上实现,更多地需要在后期持续跟进。为此,深入了解阶段主要指在展会举办以及结束之后,参展企业与潜在客户进行的联络以及更加深入的洽谈与相互了解。

(五)初步合作阶段

初步合作是指在展会交流过程后,潜在客户初次购买参展企业的产品或服务的阶段。由于是初次合作,在产品及服务的购买规模方面相对较小。

(六)长期合作阶段

随着合作时间的增长以及合作次数的增加,客户与参展企业之间会形成较为稳定的合作关系,进而进入到长期合作的阶段。

（七）退化解体阶段

退化解体则主要指客户与参展企业合作与交易关系的结束,该阶段往往具有瞬时性的特点。

根据上述阶段划分,可以得到参展企业与潜在客户关系的发展阶段示意图,如图12-1所示。

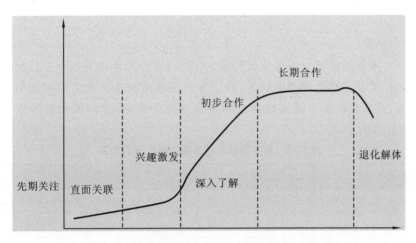

图 12-1　参展企业客户关系发展生命周期示意图

二、参展企业顾客跟进的基本原则

参展企业在顾客关系管理与维护方面的多阶段性以及客户行为特征的多样性都使得参展企业的客户跟进面临巨大的挑战。基于对参展企业客户关系管理的感知与理解,可以为参展企业实施顾客跟进提供下列基本原则。

（一）战略先行

客户跟进是一项系统工程,需要参展企业全程全心的投入才能获得成功。为此,对于参展企业而言,在进行顾客跟进时,首要的任务是在企业内部塑造客户管理的经营与管理理念,并形成一套以客户管理为导向的企业发展战略系统。透过完善的客户管理战略的制定,为参展企业的参展、跟进以及客户维护等经营行为提供较为有效的资源支持与政策保障。

（二）人才优先

客户跟进从本质上来说是属于人际交流与关系的范畴,因此,人在其中的作用十分重要。客户管理人才的储备与培养是参展企业效率提升的重要手段。对于参展企业而言,在进行顾客关系管理与维护时,要坚持人才优先的原则,事先对员工进行相应的系统化培训,帮助其快速实现沟通、应变等能力的提升。

（三）技术支持

面对现代的海量客户信息与资源,客户管理与关系维护方面对于技术支持的要求也日益提高。目前,以CRM技术为代表的资源与信息管理及客户维护系统在实际应用中的价值正不断体现。为此,参展企业也应该注重在相关技术方面的投入,借助科学技术的力量提升客户管理的效率与质量。

（四）因势利导

在客户关系管理的不同阶段以及面对不同客户的个性化需求，参展企业应该在客户管理渠道、客户管理方法、客户管理策略等方面进行有针对性的调整，以提升客户关系管理的效果。可见，深入研究客户需求以及企业自身的优势是参展企业成功进行会展客户关系维护的重要环节。

（五）持之以恒

根据客户关系管理业界的相关统计数据，大约90%的准客户是在企业后续跟进3次以上才成交。并且通常客户管理者会认为，对于客户的跟进至少5次之后才能暂时停歇。有统计数据表明，只有当企业坚持实施客户的跟踪与维护策略，才能大幅提升企业的经营业绩，详情如表12-2所示。

表12-2　客户跟踪与销售额比例之间的关系

销售额的比例/(%)	客户跟踪的次数/次	备　　注
2%	0	第一次接洽就成交，比例较低
3%	1	第一次跟踪后成交
5%	2	第二次跟踪后成交
10%	3	第三次跟踪后成交
80%	4～11	持续性跟踪产生的效果

在现实中，由于客户维护过程中的来自客户方面的压力较大，大部分的客户管理人员缺乏持之以恒的关系维护精神，约有80%的销售人员在跟踪一次后，不再进行第二次、第三次跟踪。只有少于2%的销售人员会坚持到第四次跟踪。由此可见，参展企业在实施客户关系管理时，除了要有大量的投入，还需要有持之以恒的精神。

三、参展企业顾客跟进的策略组合

从参展企业的角度来看，在不同的阶段企业应该实施不同的客户跟进策略。参照客户关系管理的相关理论并结合参展企业顾客关系管理的阶段划分，可以提出参展企业顾客跟进的8P策略组合。所谓8P，分别是战略定位（planning）、形象推广（promotion）、试探需求（probe）、专业人才培养（people）、顾客接触的过程控制（process）、价格吸引（price）、产品创新（product）以及尊重客户个性化（personality）。

（一）先期关注阶段的2P策略组合

在参展商参展之前的先期关注阶段，参展商与客户之间并没有正式的接触，尽管如此，参展企业还是应该采取一定的措施以增强后续客户管理的有效性。该阶段中，参展企业应该注重以下两个方面的策略。

1．制定参展规划（planning）

由于客户管理不是单纯的企业行为，而是企业参展过程中有机的组成部分，为此，参展企业的参展目标定位,参展企业的资源投入等会在很大程度上决定参展企业顾客关系管理的方法与成效。因此,对于参展企业而言,在正式与客户在展会上接触之前,必须要明确制定企业自身的参展定位与期望,例如制定企业参展的目标、企业参展的规模、企业参展的资源投入等。只有制定了参展规划才能有效指导后期的客户关系管理与维护。

2. 加强企业推广(promotion)

在与客户见面之前,参展企业应该尽可能提升自身的知名度与行业影响力。为此,利用适当的渠道和方式在展会前期增加企业的曝光度,吸引相关潜在客户的关注也是十分重要的内容与策略。对于参展企业而言,可以借助企业事件的策划并配合适当的媒体来提升市场的关注度和企业的知名度。除此之外,展会现场的招贴广告以及会刊页面广告或专题报道等都是较为合适的选择。

由此可见,在先期关注阶段,参展企业应该从企业内部着手,明确参展目标及期望,并采取适当措施以提升企业的行业知名度及市场关注度,以更好地在展会现场吸引更多的人流量。

(二)直面关联阶段的3P策略组合

展会现场是与潜在客户接触的最初环节,该阶段的质量将直接影响到后期客户管理的成功,为此,在该阶段,一方面应注重参展人员的能力培养与提升,另一方面应侧重制定参展的工作流程规范。此外,还应该灵活采取各种手段探求客户的需求特征以获得较为全面的客户资料与信息。

1. 现场员工的能力培养与提升(people)

客户管理工作非常强调人际沟通与协调能力。在展会现场的工作人员选择方面,企业应该尽可能挑选及安排经验丰富、沟通能力较强的员工作为主力。同时,要加强对员工在专业素养、礼仪形态、语言表达、观察能力等方面的培训,通过持续性的培训来提升展会一线员工的综合素质。

2. 现场管理流程的规范与制定(process)

在展会现场,观众的人数较多,人流量较大,这也为展会现场的管理与客户维护带来了不小的挑战。通常情况下,参展企业现场工作人员数量相对有限,为了更好地管理客户,参展企业应该制定出完善的客户管理与维护工作流程。对客户接待的工作程序以及客户信息的记录工作通过规范化的流程来加以控制,以保证展会现场中有关客户的重要信息被记录。例如为现场的员工提供展会现场客户接待流程、客户接待信息登记表、客户行为登记表等相关规范化的表格应该是参展企业在该阶段应该采用的方法和工具。需要注意的是,参展企业的上述规范与工作表格应该与企业的客户信息管理系统协调对接,以便进行数字化和信息化管理。

3. 客户资讯及需求特征的探寻(probe)

对客户资讯以及需求特征的探寻是后续跟进的重要依据,因此,在现场工作中,参展企业不能仅仅满足于获得足够的客户信息,更加重要的是要对客户信息进行深入分析,为后续工作打下坚实基础。例如参展企业应鼓励工作人员透过交谈、观察、信息分析等深入挖掘客户的潜在信息,并在此基础上对客户进行分类与整理。在此过程中,参展企业可以利用行为

观察的研究方法在展台区域设立视频监控点,从而更好地分析顾客行为进而区分顾客类型。

（三）兴趣激发阶段的2P策略组合

对于现场可能购买者,兴趣激发阶段往往在展会现场就已经开始了。而对于更多的客户来说,兴趣激发阶段则发生于展会结束之后。该阶段最为重要的是在适当的时候提供符合潜在客户期望的产品或服务,并且这种产品及服务的提供应具备相对较高的性价比。为此,笔者认为只有采取相应的价格策略以及产品创新策略才能获得较为理想的客户跟进效果。

1. 价格优势策略（price）

具有竞争力的价格是最为直接有力的竞争工具。对于参展企业而言,吸引潜在客户的关注并最终留住客户的首要前提也是价格优势。为此,参展企业无论是在展会举办过程中还是在展览结束之后,都需要根据市场的竞争态势制定出相对灵活及具有竞争力的价格策略。

2. 产品创新策略（product）

产品创新策略则是指参展企业在迎合潜在客户需求方面应该具备快速反应能力。潜在客户的需求多种多样,参展企业的现有产品体系不一定能够满足所有潜在客户的需求。但是,作为优秀的参展企业,应该能够在企业现有资源的基础上,快速地分析潜在客户需求并研究针对潜在客户的可行的产品或服务解决方案。例如,参展企业的研发部门能够与展会跟踪同步进行工作,为潜在的重要客户快速设计出针对性较强的创新产品,必定能够产生较为显著的效果。

（四）深入了解阶段的人性化（personality）策略组合

深入了解阶段是在潜在客户购买前,买卖双方建立相互信任的阶段。在该阶段,参展企业应该尽可能让潜在客户充分了解自身的实力以及诚意。因此,该阶段的客户跟进策略应该注重以下三个方面的人性化要诀。

首先,在深入了解的方式上,注重直观性。深入了解阶段双方需要的是建立坚实的信用基础,因此该阶段的主要策略包括寄送样品、邀请潜在客户进行商务访问等,这些方式能帮助潜在客户更加直观地掌握自己所关注的信息。

其次,在深入了解的时间上,重视方便性。买卖双方相互之间的深入了解需要挑选合适的时间,较为常见的时间段是在展后一周到两周之内,并且需要尽量选择工作日中的非繁忙时段,如周二至周四期间。因为周一及周五是相对繁忙的工作时段,客户也没有时间去应对参展企业的展后跟踪。

第三,在深入了解的内容上,强调亲情化。尽管展后客户的跟进是参展企业的商务活动,在增进双方了解时,还需要注重利用情意和诚意来打动客户。例如寿险学中提到一般客户对销售人员的拒绝次数有时是七到十次。如果销售人员不厌其烦地做促成、跟进,那么正常情况下诚意都会感动他们。对于参展企业的展后跟进人员而言,对待客户不要一味着眼于生意与工作,从生活等侧面进行切入,也许更加有利于双方的互相信任与接纳。

除此之外,在展后的跟进后续环节中,持续性的跟进与客户回访是能够保持和实现长期合作关系的重要手段。由此可见,展览结束并不意味着参展企业能够松一口气,恰好相反,它意味着一个更具挑战的工作阶段的开始。

补充阅读

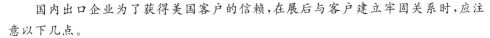

国内出口企业为了获得美国客户的信赖,在展后与客户建立牢固关系时,应注意以下几点。

(1) 建立企业的专属网站,注册企业专用的电子信箱。不少出口企业把自己的电子信箱建立在公共网站上,在美国进口商看来很不严肃,由此会怀疑出口企业是否真正具备实力。同时,企业要对网站进行必要的维护和定期更新。

(2) 要在全球知名的电子商务网站发布企业和产品的相关信息。现今美国进口商越来越倾向于网上谈判,如需从国外进口产品,他们首先会在电子商务网站上发布求购信息,生产商可通过电子商务网站向其报价。

(3) 考虑加入美国相应的产业协会,这是获得美国供求信息的重要渠道之一。成为一个协会的国际成员,有助于直接与美国该行业的专业人士进行联系,并可得到协会寄发的刊物或提供的行业资讯。

(4) 多参加各种国际性的贸易洽谈会或博览会。

(5) 阅读与所从事行业有关的美国报纸杂志,以及时了解有关行业的最新信息与技术。

(6) 注意产品质量的控制,发货准时。

(资料来源:义乌中国小商品城展览有限公司网站,http://oversea.yiwufair.com/main/showhot.asp? ntc=7&code=8.)

本章小结

展会结束不是参展工作的最终目标,实际上,标志着参展企业正式进入了一个更具挑战性的阶段。为此,本章分别论述了参展企业在客户资料分析、客户跟进渠道选择以及客户跟进策略组合等三个方面应关注的要点。

第一节主要从展会客户分析入手,提出展后客户资料整理与分析的意义,并进一步介绍了客户信息整理与分析工作的主要内容,具体包括客户数据的整理与数据库的建立、客户的分类与甄别、客户跟进策略的制定。最后,从不同角度分析了客户资料整理与维护的对象。

第二节从常用的客户跟进方式与技术创新的角度分析了客户跟进的渠道和方法。例如,将客户跟进方式分为两大类:传统型跟进方式与创新型跟进方式。其中,传统型的客户跟进方式与渠道又可以进一步分为低参与度的信息跟进、中参与度的互动跟进以及高参与度的直接跟进三种。此外,还介绍了客户跟进模式与方法方面的创新与发展。

第三节首先将参展企业与顾客之间的关系发展分为七个阶段,即先期关注、直面关联、兴趣激发、深入了解、初步合作、长期合作和退化解体。在此基础上,提出了战略先行、人才优先、技术支持、因势利导以及持之以恒等维护客户关系的关键原则,进而介绍了参展商展后客户跟进的8P策略组合。

关键词

潜在客户(potential client):指对企业的产品有明确的订购意向,只需进一步跟进,确定一些细节即可订货的客户。

客户关系管理(customer relationship management,CRM):指利用现代化的技术手段,使客户、竞争、品牌等要素协调运作并实现整体优化的自动化管理系统。

顾客关系的生命周期(life circle of customer relationship):主要指参展企业与顾客之间在相互关联性方面表现出来的阶段性。

复习思考题

1. 为什么展会闭幕是参展企业新工作阶段的开始?
2. 开展展后客户跟进工作的主要作用有哪些?
3. 展后结束后,参展工作人员应如何整理和分析客户资料?
4. 参展企业利用微信等社交媒体工具来开展展后跟进工作,需要特别注意什么?
5. 请谈谈自己对展会客户跟进阶段性含义的理解及其启示。
6. 请结合实例,分析企业应该如何利用创新的技术与手段进行客户跟进。

案例讨论题

房展上的展后追踪

如今各地的房展越来越多,花样也不断推陈出新。主办方从政府部门到展览公司、广告公司、当地媒体,形式也从单一的房屋展销发展到与汽车、家装、建材等相关产业的联姻。应当承认,房展举办水平的提升对于刺激物业消费和经济发展具有一定的促进作用。但是,好事也怕多,频繁地举办房展,而内容又大致雷同,就会把好事变成负担,成为不能承受之累。

最承受不了的当属"掏钱单位",在这个房展"边际效益"越来越低的时代,面对各式各样的邀展"英雄帖",是拒是迎如何甄选?在参展同台竞技中如何出奇制胜、鹤立鸡群?展后又如何跟进让其余音绕梁、三月不绝?笔者参与其中多年,对此课题稍有心得,曾把"参加房展会"形容成一篇美文,展前展中展后要达到"凤头、猪肚和豹尾"的要求,具体来讲分为五大步,戏称"五招房展术"。

第一,选择房展会;第二,展前宣传;第三,展中造势;第四,展后追踪;第五,展后总结。这里重点谈谈第四点,展后追踪。

在房展中有不少参展单位的策划者以为展会一结束就"阿弥陀佛"了,展前展中忙得团团转,现在撤场了不正好歇口气!其实,这种想法大错特错,什么叫好戏在后头?房展会只是一个"鹊桥会"而已,一见钟情者毕竟是少数,绝大多数都要在"会后"互相更为深入地了解后才有"结婚"的可能,所以说,轰轰烈烈的"展中造势"之后的工作便是细水长流的"展后追踪"。"展后追踪"是在"展中造势"中获得大量客户信息的基础上开展的,包括电话复查真伪、邮寄问候卡、问卷调查、亲自拜访、举办 VIP 活动持续接触等手段。

据经验所得,这时杀个"回马枪"是最有效果的,在大兵撤退的空空如也的战场上,拍马回枪挟"造势"之遗风再小"撩"一把,这一出"独角戏"可谓"展后追踪"的非凡创举。笔者在 2 月 19 日结束温州房展会之后,没有追随大部队返沪,而是于 2 月 22 日在《温州日报》上刊登了以"黄浦国际在温州'惨遭'疯抢"为主题的半版广告,配以人潮汹涌围得水泄不通的现场实景镜头……哇,这可不得了,这回马"撩拨"可谓"引火烧身",把战火引到了上海的现场售楼处,"烽火"连续烧了大半月,大量温州太太军团纷纷包车远征上海,手持该报纸广告称言要"围剿"黄浦国际……乖乖,由于房源有限,黄浦国际开发商后来不得不高挂"免战牌"。这一经典的战术案例被《2004 年中国广告年鉴》一书收录。

由此可见,通过不同的创意,一样的"展合追踪"可以做出不一样的效果,这就是策划的力量!

(资料来源:曾德专.五招"房展"术[EB/OL].[2005-07-25].http://blog.fang.com/6474146/58624/articledetail.htm.)

思考:

(1)请结合展后跟进的策略评价上述案例中的展后跟踪行为。

(2)假如你是一个房地产公司的参展项目经理,请你为展会的跟进设计一个完整的方案。

第 13 章

参展效果评估

学习目的

- 熟悉参展表现的常用评价指标及方法,以及优化参展效果的一般技巧。
- 掌握参展的成本-收益分析和参展工作报告的撰写。
- 了解下一轮参展工作的主要内容。

线索引入

以下是《世界经理人》杂志刊登的一篇关于欧姆龙公司对参展目的和展会效果评价的采访,通过此报道,我们可以了解知名企业参展结束后进行的参展效果评估解决方案以及先进的展会理念。

顾颖灏是欧姆龙(中国)有限公司工业自动化统辖公司市场部总监。当业内的参展情况发生趋势性变化时,欧姆龙应变而动。同时,信息内部共享平台的采用为销售人员展后进行客户跟进提供了全方位的信息支持,也为参展效果的评估提供了量化到个体的依据。

Q:你刚才谈到务实,参加行业展务实的目的是什么?

顾颖灏:与客户保持接触度,使合作关系更加稳固,获得更多的商业机会。任何一个厂商都要不断发展,不断采用新技术开发新产品。他们在展会上展示新产品、新技术,我们也提供针对行业的新的技术解决方案,以便于客户对我们新方案的理解,增加合作的可能性。我们还可以通过展会获得客户技术上的需求,可以根据客户的需求对我们的技术方案进行调整,适应他们的要求,可以获得面对面的商谈机会。工控展做不到这样的针对性。工控展大而全,侧重于展示产品,覆盖很多

行业;行业展则可以专注于深度,专注于解决方案。我们每年有一到两次的新品发布会,那是专注于产品展示的,专门针对行业媒体。

Q:人力、资源的投入较从前有何不同?

顾颖灏:行业展规模要比工控展小,投入的人力也少。工控展上要200平方米的展台,展示的产品、参展人员、资料、展台搭建投入都很大。行业展30平方米就够了。搞一个工控展的费用、人员可以搞三个行业展,后者的效果却远远好于前者。并不是说搞得越多越吃力,搞一个大的反而更累。

对营业部门来说,虽然一年下来总的参展数量增加了,但他们只需要参加对口的展会,有足够的精力做好客户接待工作。对市场部来说,每个展会都要把展台布置好、搭建好,把样机放置好、调试好,把展会流程设计好,把研讨会安排好,这些是一样的。要说和以前不一样的,就是统筹、协调的功能更重要了。

Q:参展效果如何反馈、评估?市场部能够为销售人员提供哪些方面的支持?

顾颖灏:市场部得到客户信息以后会与销售部门分享,让他们可以第一时间联系客户。与此同时,我们会安排固定在展位上的接待人员,同时也有流动的销售人员。这些销售人员平常有各自分管的地区,展会上他们会去所属区域的客户的展台上与客户商谈。展会结束以后,市场部会把得到的客户信息共享在公司内部的平台上,行业展中的最新解决方案也共享在这个平台上,方便销售人员应用。销售人员要提供客户的跟踪情况,项目的进程,第二年参展的时候也会有新的项目的反馈。市场部和营业部门之间形成很好的合作关系,信息共享平台使得彼此间的配合非常有效。

(资料来源:向日葵.让参展更有效[EB/OL].[2008-09-16].世界经理人网站,http://www.ceconline.com/sales_marketing/ma/8800051914/02/.)

"投入在增加,效果却一年不如一年。"我们经常会听到参展商在展会结束后做出这样的评价。其主要原因可能除了参展目的不明确外,还有一个重要原因就是展商不知道如何对参展效果进行评估,特别是他们无法有效地计算参展的投资回报率(ROI)和目标回报率(ROO)以证实参展是值得的。本章将就此展开,介绍目前国际上流行的一些参展效果评估的量化统计指标和方法。

第一节　参展表现评价

表现评价是过程结束后,对最终完成效果按照既定指标进行统计分析,得出目标实际完成情况的表现。参展表现评价是展商提高参展效率的一个重要手段。展商在参展结束后对各项展前既定目标的完成情况,逐一进行相关指标统计分析,使参展效果一目了然。此外,可以帮助企业带着更加明确的目的进行参展活动,使展览会成为一个更加有效的平台。同时,也是其对展览会进行考核的一个重要工具。通过对比分析不同展览会的参展表现评价,企业在未来的参展工作组织中,可以选择更加适合的展览会或者根据不同的参展目的选择相应的展览会,以节约资金和人力。

如何就一次参展活动进行具体的参展表现评价呢？首先要了解,只有那些设定了明确的参展目标并使用定量方法评估参展效果的公司才更可能取得理想的参展效果。然而,据有关机构统计,实际上有71%的参展企业没有明确的目标,同时也没有计划好相应的参展策略。更糟糕的是,只有不到一半的企业能够在展会期间严格地执行既定的目标和策略。实际上,企业是否有明确的参展目标并能否严格执行,是参展能否取得成功的重要前提之一,也是参展表现评价的基础。目标是企业参展的指南针,具有导向性作用。

一、明确参展目标,初步量化评价

(一)常见的参展目标及分类

在实际参展中,有一百个人就有一百个哈姆雷特。同一个展览会,不同的展商,参展目的千差万别；即使是同一个展商,参加不同的展览会,其目标也不尽相同；此外,不同市场时期,展商也有着不同的参展目标。根据《强有力的参展营销:贸易展览会、会议与消费展的成功指南》(*Powerful Exhibit Marketing :the Complete Guide to Successful Trade Shows ,Conferences ,and Consumer Shows*)一书,目前商业活动中常见的参展目标林林总总多达100 种之多,表13-1 列出了其中56 个主要的参展目标。

表13-1　56 个主要参展目标

	56 个主要参展目标
1	销售产品、提供服务
2	获取高质量客户线索进行展后跟进

续表

	56个主要参展目标
3	为市场介绍新产品和服务
4	进行新品/服务演示
5	进行已有产品/服务的新功能演示
6	为客户提供与专家见面的机会
7	为CEO(首席执行官)提供与客户见面的平台
8	与买家面对面洽谈
9	打开新市场
10	以销售人员不同于平时商务的个性化一面与客户见面
11	寻找决策者
12	了解客户购买决策程序
13	向决策影响者提供支持
14	对比竞争对手
15	获取竞争对手创意
16	解决客户难题
17	搜集新品市场反馈
18	搜集已有产品市场反馈
19	进行市场调研
20	寻找经销商、分销商、代理
21	培训经销商、分销商、代理
22	寻找个体
23	教育个体
24	为经销商、分销商、代理发现客户线索
25	加强公司形象
26	创立公司新形象
27	创建客户数据库
28	支持所在产业
29	重点推荐新品、服务,并积极主动与媒体沟通
30	加强品牌意识
31	进行新品牌发布活动
32	派发产品样品
33	处理客户投诉
34	推进市场计划
35	散发产品/服务信息
36	召开销售会议
37	提供网络服务机会

续表

	56个主要参展目标
38	介绍新的促销活动
39	介绍新服务
40	培训客户
41	介绍新技术
42	使公司在市场上重新定位
43	为业界介绍新员工
44	学习行业新趋势
45	和同事进行网络工作
46	和行业专业人士进行网络工作
47	展示新品和服务
48	和国际买家建立业务关系
49	向媒体介绍CEO
50	向经销商、分销商、代理提供支持
51	测试国际购买业务
52	创造高的投资回报率机会
53	对客户态度施加影响
54	尚未普及技术的传播机会
55	寻找新的业务机会
56	寻找合资机会

(资料来源:Siskind B. Powerful Exhibit Marketing:The Complete Guide to Successful Trade Shows,Conferences,and Consumer Shows[M]. New York:John Wiley&Sons,Inc. ,2005.)

(二)参展目标表现数据评价法

按照展览会各项功能的具体体现,德国展览业协会(AUMA)将企业参展目标归纳为五种:基本目标、产品目标、价格目标、宣传目标和销售目标。本书第一章把这五种参展目标分成四个方面展开介绍:展示产品、宣传品牌;洽谈贸易、拓展市场;搜集信息、交流技术;整合传播、强力促销。

企业的参展目标会随着展览会的主题、企业的经营策略、市场状况的变化而改变。相同的展会,不同企业参展的侧重点不尽相同。企业的参展表现衡量的是企业参展目标的达成情况。因此,从企业的参展目标入手,细化各项目标的关键表现指标,并以此为依据来搜集相关数据。根据既定参展目标的最终数据表现,可以对参展结果进行初步的简单定性评价(见表13-2)。这种评价方法的优点是,数据比较易于搜集整理,可以最直接明了地用数字反映出该企业参加展会的真实运作情况。缺点是没有对展览会整体做出全面评价,不能完全反映展览会的各项功能指标。此外,也缺乏对展览的有效性分析。

表 13-2 参展目标及相关关键绩效指标

战略目标	关键绩效指标
销售及销售预期	获取新客户线索 现场取得订单合同 对老客户进行销售
客户关系管理	建立潜在客户名单 加强和现有客户的联系 进行客户培训 客户满意度调查 再次赢得流失的客户
市场宣传	新品/服务市场宣传 建立品牌意识 品牌(重新)定位 证明收益 宣传财务/投资者预期 开发新市场 发表文章 建立与记者、编辑的良好关系 了解竞争信息、行业趋势 检验市场反映 调研品牌预期
合作伙伴计划	寻找新的经销商、合作伙伴 支持已有老客户 建立合作伙伴口碑

为了更加全面和深入地评价参展表现,这里将为大家介绍目前国际上已经开始采用的一些参展效果评估的量化统计指标和方法。

二、细化评价指标,全面量化评价[①]

一般来说,对展览会的评价指标可以归纳为三大类:观众质量指标(潜在顾客数、净购买影响、总的购买计划和观众的兴趣因素值),观众活动指标(每个展位花费的时间、交通密度),以及展览有效性指标(CVR,每个潜在顾客产生的成本、记忆度和潜在顾客产生的销售)。当评价顾客的特征/活动和展商特征/活动时,这些指标都有效。当评价展会的有效性时,观众和展商的指标同样重要。下面我们分别说明这些指标及其含意。

---

① 新华网,http://www.xinhuanet.com/expo.

（一）净购买影响

净购买影响即最终声称购买、确定购买或推荐购买一种或多种展出产品的观众比例。这个指标很重要而且一向变动很小,美国 1987 年为 85%,1988 年为 86%,而 1989 年为 84%。

（二）购买意向或总的购买计划

购买意向或总的购买计划,即在参展接下来的 12 个月内计划购买一种或多种展出产品的观众比例。这个指标一直是个常数,美国 1987 年是 60%,1990 年是 61%。

（三）观众的兴趣因素值

观众的兴趣因素值即至少参观 20% 的感兴趣展位的观众在总的观众中所占的比例。美国从 45%（1987 年）稍微涨至 47%（1990 年）。这是一个从许多不同展会中综合而来的指标；一般来说,展会限定的范围越窄,观众的兴趣因素值越高。研究表明,展会规模的大小与这个取值的大小成反比。虽然某展会吸引更多的展商,增加了更多的空间,然而观众的兴趣值却下降了,因为参观者不会成比例增长地参观展览。将来在这个领域的研究需要指出预展广告的影响以及在此基础上的公共关系。

（四）其他指标

除了这三个观众评价指标外,还有其他一些企业管理人员感兴趣的指标。首先,在每个展位前花费的平均时间,表示为总的参观时间除以平均参观的展位数。在过去的 10 年间,它一直是个常数,为 20 分钟。有关资料统计发现,在 2 天展期的展览中,观众一般要花费 7.8 个小时参观平均 21 个展位。

观众密度（traffic density）是另一个衡量展览会质量的重要指标,即在展出期间,每 100 平方英尺（1 平方英尺＝0.092903 平方米）展出面积理论上可容纳的平均观众人数。据 EXPO 杂志调查,美国展览会的观众密度在 1990 年大致为 3.2 人每平方英尺,在过去 20 年中,这个指标值在 3～4 间变动。当观众密度达到 6 时,已经相当高了,这时展馆已经非常拥挤,而 1 意味着参展的观众很少。显然,在展销会中观众的指标是重要的,确定展销会有效性一样重要。

然而,对于管理者来说,观众指标不是唯一的统计指标。其他一些管理人员感兴趣的评价展览会指标包括下列这些。

潜在顾客:在参观中对公司产品/服务很感兴趣观众的比例。显然,这是一个预展效果评价指标,对于选择参加哪个展会这个指标可能很关键。

展览的效率:在公司的展览中,与公司一对一接触过的潜在顾客的比例。作为美国展会评价的全局指标,1990 年这个绩效因素是 62%。在最近 30 年内,这个指标指一直稳定在 60% 左右。

人员绩效:在这里可以使用的指标有很多,应该根据展会的目标而选择。例如,如果公司关注公司的潜在顾客,人员绩效指标可能被定义为展位工作人员接触的潜在顾客数目。更进一步,如果展销会定位于销售,人员绩效可以用每个展会代表销售产品的数目来确定。

产品的吸引程度:表示对公司参展产品感兴趣的观众比例。这个指标可以在与展会人员相互接触时或接触后得到。

购买影响:另一个评价参观者质量的指标,宣称对产品/服务有购买影响的观众占总的观众的比例。

购买计划：在参展后计划购买产品/服务的参展观众的比例。

记忆度：参观过产品并在8~10周后仍记得者的比例。美国在1989年，总的保持记忆的程度平均为71%。对于管理者而言，人员绩效低，不完备的企业辨识，差的预展公共关系，跟踪询问不完善，都可能导致低的记忆度。它可以是整个展会，一个产品或展示，产品说明和其他促销手段。

每个参观者到达的费用（CVR）：对于许多管理者而言，有效性意味着得到丰厚的回报。因而，成本指标必须是展会评价的一部分。一个用得更多的指标是统计的CVR，表示为总的展览费用除以到达展位的参观者人数。在美国，1989年这个指标接近90美元，在过去的时间里一直稳定增长。

表现优秀的参展公司数：在会展行业内，潜在顾客至少达到70%，CVR低于平均水平就认为其表现优秀。优秀参展公司的CVR一般低于平均CVR的一半。

产生的潜在顾客数：这是一个很容易确定的数据，只要统计在展会中产生的潜在顾客数就可以了。要求展商记录潜在顾客的基本信息，如姓名、公司、地址和电话号码。

潜在顾客产生的销售：另一个跟踪数据，确定展会中的潜在顾客产生的销售。在一些例子中，这个指标可以直接确定，如果在展览中销售产品，或者在展后的几个月内的销售，在这种复杂目录销售情况下，则要求一些销售电话和许多跟踪活动。

每个潜在顾客产生的成本：可能比CVR更有效的评价指标。对管理者而言，这可能代表在一个特定展会中对投资更精确的价值反映。

虽然这些指标评价对于展会绩效来说比较全面，但并不表示评价展会绩效的指标已经全部列出。其他有效性指标可能根据参展公司的目标而确定。例如，如果公司关注新产品信息的发散程度，那么公司就应该关注一些这方面的数据，如在展览会上散发给参观者的宣传册数量。

补充阅读

在美国专业会议管理协会（The Professional Convention Management Association，PCMA）的一次年会上，PCMA、展览业研究中心（Center for Exhibition Industry Research，CEIR）、国际展览与项目协会（International Association of Exhibitions and Events，IAEE）和美国参展调查公司（Exhibit Surveys）联合推出了展览行业第一个基于互联网的投资回报率测量工具（TOOLKIT），以回应参展商测算参展投资回报率（ROI）的需求。

这个工具能帮助参展公司测量参加展览会或其他销售活动的表现和回报，并可以提供关于过去几年该产业增长的分析报告。TOOLKIT不仅可以指导参展商制订展前计划（pre-event planning）和进行展后测量（post-event measurement），还有助于优化接触潜在客户（reaching potential leads）的效果。展会组织者可以把这个工具的链接直接发给参展商，或者让参展商直接到PCMA、CEIR、IAEE或

Exhibit Surveys 的官方网站上进行操作。表 13-3 所示为参展投资回报率测量工具(TOOLKIT)范例。

表 13-3　参展投资回报率的测量工具(TOOLKIT)范例

活动/展会 详细情况			
活动名称			
开始日期　　　　　结束日期			
行业			
展后投入		结果	
净出席人数		潜在观众	
目标观众	%	所需展台人员	平均
产品/服务兴趣值	%	所需开放展台空间	平方英尺
整个展会持续时间	小时	全部所需空间	平方英尺
每个员工每小时接待顾客数		接待效率	
展出面积	平方英尺	有效问询	%
全部咨询数量		潜在观众接触量	%
获得的有效客户量		成本/有效客户	$
展台人员平均接待量	平均	人员绩效	
全部直接展会成本	$	展台人员咨询接待数/小时	
所有人员的交通交际费用	$	预计展台人员推荐接待量	
平均潜在客户产生的销售	%	有效潜在顾客的预计投资回报率	
公司平均收入/订单	$	成本/潜在销售	$
公司净利润	%	潜在销售收入	$
		潜在收入的净利润	$
		潜在收入花费比率	
		潜在投资回报率	%
		计算	

(资料来源:http://roitoolkit.exhibitsurveys.net/ToolKit/PostEventTool.aspx.)

第二节　成本-收益分析

参展效果评估最核心的内容就是找出展商在参展活动中的投入和产出量,用实实在在

的数据评估企业在参展中所做的事能为企业的业务或宣传创造的真实价值,从而建立一个较全面和完整的参展效果评估方案,进而衡量参展价值,提高投资回报率。

一般而言,参展商在做参展成本-收益分析时,参展成本(展会支出)是比较易于核算的,因为大部分企业参展费用的构成比较一致,然而目前参展企业的展会收益构成是业界争议的焦点,主要是对参展的目的和成果理解不同。根据不同的展览会,按照重点考核的参展目的和成果为基础,可以分别做各类不同的成本-收益分析。

一、参展成本构成

根据英国工业和贸易博览会公司所做的一项费用调查,在公司参展时,预算总费用的35%(主要包括场地租金和展台消耗)是由展览组织者决定的,65%则由参展者决定。由此可见,参展成本的自由支配度较高而且构成也比较灵活,可以由展商根据企业最终决定的参展预算做灵活调整。

关于展会开支需要特别指出的一个问题是,由于参展活动仅仅是市场活动和经营活动中的一个环节,所以,展会直接开支并不等于参展的全部开支,展会开支还包括一些待分摊的市场费用,例如,展会期间展商举办的经销商大会等市场经营活动所产生的费用等。

此外,如果展商在实际参展过程中发现已发生的开支已接近参展的预算成本,建议考虑压缩发生性灵活度高的费用;反之,如果展商在实际参展过程中发现已发生的开支大大低于参展的预算成本,可以加大对展会的下一步投入。总之,企业应该根据参展的实际情况和原先的预算费用的比较及时做出调整,以保证最终费用在预算成本可接受的范围内。表 13-4 所示为参展成本统计表。

表 13-4　参展成本统计表

展览会名称		时间			
展厅	展位号	展位尺寸		展位类型	
费用明细	责任人		成本(开支)		
	经办人	日期	预算	实际	比例
Ⅰ. 基础费用 1. 展位租金					
2. 展会赞助费(冠名、广告等)					
3. 展位水电供应费用					
4. 电话和传真设备费用					
5. 展位招待工作人员费用					
6. 员工服装费用					
7. 餐饮费用					
8. 保安费用					
9. 保险费用					

续表

费用明细	责任人		成本(开支)		
	经办人	日期	预算	实际	比例
10. 采购费用					
11. 保留支出费用					
基础费用总计					
Ⅱ. 沟通交流费用					
12. 展位设计搭建费用					
13. 展示费用					
14. 摄影费用					
15. 翻译费用					
16. 印刷品(宣传册等)费用					
17. 公关费用(记者招待等)					
18. 物品租赁费用					
沟通交流费用总计					
Ⅲ. 客户服务费用					
Ⅳ. 交通运输费用					
Ⅴ. 货物流通费用					
Ⅵ. 办公费(海关检查,库存)					
Ⅶ. 展会同期活动费用					
Ⅷ. 设施租赁(会议室、广播等)费用					
Ⅸ. 额外费用					
Ⅹ. 其他费用总计					
费用合计					

二、不同种类的参展成本-收益分析模型

鉴于参展目的的复杂性和展览会自身的特点,参展商对各个展会的考量标准和侧重点也会有所不同,以下是几种常见的针对不同目标市场展览会的参展成本-收益分析模型。

(一)针对一般贸易展览会

贸易性质的展览会以成交为最终目的,因此,成交是最重要的评估内容之一。

1. 投资回报率(ROI)模型

投资回报率(return on investment,简称"ROI")原本是会计学概念,早期用来判定投资工厂或购买铁路相关的成本是否合理,现被广泛使用在各个领域。ROI的结果通常用百分比来表示,即投入产出比,简单来说就是企业所投入资金的回报程度。一种典型的投资效益比是用参展投资比展览成交额,要注意这个投资不是产品投资而是参展投资;另一种典型的

投资效益比是投资与建立新客户关系数之比。对于参展商而言,ROI 的大小主要取决于所获客户线索(lead)的数量和质量。

2. 成本利润评估模型

成本利润率是反映企业投入产出水平的指标,可以综合衡量参展企业投入成本和参展的全部得与失的经济效果,为不断降低参展成本和提高利润率提供参考。比如,签订买卖合同,用成交总额减去展览总开支和产品总成本,得出利润,再用展览成本除以利润,即成本-利润。不同观点认为,展览成交可以作为评估的参考内容,但是不能作为评估的主要内容。如果以建立新客户关系数为主要评估内容,则不存在利润。因此,不主张评估成本-利润。是否进行成本-利润评估,要根据实际环境决定。参加纯粹的订货会,可以将成本-利润作为评估内容;参加其他形式的贸易展览会,则可以以成本-效益为主要评估内容。

3. 成交评估模型

对贸易性的展览会而言,成交评估是重点也是矛盾的焦点。许多展览单位喜欢直接使用展出成本与展出成交相比较的方法计算成交的成本-效益。要注意这是一种不准确、不可靠的方法,因为有些成交确实是由于展览而达成,而有些成交却是不展出也能达成,更多的成交可能是在展览之后达成的,因此要慎重评估并慎重使用评估结论。成交评估的内容一般有是否达到销售目标、成交额多少、成交笔数多少、实际成交额、意向成交额、与新客户成交额、与老客户成交额、新产品成交额、老产品成交额、展览期间成交额、预计后续成交额等等,这些数据可以交叉统计计算。

4. 接待客户评估模型

接待客户评估模型包括以下几种。①参观展台的观众数量。可以细分为接待参观者数、现有客户数和潜在客户数,其中潜在客户数是重点。②参观展台的观众质量。按照评估内容和标准分类统计观众的订货决定权、建议权、影响力、行业、区域等,然后根据统计情况将观众分为"极具价值"、"很有价值"、"一般价值"和"无价值"等。③接待客户的成本-效益。计算方法是用展览总支出额除以所接待的客户数或者所建立的新客户关系数。

(二)针对消费性展览会

1. 销售额评估模型

鉴于消费性质的展览会以现场销售为参展目的,参展商可以采用展会支出比展会现场销售额反映展出效果。即展览会参展总支出额比总销售额。

2. 公众吸引度评估模型

消费性质的展览会的另一特点就是以大众为主导的展览会,因此,参展企业也看重吸引了多少公众,对公众的宣传做到什么程度,对公众发放了多少宣传资料等。通常也把对公众的吸引度效益比作为一种评估模型,即总支出额比宣传资料发放总量。

补充阅读 BPA Worldwide:什么在决定参展商的 ROI?

BPA Worldwide 是全球著名的媒体审计公司,该公司为展会组织者提供独立的第三方审计服务。尽管其服务对象遍布美国、英国等国,以及欧洲大陆和亚洲等地区，但BPA很快发现许多展会主办方和参展商在使用独立审计数据上存在较严重的脱节问题。在美国，不少展会组织者意识到审计的重要性，但又觉得这项工作会导致不必要的成本，而且会干扰正常的经营。

在全球经济波动和产业竞争加剧的大背景下，企业营销人员必须对每一笔支出做出合理的解释。作为参展企业整合营销计划的一部分，包括参展在内的面对面活动（face-to-face events）占到了总营销预算的15%左右。因此，弄清楚究竟是哪些因素在决定企业参展的投资回报率（ROI）至关重要。

一、研究方法

2008年11月10日—12月8日，BPA Worldwide设计了一份包含19个问题的问卷，然后通过互联网将其发送给5112家参展企业的联系人，另外，还与美国贸易展览会参展商协会（即TSEA，现已更名为"E2MA"）合作，发送给1500位参展商，共有376人完整回答了所有问题。

发放问卷时，综合考虑了受访者职务结构、所在公司的规模及营销预算等情况。以受访者的职务结构为例：

（1）营销经理（17%）；

（2）广告和营销总监（16%）；

（3）参展和活动经理（16%）；

（4）参展和活动经理助理（8%）；

（5）销售部经理（7%）；

（6）首席营销官（CMO，5%）；

（7）其他（31%），如CEO、总裁、参展总监等。

二、主要结论

（一）影响参展决策的主要因素（decision to exhibit）

（1）观众的采购影响力/购买力（attendee purchase influence/buying power，46%）；

（2）展览会的历史（past success，44%）；

（3）主题和内容聚焦（topic/theme/content focus，41%）。

需要指出的是，对于营销总监、广告/营销经理等而言，观众的采购影响力/购买力更加重要。另外，28%的参展经理认为，参展应该是销售、营销、产品开发、高管及相关部门人员的集体决策。尽管CEO们对决定参加哪个展览会负主要责任，但其他相关职位的人也有"投票权"。

（二）考察工具（investigatory tools）

（1）历史表现/展会出口调查（historical performance/exit surveys，63%）；

（2）参展商提供的促销材料（exhibitor-supplied promotional materials，59%）；

（3）其他参展商的推介（input/references from other exhibitors，58%）；

（4）展会审计（trade show/event audits，41%）；

（5）其他，包括内部度量标准、网络调研等。

（三）确保参展的 ROI/ROO（assuring a show's ROI/ROO）

(1) 参展定位（exhibit positioning on the show floor,94%）；
(2) 参展前后的促销（promotions before/at the show,85%）；
(3) 展台设计（trade show booth design,91%）；
(4) 员工培训（staff training,74%）；
(5) 参展规划（planning,79%）；
(6) 展会审计（event audits,60%）。

（四）对参展商 ROI/ROO 的测量（measuring exhibitors' ROI/ROO）

(1) 有效客户线索的数量（the number of qualified leads,82%）；
(2) 展台工作人员（booth traffic,74%）；
(3) 成本-收益分析（costs vs. return analysis,59%）；
(4) 展会出口调查（exit surveys,9%）。

需要注意的是，对于规模较小的公司，成本-收益分析在所有测量方法中使用频率占到了75%，这可能是由于小规模公司的参展预算更少，因而对成本-收益分析更关注所造成的。

三、对业界的启示

在国际范围内，展会审计在参展商心目中的地位越来越重要（在 BPA 的报告中，61%的被访参展经理认为独立审计特别重要或比较重要），而且许多参展企业正在将审计数据与自身的参展决策结合起来。对于竞争激烈且鱼龙混杂的中国展览业，更需要独立的第三方审计机构。另一方面，企业对展览会的挑选将更加严格，主办方可以借助审计数据来证明展览会的质量，当然，这并不是全部工作。

影响企业参展决策的主要因素包括观众的采购影响力/购买力、展览会的历史以及主题和内容聚焦，因此，展会主办方需要将工作重点放在组织高质量的观众、宣传展会的品牌形象以及优化内容等方面。

第三节 企业参展效果的优化

2015 年 10 月，美国展览业研究中心（Center for Exhibition Industry Research,简称 CEIR）发布了有关企业参展效果基准测试的相关报告——*Managing for Results: Benchmarks for Exhibit Growth*。为了更好地衡量 B2B 贸易展览会给参展商带来的长远影响，有必要探讨如何进行参展效果的基准测试。

一、参展目标定位

目标定位是企业最基本的商业战略。业务目标必须覆盖企业所有的业务领域，包括市场营销、创新、人力资源、财务资源、实体资源、生产能力、社会责任和利润需求。然而，建立可衡量的、现实的目标并不像听起来那么容易。

首先，要了解公司的使命。企业创立之初都会设定其愿景，以指引公司前行的方向。

其次，明确将意识转化为行动的方向。公司使命是一个无形的意识，要将其落实到具体的行动上。CEIR 的报告给出了 99 种参展的理由，企业可从中选择适合的目标。

最后，要有精确的目标定位。将所选的目标缩减到一个或两个，这样精力和资源就会更加集中，目标实现的概率就更大。

二、量化所定位的目标

对大多数企业而言，通常会用到总收入、净利润、市场份额、投资回报率(ROI)和目标回报率(ROO)这五个基本指标，以期从不同方面来评估参展投资的效果。虽然这并非适用于所有的参展情况，但这些作为衡量企业最终是否成功的基准指标应该被首先列入考虑范围内。

倘若企业参展的目标在于关注企业品牌的长期发展、培养客户的消费理念和行为以及增加客户的忠诚度。这些目标与短期的商业周期并不相称，因此，在许多情况下，参展经理更喜欢用 ROO 来精确地反映参加 B2B 展会后给企业带来的长期影响。

此外，参展商还需要建立在短期内便可测量的指标。重要的是要设计简单的机制，以便收集短期信息，比如出口调查，撤展期电子调查，增加网站点击量或社交媒体上的互动等，所有这些方法短期内都是可量化的。

三、设定合适的评估指标

度量标准是对企业参展的核心目标所量化的指标。例如，若企业参展的动因是开发新客户，那度量的标准便是展会中新增客户的数量；若是销售产品，那度量的标准便是签单的数量或总额；若是取得与关键决策人士的对话，那度量的标准便是与他们交流的次数。

绩效指标是为更好地衡量度量标准需要搜集到的特定的数据，表 13-5 提供了一些绩效指标的例子。

表 13-5　衡量参展绩效的常见指标

度 量 标 准	绩 效 指 标
新客户的数量	展会现场开发的新客户数量
	每位新客户开发的平均成本
展览现场的销量	现场签单的数量
	客户签单率
对话的次数	每次攀谈的成本
	产生后续咨询的会谈的数量
品牌知名度的提高	观众接触到的总的品牌信息
	观众感知的变化

四、推算实际的目标值

设定不可能实现的目标是毫无意义的,并且会产生负面的影响,下面的例子介绍了一种计算实际目标值的方法。

假定一家企业的参展目标为:

①展览总人数:5000个;

②潜在客户数量:500个;

③与每位观众交谈时间的平均值:10分钟;

④展览的活跃期:20小时。

那么,展台工作人员每小时会见6个客户,再乘以展览现场的活跃时间20小时,意味着有可能会开发120个新客户。

但需要注意的是,展台工作人员往往会在非目标观众身上浪费很多时间。假定该比例为90%,那么实际开发新客户的目标就变成了12(120×10%)个。听起来数量并不多,但这可能会是非常有利可图的。

此外,要思考提高展位员工效率的方法,如放置更吸引人的招牌、开展营销活动、投放赞助广告等。增加这些额外因素,会将90%的停工期降为60%或70%,那么实际的目标就变为18~24个了。

五、建立评价标杆

针对每个参展的展览项目都应建立一套参展效果评估的基准法则。评价基准大多来自于先前的参展经验,倘若是第一次使用基准法则来衡量参展的绩效,那这对于企业而言将具有里程碑式的重大意义。表13-6列举了3个参展效果基准测试的例子。

表 13-6 参展绩效基准测试的常用工具

绩效指标	测量工具	标杆	潜在的应用
例1: 新客户的数量	手动观众检索系统 电子观众检索系统	12个潜在客户	• 参展选择的一种工具 • 帮助进行展会的预算
例2: 开发新客户的平均成本	• 展会预算 • 展商调查(已接待客户的数量)	$\dfrac{\$100000}{200}=\$500$	通过减少展会预算或增加接待数量减少客户的平均开发成本
例3: 企业品牌信息的认知水平	展台出口调查(你是怎样评价我们公司的产品或服务的?)	曾提到过关键信息的受访者的比例	• 回顾企业的品牌信息 • 改善沟通的效果

最后需要注意的是,不要设置太多的标杆,否则这个过程将会变得十分复杂和烦琐。取而代之的是专注于核心的绩效指标,只开发能对其进行高效测试的工具和流程。利用基准测试(benchmark test),不仅可以指导未来的企业参展计划,还可以对企业参展的效果进行持续的优化。

第四节　撰写参展工作报告

参展结束后,展商应及时进行评估和分析并撰写本次展览会的参展工作报告。参展工作报告的总结内容既包括定性的评估项目,也有定量的评估项目。其主要目的是对展会进行系统的评估,评判目前的展会投入、产出是否合理,以及为以后展会的选择、投入和准备工作进行合理的调整和控制。

一、参展工作报告内容

参展工作报告一般由参展企业自己安排,也可委托专业评估公司进行。评估的内容主要包括参展工作评估、参展质量评估以及参展效果评估三大方面。[①]

（一）参展工作评估

参展工作的评估内容既有定性的,也有定量的,评估的内容包括展出目标、参展效率、参展人员表现、展台设计、展品展示、宣传工作和管理工作等,主要目的是了解工作的质量、效率和成本效益。

有关展出目标的评估,主要根据参展公司的经营方针和战略、市场条件、展览会情况等来评估展出目标是否合适。

有关参展效率的评估,参展效率是参展整体工作的评估指数。评估方法有多种,其中,一种是参展人员实际接待参观客户的数量在参观客户总数中的比例;另一种是参展总开支与实际接待的参观客户数量之比。后一种方式也称为接触潜在客户的平均成本,这是一种非常有价值的评估指数。

参展人员的表现包括工作态度、工作效果、团队精神等方面,这些不能直接衡量,一般是通过询问参加过展览会的观众来了解和统计。另一种方法是计算参展人员每小时接待观众的平均数。美国参展调查公司1990年的一项调查显示,在1990年,71%的参展人员被认为是"很好"和"好",23%被认为"一般",6%被认为"差"。这是全美国的平均值。该调查指出,如果一个参展企业的评估结果显示"差"的参展人员超过总数6%,就应当采取措施提高参展人员的素质和表现。

展台设计评估分为定量的评估和定性的评估。其中,定量的评估内容有展台设计的成本效率、展出和设施的功能效率等。定性的评估内容有公司形象如何,展会资料是否有助于展出,展台是否突出和易于识别等。

有关展品工作的评估,包括展品选择是否合适,市场效果是否好,展品运输是否顺利,增加或减少某种展品的原因等。这种评估结果对市场拓展有一定的参考价值,比如,通过评估可以了解哪种产品最受关注,在以后的展出工作中可予以更多的重视。

有关宣传工作的评估,包括宣传和公关工作的效率、宣传效果、是否比竞争对手吸引了

---

① 资料来源:刘松萍.给自己打分——参展商如何评估展会效果[EB/OL].[2005-04-06].http://www.zftec.gov.cn.

更多的观众、资料散发数量等。对新闻媒体的报道也要收集、评估,包括刊载(播放次数、版面大小时间长短)评价等。

有关管理工作的评估,包括参展筹备工作的质量和效率,参展管理的质量和效率,工作有无疏漏,尤其是培训等方面的工作。

(二)参展质量评估

参展企业要考核一个展览会的质量,需要从展会的参展企业数量、售出面积等方面综合考虑。其中,有关参展企业的评估主要包括以下内容。

参展企业数量:这是一个比较直观简单的定量内容。

参展企业质量:这是最重要的因素。参展企业质量与展出效率成正比,即参展企业质量高,展出效率就高。

平均参观时间:指观众参观整个展览会所花费的时间,该指数与参展效果成正比。

平均参展时间:指参展企业参加每次展览会所花费的平均时间。这个指数可以用来安排具体参展工作,比如操作示范不要超过 15 分钟,以便留有时间与参展企业交流。

人流密度指数:指展览会的观众平均数量。如果每 10 平方米有 3.2 个观众,指数就是 3.2。一般来说,消费类展览会需要的人多,但专业性展览会不宜太拥挤。

(三)参展效果评估

如果参展接待了 70% 以上的潜在客户,客户接触平均成本低于其他展览会的平均值,就是参展效果优异。

二、参展工作报告样本

表 13-7 所示为参展工作报告样本。

表 13-7 参展工作报告样本

××展览会参展工作评估报告		
1. 参展工作评估		
展出目标	经营方针和战略	
	市场条件	
	展览会情况	
展出目标是否合适		
参展效率	接待参观客户比例	接待参观客户数量/参观客户总数
	接触潜在客户的平均成本	参展开支/接待参观客户数量
参展效率是参展整体工作的评估指数		
参展人员表现	客户满意度	
	接待观众平均数(/小时)	
评估结果显示"差"的参展人员超过总数的 6%,就应当采取措施提高参展人员的素质和表现		
展台设计	成本效率	
	展出和设施的功能效率	

续表

××展览会参展工作评估报告			
展台设计	公司形象是否鲜明	1. 理想 2. 一般 3. 不理想
	展会资料是否有助于展出	1. 是 2. 否
	展台是否突出和易于识别	1. 是 2. 否
展品展示	展品选择	1. 合适 2. 不合适
	市场效果	1. 理想 2. 一般 3. 不理想
	展品运输	1. 理想 2. 一般 3. 不理想
了解哪种产品最受关注,对市场拓展会有一定的参考价值		
宣传工作	资料散发数量	
	新闻媒体的报道	1. 刊载/播放次数 2. 版面大小 3. 时间长短 4. 评价
	与竞争对手吸引观众人数相比	1. 多 2. 相同 3. 少
宣传和公关工作的效率、宣传效果		
管理工作	筹备工作的质量和效率	1. 理想 2. 一般 3. 不理想
	参展管理的质量和效率	1. 理想 2. 一般 3. 不理想
	培训工作的质量和效率	1. 理想 2. 一般 3. 不理想
工作有无疏漏		
2. 参展质量评估		
展商	展商数	
	展示面积(净面积)	
	知名企业参展比例	
	展商国家数	
	展商国际比例	
	展团数量	
知名企业参展比例和展商国际比例是比较重要的评估指标,由此可以看出参展企业质量。参展企业质量与展出效率成正比,即参展企业质量高,展出效率就高		
观众	观众总数	
	观众国际比例	
	观众国家数	
	各类型观众构成比例	
	平均参观时间	总的参观时间除以平均参观的展位数
	人流密度	每10平方米展览面积理论上容纳的平均观众人数
	净购买影响	购买或推荐购买展出产品的一种或多种的观众比例

续表

××展览会参展工作评估报告			
观众	购买意向	展后12个月内计划购买展出产品的一种或多种的观众比例	
	兴趣因素值	参观者至少参观20%的感兴趣展位观众在总的观众中所占比例	
	记忆度	参观过产品并在8~10周后仍记得者的比例	
同期活动	活动数量	1. 多 2. 一般 3. 少	
	研讨会质量	1. 高 2. 一般 3. 低	
	买家配对服务	1. 有 2. 无	
	虚拟展览	1. 有 2. 无	
	其他同期活动	1. 多 2. 一般 3. 少 4. 无	

3. 参展效果评估

成本效益比评估(ROI)	展出开支/展会现额	
	展出开支/建立销售线索量	
	展出开支/建立经销商数	
潜在成本效益比(potential ROI)	展出开支/展会现场客户线索计划采购总量	

由于商贸活动的特点,用参展开支比展会现场销售额不容易准确,而一般采用与潜在客户建立关系衡量展会的直接效果

成本利润评估	A. 交易平均成本	展出开支/交易笔数
	B. 交易成本效益	展出开支/展会成交额
	C. 利润	成交额-展出开支-产品总成本
	D. 成本利润(参展成本)	参展成本/利润

是否进行成本利润评估,要根据参展目的决定。参加纯粹的订货会,可以将成本利润作为评估内容;参加其他形式的贸易展览会,则可以以成本效益为主要评估内容

成交评估	展会成交额
	成交笔数
	实际成交额
	意向成交额
	与新客户成交额
	与老客户成交额
	新产品成交额
	老产品成交额
	展期成交额
	预计展后成交额

续表

××展览会参展工作评估报告		
消费类展览会以直接销售为展出目的,因此,可以用总支出额比总销售额反映展出效率;贸易性展览会以成交为最终目的,因此,成交是最重要的评估内容之一		
接待客户评估	观众数量	接待参观企业数、现有客户数和潜在客户数
	观众质量	采购权限、停留时间
接待客户评估是贸易展览会最重要的评估内容之一		

第五节 新的开始

展览会结束后,参展企业应及时对展会进行系统的评估和分析,例如,将业务成交量与预定目标相比较,判断完成情况,总结成功和失败的原因;将实际花费与预算相比较,判断是否超支;对获取的最新市场动态进行分析和评价;就下次是否参展做出初步决策。通过这些总结工作,参展公司可以对已参展展会投入是否恰当、产出是否理想等做出较为精准的判断,这些将有利于日后是否仍需继续投入及投入数量等决策工作的开展,为今后利用展览会平台进行市场营销打下更好的基础。

一、选择最合适的展览会

一个精明的企业会在决定为某一展会投入时间和金钱之前对它进行仔细的研究。从企业当前的经营计划出发,设计一套评估体系,全面考量展会的潜力及其会为公司带来的效益。无论是对曾经参加过的还是未参加的展会,都必须用评估体系来分析评价。因为企业面临的经营环境在发生迅速的变化,随着时间和趋势的改变,即使是在同一地点举行的展览会,五年前对于企业来说是成功的,五年后也许并不合适。所以,在投入成本之前必须要进行严格的考察。

下面的问题有助于帮助展会经理分析展会。

(1) 我们参加一个展会的主要目的是什么?

(2) 我们要推出一个新产品吗?

(3) 我们要提升公司形象吗? 如果要,应塑造什么样的形象呢?

(4) 我们要开拓潜在客户吗?

(5) 我们要建立一个邮寄客户名单吗?

(6) 我们要调查市场上的新产品或新服务吗?

(7) 我们将签订新的分销商吗?

(8) 对上述问题,该如何衡量其成绩呢?

(9) 我们的目标市场是什么?

(10) 目前哪个展会吸引了我们的优质客户?

(11) 哪个区域销售最好?

(12) 我们的分销商会光临我们的展台吗?

(13) 我们能为展览筹到赞助吗?
(14) 哪个展会最符合我们的预算?
(15) 哪个展会与我们的生产计划最吻合?
(16) 哪个展会能够帮助问题区域的销售?

对上述问题的回答有助于参展公司决定在营销组合中选择参加哪类展会,同时能够帮助参展经理建立评价不同展会的标准。

二、展前计划评估工具

在现实工作中,对相同主题的展览会进行全面比较不是一件容易的事。表13-8的展前计划评估工具能指导企业比较不同展会的基本情况。

表13-8 企业参展前的计划评估工具

活动/展览 详细信息			
活动名称			
开始日期		结束日期	
行业			
展前投入		结果	
净出席人数	%	潜在观众	
目标观众	%	所需的展台人员	平均
产品/服务兴趣		所需开放展览空间	平方英尺
整个展会持续时间	小时	所需全部展览面积	平方英尺
员工每小时的观众接待量	人		
展览占地面积	平方英尺		
	计算	绩效的展后计量值	

本章小结

随着互联网的迅速发展和公司活动的兴起,企业参展越来越理性,他们不再盲目和冲动,并逐渐用数据的方式来证实参展的实际效果。因此,企业在做决策的时候,通常会计算在展会上所投入的营销支出到底为企业创造了多少价值,更加量化地对参展工作做出评估,从而选择更适合自己的展览会或是对今后的参展工作进行更好的管理。

参展是一项投入比较大的活动,科学的参展工作报告有助于企业进行更好的人力、财力和精力分配,特别是在当今宏观经济形势不容乐观、市场活动采取紧缩行为的背景下,要求企业遵循效益最大化的原则合理配置资源。本章重点讲述了企业参展表现的常用评价指标及方法,参展的成本-收益分析,优化参展效果的一般技巧,以及参展工作报告的撰写,对总结整个参展过程进行了细致的梳理。

  关键词

成本-收益分析(cost bencfit analysis):主要用于评估几个项目或方案的社会经济收益的差别,分析论证同一领域的不同项目或不同领域的各个项目的社会经济收益,进而为有效决策提供有用的信息和参考意见。

观众密度(traffic density):是另一个衡量展览会质量的重要指标,即在展出期间,每100平方英尺展出面积理论上可容纳的平均观众人数。

投资回报率(ROI):即投入产出比,企业所投入资金的回报程度。

  复习思考题

1. 参展目标的量化评价指标分为哪几类?分别包括哪些项目?
2. 请比较不同种类的参展成本-收益分析模型。
3. 企业如何从流程上进行改进,以优化参展效果?
4. 什么是展览会的观众密度?
5. 参展工作报告主要由哪些内容构成?
6. 是否只有对未参加过的展会才需要参展评估?

  案例讨论题

企业如何开展参展效果评估——以惠普公司开发自动化评估程序为例

根据《参展商》杂志于2001年所做的一次读者调查(Exhibitor Magazine, A Survey:Why Does Your Company Exhibit?),在回答"你的公司为什么参加展览会?"时,29.3%的公司选择"我们的客户在那里",15.5%的公司选择"参展能促进我们的销售",12.9%的公司选择"展览会能揭开我们没有发现的领域",10%的公司选择"参展是接触目标顾客的一条成本较小的途径"。

的确,随着各个行业的进一步市场细分,展览会作为企业与企业之间、企业与客户之间的一种有效的商务平台,具有其他营销媒介无法比拟的优越性。尤其是专业展览会,为参展商提供了一种最集中、最直观的展示新产品(服务)以及塑造公司形象、寻找目标客户、了解行业发展趋势的市场营销形式。但面临纷繁的参展邀请函或展览会名录,企业应如何做出合理的选择?在展览结束后,企业又如何评估参展的效果?

本文将以惠普公司开发和运用的一套自动化参展评估体系为例,讲述参展商评估参展效果的常用方法。

一、起初的评估状态

惠普公司每年在全球参加的展览会或举办的活动有近400个,因为每个展览会或活动都要花费一笔资金,所以公司要求对活动的投入和营销效果进行详细的评估。然而,由于评估数据不精确、不一致,方法不统一,展览和活动经理Glenda Brungardt女士对活动效果的评估过程颇费周折。

在仔细研究了公司以前的评估方法后,Glenda发现,过去惠普公司的展览和活动经理们所做的称不上是真正的评估,而是以不当的方式在无关的评估对象上花费了高昂的成本。更糟糕的是,每位经理所使用的评估方法都大相径庭,这种情况的直接后果就是惠普公司每位员工获得的数据大不相同,彼此对这些数据的理解也各式各样。

数据的不一致使得Glenda和同事们很难为展览会或活动设定一致的目标,也无法估算出参展的目标回报率。即使管理层出面干预此事,也因为缺少明确的数据而难以改善展览项目的水准,同时也无法证实该项目对于公司的重要性。

二、开发评估程序的工作步骤

(一)设立行动目标

在公司管理部门限制了Glenda所经手项目的预算后,她决心开发一种参展的自动化评估程序。为此,她设立了三个目标:

■开发一个协调一致、具有可进入性的评估体系,并且要让惠普的每名员工尤其是管理人员都可以理解和接受;

■除投资回报率(ROI)外,还要能够评估目标回报率(ROO),以此来证明展览项目在公司整个营销组合中的价值;

■说服管理层为公司所有的展览和活动项目的评估投资。

(二)组建项目团队

Glenda很清楚,仅靠个人的力量来完成本项目难度很大,而且最终的成果难以让管理层信服,因此她决定成立一个更具说服力的团队来共同完成这项任务。Glenda通过电子邮件告之惠普公司北美地区的几位展览和活动经理,请求他们为公司目前的参展评估系统出谋划策,并表达了自己很想改变这种现状的愿望和初步设想。在随后的几个月中,Glenda所承担的"个人任务"逐渐演变成了一个"全球任务团队",北美和世界上其他几个国家的近10位展览和活动经理都参与其中。

(三)寻求智力支持

在认真分析参展评估体系的框架和未来的工作需求后,Glenda和"全球任务团队"认为需要一批熟悉展览和活动的评估专家来帮助自己把现有的构思变为现实。

为此，他们和新泽西 Red Bank 展览调研公司开展合作，并在该专业机构的帮助下，把团队成员的构思以书面形式记录下来，设计出了一种七步走的评估处理程序。

（四）说服管理高层

当新的评估体系初具雏形时，Glenda 又遇到一个难题：如何把该项目推销给公司高层？尽管早在 1 年前公司管理层已肯定了 Glenda 的最初想法，但她仍不敢确保公司是否愿意为项目出资。怀揣最终方案，Glenda 工作组与公司管理层进行了一次会谈。在会上，他们向管理层阐述了公司目前在会展评估方面面临的挑战，并呈递了所开发出的解决方案。在工作组得到项目初步许可的 6 个月后，管理高层同意每年为这个综合评估程序投入 10 万美元以上的资金。

三、自动化评估程序的内容

一种新的评估方法是不可能一蹴而就的，从评估体系的规划、演示到获得公司的资助和支持，Glenda 工作组前后花了两年时间（2004 年正式推出），而且整个过程离不开新泽西 Red Bank 展览调研公司的技术指导和帮助。这个自动化评估程序分为 7 个步骤，如图 13-1 所示。

由图 13-1 可以看出，通过科学的评估预测，可以提高企业参展的投资收益率。企业从未像今天这样不得不以精准的预算和数量针对目标观众和权威买家，惠普正力图引领各参展企业适应这种新潮，而非苦苦等待，逐渐适应展览会的需要。一份有深度的调研可以为参展商提供主要目标客户的人数统计、预算、采购意图、品牌意识以及品牌感知等信息。

我们也不难发现，上述评估程序的最大优点是能为公司节约成本。可以这么说，要想改善参展或举办活动的效果，就必须从评估做起。由于惠普公司每年要参加 400 多个展览会（包括组织活动等），如果展览和活动经理们能够齐心协力规范评估手段，将会大量节约成本。正如 Glenda 所说："我们现在谈到做一个展览，大家都心知肚明，就算实施全套评估成本也不会超过 1000 美元，而这在过去是很难想象的，单独操作的话要花费 10 倍、12 倍甚至 20 倍的钱。"

在全面采用自动化评估程序后，惠普公司的展览和活动经理们每年都会上报一批展览会和活动的清单，希望能被许可执行新的评估体系，而管理部门也会批准其中的一些项目。在得到公司许可后，各展览和活动经理便可以实施新的评估方案了。

第一步：
每次参展前，展览经理通过自动化系统把数据输入网上的表格中。

第二步：
在展会现场，工作人员收集各类信息，并将它们分成 A、B、C、D 四等。

第三步：
展会后，展览经理把分好等级的信息收集归类并寄送到展览调研公司。

第四步：
展览调研公司处理这些分等信息，并通过电子邮件给潜在客户寄发调查问卷。这些调查问卷则是由第一步输入的数据生成的。

第五步：
系统自动产生分等信息和问卷结果的报告。

第六步：
展览调研公司评估上述报告，并写出关于展会的价值以及展会成功之处的结论和评价。

第七步：
展览经理只要在网上填写一份自己想要获得的信息的清单，诸如生成的分等信息以及每份信息的成本等，就可在任何时候生成一份常规报告。

图 13-1 惠普公司参展评估程序的 7 个步骤

四、评估程序的效果最优化

如今,惠普公司已经能够使用一致、相关的参展数据了,以便于展览和活动经理们设立新的基准,与此同时可提高单独参加展会或举办活动的质量;公司管理层及其他各重要部门则可以从通俗易懂的书面报告中获得相互一致的数据,其中,汇总报告还会涉及公司的展览及活动项目在整合营销策略中所做出的贡献。

Glenda工作组设计出的这种新型评估程序让惠普公司在2004年消费者电子展览会(CES)上大显身手,用此方法成功地评估了目标回报率(ROO)并为公司赚取了大把利润。而如果当时没有这种方法的话,公司极有可能损失惨重。"这并非什么高端科技",Glenda表示,"它只不过是能帮助了解公司参展的需求,然后寻求一种最合理的方法满足需求并且实现目标而已。"

现在,除了关注公司的目标达成和操作功能问题外,惠普公司还会评估营运业绩和营业目标的执行情况。公司现在能清楚地了解吸引每位观众所需的成本、从展示到交易的转换率以及展会现场的观感。这种评估程序可用于分析合适的数据类型、每类数据的成本;进行观众人数统计、观众组织预算;评估采购意图、购买兴趣、品牌意识、品牌感知以及媒体曝光率等。在这些方面,惠普无疑引领了新潮流,并给所有参展商指明了一条道路。

(资料来源:Event Marketing Institute. STRATEGIC INSIGHTS REPORT:Measuring Events in the Marketing Mix[R]. http://www.eventmarketing.com,2009.)

思考:
企业开展参展效果评估,可以从惠普公司的实践中获得哪些启示?

Reading Recommendation

1. 推荐书目:《企业参展管理》(第二版)

作者:丁烨

企业参展管理不仅是参展企业营销部人员必须掌握的知识,也是会展专业的专业核心课程之一。丁烨博士与德国外教共同讲授"企业参展管理"课程已有十余年,对该领域颇为熟悉。《企业参展管理》在全面研究企业参展需求的基础上,系统、详尽地阐述了企业参展的流程和工作要点,以期为参展企业提供具体的参展路径。该书既可作为企业参展人员的指导手册,也可作为高等院校会展专业的专业教材。

2. 推荐书目:《出国参展指南:国际参展成功之道》

作者:蓝星,罗尔夫·米勒·马丁

由蓝星和罗尔夫·米勒·马丁所著的《出国参展指南:国际参展成功之道》是那些想在国外特别是欧洲贸易展览会上获得成功的中国/亚洲企业的必读书目。两位作者都具有丰富的会展从业经验,他们联手打造了这本倾心之作,将大量实际工作诀窍汇聚于书中,对出展筹备工作提出了全面的建议,阐述了应避免的工作误区,深入剖析了西方商务人士的不同文化理念,以及他们对参展风格和专业化的心理预期。全书结构清晰,便于读者理解。

3. 推荐书目:《外贸参展全攻略:如何有效参加 B2B 贸易商展》(第三版)

作者:钟景松

该书主要针对中小企业在各类贸易展览会中所面临的困惑和挑战,细致梳理了从展前的准备、展中的展示和接待到展后的销售线索追踪管理等各个环节的知识与技巧,并运用大量实际案例,图文并茂地为企业有效参加 B2B 展览会提供参展解决方案及全方位的实战指导,必将使读者的参展技能获得大幅提升。

4. 推荐书目:《展览在市场营销体系中的作用》

作者:Jag Beier,Simon Dambak 著　中国展览馆协会编译.

该报告由德国瑞文斯堡合作教育大学 Jag Beier 和 Simon Dambak 两位教授共同撰写,第一至第三章主要介绍展览会和展览业的基本情况,第四至第六章主要介绍参加展览会的基本特点,并特别强调了参展在完整的市场营销体系中的作用以及未来展览会在整个市场战略中的价值。

5. 推荐书目:《Powerful Exhibit Marketing:The Complete Guide to Successful Trade Shows,Conferences,and Consumer Shows》

作者:Siskind B.

Siskind 是北美地区久负盛名的展览专家,他所撰写的本书可谓关于参展工作的工具指南和上乘之作。本书能给企业参展提供全过程的指导,包括选择合适的展览会、找到高质量的观众、设定参展目标、制定活动预算、测量参展的投资回报率、将客户线索转变为商机、展台设计以及获取信息等。

6. 推荐书目:《The Organizer's Role in Driving Exhibitor ROI-A Consultative Approach》

作者:Cox S.

在过去几年,参展商不再完全依赖于展览会期间与观众之间的沟通,而更倾向于在展会之外与观众中的潜在客户进行会谈。因而,展会组织者应该在促进参展商和观众的预定会谈中扮演重要角色,这样展览会才能逐渐被认为是促进交易进程的重要工具。该报告由美国展览业研究中心(CEIR)组织完成,较好地回答了展会组织者正在面临的问题,以及提升参展企业投资回报率的具体措施,在此郑重推荐。

References | 参考文献

[1] CEIR, Deloitte & Touche Consulting Group. The Power of Exhibitions II[R]. 1996.

[2] Exhibit Surveys, Inc. The organizers' role in driving exhibitors ROI-A consultative approach[R]. May 2014.

[3] Exhibitor. Why Does Your Company Exhibit? [R]. 2001 Reader Survey.

[4] Friedmann S. Using Trade Shows To Investigate Your Competition[EB/OL]. [2012-10-18]. http://www.workz.com.

[5] IAEE White Paper: Future Trends Impacting the Exhibitions and Events Industry[R]. 2013.

[6] Lehtimäki T, Salo J, Hiltula H, Lankine M. Harnessing Web 2.0 for Business to Business Marketing——Literature Review and an Empirical Perspective from Finland[R]. University of Oulu Working Papers, No. 29.

[7] Shee J. What would you change about the industry[J]. EXPO, 2007(2): 6-10.

[8] Sind S. Kitzing L. Study researches power of exhibitions[R]. Business Courier of Cincinnati, March 28, 1997.

[9] Siskind B. Powerful Exhibit Marketing: The Complete Guide to Successful Trade Shows, Conferences, and Consumer Shows[M]. New York: John Wiley & Sons, Inc., 2005.

[10] Smith M S A. Choosing the right trade show for your company[J]. Health Industry Today, 1994(Feb).

[11] Whitfield J, Webber D J. Which exhibition attributes create repeat visitation? [J]. International Journal of Hospitality Management, 2011, 30(2), 439-447.

[12] Barry Siskind. 会展营销全攻略[M]. 郑睿, 译. 上海: 上海交通大学出版社, 2005.

[13] SEMICON China 2016 参展商服务手册[R]. 2016.

[14] Susan A. Friedmann. 商品参展技巧[M]. 王小文, 译. 上海: 上海财经大学出版社, 2001.

[15] 陈献勇. 基于效益双方视角的展会后续工作分析[A]. 中国会展经济研究会. 2011 中国会展经济研究会学术年会论文集, 2011.

[16] 程童. 参展企业会展项目的时间管理——以××企业参加广州酒店用品展为例[J].

经营与管理,2014(9):116-118.
[17] 丁萍萍.会展实务[M].北京:高等教育出版社,2004.
[18] 丁烨.企业参展管理[M].2版.天津:南开大学出版社,2015.
[19] 菲利普·科特勒.营销管理——分析、计划、执行和控制[M].9版.梅汝和,等,译.上海:上海人民出版社,1999.
[20] 华谦生.会展策划与营销[M].广州:广东经济出版社,2004.
[21] 孔锦.展示设计应把握的几个要点[J].扬州职业大学学报,2002(9):18-20.
[22] 李辉.参展企业实务[M].北京:对外经贸大学出版社,2007.
[23] 李凌超.公共关系在我国会展业的应用研究[D].上海:上海外国语大学,2007.
[24] 李远.展示设计[M].北京:中国电力出版社,2009.
[25] 李卓.企业参展活动中的CI传播与管理[D].上海:同济大学,2006.
[26] 刘松萍,郭牧,毛大奔.参展商实务[M].北京:机械工业出版社,2005.
[27] 卢小金.参展商实务[M].大连:东北财经大学出版社,2010.
[28] 罗秋菊.专业观众展览会参观动机研究——来自东莞的证据[J].暨南学报(哲学社会科学版),2008(2):47-52.
[29] 吕志华.会展经济呼唤商标管理[J].中华商标,2001(7):6-8.
[30] 孟梅.展会中与客户沟通的艺术[J].现代营销(经营版),2008(11):72.
[31] 莫志明.参展管理实务[M].北京:机械工业出版社,2011.
[32] Rob Hard. The Basic Trade Show Booth Etiquette Rules for Staff[EB/OL]. 王春雷,译. [2016-06-09]. http://marketing.about.com/od/eventandseminarmarketing/a/boothstaff.htm.
[33] 王春雷,陈震.展览会策划与管理[M].北京:中国旅游出版社,2006.
[34] 王春雷.参展实务[M].北京:高等教育出版社,2010.
[35] 王敏杰.商务会议与活动管理实务[M].上海:上海交通大学出版社,2008.
[36] 王缇縈.商务旅游策划与管理[M].上海:上海人民出版社,2007.
[37] 文静.感知价值对参展商重复购买意向的影响研究[D].北京:北京第二外国语学院,2009.
[38] 巫濛.现场传播——从传播学看展会[J].现代传播,2003(3):123-124.
[39] 向日葵.让参展更有效[EB/OL].[2008-09-16].《世界经理人》网站,http://www.ceconline.com/sales_marketing/ma/8800051914/02.
[40] 徐世钢.McGraw-Hill树品牌推重点[N].中华读书报,2004-09-06.
[41] 叶子.如何在乱花渐欲迷人眼的参展商中脱颖而出[EB/OL].[2013-06-04].迪培思网,http://www.dpes.cn/news/2013/06/7993.html.
[42] 詹永翔.现代展览设计之心得与体会[J].广东建材,2009(2):117-119.
[43] 赵洪珊.服装会展策划[M].北京:中国纺织出版社,2007.
[44] 郑建瑜.会展经营策划师[M].北京:中国劳动社会保障出版社,2006.
[45] 朱迪·艾伦.活动策划完全手册[M].王向宁,等,译.北京:旅游教育出版社,2008.

教学支持说明

全国普通高等院校旅游管理专业类"十三五"规划教材系华中科技大学出版社"十三五"规划重点教材。

为了改善教学效果,提高教材的使用效率,满足高校授课教师的教学需求,本套教材备有与纸质教材配套的教学课件(PPT电子教案)和拓展资源(案例库、习题库视频等)。

为保证本教学课件及相关教学资料仅为教材使用者所得,我们将向使用本套教材的高校授课教师和学生免费赠送教学课件或者相关教学资料,烦请授课教师和学生通过电话、邮件或加入旅游专家俱乐部QQ群等方式与我们联系,获取"教学课件资源申请表"文档并认真准确填写后发给我们,我们的联系方式如下:

地址:湖北省武汉市东湖新技术开发区华工科技园华工园六路

邮编:430223

电话:027-81321911

传真:81321791

E-mail:lyzjjlb@163.com

旅游专家俱乐部QQ群号:306110199

旅游专家俱乐部QQ群二维码:

群名称:旅游专家俱乐部
群　号:306110199

教学课件资源申请表

填表时间：_____ 年 ___ 月 ___ 日

1. 以下内容请教师按实际情况写，★为必填项。
2. 学生根据个人情况如实填写，相关内容可以酌情调整提交。

★姓名		★性别	□男 □女	出生年月		★职务	
						★职称	□教授 □副教授 □讲师 □助教

★学校		★院/系	
★教研室		★专业	
★办公电话		家庭电话		★移动电话	
★E-mail（请填写清晰）			★QQ号/微信号	
★联系地址			★邮编	

★现在主授课程情况	学生人数	教材所属出版社	教材满意度
课程一			□满意 □一般 □不满意
课程二			□满意 □一般 □不满意
课程三			□满意 □一般 □不满意
其 他			□满意 □一般 □不满意

教材出版信息						
方向一		□准备写	□写作中	□已成稿	□已出版待修订	□有讲义
方向二		□准备写	□写作中	□已成稿	□已出版待修订	□有讲义
方向三		□准备写	□写作中	□已成稿	□已出版待修订	□有讲义

请教师认真填写表格下列内容，提供索取课件配套教材的相关信息，我社根据每位教师/学生填表信息的完整性、授课情况与索取课件的相关性，以及教材使用的情况赠送教材的配套课件及相关教学资源。

ISBN（书号）	书名	作者	索取课件简要说明	学生人数（如选作教材）
			□教学 □参考	
			□教学 □参考	

★您对与课件配套的纸质教材的意见和建议，希望提供哪些配套教学资源：